노자와 동학
그리고 개혁적 성리학

노자와 동학 그리고 개혁적 성리학

2025년 12월 31일 초판 1쇄 펴냄

저 자   정영시
발행인   김영호
발행처   도서출판 동연
등 록   제1-1383호(1992. 6. 12.)
주 소   (03962) 서울시 마포구 월드컵로 163-3
전화/팩스   (02)335-2630 / (02)335-2640
이메일   yh4321@gmail.com
인스타그램   instagram.com/dongyeon_press

ISBN 979-11-7611-005-1 93150

노자와 동학
그리고 개혁적 성리학

정영시 지음

동연

서문

칠십이 넘어서 하나 확실하게 터득한 삶의 자세 혹은 철학은 자기 분수를 빨리 알아차리는 것, 즉 안분지족安分知足이다. 아무리 빨리 그리고 멀리 가려고 애를 써도 모든 여건이 받쳐주지 않으면 자기가 원하는 바대로 인생이 흘러가지는 않는다.

늦게 배운 도둑이 날 새는 줄 모른다고 했는데 칠십이 넘어서 노자를 접하고 거기서 안온한 일체감 같은 것을 느끼면서 틈만 나면 나는 노자의 여러 해석본 책장을 넘기는 재미가 쏠쏠했다.

지금에 이르러 기력도 날로 쇠해가는 형편에 감히 노자의 심오한 사상을 한번 해석하겠다는 무모한 작위作爲를 저지르려는 내 꼴이 참 가관일지도 모른다.

그럼에도 불구하고 내가 용기를 낸 이유는, 그것도 이렇게 서두르는 이유가 몇 가지 있지만, 그중에 가장 큰 이유는 금년에 초등학교 4학년이 되는 막내 손자 녀석에게 노자를 한번 읽게 하고 싶기 때문이다. 지금은 안 되겠지만 한 15년~20년쯤 지난 뒤, 나중에 이 녀석의 한문 실력도 좀 늘어나고 또 철도 좀 들게 되었을 때, 그때 이 할배의 책을 한번 읽어볼 수 있도록 하는 것이 이 책을 내는 가장 큰 목적이다.

이 녀석은 승부욕이 너무 강해서 무슨 일에서나 꼭 이기지 않으면 스스로 괴로워 못 견뎌 하는 성격이다. 이 성격이 안 고쳐지면 세상살이가 고달파질 우려가 있다. 그가 행복한 인생을 살기를 바라는 할배의 입장에서는 세상을 오로지 이기느냐 지느냐의 경쟁과 다툼의 장으로 대하면 결코 행복해질 수 없음을 잘 알고 있기에, 이 녀석이 노자를 읽고 배워서 이기기를 목표로 하는 인생을 살지 말고 지더라도 여유를 가지고 자기의 분수를 잘 지키면서 안분지족하고 행복을 느끼는 삶을 살아가기를 바라는 마음에서다. 이 녀석의 성격을 고치기 위해서 내가 지금 윽박지르고 해서는 소용이 없는 일이고, 나중에 할배가 없어지고 난 뒤에 그가 읽을 수 있도록 미리 유언을 써 놓는 심정으로 쓴다. 그런데 시간이 그렇게 많이 남지는 않는 것 같아서 실력의 부족을 무릅쓰고 이렇게 서두른다.

그 외에 또 내가 분수도 모르고 덤비는 이유 몇 가지를 더 들면 다음과 같다.

첫째, 나는 오늘날 전 지구적으로 경쟁적으로 진행되고 있는 후기 산업사회의 미래를 아주 비관적으로 보는 입장이다.

18세기 영국에서 시작된 산업혁명 이후 오늘 21세기 초 중엽까지 중단 없이 계속되어 온 풍요로운 사회 건설을 위한 각 국가의 여정은 한편으로는 배고픔과 질병의 고통에서 벗어나고 싶은 인류의 오랜 꿈이 곧 실현될 것 같은 희망을 안겨주기에 충분했다고 할 만큼 지난 200년간의 산업 생산 능력은 놀라운 발전을 했으며 이에 따라 국내외의 소비 규모도 엄청난 성장을 해왔다. 특히 21세기에 들어서고부터 불붙기 시작한 신자유주의와 그에 따른 국가 간 무역자유화 정책과 비약적으로 발전되는 과학기술과 각종 자동화 설비 등의 영향으로 국가 간 교역 규모가 천문학적으로 늘어나고 이제는 전 세계가 공급과잉 상태에 신음하고 있는 형편이 되었다. 문제는 여기에 있는 것이다. 지난 수천 년간 식량과 주택과 의류와 약품 등의 부족으로 시달려 온 인류가 이제는 남아도는 물품의 처치 곤란에 직면하게 된 것은 약과이고 이런 풍요로움을 이루는 과정에서 이 풍요로움을 유지하기 위해서 인류가 지불해야 할 대가는 아찔할 정도로 비싼 것이었다. 공장에서 뿜어내는 유해 유독 물질에 의한 공기와 수질 오염, 온실가스 과다 배출에 따른 지구 환경 변화와 지구 오존층 파괴, 기상 이변과 생태계 파괴, 각종 공해병 확산 등등 풍요의 대가로 치러야 하는 폐해는 다 헤아릴 수가 없다. 당장 가장 시급한 문제는 지구 온난화 문제다.

산업혁명 이후 지금까지 200년간 지구의 평균 온도가 벌써 1.5℃가 올랐다고 하는데 이것은 이미 유엔기후협약에서 정한 마지노선인 1.5℃에 달한 수치이고, 2.0℃가 되면 지구의 자정능력을 넘어서는 것으로, 다시는 정상으로 되돌아갈 수 없는 비극의 시작점이 된다. 물론 인간의 과욕이 부른 여러 가지의 위험 외에 지구와 소행성의 충돌, 수천 년을 주기로 반복되는 지구의 빙하기 도래, 거대한 지진, 화산, 쓰나미 엄습 등의 자연재해에 의한 위험이 더 크게 우리를 위협하고 있지만 본 장에서는 인재에 의한 지구 위험의 문제에만 논의를 국한한다.

제일 심각한 문제는 지구 오존층 파괴다. 현재 남극과 북극 상공의 오존층에 엄청난 크기의 구멍이 생겨 있으며 이것이 매년 4%씩 커지고 있다고 한다. 이것은 주로 프레온가스 과다 배출에 따른 영향으로부터 오는 것으로 근본 원인은 환경오염과 지구 온난화에 있다. 현재의 추세대로 향후 30년만 더 지속된다면 지구 오존층의 대부분이 파괴될 수 있다고 한다. 이것은 태양풍으로부터 지구를 방어해 주는 기능이 없어지므로 지구 동식물의 멸종을 가져올 수 있는 무서운 위협이다.

그다음으로 심각한 문제는 자원 고갈 문제다. 지금과 같은 수준의 생산 규모를 유지하면서 75억 명의 현 인구를 향후 30년간만 더 지탱한다고 하면 지구가 보유하고 있는 석유 등 지하자원과 산림자원은 완전히 고갈돼 인류는 자멸할 수밖에는 없을 것이라고 한다. 거기다가 지금의 국제간 외교적 긴장과 마찰이 계속된다면 핵전쟁이 일어나지 말라는 법이 어디 있는가? 향후 비공식적인 핵보유국의 수는 계속 늘어날 전망이며 그에 따른 핵전쟁의 위험은 더욱 증가할 것이다.

인류 멸절의 위험은 단지 환경오염과 지구 온난화와 핵전쟁에만 있는 것은 아니다. 과도한 기술 발전에 의한 AI(인공지능)에 의한 인류 멸절의 위험도 여러 학자들에 의해서 주장되고 있다.

노벨물리학상 수상자인 토론토대학의 제프리 힌턴 교수는 AI 기술변화 속도가 예상보다 훨씬 빨라서 향후 30년 이내에 AI에 의해 인류가 멸종할 가능성이 10~20%에 이른다고 경고했다. 스티븐 호킹 박사도 인류가 AI의 위험을 통제할 방법을 찾지 못하면 그것은 인류문명사 최악의 위험이 될 것이라고 예언했다. 심지어 미국 루이빌대학의 사이버보안연구소의 로만 얌폴스키 교수 같은 사람은 100년 내로 인공지능이 인간을 멸종시킬 확률이 99.9%라는 섬뜩한 예언을 내놓기도 했다.

자, 그러면 이런 세계적, 또 전 인류적 위험의 근본 원인은 무엇인가? 여러 가지 원인을 들 수 있겠지만 가장 큰 원인은 더 부유하게 살고 싶다는 인간의 본능이다. 그리고 남들보다 더 잘 살고 싶어 하는 인간의 본능, 다른 나라보다 더 강하고 더 잘 살아야 한다는 인간의 끝없는 경쟁심리 때문이다.

산업혁명 이후 200년의 기간 동안 인류는 엄청난 경제적 성장을 이루었고 그 여파로 평균 수명이 20년 이상 늘어났는데, 그에 따라 세계의 인구는 2배 이상의 폭증을 보였다. 그런데 전술한 바와 같이 그 대가는 너무나 커서 이제는 인류의 멸절을 걱정해야 할 정도로 지구 환경이 악화되어 있다. 이 문제의 해결을 위해서 인류는 20세기 중반 이후부터 여러 공동 협의를 계속해 오고 있다. 예를 들면, 국제간의 환경오염 물질을 제한하는 여러 협약, 즉 1985년의 비엔나협약, 1989년의 바젤협약, 1997년의 교토기후환경협약 등등이다. 그리고 각 국가는 자체적인 많은 규제 법령을 만들어서 환경오염 문제에 대처해 오고 있다. 그렇지만 이런 노력이 성공할 것이라고 믿는 정부도, 학자도, 국민도 많지 않을 것이다. 이런 것들은 모두 근본적인 처방이 아니고 대증적이고 지엽적인 단기 처방전에 불과하기 때문이다.

이 문제는 근본적으로는 밥그릇 싸움이다. 환경오염 물질의 배출을 줄이는 것은 곧 산업 생산량을 줄이고 경제 성장률을 낮추는 데 그 핵심이 있는 것이다. 이미 선진국이 된 국가는 그동안 경제성장을 하는 동안에 많은 오염물질을 배출한 결과로 오늘의 선진국이 된 것이고, 그 배출된 오염물질은 자기 나라뿐만 아니라 세계의 많은 저개발 국가의 환경까지도 이미 오염시켜 버리지 않았나? 그러면서 저개발 국가들에게 이제부터 지구 환경 보호를 위해서 오염물질, 유해물질의 배출을 줄이거나 금지한다고 하면 이에 동의하겠는가?

그러면 어떻게 해야 하는가? 답은 하나다. 인간의 욕망을 줄이는 것이다. 남들보다 더 잘살겠다는 욕망, 다른 나라보다 우리나라를 더 부유하고 더 강하게 만들어야 한다는 경쟁심리, 그것으로부터 벗어나는 것 외에는 다른 대안이 없다. 생산량을 줄이고 소비량을 줄이고, GNP 성장에다 목을 매는 지금의 각국 경제정책의 목표를, 다시 말해서 더 잘 먹고 더 잘 살도록 하겠다는 물질적 성장 위주의 정책을 버리고 좀 적게 먹고 불편하게 살더라도 마음이 한없이 평안하고 행복해지도록 하는 높은 차원의 정신적, 영적인 목표를 추구하도록 하는 그런 사회를 지향해 나가는 것, 그것만이 유일한 해결책이고 영구적인 해법이다. 개인이나 국가의 목표가 이에 이를 때에, 그때는 지금과 같은 과도한 경쟁에 의한 스트레스도 줄어들고 자기 나라를 더 부강하게 만들겠다는 욕망이 부딪히는 전쟁도 없어지는 유토피아적 사회가 이뤄질 수 있을 것이다.

먼저 선진 강대국들부터 그들의 정책 목표를 저성장, 저소비, 저배출로 바꿔서 모범을 보여야 한다. 그리고 효율 지상주의 늪에 빠져서 끝없는 기술개발에 국가의 미래를 걸고 있는 선진 제국의 기술개발 경쟁을 그만두어야 한다. 지극히 어려운 과제다. 누가 어느 정당이 우리는 매년 경제성장의 목표를 0% 이하로 줄이겠다는 공약을 내세울 수 있겠는가? 이는 전국민적인 합의가 있어야만 가능한 일이고 그러기 위해서는 삶의 목표와 패러다임의 전환과 또 그것의 전 단계로서 근본적인 인생철학의 확립이 필요한 것이다. 그다음 단계로서 전국민적으로 장기간에 걸쳐서 이와 같은 철학, 사상 및 종교에 대한 광범위 교육이 지속적으로 뒤따라야 할 것이다.

현재 전 세계 모든 나라들이 추구하는 정치와 정책의 주요 목표는 경제의 성장이다. 즉 모든 정치 지도자들과 정당들이 내걸고 있는 선거공약은 GNP의 성장이다. 만일 어느 지도자나 어느 정당이 "향후 정책 목표를 지구 환경을 살리기 위해서 마이너스 성장을 하겠으니 국민 여러분 같이 허리띠를 졸라 맵시다"라고 했을 때 선거에서 살아남을 지도자나 정당이 있겠는가? 그렇기 때문에 이 문제는 오랜 시간을 두고 국민의 의식을 개혁해 나가야 하는 지난한 일이다. 진정한 행복이 무엇인지 혹은 가치 있는 삶은 어떤 것인지, 이대로 계속 나갈 때 필연적으로 올 수밖에 없는 인류 공멸의 위기 등등 인간의 가치관과 철학의 근본적인 전환에 대한 공감이 절대적으로 필요하다. 그 방향을 위해서 인내심을 가지고 장기적으로, 계속적으로 또 전 세계적으로 교육해 나가야 할 것이다. 좀 솔직하게 말하면 잠꼬대 같은 소리일지도 모른다. 유토피아적 백일몽을 두고 열을 올릴 일이 아니라고 말할 수도 있을 것이다. 그렇지만 인류의 생존 문제가 달린 문제인데 어렵다고 내팽개칠 일은 아니지 않는가?

이 문제가 하도 어려우니까 일부 선각자들과 천문학자나 NASA 같은 선진국의 우주탐사 기관에서는 진작부터 천체 개발을 통해 여차하면 지구를 탈출할 수 있도록 하기 위한 연구를 오래전부터

맹렬하게 진행하고 있기도 하다. 일론 머스크 같은 기업가도 이 행렬에 줄을 선 사람 중의 한 사람이고, 학자로서는 『인류의 미래』를 쓴 뉴욕시립대 물리학 교수인 미치오 카쿠가 선두에 서 있다고 한다. 그는 지구의 종말이 얼마 안 남았으므로 인류는 지구 탈출을 서둘러야 하는데 그것을 위한 태양계 내의 여러 행성에 대한 연구는 물론이고 태양계 넘어 우주여행에 대한 여러 문제를 그의 책에서 언급하고 있다. 그러나 나 같은 무식자가 들어봐도 태양계 넘어서의 우주여행, 우주 개척은 향후 수백 년 안에는 불가능한 일인 것 같다. 무엇보다 빛의 속도보다 몇십 배 더 빠른 이동 수단을 개발하고 인간이 거기에 안전하게 탑승, 이동한다는 것은 향후 상당 기간 인류에게는 상상의 영역일 뿐일 것이다.

그래서 향후 100년 이내에 인류가 개척할 곳은 화성 등 태양계 내의 행성이나 '이오'와 같은 목성의 위성을 지구 대체품으로 상정해 연구하는 학자들도 벌써 많이 있다고 한다. 지구 과학자들의 말을 들어 보면 지구는 그 내면으로부터 자기장이 발생하여 상공 수십에서 수천 킬로미터에 걸쳐 자기층이 형성되어 있어서 지구 상공의 오존층을 보호하고 우주 방사선을 막아줌으로써 인간과 동식물의 생존을 가능하게 하는데, 현재까지 밝혀진 바에 의하면 화성에는 이 자기장이 발생하지 않는다고 한다. 그러므로 인간이 가서 생활할 수는 없을 것으로 판단된다. 또한 이런 태양계 내의 행성이나 위성으로의 여행 문제는 이동의 문제보다는 오히려 그곳에서의 체류 환경 조성이 더 문제인 것 같다. 모르긴 하지만 이 문제도 간단치가 않은 것 같다. 지구를 버리고 불확실한 우주를 그 대체품으로 삼으려는 인간의 노력이 가상하기는 하지만 그것보다 먼저 지구 자체 내에서 살아남을 방도를 더 연구하는 것이 오히려 더 합리적일 것 같다.

한편 인류가 많은 기술적, 재정적 어려움을 다 극복한 뒤에 설사 타 행성이나 위성에 새 주거지를 마련하고 지구를 탈출하여 그 신천지로 이동했다고 하자. 그러나 인류가 새로 개척한 우주의 신세계에 가서도 인간의 기존 생활 방식과 사고방식을 그대로 가지고 산다면 그곳을 망가트리는 데는 몇백 년도 걸리지 않을 것이다. 위에서 언급한 일론 머스크 같은 사람만 하더라도 그의 우주개발 프로젝트는 결국 돈을 더 많이 벌려는 이기심이 그 주동력 이지 않는가? 그가 현재 운용하고 있는 지구궤도 스타링크 인공위 성 사업만 해도 벌써 엄청난 독점 이익을 얻고 있다고 한다. 앞으로 본격적인 우주개발 사업도 결국은 자본과 기술이 결합한 독점이윤 을 추구하는 또 다른 돈벌이 난장판이 지구에서와 똑같이 반복될 수밖에 없는 것 아닌가?

이 말은 결국 문제의 핵심은 우리 인간 내부, 즉 마음 심(心) 그 한 글자에 있는 것이지 새로운 땅, 새로운 개척지를 찾는다고 해결되는 일이 아니라는 것이다. 아무튼 인간의 물욕에는 그 한계가 없고 이것을 억제하지 않고서는 어떠한 다른 지엽적인 노력도 지구의 종말을 막을 대책이 될 수 없다는 것이 나의 좀 과격한 생각이다. 그러기에 위에서 언급한 저성장, 저배출 정책이 아무리 어렵더라도 인류가 나아가야 할 유일한 길임을 주장하고 싶다.

그런데 이 문제를 2,500년 전에 이미 갈파한 한 사람의 선구자가 있다. 노자! 바로 『도덕경』의 그 노자다. 현자賢者 중의 현자이신 바로 그 노자 선생님이다. 무엇을 자꾸 늘리려고 애쓰지 말고 무엇이든지 자꾸 줄여 나가라고 권유하신 분! 재물이든, 지식이든, 군사력이든, 나라의 크기든, 그 무엇이든! 오늘날 온갖 욕망이 뒤범벅이 된 채 인류의 공멸까지 이야기되고 있는 이 위기와 혼돈의 시대에 남을 이기려고 하는 끝없는 인간의 경쟁심, 그것을 부숴버리려고 하셨던 노자 선생님을 모시고 와서 칠흑같이 어두운 인류의 앞길을 밝히는 등불로 삼고 싶다. 그 간절한 마음 하나로 부족한 실력을 잘 알면서도 감히 도덕경에 도전하는 만용을 부린다.

둘째, 노자 공부는 이 세상에서의 성공을 위한 학문이 아니어서 좋다. 동양사상, 그중에서 중국을 대표하는 사상의 두 줄기는 공자를 중심으로 하는 유가 사상과 노자를 대표로 하는 도가 사상을 들 수 있을 것이다.

그런데 지난 2,000년간의 중국 및 아시아의 중심 사상은 누가 뭐라 해도 유가 사상이었음을 부인할 수는 없을 것이다. 공자와 안연을 중심으로 하는 1세대의 유교 사상가들, 공자 사후 100년 후에 태어나서 어쩌면 유학의 창시자라고 불리어도 손색이 없는 완벽한 유교 사상가인 맹자 그리고 공자 사후 천년 후에 태어난 주희 등이 중국 유학 사상을 발전시킨 주요 인물이라고 볼 수 있다면 그 외에 시대별로 등장한 수많은 중국의 유학자들, 예를 들면 전한 시대의 동중서, 명대明代의 왕양명, 송대의 정이천 등도 유학을 발전시키고 유지해 온 인물들이다.

이들 유학자에게 비치는 노·장자 계열의 인간 모습은 야하고 소극적이고, 접약하고, 우아함을 결여한 뭔가 촌스러워 보이는 사람들이었다. 또한 국가기관이나 지배계급에 잘 순응하지 않으려 하고 근원적으로 문명의 진보에 기여할 생각이 전혀 없는 사람들로 보였다.

반면에 유교적 가치를 추구하는 사람들은 인의예지仁義禮智라는 윤리적 규범을 최고의 인생 목표로 삼으면서 권력 지향적, 성공 지향적이면서, 남성적 강인함을 추구한 부국강병의 제국을 국가 모델로 삼는 좀 있어 보이는 사류士流들이었다. 그럼에도 불구하고 나는 동양의 주류 사상인 유가 사상보다는 좀 삐딱한 비주류인 노·장 사상에 더 마음이 끌린다.

셋째, 맹자의 왕도정치 사상에서 잘 나타나듯이 유교 최고의 덕목은 어려서부터 열심히 갈고 닦아서 이 땅에 이상적인 군주국가, 즉 인의예지仁義禮智의 덕성이 골고루 펴지는 군자의 나라를 만들어 나가야 한다는 그 당위 앞에서 한 치의 물림도 없는 치열한 삶(格物致知)을 강조한 유교의 이상주의는 당연히 인간을 한쪽 방향으로 극단적으로 몰고 갈 수밖에 없었다.

그러하기에 유교의 이상주의는 결코 이 땅에서 실현될 수 없는 비현실적 이념에 불과하다는 사실은 2500년 중국 역사가 증명하고 있다. 실현 불가능한 사상과 비전을 앞에다 크게 걸어 두고 실제로 뒤에서는 권력자들의 나팔수(speaker)의 역할을 수천 년간 즐겨 온 비겁한 사상가들의 집단이 곧 유가儒家들이 아니었나?

그에 비해 노자는 인간의 이런 모든 노력이 다 헛된 것임을 일찍 간파하고서는 인간 본성에 어긋나는 온갖 억지적 노력, 즉

'유위有爲'를 배척하는 것이다. 한번 배워볼 만한 사상이 아닌가? 노자의 무위철학이 무한경쟁에 의해 갈수록 심화되는 빈부격차, 지구의 종말까지도 이야기될 정도의 심각한 환경오염 문제, 점점 메말라가는 사람들의 인성… 이런 것들에 대한 걱정으로 인해서 기존의 도덕체계와 정치경제의 모델로서는 이를 해결할 수 없다는 생각에서 많은 사람이 다시 노자의 철학에 기웃거리게 된 것이 아닐까? 나도 그 아류 중의 하나다.

넷째, 노자는 사실 현실 사회로부터 좀 소외된 사람들, 정치·경제적으로 본류에서 탈락한 사람들, 지배그룹에 끼지 못한 열패자들(losers), 이런 비주류들에게 늘 안위와 동경의 대상이 되어 왔다. 나도 바로 이런 부류에 속하는 사람이다. 그러나 역사적 사실은 이들 저층의 인간군이 사회를 지탱하는 주춧돌이었고, 국가가 위태로울 때는 맨몸으로 그것을 막아온 사람들은 그들이었다.

또 노자의 도덕경은 나처럼 힘없는 자, 늙은 사람, 또 이 세상에서 소위 잘나가는 부류에 속하지 못하는 사람들에게 던지는 그분의 따뜻한 위로의 말씀같이 들려서 좋았다. 또한 오직 일등만을 추구하는 현재의 교육시스템에서 벗어나서, 더 나아가서는 GNP 성장 위주의 국가경영의 방향을 바꿔서 조금 발전이 늦더라도 지구환경을 잘 보존하고 국민 간의 화목을 강조하는 그런, 천천히 그러나 꾸준한(slow and steady), 사회경제 체제로 전환시켜야 된다고 생각하고 거기에 가장 합당한 사상이 노자의 무위 사상이 아닌가?

또한 지금 중병을 앓고 있는 지구 환경을 되살려 나가기 위해서는 전술한 바와 같이 천천히 그 바탕부터 조금씩 바꿔나가야 하는데 노자의 사상이 큰 도움이 될 것이라고 생각한다. 사실 노자의 무위無爲를 아무것도 하지 않는 게으름뱅이의 잠꼬대쯤으로 오해하는 사람이 더러 있는데 무위無爲의 올바른 의미를 『도덕경』을 통해서 배우고 공유하고 싶기도 했다.

다섯째는 이미 도래한 AI(Artificial Intelligence, 인공지능) 시대에 대비한 보완책으로서의 노자이다.

제조공장이나 건설, 농수산업 등 1, 2차 산업을 넘어서, 금융 교육 병원 등 3차 서비스 산업은 물론이고, 스마트폰을 비롯해 현대인의 일상생활에 이미 깊숙이 들어와 있는 AI는 이제 떼어 놓을 수 없는 삶의 중요한 영역이 되어버렸다. 문제는 이 AI가 지금과 같이 단순히 산업과 생활의 보조자 역할에서 그치는 것이 아니고, 스스로 생각하고 판단하고 계획하는, 즉 또 다른 하나의 인간형이 되어서 현재의 호모사피엔스, 인류종의 심각한 경쟁자 도전자 혹은 대체자가 될 수 있다는 무서운 전망에 있다.

물론 AI가 인류에게 엄청난 긍정적인 영향을 가져다줄 수 있다는 것도 사실이다. 생산력의 폭발적인 증가와 원가절감, 고령화 사회의 노동력 부족 문제 해결, 기술혁신과 우주개발 시대의 가속화 등등 그 긍정적인 면은 다 열거할 수가 없을 정도로 많다. 그러나 빛이 밝으면 그늘도 짙어진다. 제일 큰 문제는 실업의 증가와 빈부격차와 사회 양극화 현상의 심화다. 그 외 기계에 의한 인간성 상실, 과잉 정보와 사생활 침해 등의 부정적인 면도 엄청 많다.

이렇게 긍정적인 면과 부정적인 면이 공존하는 AI 시대에 어떻게 하면 부정적인 영향을 줄이고 극복하느냐가 사안의 핵심이 될 것이다. 이 부정적인 면의 가장 핵심은 빈부격차와 사회 양극화 현상의 심화일 것이다. 미국의 경우 2023년 기준 상위 10%의 부자가 전체 부의 70% 정도를 소유하고 있다고 한다. AI 시대가 본격화되는 향후 20~30년 후에는 이 수치가 1%의 부자가 99%의 부를 소유하는 끔찍한 사회가 될 수 있다는 것이다. 우리나라는 이 정도는 아니지만 그 추세는 동일하다.

이와 같은 초양극화 시대가 오면 대부분의 생산활동은 AI가 담당하게 되고 인간은 실업자가 된다. 실업자가 된 인간은 정부가 지급하는 기초생활연금에 의해 생활을 유지하게 된다. 아! 이때 인간들은 일을 안 하고 편안하게 먹고 살 수 있어서 행복할까? 그렇지 않을 것이다. 할 일이 없는 인간들이 느끼는 무력감과 소외감이 얼마나 심할까? 또 자기의 삶이 몇 사람이 내는 세금에 의해서 유지되고 있다는 열등감과 열패감은 또 얼마나 심할까? 그래도 이렇게 해서라도 의식주가 해결되는 상황은 AI 시대가 가져다줄 최대치일지도 모른다. 대부분은 오늘날 미국 대도시 거리에서 보이는 노숙자들과 알콜, 마약 중독자들의 모습에 근접해 가는 그런 비참한 상황이 되지 않을까 하는 비관적인 상상이 되기도 한다.

이에 대한 해결책은 무엇인가? 여러 가지 국부적이고 단기적인 대안이 제시될 수 있겠지만 그 근본적이고 영속적인 대책은 결국 인간 스스로의 내면, 즉 마음에서 찾아야 할 것이다. 그리고 노자! 나는 여기서 위대한 노자 선생님께 우리 시대가 곧 당면할 이 심각한 문제에 대한 답을 구해보고 싶은 것이다.

이런 몇 가지의 이유로 해서 천학비재한 자신의 능력두 고려하지 않은 채 나이 팔십을 앞두고 감히 노자 해설을 하겠다고 덤비게 되었다.

이 책에서는 노자의 대표작이자 유일한 저서인 『도덕경』을 텍스트로 했는데, 『도덕경』은 81장으로 구성된 주옥같은 문장으로 가득한 동양 최고의 고전임은 재언의 여지가 없고, 그 해설서만 해도 왕필의 해설을 필두로 해서 수만 가지가 넘는다. 이런 상황에서 전문학자도 아닌 그저 순박한 시골의 한 노인이 굳이 또 한 편의 『도덕경』 해설을 시도하는 것은 넌센스에 불과한 일인지도 모른다. 그러기에 위 언급한 바의 손자 아이에게 보내는 나의 유언적 의미 이외에는 다른 큰 의미를 갖지 못할지도 모른다.

『도덕경』은 다행히 문장이 간결하고 "장자莊子"의 문장처럼 어려운 단어도 그렇게 많지 않아서 한문 실력이 좀 딸리는 나 같은 사람도 감히 한 번 시도해 볼 용기를 낼 수 있는 그런 책이었다.

덧붙여서, 이 책에서 나는 『도덕경』의 해설과 함께 우리의 동학에 대해서도 함께 다루고 싶었다. 그것은 동학의 정신이 우리 고조선의 건국이념인 홍익인간과 제세이화의 사상을 계승한 것이며, 이 사상은 또한 소박한 평화로운 이상사회를 꿈꾸어 온 노자의 사상과 맞닿아 있다고 믿기 때문이다.

우리 민족은 가장 처참하게 몰락해가고 있던 조선 말기의 최악의 상황에서도 동학이라는 위대한 사상, 위대한 혁명을 일으킨 민족이다. 이 동학에는 5천 년 간 민족의 혈관 속에서 면면히 이어져 온 홍익인간이 진하게 배어 있고, 또 백성을 섬기고 백성과 함께 평화로운 소박한 세상을 꿈꾸었던 노자의 소국과민小國寡民 사상이 함께 묻어 있다고 믿기에 노자와 동학 이 두 주제를 이렇게 한 권의 책으로 내놓는 것이다.

　본서의 제2부에서는 동학 사상의 형성에 큰 영향을 미쳤을지도 모를 조선 중기의 개혁적이며 실천적인 두 사상가인 남명 조식과 내암 정인홍 선생을 같이 엮어보기로 했다. 이 두분 선생은 중국에서나 조선에서 아직 실학과 후생이용적 학풍이 발생하기 이전에 어쩌면 조선 실학사상의 먼 원조격으로 평가받을 만한 분들이고, 그 연장선상에서 나중의 동학사상에도 영향을 미친 분들이라고 생각된다. 특히 두 분은 공교롭게도 태생지가 나와 같은 경상도 합천이어서 남다른 애정이 가는 분들이다. 이런 여러 연유로 해서 나는 본서 제2부에서 이 두 분에 대한 이야기를 다루어 보고 싶었다.
　끝으로 본서의 부록에서 로버트 오웬의 인생을 간략하게 소개하는 글을 싣는다. 이분은 영국의 산업혁명 초기에 공장 노동자들의 비참했던 현실을 개선하기 위해서 책으로 뿐만 아니라 몸소 사업을 일으켜서 사회개혁을 직접 실현했던 경영자이자 학자이자 휴머니스트이자 사회개혁운동가였다. 이분의 인생과 그 사상이 우리의 동학과 남명 선생의 경敬·의義 사상과 상통하는 점이 있어서 비록 부록이지만 본서의 일부로 함께 엮어보기로 했다.

　젊어서부터 사회 변화를 꿈꾸어 왔지만 아무것도 하지 못하고 인생을 마감하게 된 지금의 내 입장에서 볼 때 내가 하지 못했던 훌륭한 일들을 혹은 글로서, 혹은 행동으로서, 또 사랑과 의로움으로서 나를 일깨워 주셨던 존경스런 선인들 몇 분의 업적과 자취들을 같이 묶어서 한편의 책으로 엮어보고자 하는 것이다. 또한 이분들의 따뜻한 마음과 의로운 행적들은 언제나 약한 자에 대한 연민으로 가득한 노자 선생의 뜻과 잘 아우러지는 짝이라고 생각해서이다.

아울러 손자 녀석에게도 노자와 더불어서 가슴 아픈 우리의 역사를 이야기해 주고 싶고, 또 이분들의 의로운 행적들도 같이 읽어보게 하고 싶다.

2025. 9.

저자 정영시

차례

3편 | 동학에 대한 재조명

제2부 _ 조선 중기의 실천적 개혁 사상가들

1편 | 남명 조식 선생을 기리며

제1부

노자와 동학

1편

도덕경

1. 노자의 세계관 이해

『도덕경』은 원래 여러 판본이 있는데 1993년 호북성 곽점촌의 한 묘지에서 대나무 쪽에 쓰인 판본이 발견되면서 이것을 죽간본 혹은 노자 판본이라 하여 『도덕경』의 원본으로 인정하고 있다.

노자 사후 작자 미상의 한 사람 혹은 여러 사람이 부기를 한 것으로 추정된다. 하지만 오늘날 우리가 읽는 『도덕경』은 중국 삼국시대의 학자 왕필이 주석을 달아서 정리한 판본인 왕필본이라고 보면 된다.

처음에는 『노자』라는 서명書名으로 되어 있었으나 후에 『도덕경』으로 바뀌었다고 한다.

그리고 『도덕경』도 처음에는 장의 구분 없이 한 덩어리의 글이었는데 오늘날 우리가 읽는 『도덕경』처럼 81장으로 구분한 것도 왕필본에서부터였다. 왕필은 춘추전국시대 위나라의 천재적 사상가였는데 16살 무렵에 『노자』를 주석 재편집하고 23세의 나이에 요절한 불행한 천재였다.

노자는 전국시대 초기 노나라에서 태어났으며 본명이 이이李耳라고 알려진 사람인데 공자보다는 먼저 태어났으나 공자와 동시대의 사람이고, 공자에게 예禮를 가르쳤다고 전해지고 있다.

노자의 무위無爲 사상은 양주楊朱의 사상과 같이 현실도피와 은둔을 주장하는 것이 아니고, 모든 일이나 사고思考에서 지나치거나 억지로 하는 것을 피하고, 순리적 합리적 자발적으로 해야 한다고 하는 것이다.

활동의 범위도 소박하고 자연적인 범위를 넘지 않도록 하고, 넘치는 지식, 너무 높은 명예, 과다한 재산, 지나친 예절, 억지로 오래 살려는 욕망 등등 소위 박樸(소박 수수함)을 넘어서는 일체의 것으로부터 멀리할 것을 권고한다.

따라서 노자의 정치 이론에서도 아무나 통치자로 함부로 나서서는 안 되고 오직 성인聖人만이 통치자가 되어야 한다고 주장한다. 성인이 통치자가 되어야 한다는 점에서는 공자 등 유학자들과 같은데 두 학파 간에는 차이가 있다. 유자儒者에 있어서 성인은 유가적 도덕성, 즉 인의예지仁義禮智를 완전히 체득하고 공적인 마인드가 가득하고 백성을 위해서 사심을 버리고 열정적으로 일을 하는 사람을 의미한다면, 노자의 성인聖人은 백성들을 무위無爲로 다스리고, 억지로 무슨 일을 함부로 벌이지 않고, 질박한 도道로서 자연과 한 몸이 되는 삶으로써 모범을 보이는 그런 사람일 것이다.

근본적으로 노자는 세상이 어지러운 것은 지도자가 너무 많은 것을 이루려고 억지로 백성을 그 방향으로 이끌면서 생기는 것이지, 일을 하지 않아서 일어나는 것이 아니라고 생각하는 것이다.

예를 들면 나라를 키우고 백성들을 부유하게 만들어야 한다는 부국강병책 같은 것이 전형적인 유위有爲일 것이다. 노자는 이런 억지적 강압적인 모든 유위를 배척하는 것이다.

노자의 무위無爲 사상에 한 발짝 더 나간 것이 장자莊子이다.

여기서는 아我와 비아非我의 구분이 없고 시是와 비非의 구별도 없고 나와 자연은 하나이니 당연히 구분이 있을 수 없고 나아가서는 삶두 죽음두 하나이다.

이것이 대일^{太一}(큰 하나)이고 태극이다. 나와 천하는 하나이고 시작도 끝도 없는 무한한 도^道의 차원이다.

그러나 본고^{本稿}에서는 장자의 이야기는 줄이고 대신 노자의 『도덕경』을 번역 소개함으로써 노자에 대한 나의 존경심과 절제심을 동시에 표하고자 한다.

봉오리를 꽃피게 하고 꽃을 열매 맺게 하고 열매를 한 줌 티끌로 만드는 무언지 모를 어떤 힘!

보이지 않는 거대한 힘! 애벌레가 번데기가 되고, 번데기가 나비가 되고, 나비를 다시 무^無로 되게 하는 그 무엇! 그 이름이 여호와든, 붓다든, 알라든, 또 다른 무엇이든!

그러나 이처럼 생겨나게도 하고 사라지게도 하는 그 거대한 힘은 이름을 가지고 있는 어떤 위대한 한 존재에 의해서가 아니고 오히려 그것은 만물 스스로가 그렇게 되어지는 자연의 순리 때문이라고 본다.

스스로 생겨나고 스스로 자라고 스스로 늙고 스스로 소멸되는 삼라만상의 유전^{流轉}하는 본질 때문이라고 하겠다.

창세기 3장 14절에서 모세가 하느님의 이름을 무어라 불러야 하는지 물어보았을 때 하느님은 "나는 스스로 있는 자"다. 즉, "I am who I am"이라고 대답했다.

이것이 바로 노자의 무위^{無爲}, 즉 "스스로 그러함", 그것과 같은 말이라고 본다.

이 글의 『도덕경』 해설은 기존의 여러 해설서나 전문가들이 하는 방식과는 달리, 81장 전체를 한 문장 한 문장씩 문법서를 설명하듯 분해 해석하는 그런 방식 대신에 『도덕경』의 순서와 차례를 무시하고 때로는 여러 장을 하나로 묶어서 다루기도 하고 때로는 생략하기도 하면서 가능한 한 노자의 무위無爲사상을 내가 이해하는 수준과 내용으로 기록해 보려고 한다.

노자의 세계관은 천지(우주)의 본질은 알 수 없는 어떤 어두움(幽玄)에 근원하고 있으며 그 어두움은 에너지(氣)로 가득한 묘한 곳, 즉 중묘지문衆妙之門이며, 여기를 바탕으로 해서 만물이 생하고 멸하는 끝없는 변화의 세계가 펼쳐진다는 것이다.

언뜻 들으면 구약성서 창세기의 천지 창조 당시의 분위기를 재현해 놓은 듯한 표현과 닮아 있다.

창세기 1장 2절 "땅이 혼돈하고 공허하여 흑암이 깊음 위에 있고 하느님의 영은 수면 위에 운행하시더라."

그러나 양자의 결정적 차이점은 구약성서에서는 태초의 공허와 혼돈과 어두움을 그 뒤에 따라오는 신의 세계 창조를 위한 기본 바탕 무대로 보고, 어둠 그 자체마저도 신이 만들어 낸 창조의 한 과정이고 도구에 불과하며 모든 것은 신의 뜻에 따라 기획되고 생성 변화된다고 본 것에 비하여 노자는 신神도 기획자도 없고 오직 천지의 본질 그 자체가, 즉 도道의 본질이 유현幽玄하면서도 어떤 기운이 가득한 신비적인 것이고, 이것은 누가 그렇게 만든 것이 아니고 스스로 그러함(自然), 즉 저절로 그렇게 된 것임을 이야기한 것이다.

그렇기 때문에 진리를 파악하는 일도, 이 세상에서의 온갖 행위와 삶의 목적도 어떤 불멸의 전지전능한 창조자의 교시나 뜻을 따르거나 그를 기쁘게 하는 데 있지 않고 오직 천지의 본질과 그 작동 원리인 "스스로 그러함"을 믿고 따르는 것이 올바른 삶의 자세라는 것을 주창하는 것이다.

부분적이고 단기적으로는 비효율적이고 부조리한 점이 없어 보이지 않겠지만 시각을 천년만년 단위의 긴 세월, 또 공간을 전 우주적으로 확대해서 보면 결국 천지는 스스로의 변화 법칙에 따라 생성 소멸 유지되는 "스스로 그러함(自然)"의 원리에 따라 운행된다.

노자는 이 원리의 특징을 『도덕경』 73장에서 "天網恢恢 疎而不失(천망회회 소이부실)"이라고 표현했다. 즉, "하늘의 그물은 넓고 성긴 듯 하지만 결코 놓치는 법이 없다"고 했다.

노자의 우주관, 세계관과 노자철학의 근본을 이해하기 위해서는 그의 『도덕경』 제1장을 넘기고 갈 수는 없을 것이다.

그러나 『도덕경』은 사실 첫 문장인 "道可道 非常道 名可名 非常名(도가도 비상도 명가명 비상명)"이라는 모호한 내용에서부터 독자들의 의욕을 꺾어놓는 듯한 분위기다. 사실 노자 이후 지금까지 이 문장의 해석을 두고 내로라하는 고금의 노자 연구가들 사이에서 하도 많은 해설서들이 나와서 독자들은 헷갈려 할 뿐이다.

그러나 이 문제는 결코 피해 갈 수가 없는 노자사상의 기본 틀인 바 부족한 능력과 이해력으로나마 이 문장에 대한 내 나름의 생각을 피력하지 않을 수 없을 것 같다.

보통 이 문장의 해석을 이렇게 한다. "도道를 도라고 하면 그것은 이미 우리가 이해하는 '불변의 도(常道)'가 아닌 것이고, 도에 이름을 붙이면 그것은 이미 우리가 이해하는 영원불변의 도를 칭하는 이름이 될 수 없는 것이다."

이 말의 핵심은 도는 신비한 것이고(衆妙之門), 인간의 머리나 가슴으로서는 다 이해할 수 없는 불가해하며, 또 시·공간을 초월한 영속성(唯不居 是以不去)을 보지保持하고 있다고 이해한다. 그러나 이것이 도의 절대성이나 불변성을 이야기한 것은 아니다. 왜냐하면 도는 천지의 시원始元이고 만물의 어머니로서 천지와 만물은 그 속성상 끝없이 변화 유전하는 것임을 『도덕경』 81장 여러 곳에서 언급하고 있음을 볼 때 오랫동안 논란의 중심이 되어 온 '상도常道'라는 정확한 의미는 "변화하면서도 영원히 끊이지 않는 도道"의 실상을 표현한 것이 아닐까 한다.

도를 도라고 하든 무엇이라 하든 도는 인간의 언어나 관념으로는 그 실제의 모습을 나타낼 수 없는 신비한 그 무엇이라고 생각한 것인 바 다른 한편으로는 인간 언어의 부족한 표현력과 그 언어를 구사하는 인간 이성의 능력도 신뢰할 수 없다는 의미가 내포되어 있는 것이다.

『장자』 제물론 16절에서도 대도불칭大道不稱(큰 도는 말로 표현할 수 없다) 혹은 도소이부도道昭而不道(도가 밖으로 드러나면 도가 아니다) 등의 표현으로 도의 불가언 불가시不可言 不可視에 대해 말하고 있다.

여기서 우리는 석가모니가 죽림정사에 머물던 어느 날 영축산에서 법회가 열렸는데 많은 비구들과 대중들이 숨을 죽이며 부처님의 말씀을 기다리고 있는데 부처님은 한마디도 안 하시고 연꽃 한 송이만을 들어 보였다. 모두가 영문을 몰라 어리둥절하고 있는데 백발이 성성한 제자 한 사람만이 그 뜻을 알아차리고 빙긋 웃었다고 한다. 그의 이름이 가섭이다. 가섭존자라고 불리는 그 사람이다.

또 다른 일화는 선불교의 고승高僧인 조주 선사와 임제 선사는 수련의 수준이 높은 제자들에게 무슨 고매한 법문을 설하는 대신에 고함을 치거나 아니면 후려치거나 하는 등의 기이한 행동을 한다고 한다. 또는 제자의 깨달음의 수준을 확인하려고 하는 선사님(고승)에게 이와 유사한 이해할 수 없는 행동을 했다고 하는 고승들의 수련 기록들은 많이 있다. 이런 것들이 다 오묘한 깨달음의 세계는 말로서 표현할 수 없다는 것을 보여주는 예例들이라고 보인다.

위의 道可道 非常道 名可名 非常名(도가도 비상도 명가명 비상명)에서 노자가 말하는 것이 곧 도道의 이런 언어를 넘어선 영역을 말하는 것이 아닐까? 즉, 노자의 불언지교不言之敎(말을 하지 않고도 이루어지는 가르침)를 말하는 것이다.

이렇게 부연 설명을 해 놓고도 다시 "도를 도라고 하면 그것은 우리가 아는 불변의 도가 아니다"라는 해석은 여전히 알 듯 모를 듯, 아리송하기만 하다. 좀 더 정확한 접근을 위해서는 1장 전체 문장을 놓고 검토하는 것이 좋을 것 같다.

> 道可道 非常道 名可名 非常名(도가도 비상도 명가명 비상명)
> 道를 道라고 하면 그것은 이미 우리가 이해하는 '불변의 도(常道)'가 아닌 것이고, 도에 이름을 붙이면 그것은 이미 우리가 이해하는 영원불변의 道를 칭하는 이름이 될 수 없는 것이다.

無名天地之始 有名萬物之母(무명천지지시 유명만물지모)

> 無(무)는 천지의 근원이라 하고 有(유)는 만물의 어미라 한
> 다.[1]

故常無欲以觀其妙(고상무욕이관기묘) 常有欲以觀其徼(상유욕
이관기교)

> 그러므로 늘 無欲(무욕)으로 보면 그 묘함을 볼 수 있으나
> 有欲(유욕, 욕심)으로 보면 그 껍데기만을 볼 것이다.[2]

此兩者同(차양자동) 出而異名(출이이명)

> 그런데 이 둘(무명과 유명 혹은 무욕과 유욕)은 같은 것인데,
> 겉으로 나타날 때 그 이름만 서로 다를 뿐이다.

이 말은 절대적 경지, 즉 도의 경지에서는 있음과 없음, 생과
사, 색色과 공空이 모두 다르지 않다는 반야심경의 색즉시공色卽是空의
경지 바로 그것과 같은 말이다.

또한 여기서 이 둘이 "같다"는 뜻에는 "영혼과 육체도 하나다"
라는 의미로도 해석된다.

---

1 여기서 명(名)을 동사로 보고 "~라고 한다"로 해석했음. 어떤 해설에는 "무명(이름
없음)은 천지의 근원이고 유명(이름 있음)은 만물의 어미다"로 해설하지만 나는
이를 적절한 해석이 아니라고 본다.

2 여기서 묘함을 본다는 것은 곧 공(空)의 세계 혹은 무(無)의 세계를 본다는 의미이고,
교(徼), 즉 껍데기만을 본다는 것은 현상(現像), 즉 색(色)의 세계를 본다는 의미로
해석한다.

즉, 공空이 영혼이라면 색色은 육체이다. 달리 말하면 무無의 세계가 영혼이라면 유有의 세계는 육체다. 공과 색이 다르지 않고 무와 유가 같은 것이라면, 이를 더 확대하면 천당과 지옥은 같은 것이다. 즉 천당도 없고 지옥도 없다는 말이다.

이는 곧 석가모니의 "생사生死가 곧 열반이다"라는 말과 같은 것이다.

도가와 불가의 사상이 서양의 이데아론이나 기독교의 영육 이원론과 구별되는 지점이다.

동양의 두 성인, 석가와 노자는 이 지점에서 서로 만나지만, 예수와는 다른 차원이다.

물론 성경의 기록, 예를 들면 요한복음 3장 6절 "육肉으로 난 것은 육肉이요, 영靈으로 난 것은 영靈이다"라는 기록이 실제 예수가 한 말이 아니고 후대의 기독교 교단에 의해서 교리가 새로 편집되는 과정에서 그렇게 바뀐 것이라고 하는 성경학자들의 설명이 있기는 하다. 아무튼 기독교의 선·악 이원론, 또는 영·육 이원론과는 다른 차원의 사상이다.

同謂之玄(동위지현) 玄之又玄(현지우현) 衆妙之門(중묘지문)
이 유有·무無의 같음(同)을 일컬어서 '가믈하다'고 한다. 가믈하고 가믈하도다. 온갖 묘함(衆妙)이 오가는 문이로다.

이 앞의 문장에서 유有와 무無(있음과 없음), 생과 사, 색과 공이 같다. 혹은 그것이 둘이 아님을(不二) 말했는데 이것이 무슨 말일까?

불이不二는 곧 일체一體인데 이것은 나와 만물이 하나인 차원, 즉 무아無我의 차원이고 물아일체物我一體의 차원이다.

기독교식으로 말하면 "내가 아버지 안에 있고 아버지가 내 안에 있다"로 표현할 것이요 불교식으로 말하면 "일체 중생이 곧 나요, 내가 곧 일체 중생이로다" 혹은 석가모니의 오도송인 "天上天下唯我獨尊"(천상천하 유아독존: 천상천하에 오직 나 혼자만 존귀하다)일 것이다. 그런데 이런 무아의 차원은 황홀의 차원이며 현묘玄妙한 차원이고 가믈한 차원이다.

그래서 이 문장에서는 유·무 같음을 일컬어 가믈(玄)하다고 한 것이다.

그리고 이를 강조하면서 "가믈하고 또 가믈(玄)하다"고 했다.

여기서 현(玄)은 검을 현이 아니고 가믈 현이다.

가믈하다는 말은 달리 표현하면 그윽한 느낌을 주는 색조의 깊이를 나타낸다.

이것은 검다거나 누르다거나 하는 어떤 하나의 색깔을 나타내는 것이 아니고 어떤 색상에 좀 짙고 그윽한 색조를 가미할 때 사용되는 믹서mixer 같은 역할을 한다.

영어로는 'dark'로 번역되는데, 'dark'라는 독립된 색깔이 있는 게 아니고, dark red, dark blue, dark black 등과 같이 어떤 색깔의 톤을 좀 짙게 그윽하게 만드는 역할을 한다.

그러기에 있음과 없음이 서로 만나고 섞이는 어둑하고 그윽한 지점, 나와 하느님, 나와 천하가 하나가 되어서 황홀해지는 그런 경지!

온갖 현묘함이 모이는(중묘지문衆妙之門) 그런 곳, 신비로운 그 차원을 노자는 가믈하고 또 가믈하다(玄之又玄)고 표현한 것이다. 무엇이라고 정의할 수도 없고 개념화할 수 없으며, 언어로서 담기 어려운 신비하고 심원한 현상계를 초월한 그 무엇! 그것을 노자는 "玄之又玄 衆妙之門(현지우현 중묘지문)"이라고 표현한 것이다.

신라의 고승 고운 최치원은 화랑도를 찬하기를 "國有玄妙之道 曰風流(국유현묘지도 왈 풍유)"라고 했다. 곧 "우리 민족에게는 현묘한 도道가 있으니 이를 '풍류'라고 일컫는다"라고 했다.

이 말은 노자 사상뿐만 아니라 유교와 불교가 들어오기 이전, 오래전부터 우리에게는 고유한 '풍류'라는 도가 있었다는 것이다. 부여의 영고, 고구려의 무천 같은 제천행사에서 바람 신을 맞이하는 의식이 있었는데 이는 풍류 사상의 한 표현이다. 우리 어릴 때에도 음력 2월 보름날에 바람 올리는 절기를 세었다.

최치원의 현묘지도玄妙之道라는 표현은 『도덕경』에서 차용한 것일 수도 있지만 반대로 노자도 고조선의 풍류 사상에서 영향을 받아서 현묘玄妙라는 표현을 했을 수도 있다.

바람이라 하면 거기에는 자연의 숨결(breath)이 내재되어 있고 숨은 곧 생명이고 생명은 신비롭고 신령스러운 것이다.

아마도 도올 김용옥이 그의 『도덕경』 해설 말미에서 노자가 고조선인이라고 말한 연유가 여기에 있는 것이 아닐까 싶기도 하다.

한편 도道를 이름 지을 수 있느냐 없느냐의 문제, 즉 도가 있느냐 없느냐의 문제에 대해 『금강경』의 기록도 한번 보자.

『금강경』 제6분에서 "無法相 亦無非法相(무법상 역무비법상)"이라고 했다. 이는 "법상法相이란 없다. 그러면서 또 한편 법상法相이 없는 것은 아니다"로 해석된다.

헷갈린다. 있다는 것인가 없다는 것인가?

여기서 법상法相의 뜻은 천지만물, 조물주, 하나님, 여래如來 혹은 만물의 근원 등으로 해석할 수 있는데 이것이 본 『도덕경』에서의 도道와 같은 뜻으로 이해하면 무리가 없을 것 같다. 즉 "도는 있다고도 할 수 없고 또 도를 없다고도 할 수 없다"로 해석할 수 있는 것이다.

여전히 아리송하니 약간의 설명이 더 필요하다. 도를 있다고 하면 도를 마치 눈에 보이는 현상 혹은 물체로 취급하는 것이 되므로 없다고 해야 한다. 그러나 또 도를 없다고 하면 도 자체를 부정하는 꼴이 되어 버린다.

그래서 도道란 없는 것 같으면서도 없지 아니한 오묘한 것으로서, 도를 도라고 부르면 벌써 우리가 상상 속에서 생각하는 그 절대적 개념의 신비스러운 도道 혹은 법法의 모습은 아닌 것이다.

조금 이해가 될 수 있는지 모르겠다.

여기서 우리는 서양 철학의 시원이라고 하는 희랍의 파르메니데스나 플라톤의 '이데아'의 불변적 개념과는 완전히 다른 동양적인 우주관인 "진리의 상대성과 가변성"을 알 수 있고 여기서부터 플라톤 이후 오늘날까지의 서양 철학의 근간인 존재론과 인식론, 이데아론, 그 여파로 생긴 기독교 유일신의 개념과는 완전히 갈라서는 분기점이 되는 것이 아닌가 싶다.

즉 『도덕경』 제1장에서 노자는 우주의 근원과 시발을 신의 창조물이라든가 영원불변의 이데아로 파악하지 않고 또 비현실적인 어떤 절대자의 개입을 거부하고 철저하게 生成消滅 成住壞空(생성소멸 성주괴공: 태어나서 잠깐 머물다 삭아서 무너지고 결국은 사라진다)의 변화무쌍한 만물의 속성과 그 상대성을 간파하고 그 본질을 도道의 허虛함(텅 빔)과 그 무명성無名性에서 찾은 것이다. 그래서 도의 본질은 도라는 이름도 붙일 수도 없고 붙이면 본래적인 도의 모습을 잃어버리게 된다.

이러고 보면 기존의 종교에서는 절대자의 이름인 여호와라든가 부처님이라든가 무엇인가 그 이름을 붙이고 그 이름에다 나를 일체화시키려고 하는 데 반해 노자는 도道에다 도道라는 이름을 붙이기를 싫어하는 것이다. 왜일까?

여기서 우리는 노자의 심모원려를 알 수 있다.

사실 2,000년 세계의 긴 역사에서 하나님이라는 가짜 이름, 가짜 선지자가 얼마나 많았으며, 또 부처님의 이름을 팔아서 자기의 이득을 챙긴 사기꾼이나 사기적 단체는 또 얼마나 많았나?

이렇게 절대자의 이름을 함부로 붙이고 그것으로 널리 전도하고 하는 것은 지극히 위험한 일이다.

어쩌면 노자는 신비하고 현묘한 그 도道에다가 불경스럽게 도道라는 이름을 감히 갖다 붙이는 것조차 참 죄송스러웠던 것이다.

조금 이해가 되었기를 바라면서 『도덕경』 전체에 대한 탐험을 계속해 보자.

위 제1장이 도의 본질에 대한 철학적 사유를 말한 것이라면 25장의 다음의 문장에서는 도의 속성, 도의 인간과 천지 및 만물과

의 관계를 설명한다.

有物混成 先天地生(유물혼성 선천지생)

　　(태초에) 무엇인가(物)가 혼돈의 모습으로 있었으며 천지가
　　생기기 전부터 있었다.3

寂兮寥兮 獨立不改(적혜요혜 독립불개)

　　적막하여라 쓸쓸하여라. 외로이 있으면서 변함이 없구나.

周行而不殆(주행이불태)

　　이르지 않는 곳이 없이 다 운행하면서도 위태롭지는 않네.

可以爲天下母(이이위천하모)

　　가히 천하의 어미(바탕)가 될 만하구나.

吾不知其名(오부지기명)

　　나는 그 이름을 알 수가 없어서

字之曰道 强爲之名曰大(자지왈도 강위지명왈대)

　　글자로는 道라고 쓰고 억지로 이름 붙여서 그저 "크다"라고
　　한다.

大曰逝 逝曰遠 遠曰反(대왈서 서왈원 원왈반)

　　큰 것은 가게 마련이고 가는 것은 멀어지고 멀어진 것은
　　되돌아온다.

故道大 天大 地大 王亦大(고도대 천대 지대 왕적대)

---

3 구약 창세기에서는 하느님이 태초에 천지 창조를 시작하기 전의 모습을 1장 2절에서
"땅이 혼돈하고 공허하며 흑암이 깊음 위에 있더라"라고 하였다. 노자의 도(道)의
워 모습과 유사해 보인다

그러므로 道는 크고, 하늘도 크고, 땅도 크고, 왕 또한 크다.[4]
人法地 地法天 天法道 道法自然(인법지 지법천 천법도 도법자연)
사람은 땅을 본받고, 땅은 하늘을 본받고, 하늘은 도를 본받고
도는 스스로 그러함(自然)을 본받는다.

"사람은 땅을 본받는다(人法地)"의 의미는 땅의 속성, 즉 정직하고 생육하고 공존共生하는(하늘과 자연과 더불어) 땅의 성정을 인간이 닮아가야 한다는 의미라고 해석한다.

"땅은 하늘을 본받는다(地法天)는 의미는 땅은 하늘의 운행 법칙, 즉 누구에게나 공평하게 포용하고 개방적이고 차별을 두지 않는(무친無親이라고 표현함) 하늘의 본질을 따른다"라는 의미다. 하늘은 부자와 가난한 사람, 권력자와 바닥의 백성, 선한 사람과 악한 사람을 구분하지 않고 똑같은 햇볕을 내리고 똑같이 태어남과 죽음을 있게 만든다(『도덕경』 5장에서의 천지불인天地不仁도 같은 맥락일 것이다).

"하늘은 도를 본받는다(天法道)"는 하늘 혹은 천지의 운행은 다 도(道)의 움직임이고 "도는 자연을 본받는다(道法自然)"는 도의 움직임은 스스로, 저절로 그렇게 되는 것이다.

본 25장에서 노자는 사람과 땅과 하늘과 도道는 서로 의지하고 조화를 이루어야 함을 말하고 종국에는 모든 것은 스스로 그러함의

---

4 "왕 또한 크다"는 의미는 왕은 도와 천지의 운행 원칙을 본받아야 하는 중요한 존재임을 강조하는 것임.

법칙에 지배받는다는 도의 법칙을 설명한 것이다.

한편 이 25장의 하늘과 사람과 땅(만물)의 조화로운 관계는 동학의 해월 최시형 선생의 삼경三敬 사상(경천敬天, 경인敬人, 경물敬物, 즉 하늘을 섬기고 사람을 섬기고 만물을 섬긴다)과도 일맥상통한다.

2. 공자와 유교에 비판적인 노자

『도덕경』81장의 문장은 때로는 깊은 철학적 사유를 논하고 때로는 개인들에게 귀중한 영혼의 약이 될 만한 주옥같은 교훈을 제시하기도 하고 또 어떤 때는 정치 지도자들에게 던지는 추상 같은 훈계를 내린다. 그러면서 언제나 그 바탕에는 유교의 형식주의적인 인의예락(仁義禮樂)에 대한 비평 의식이 자리하고 있음을 알 수 있다.

『도덕경』2장과 3장에서 노자는 크고 높고 긴 것만 추구하는 유교적 군자(君子) 개념을 비판하고 현실세계 개념에서의 착하고 아름답고 똑똑하고 현명한 자들에 대한 불신과 경계심을 이야기한다. 예문을 몇 개 들어 보자.

天下皆知 美之爲美 斯惡己(천하개지 미지위미 사오이)
　　천하의 사람들 모두가 "아름다움은 언제나 아름다운 것일 뿐"이라고 알고 있다면, 이것은 아름다움이 아니라 추함일 수도 있다.

皆知善之爲善 斯不善已(개지미지위선 사불선이)

　모든 사람이 모두 다 선하다고 알고 있는 것은 실은 선함이
아니라 不善(불선)함일 수도 있다.

　진리의 상대성을 이야기하는 것이다. 오늘의 아름다움이 내일의
추함이 될 수 있고 오늘의 선함이 내일의 악함이 될 수 있다. 불교식
으로 말하면 분별지分別智에 갇히지 말라는 말이다.

　시대뿐만 아니라 공간적으로도 마찬가지다. 서양 속담에 "피레
네산맥 이쪽에서의 진리가 산맥 저쪽에서는 허구다"라는 말이 있다.

　아름다움과 선함은 인간 최고의 덕성이다. 그런데 인간은 결코
완벽한 존재가 아니므로 선하고 아름답다고 해서 그가 하는 모든
행위와 사유가 항상 그런 것은 아니다. 또 어제의 아름다웠던 그의
마음이 오늘은 추한 마음의 소유자가 될 수도 있다. 또 겉으로는
아름답게 보이는 사람도 실제로는 그렇지 못한 경우도 얼마든지
있다.

　선함의 경우도 마찬가지다. 어쨌든 사람을 평가할 때, 특히
인간 최고의 덕목인 아름다움과 선함이라는 부분에서 선과 악,
미와 추를 이분법적으로 딱 나누어서 가볍게 평가해서는 안 된다는
것이다.

　인간세人間世에서 절대적이고 불변의 기준은 없다. 성서의 바리새
인들처럼 그들은 자기선自己善, 자기의自己義에 취해서 자기들만이
선하고 자기들만이 의롭다는 생각에 빠져서 자기들이 설정한 기준
에 맞지 않는 것은 모두 이단, 사탄으로 몰아버리고 배척한다.

선善이든, 의義든, 미美든 그 무엇이든, 설사 그 지고至高의 단계에 다다랐다고 하더라도 그것은 어디까지나 그 상대성相對性을 인정해야 하며, 이 인간세에서는 절대적 선함도, 절대적 의로움도, 절대적인 아름다움도 있을 수 없다는 진리를 2,500년 전의 노자는 이미 간파하고 있었던 것이다.

선이 자기선, 자기도취에 빠지는 순간 그 선이 바로 악이 되어버리는 역설! 의로움도 마찬가지. 자기의에 도취 되는 순간 그 의는 바로 불의가 되는 것이다.

이런 현상을 우리는 역사에서, 아니 지금 현재도 너무 많이 보아왔고 또 보고 있다. 특히 정의 구현, 인권운동, 민주화 운동에 청춘을 바친 사람들 중에도 일부 사람이 자기선에 빠져서 독단적으로 변하거나 혹은 완전히 180도 달라져서 반민주 반인권적으로 변절해 버리는 사람들을 자주 볼 수 있는데 이런 자세들이 노자가 경계해 마지않는 미지위미 선지위선(美之爲美 善之爲善)의 자세가 아닌가 싶다.

한번 아름다운 것은 언제나 아름다움일 뿐으로 결코 추할 수 없다는 자세! 그런 자세가 바로 독선 오만적 추한 자세가 아닌가?

또 선한 사람은 언제나 선함 일색일 뿐이지 어떻게 악할 수가 있겠는가, 라는 생각! 그러나 오늘의 선함이 내일의 악함이 될 수 있고, 젊었을 때 의기롭고 선했던 사람이 장년에 이르러서는 얼마든지 악한 사람이 되는 세상이 아닌가? 아름다움도 때와 장소가 바뀌면 추함이 될 수가 있고 선함도 언제든지 악함으로 바뀔 수 있는 상대적 개념인 것이다. 그러기에 우리는 미美아 선善을 평가할 때 대단히 신중한 자세가 필요한 것이다.

일시적 권력의 영향을 받거나 특히 요즘 보면 가짜 뉴스에 휘둘려서 깊은 생각 없이 한 인간과 한 단체의 선과 악을 함부로 평가 단정하는 경우가 많은데 신중해야 한다.

아름다움과 추함에 있어서도 마찬가지다. 함부로 평가하고 쉽게 믿어서는 안 된다.

나는 또 이 문장을 읽으면서 떠오르는 것이 석가모니의 『까말라경』이다. 자기 고향의 같은 종족인 까말라 사람들에게 함부로 남의 말을 쉽게 믿고 경거망동하지 말라는 석가모니의 충고의 말씀을 기록한 『까말라경』 가르침이다.

노자가 본 장에서 말하는 또 하나의 의도는 미美와 오惡가 같고, 선善과 불선不善이 같다는 것이다.

다음의 문장으로서 그 오의奧意(깊은 뜻)를 읽을 수 있다.

有無相生(유무상생)　　있음과 없음은 서로 生하며
難易相成(난이상성)　　어려움과 쉬움은 서로 이루며(도우며)
長短相較(장단상교)　　긴 것과 짧은 것은 서로 겨루며
高下相傾(고하상경)　　높음과 낮음은 서로 기울고(혹은 기대고)
前後相隨(전후상수)　　앞과 뒤는 서로 따른다.

즉, 서로 반대되는 두 개념이 서로 의지하여 존재한다는 것이고 두 대칭이 하나로 통합될 때에야 완전체가 된다는 것이다. 그러기에 둘은 다른 것이 아니고 같은 것이다.

즉 아름다움은 추함이 있으므로써 그 존재 의미가 있는 것이다. 만약 이 세상에 추함이 없다면 당연히 아름다움도 없는 것이다. 선과 불선도 마찬가지고 당연히 잘난 놈과 못난 놈도 서로 마찬가지다. 경제학 용어로 표현한다면 둘은 대체재가 아니고 보완재다.

『도덕경』 3장에서는 또 잘나고 똑똑한 사람에 대해서 경계심을 늦추지 않는다. 노자는 잘난 놈의 꼬락서니를 못 보는 사람인 것 같다.

不尙賢 使民不爭(불상현 사민부쟁)
　　현명한 자, 즉 똑똑한 자들을 그렇게 높이 여기지 말라(숭상하지 말라).

그것은 백성들로 하여금 지나치게 경쟁을 유발하게 할 것이다. 오늘날의 엘리트 육성 위주의 교육, 일등만 중시하는 비뚤어진 교육 현실에 대한 비판으로 받아들여야 한다. 유사 이래로 나라를 팔아먹고 백성을 착취한 자들은 다 그 시대의 엘리트 그룹임을 감안하면, 이 시대에 다시 한번 노자의 가르침에 귀 기울일 필요가 있다. 특히 우리나라의 경우 권력의 자리를 차지하여 민중을 괴롭힌 자들이 대부분 우리나라에서 최고의 수재들이 입학한다는 모대학의 법과대학 출신인 현실을 보면 더욱 그러하다. 그리고 민주주의를 뭉개고 쿠데타를 일으켜서 국민을 살해한 군인도 군부에서는 잘나간다는 군 엘리트들의 비밀 회원들이었다. 우리나라의 엘리트 충원 시스템을 재점검해 보아야 하는 이유가 충분하다.

이처럼 노자는 벌써 2,500년 전에 엘리트, 그의 표현으로는 현인賢人을 그렇게 높이 평가하지 말라(不尙)고 하면서 그들에게 너무 경도되거나 의지하지 말라는 경고의 말을 남기고 있다. 시쳇말로 머리 좋은 놈보다는 인품이 훌륭한 사람을 중용해야 한다는 말이다. 새겨들을 말이다.

사람 중에서도 똑똑하고 잘난 사람만을 너무 높이 여기지 말라는 것이 위의 경구였다면 아래는 구하기 힘든 값 비싼 물건을 귀하게 여기지 말라는 경고의 말이다.

不貴難得之貨 使民不爲盜(불귀난득지화 사민불위도)
　　구하기 힘든 재화(명품)를 귀하게 여기지 말라. 그래서 백성들로 하여금 도적이 되지 않도록 해야 한다.

사회 지배층 혹은 불의한 엘리트 그룹이 누리는 사치적 행실은 일반 국민들에게 출세의 욕구를 더욱 강렬하게 자극함으로써 원래 선량했던 백성들의 마음에 정의감을 없애고 나도 저런 자리에 올라가서 부귀를 누리고 싶다는, 즉 도둑의 마음을 품게 만든다. 결코 옛날의 이야기만은 아니다.

不見可欲 使民心不亂(불견가욕 사민심불난)
　　백성들이 욕심을 낼 만한 물건을 내보이지 말라. 백성의 마음이 혼란스럽게 흔들리지 않도록 하라.

모두 출세한 엘리트들로 인해서 사회에 미치는 나쁜 영향을 이야기한 것이다. 이렇게 노자는 잘나고 똑똑한 사람을 잘 신뢰하지 않고 그들에 대한 감시를 게을리하지 않도록 군주와 백성들에게 늘 경고한다.

이미 앞에서 언급한 것이지만 사실 요즘의 한국 사회를 가장 병들게 하는 것은, 우리 사회 각 분야를 옥죄고 지배하고 있는 지배엘리트 그룹이다. 그들은 대부분이 일류대학 출신으로서 어릴 때부터 가정과 학교에서 그 우수한 학업성적으로 인해서 온갖 찬사와 특혜를 받아오면서 자라난 승리자이다.

청소년의 민감한 시기부터 그들은 쉽게 선민적 우월주의에 빠져들고 다른 친구에 대한 따뜻한 우정을 나누기보다는 상호 간의 경쟁심리에 쉽게 젖는다. 그렇지 않으면 자칫 일등 자리를 놓칠 수 있다는 우려가 마음 바닥에 깔려있으니까. 그렇게 해서 소위 좋은 대학 일류 학과에 입학하고 졸업 후에는 또 만인들이 우러러보는 좋은 직장에 들어가게 되고 거기서 또 그들 간의 협력과 경쟁을 통해서 독특한 엘리트이즘과 특권의식에 빠지게 된다. 이렇게 해서 공정성과 민주적 사유 능력은 서서히 사라진다. 승진을 해 위로 올라갈수록 이 현상은 더욱 심화된다. 그리고 대중들과의 정서적 유대감도 서서히 옅어진다.

대충 이런 현상들이 우리나라 법조계, 언론계, 고위 공직사회(군 경찰 포함), 의료계, 교육계 상층부 엘리트들이 보여준 반민주적 반개혁적인 모습의 본질일 것이다.

노자의 무위나 붓다의 공空의 개념을 그들의 머리로는 잘 알고 있지만 가슴으로 안을 수 있는 마음이 이들에게 남아 있을 리가 없다.

　물론 여기서 한국의 엘리트 모두를 일반화하는 것은 아니다. 개중에는 타고난 재능과 남다른 노력으로 많은 업적을 쌓고 맑은 영혼을 노년까지 보지하면서 민족과 국가에 큰 기여를 한 분들도 많다고 본다. 이 점 오해가 없기 바란다.

　특히 과학기술 분야의 엘리트들이야말로 국민을 먹여 살리고 국가를 이끌어가는 보배임을 부인할 사람은 없을 것이다. 그렇지만 우리 같은 일반 서민의 눈에 들어오는 우리 사회 지도층의 행태는 결코 이대로 더 방치해서는 안 되겠다는 생각이다. 그래서 우리는 노자를 계속 이야기하지 않을 수 없다. 우공이산愚公移山의 심정으로.

　노자는 공자와 유자儒者들이 우주와 인생의 근본은 보지 않고 자기가 볼 때는 지엽말단적인 도덕문제, 예의·예절 문제를 너무 강조해서 삶의 본질을 간과하게 만든다고 비난한다. 또한 유자儒者의 교육이 입신출세와 성공을 목표로 하고 있다고 비난하면서 유자들은 입으로는 군자의 양성을 교육의 본질로 한다고 하지만 실제로는 이를 통해서 군자가 아니라 소인들만 양산하는 교육이라고 비난한다. 그의 말이 옳았음을 중국과 한국에서의 2,000년 유교문화의 비뚤어진 역사가 이를 잘 설명해 주고 있다.

　공자 자신부터가 현실적 정치에 참여하지 못해서 안달하는 지나치게 현실 지향적인 소인적 태도를 보였다고 비판하고 또 그를 따르는 유자儒者들에게도 신랄한 공격을 그치지 않는 연유를 이해할 수 있을 것 같다.

실제로 공자의 제1 제자인 안연이 공자에게 죽음에 대해 질문을 했을 때 공자는 사는 문제도 다 해결하지 못하는데 어찌 죽음을 생각하겠느냐면서 오히려 제자를 면박하는 장면이 나오는데 이는 공자의 지나친 현실 지향적인 면을 보여주는 장면인 것 같다. 이런 지나친 현실적, 근시안적 자세가 조선에서는 더 증폭되어서 유교를 폐쇄적 배타적 형식주의의 죽은 학문으로 전락시키고 조선의 정치 사회 발전에 큰 폐해를 초래했던 사실은 우리 역사가 증언하고 있는 바다.

노자는 이런 문제들을 공자 당시에 벌써 간파했던 것 같다. 노자는 볼품없는 못난이가 훌륭하게 자라서 나중에 나라의 대들보가 된다는 회광반조回光返照의 대역전의 서사를 22장에서 이야기한다.

曲則全, 枉則直(곡측전 왕측직)

　　꼬부라진 것은 온전해지고, 휘어진 것은 펴지게 된다.

窪則盈, 敝則新(와측영 폐측신)

　　패이면(窪) 꽉 차게 되고, 낡으면(敝) 새로워진다.

少則得, 多則惑(소측득 다측혹)

　　적으면 얻게 되고, 많으면 오히려 미혹된다.

是以聖人抱一爲天下式(시이성인포일위천하식)

　　그러므로 聖人은 이를 하나로 통합하는 일을 天下의 기준,

　　즉 다스리는 기준으로 삼는다.

이것은 또한 전술한 제2장의 유무상생^{有無相生}, 난이상성^{難易相成}, 장단상교^{長短相較}, 고하상경^{高下相傾}, 전후상수^{前後相隨}와 같은 뜻이기도 하다.

위에서 보듯이 노자는 꼬부라진 것, 휘어진 것, 패인 것, 낡은 것, 작고 모자란 것…, 이런 것들에 대한 짙은 애정을 품고 있다. 그렇다고 이런 모자라고 부족한 것과 훌륭하고 넉넉한 것을 대립적으로 병치^{竝置}하는 것이 아니고 그 둘을 동일시, 상호 보완적인 관계로 보는 것이다. 위에서 보듯이 굽은 것과 곧은 것, 패인 것과 꽉 찬 것, 낡은 것과 새 것, 모자라는 것과 남는 것, 이런 대칭적인 두 개념이 노자에 와서는 전일적으로 통합이 된다.

즉 노자의 원리는 모순통일의 원리이다. 이것이 포일위천하식^{抱一爲天下式}(하나로서 천하의 기준이 되게 한다)의 뜻이다. 어찌 보면 노자의 이 상반되는 두 개념의 통합의 개념이 헤겔 변증법의 씨앗일지도 모른다.

22장을 계속 보자.

不自見, 故明(부자현 고명)

　　스스로 드러내지 않음으로써 널리 드러나고(明)

不自是, 故彰(부자시 고창)

　　자기를 옳다(是)고 하지 않으니 오히려 빛나게(彰) 된다.

不自伐, 故有功(부자벌 고유공)

　　스스로를 뽐내지 않기 때문에 오히려 공이 있게 되고

不自矜, 故長(부자긍 고장)

스스로 자만하지 않기 때문에 지도자(長)가 된다.

夫唯不爭(부유부쟁), 故天下莫能與之爭(고천하막능여지쟁)

오직 다투려 하지 않기 때문에 천하에 그와 대적할 수가
없다.

古之所謂曲則全者(고지소위곡즉전자), 豈虛言哉(기허언재)

옛말에 "꼬부라진 것은 온전해진다"라는 말이 어찌 허언이겠
는가.

誠全而歸之(성전이귀지)

진실로(誠) 모든 일이 거기로 귀결된다.

그러면서 동시에 자기를 드러내지 않는 것, 자기를 옳다고 하지
않는 것, 스스로를 뽐내지 않는 것, 자만하지 않는 것, 다투려고
하지 않는 것… 이런 부쟁不爭 부전不戰의 양보정신, 평화정신을 강조하
는데 이는 맹자의 겸양지심謙讓之心과 일견 유사한 것 같다. 그러나
맹자의 겸양지심은 인의예지仁義禮智라는 사단四端 중의 다른 세 가지
덕목인 측은지심惻隱之心, 수오지심羞惡之心, 시비지심是非之心과 더불어서
인간의 타고난 기본적인 도덕적 가치를 말하지만, 위의 『도덕경』
22장의 메시지는 훨씬 차원이 높은 무위자연인無爲自然人의 탈속적인
여유와 부쟁不爭 부전不戰을 이야기한다고 본다.

이 22장을 읽으면 신약성서 마태복음 5장의 예수의 산상수훈을
읽는 것 같은 착각이 든다.

"심령이 가난한 자는 복이 있나니 천국이 저희 것임이요, 애통하는

자는 복이 있나니 저희가 위로를 받을 것이요, 온유한 자는 복이 있나니 저희가 땅을 기업으로 받을 것임이요, 의(義)에 주리고 목마른 자는 복이 있나니 저희가 배부를 것임이요, 핍박을 받는 자는 복이 있나니 천국이 저희 것임이라."

참고로 예수의 산상수훈에서 "심령이 가난한 자"라는 구절은 대단히 모호하고 구체적으로 제자들이나 민중에게 어떠한 마음을 가지라고 하는 것인지 알 수가 없다. '심령'을 마음의 뜻으로 쓴 것인지? 영문 성경에서는 이것을 "the poor in spirit"로 번역해 놓은 것을 보면 마음이 가난한 자(the poor in mind)와는 다른 것 같다. 그러면 영혼이 가난한 자로 하지 않고 왜 또 심령이 가난한 자로 했을까?

그래서 좀 진보적인 신학자들 사이에서 특히 해방신학자들 사이에서는 "가난한 자는 복이 있나니"가 원래의 예수 말씀이었는데 그 후 니케아 종교회의에서 "심령이 가난한 자"로 바꾸었다고 하는 주장들이 있다. 증거는 없다.

그런데 신약성서의 중국어 버전에는 이것을 虛心的人有福了(허심적인유복료) 因爲天國是他們的(인위천국시타문적)으로 번역함으로써 심령이 가난한 자를 "허심적인虛心的人", 즉 마음을 텅 비운 사람으로 해석한 것이다.

이렇게 하면 심령이 가난한 자는 자아를 버린, 즉 금강경의 아상我相, 인상人相, 중생상衆生相을 버린 청심한 도심道心의 경지에 이른 사람을 의미하는 예수 본래의 의미가 살아나게 되는 것이다.

탁월한 번역이다. 어쩌면 이런 면에서 한문의 효용이 대단함을 느낄 수 있다.

아무튼 노자의 시선은 예수의 그것처럼 언제나 강한 자보다는 눈에 띄지 않은 약한 자에게 있고 상층의 지배자보다는 이름 없는 백성들에게 있었음을 알 수 있다.

유사한 의미이지만 부드러운 것이 단단한 것을 이기고 또 자기 형체를 지니고 있지 않은 물이나 공기 같은 것이 얼마나 유익하고 유능한지를 43장에서 말하고 있다. 한번 읽어보자.

天下之至柔(천하지지유) 馳騁天下之至堅(치빙천하지지견)

천하에 가장 부드러운 것이 천하에 가장 단단한 것을 제어한다.[5]

無有入無間(무유입무간)

형태가 없는 것이 틈이 없는 사이에 들어가니

吾是以知無爲之有益(오시이지무위지유익)

나는 이로써 무위의 유익함을 알겠도다.

不言之敎(불언지교) 無爲之益(무위지익) 天下希及之(천하희급지)

不言(말하지 않음)의 가르침과 하지 않음(無爲)의 이로움, 천하에 이에 이를 만한(견줄 만한) 것이 드물 것이다.

약하고 부드러운 것이 강한 것을 이긴다는 반어법이다.

---

5 위 지빙(馳騁)은 앞서 밀린다. 즉 이긴나의 뜻임.

　우리는 동서양의 긴 역사에서 수많은 철권 통치자와 천하를 호령하던 막강한 장군들이 자기들의 무력만 믿고 약한 백성을 학대하고 약한 이웃 나라를 괴롭히다가 당대에서 혹은 길어도 몇 세대 안에 종말을 고하고 마는 경우를 수없이 많이 보아 왔다.

　　부드러움의 강함과

　　형태 없음(無有)의 유효함과

　　하지 않음(無爲)의 유익함

　　말하지 않음(不言)의 가르침.

　사실 이와 같은 덕목은 말로는 쉬운 것이지만 실행은 지난至難한 일로서 범인은 감히 흉내도 내지 못하는 저 높은 차원의 가치다.

　나를 전부 버리지 않으면, 즉 아상我相에서 벗어나지 않으면 다다르기 힘든 그 무엇이다. 이것은 곧 석가모니가 설법을 하는데 아무도 다 알아듣지 못하는데 오직 마하 가섭만이 빙그레 미소를 지어서 다 알아들었다는 무언의 표시를 했다고 하는, 소위 염화시중拈花示衆의 미소가 위의 불언지교不言之敎의 뜻일 것이다.

　18장에서는

　　大道廢 有仁義(대도폐 유인의)

　　　　큰 道가 사라지면 仁과 義가 나타나고

　　慧智出 有大僞(혜지출 유대위)

　　　　큰 지혜가 나가고 나면 큰 위선이 나타난다.

六親不和 有孝慈(육친불화 유효자)

　　효성과 자애로움은 육친이 불화할 때 생기고

國家昏亂 有忠臣(국가혼란 유충신)

　　충신은 국가가 혼란할 때 나타난다.

위에서 보듯 노자는 또 유교적 덕목인 인의仁義, 효자孝慈, 충신忠臣 등에 대한 anti-thesis(반론)의 시니칼한 비평을 가하고 있다. 인의와 도덕과 충신이 필요하지 않는 질박한 도道의 세계, 즉 무위無爲가 천하에 널리 깔리는 그런 유토피아적인 세상을 꿈꾸는 사람이다. 유교의 형식적 규범과 가식적인 문화를 통렬히 비판하면서 영원한 평화와 아름다움을 추구했던 낭만주의자이며 이상주의자인 노자 선생이 더욱 존경스러워진다. 이 돈과 권력과 욕심의 아귀다툼의 현실 한가운데에 서서!

이 문제에 대해 19장에서도 비슷한 이야기를 한다.

絶聖棄智(절성기지)　民利百倍(민리백배)

　　성스러움을 끊고 슬기로움을 버리면 백성에게 백 배의 이로움

　　이 있을 것이다.

絶仁棄義(절인기의)　民復孝慈(민복효자)

　　仁을 끊고 義를 버리면 백성이 오히려 효성과 자애로 되돌아

　　갈 것이다.

絶巧棄利　盜賊無有(절교기리　도적무유)

　　기교를 끊고 利를 버리면 도적이 없어질 것이다.

此三者以爲文 不足(차삼자이위문 부족)

　이 세 가지, 즉 성스러움과 인자함 그리고 기교, 이 세 가지는 문명의 장식품일 뿐이며 스스로의 족함은 아닌 것이다.[6]

見素抱樸(견소포박) 少私寡欲(소사과욕)

　순결한 본 모습(素)을 보이고 통나무 같은 소박함(樸)을 품으며, 사사로움을 적게 하고 욕심을 줄여라.

絶學無憂(절학무우) 또 학문을 끊으면 근심 걱정이 없어질 것이다.

　여기서 노자는 종교와 학문(성聖과 지智), 윤리적 가치(인과 의) 그리고 문명의 정교함과 그 혜택(교巧와 이利), 이 세 가지는 모두 겉꾸밈, 즉 문식紋飾에 불과한 것이므로 이런 문명의 화려함에서 벗어나 소박한 인간 본래의 모습으로 돌아갈 것을 촉구한 것이다. 여기에는 아마도 인의예지仁義禮智를 금과옥조로 삼는 형식주의적인 공자와 유교집단에 대한 강한 비판의 뜻이 내재되어 있다고 본다.

　공자의 도道는 현실적 인륜도덕을 강조함으로써 가시적 형식논리에 얽매이기 쉽다. 비유를 하자면 그들은 구약성서의 유대 율법학자들과 비견될 만하고, 반면에 노·장자의 도道는 거기에 반대했던 개혁파 민권주의자인 예수에 비견할 수 있다고 하면 논리의 비약이 될까? 이처럼 노자는 자연에서도 크고 강한 것보다는 약하고 부드러운 것을 칭송한다. 그중에서 가장 최고의 선善(좋은 것)을 물에서 본다.

---

6 여기서 '爲文'을 문명을 가장한 겉을 꾸미는 짓, 즉 文飾의 의미로 해석함이 맞을 것 같음.

제8장을 보자.

上善若水(상선약수) 최고의 선함(좋은 것)은 물과 같은 것이다.
水利萬物而不爭(수리만물이부쟁)

　　물은 만물을 이롭게 하면서도 결코 다투지 아니하고
處衆人之所惡(처중인지소오)

　　사람들이 머물기 싫어하는 곳에 머문다.
故幾於道(고기어도)　그래서 道에 가장 근접해 있는 것이다.

이 대목을 읽으면 또 예수 그리스도의 모습이 떠오른다.

예수는 가장 낮은 곳에서 태어나, 낮은 데서 자라고, 제일 낮은 방법으로 죽었다. 사도 바울도 고린도전서 3장에서 "너희는 세상에서 가장 어리석은 자가 되라"고 하였다. 모두가 사람들이 머물기 싫어하는 곳에 머무르는 노자의 모습, 즉 물과 같은 모습을 말하고 있는 것이다.

그래서 30장에서도 물장측노物壯則老(만물이 강장하면 늙어진다)라고 하였고 다음의 78장에서도 부드럽고 약한 것이 단단하고 강한 것을 이긴다고 했다.

天下莫柔弱於水(천하막유약어수) 而攻堅强者 莫之能勝(이공견강자 막지능승)

　　천하에 물보다 더 부드럽고 약한 것이 없지만 단단하고 강한
　　것을 치는 데는 그것(물)을 이길 만한 것은 없고

以其無以易之(이기무이역지) 또한 그것(물)을 대신할 것도 없다.

弱之勝強 柔之勝剛(약지승강 유지승강)

　약함이 강함을 이기고 단단한 것을 이긴다는 것을

天下莫不知, 莫能行(천하막부지, 막능행)

　천하에 모르는 사람이 없지만 그것을 능히 행하지는 못하고 있다.

是以聖人云(시이성인운) 그래서 성인들이 말하기를

受國之垢 是爲社稷主(수국지구 시위사직주)

　나라의 온갖 오욕을 한몸에 받을 수 있어야 사직의 주인이 될 만하며

受國之不詳 是爲天下王(수국지불상 시위천하왕)

　나라의 상스럽지 못한 일을 한몸에 감당하는 사람이라야 천하의 왕이 될 수 있는 것이다.

正言若反(정언약반) 바른 말은 늘 반대로 들린다(귀에 거슬린다).

부드럽고 약하고 늘 낮은 곳에 거하고 남들이 머물기 싫어하는 시궁창 같은 곳으로도 흐르고, 그러면서도 자기의 역할을 자랑하거나 내세우지 않는 물!

이렇게 말없이 늘 만물을 이롭게 하는 물 같은 존재! 즉 이런 물과 같은 성인聖人이 나라의 지도자가 되어야 한다는 것이다.

오늘날 우리나라 지도층에게도 시사하는 바가 크다.

한 나라의 지도자가 혹은 한 지역이나 기관의 대표자가 좋은 말만 듣고 생색내는 자리에나 참석하고, 책임지고 어렵고 욕 들을

수 있는 그런 자리는 피해버리는 그런 지도자들을 우리는 많이 보고 있다. 욕되고 수치스러운 일이 있더라도 이를 몸소 부딪쳐 개척해 나가는 책임감 있는 지도자상을 노자는 이야기하고 있다.

그리고 귀에 거슬리는 말도 듣고 입에 쓴 약도 마실 수 있는 지도자라야 진정한 리더의 자질이 있다 할 것이다.

이런 물과 같은 지도자가 연이어 나오는 요순 같은 시절이 이 땅에 도래할 날이 있을까?

우리는 또 11장에서 말하는 텅 빔(虛)의 효용을 빠뜨릴 수가 없다.

三十輻共一轂(삼십폭공일곡)

　　서른 개의 바큇살이 하나의 바퀴통에 합쳐지니(모이니)7

當其無 有車之用(당기무 유차지용)

　　당연히 그 빔(바퀴통 속의 빔)이 있어야 수레의 쓰임이 있게 되는 것이다.8

埏埴以爲器(연식이위기)　찰흙을 이겨서 그릇을 만드는데

當其無 有器之用(당기무 유기지용)

　　당연히 그 그릇의 빔이 있기에 그릇의 쓰임이 있는 것이다.

故有之以爲利(고유지이위리)

---

7 여기서 輻은 바큇살 폭, 轂은 바퀴통 곡으로 읽는데 이 바퀴통은 그 내부가 텅 비어 있다.

8 여기서 무(無)는 허(虛)와 같은 뜻으로 읽히는데 사실 이 두 글자는 자주 상호교용(交用)이 됨.

그러므로 있음의 이로움 됨은, 즉 있음이 유용하게 쓰이게 되는 것은

無之以爲用(무지이위용)

없음의 쓰임이 있기 때문이다. 즉 없음이 있기 때문이다.

노자는 이 빔(虛)의 기능을 유(有)의 기능, 즉 있음의 기능과 똑같은 비중으로 생각했다. 허(虛)가 없으면 유(有)가 존재할 수 없는 것은, 어둠이 없으면 밝음이 없고, 또 그림자 없이 빛이 있을 수 없는 것과 같은 이치다. 그런데 인간의 문명 발전은 이 허(虛)를 자꾸 뺏어가고 만(滿), 즉 채움만을 지향해 왔다. 이 쓸모 없음의 쓸모에 대해서는 『장자』 4편 「인간세」편의 여러 곳에서 이 무용지용(無用之用)을 이야기한다.

「인간세」편의 17장의 마지막 문장에서는 다음과 같은 결론을 내린다.

漆可用 故割之 옻나무는 옻의 쓰임이 있기 때문에 껍질이 벗겨진다.
人皆知有用之用 사람들은 모두 유용한 것의 쓰임은 잘 알지만
而莫知無用之用也 그러나 무용의 쓰임은 알지 못한다.

우리 옛말에도 굽은 나무가 선산을 지킨다는 말이 있지 않은가?
엘리트만 강조하다가 정작 나라를 망가트린 놈, 나라를 팔아먹은 놈, 모두 그 잘났다는 엘리트들이다. 옛날도 그랬고 지금도 그러고 있다.

1980년 군사쿠데타를 일으키고 광주에서 민간인을 잔인하게 학살했던 전두환 신군부 세력, 그들의 핵심 세력이 육군 내 육사 출신 중에서도 최고 엘리트들로 비밀 선발 육성되었던 하나회 조직이었지 않았나?

노자의 무용지용無用之用의 철학이 지금부터라도 우리 교육에 적용되어야 할 것이다. 꽉 채우는 교육만 하고, 머리에 무엇을 많이 채우느냐를 가지고 우열을 가리는 우리 교육 제도를 바꿔야 한다. 지식의 주입도 중요하지만 사람이 되는 교육, 즉 인격교육에 더 관심을 가져야 함은 지금이나 2천 년 전이나 변함이 없는 진리다.

다음으로 지식인의 겸손한 자세를 강조하는 71장을 한번 읽어 두는 것도 괜찮을 것이다.

知不知上 不知知病(지부지상 부지지병)
　　알면서 모르는 것이 上이요, 잘 알지 못하면서 안다고 여기는 것이 病이다.

여기서 주의할 점은 무지無知가 아니고 부지不知다. 무지는 아상我相에 빠져 실제를 잘 알아보지 못하는 어리석음을 말하는 것이고, 부지不知는 알긴 알지만 철저히 다 아는 것이 아닌, 즉 피상적으로만 아는 것을 이른다.

그렇게 볼 때 위 문장은 "제대로 잘 모르면서 안다고 생각하는 것"의 병폐를 말하는 것이다.

노자도 여기서 성리학에서 말하는 철저하게 앎을 추구한다는 의미의 격물치지^{格物致知}의 자세를 요구하고 있는지도 모르겠다.

夫唯病病 是以不病(부유병병 시이불병)

　　무릇 병을 병인 것을 알기만 하면 그것은 병이 아니다(치유할
　　수 있다).

聖人不病 以其病病 是以不病(성인불병 이기병병 시이불병)

　　聖人(성인)에게는 病이 病이 아닌 것이, 그는 그 병을 이미
　　병으로 알고 있기 때문이다. 그래서 병이 아닌 것이다.

　이 장에서 말하는 것은, 아는 것을 짐짓 모르는 체하라는 지적인
겸손을 말하거나 위선을 떨라는 그런 뜻이 아니고 자기가 안다고
생각한 것이 결코 완전한 앎이 아니라는 사실을 깨달아야 한다는
좀 더 차원 높은 이야기다. 그런데 세상에서는 많은 사람들이 모르는
것도 아는 체를 하려고 덤벼드니 어쩌랴!
　다음 76장은 앞에서 소개한 43장과 유사하지만 일독의 재미가
있다.

人之生也柔弱 其死也堅强(인지생야유약 기사야견강)

　　사람이 태어날 때는 부드럽고 약하지만, 죽을 때는 딱딱하고
　　굳는다.

萬物草木之生也柔脆 其死也枯槁(만물초목지생야유약 기사야
고고)

　　만물 초목도 살아있을 때는 부드럽고 연하지만, 죽으면 마르

고 딱딱해진다.

故堅強者死之徒 柔弱者生之徒(고견강자사지도 유약자생지도)

그러므로 딱딱하고 강한 것은 죽음의 무리이고, 부드럽고
약한 것은 삶의 무리이다.

是以兵強則不勝 木強則兵(시이병강측불승 목강측병)

그러므로 군대가 병력만 강하다고 해서 이기는 것이 아니고
나무도 강하면 부러진다.

強大處下 柔弱處上(강대처하 유약처상)

(나무에서도) 딱딱하고 큰 것은 아래쪽에 있고, 부드럽고 약한
것은 위쪽에 자리하고 있다.

이처럼 노자는 연하고 부드럽고 조용하고 약해 보이면서도 질기
고 강한 그런 사물, 그런 사람, 그런 사회를 좋아하고, 반면에
체질적으로 강압적인 철권 폭압 정치를 혐오하는 온화한 사람(mild
man)이다.

인류의 긴 역사를 뒤돌아보더라도 노자의 혜안이 항상 옳았음을
입증하고 있지 않은가? 대체로 한 시절 무시무시한 권력으로 천하
를 호령하던 강한 남자(strong man)들의 지배 기간이 덕망과 온화
한 지도력으로 덕치를 하던 제왕들의 통치 기간보다 짧았음을
역사는 잘 보여주고 있다.

사실 이런 온화한 사람(mild man)에 의한 덕치德治는 노자뿐만
아니라 공자·맹자가 그리던 왕도정치의 꿈이기도 했다. 노자는
정치 지향적인 사람도, 사회 개혁가도 아니고 오직 인생과 사회와

자연이 모두 소박한 조화를 이루어 가는 목가적인 농경사회를 이상으로 삼았던 어쩌면 은둔적인 철학자였다.

그렇지만 『도덕경』의 여러 챕터에서 나타나는 그의 정치나 사회관은 요즘의 용어로 표현하면 온건적 사회주의자로 분류될 수 있을 것 같다.

다음 77장의 문장을 보더라도 노자의 평등지향적, 사회주의적 성향을 엿볼 수 있다.

天之道 其猶張弓乎! (천지도 기유장궁호!)

　하늘의 도는 마치 활을 당기는 것 같구나.

高者抑之 下者舉之(고자억지 하자거지)

　높은 것은 누르고, 낮은 것은 올리며,

有餘者損之 不足者補之(유여자손지, 부족자보지)

　남는 것은 덜어내고, 부족한 것은 보탠다.

天之道 損有餘而補不足(천지도 손유여이보부족)

　하늘의 도는 남는 것을 덜어내어 부족한 데에 채워주는 것이다.

人之道則不然 損不足以奉有餘(인지도즉불연 손부족이봉유여)

　그런데 사람의 도는 그렇지 않아, 부족한 것에서 덜어내어 넉넉한 쪽에다 보탠다.

孰能有餘以奉天下? (숙능유여이봉천하)

　누가 남아돌아 가는 것으로써 천하에 도움이 될 수 있게 하겠는가?

이 말을 쉽게 풀어 보면 "누가 남아돌아가는 자들의 것을 가지고 부족한 자들에게 채워줄 것인가"로 된다. 즉 사회적 분배를 평등하고 정의롭게 행할 수 있겠는가이다.

唯有道者(유유도자)　오직 도를 행하는 사람만이 할 수 있다.
是以聖人爲而不恃(시이성인위이불시)
　　그래서 성인은 일을 다 이뤄놓고도 그것을 자랑하지 않고
功成而不處(공성이불처)
　　공(큰 업적)을 이루고도 그 자리를 차지하지 않으며
其不欲見賢(기불욕현현)
　　자기의 현명함을 드러내려고 하지 않는다.

여기서는 확실히 노자의 사회주의적 정치관을 드러내고 있다. 위의 "누가 남아돌아가는 자들의 것을 덜어내서 부족한 자들에게 채워줄 수 있겠는가? 이는 오직 도를 행하는 사람만이 할 수 있다"고 한 문장에서 알 수 있듯이 도자道者(도를 행하는 사람)는 세상을 벗어나서 천지운행의 고상한 철학적 사유에만 머물러 있는 사람이 아니고 이 대립적이고 불평등한 현실 사회에서 골고루 잘 사는 평등한 사회를 위해 애쓰는 사람, 그 사람이 곧 도道의 사람이라고 평가하는 것이다. 나는 그런 사람 중의 한 사람으로 우리 근대사의 혁명아 전봉준을 꼽으며, 그 혁명사상의 바탕이 된 '동학'에 대한 이야기를 이 『도덕경』의 후편격으로 이 책에서 같이 쓰려는 것이다.

사실 나는 『도덕경』의 여러 해설서에서 누구도 노자의 이런 유토피아적인 사회주의 사상을 눈여겨보고 독자들에게 설명한 해설서를 보지 못했다.

이 평등의 문제에 대해서는 공자도 『논어』 「계씨季氏」편에서 有國有家者(유국유가자) 不患寡而患不均(불환과이환불균) 不患貧而患不安(불환빈이환불안)이라고 염유라는 제자에게 설파했다.

해석을 하면 "어떤 나라에서 집을 가진 사람이 있었는데 그는 작게 가진 것을 걱정하기보다는 고르지 못한 것(평등하지 못한 것)을 걱정했다. 또 가난한 것을 걱정하기보다는 평안하지 못한 것을 걱정했다"라는 뜻이 되겠다. 어려운 문제다.

그러기에 이 분배와 평등의 문제는 노자나 공자가 살았던 시대로부터 2000년도 더 지난 오늘날까지도 해결은커녕 계속 사회 분쟁과 전쟁의 가장 큰 원인이 되고 있다.

인류가 이 문제를 해결하는 날 그날이 바로 지상에 천국이 도래하는 날이고 대동세상의 문이 열리는 날이고 도솔천과 미륵불이 오시는 날이 될 것이다. 그날은 또 뜻이 하늘에서 이루어진 것 같이 땅에서도 이루어지는 날이 될 것이다.

아! 그날이 오면! 그날이 오면! 노자의 꿈이 실현되는 그날은 어떤 모습일까?

65장을 보자.

古之善爲道者(고지선위도자)   예로부터 道를 잘 이행하는 자는

非以明民 將以愚之(비이명민 장이우지)

백성을 똑똑함으로써가 아니고 우직함으로써 이끈다.

民之難治 以其智多(민지난치 이기지다)

백성이 다스리기가 어려운 것은 그들의 지식(얕은 꾀)이 많기 때문이다.

故以智治國 國之賊(고이지치국 국지적)

그래서 꾀로써 나라를 다스리는 것은 나라의 큰 해가 되고

不以智治國 國之福(불이지치국 국지복)

꾀로써 나라를 다스리지 않음은 나라에 큰 복이 되는 것이다.9

知此兩者 亦稽式(지차양자 역계식)

이 두 가지를 아는 것으로써 또한 향후의 준칙으로 삼아야 한다. 즉 우직함으로 다스려야지 잔꾀로써 다스려서는 안 된다는 것을 준칙으로 해야 한다.

常知稽式 是謂玄德(상지계식 시위현덕)

이 준칙을 늘 상고하는 것을 일러서 가믈한 덕(玄德)이라고 한다.

玄德! 深矣 遠矣(현덕!심이 원이) 현묘한 德이여! 깊고도 멀도다.

與物反矣 然後 乃至大順(여물반이 연후 내지대순)

만물과 더불어서 근원으로 되돌아가는구나. 그런 후 마침내 는 大道와 하나가 되는 경지에 이르는구나.

---

9 위의 몇 문장에서 나오는 '智'라는 한자의 뜻이 좀 헷갈린다. 보통 지혜, 지능 등 좋은 의미로 사용되고 맹자에서도 이 글자를 인의예지(仁義禮智), 즉 사단(四端)의 한 축으로 높이 인식했는데 위 문장에서는 부정적인 뜻으로 사용되었다. 따라서 그 번역도 간교한 잔꾀 정도로 하는 것이 좋을 것 같다.

아마도 노자의 그날 모습은 엘리트(明)와 무지렁이(愚)가, 부자와 가난한 사람이, 장수와 졸병이, 사장과 직원이 서로 인정하고 서로 도와가면서 대동세상을 만들고 온 천지에 덕德이 넘쳐흐르는 그런 날, 즉 위 표현대로 대순大順에 이르는 날을 기대한다.

노자는 능력 있고 똑똑하고 효율성 있는 사람에게 실망하고 그 사람들에게만 의존하지 않고 많은 기대도 하지 않았다. 오히려 반대적인 두 사람을 동일한 가치의 저울에다 얹어 놓고 양자가 서로 기대고 협력하는 화합의 세상을 최고의 상태로 생각한 로맨티스트였다.

그러면서 그의 시선은 늘 낮은 자, 어리석은 자, 뒤처진 자에게 있었다.

그래서 어려운 것과 쉬운 것, 앞과 뒤, 심지어는 죽음과 삶, 존재와 비존재 등 대칭적인 두 개념을 분리된 별개로 여기지 않고 항상 상호 보완적, 의존적 공존의 개념으로 이해하였다.

유사한 내용을 2장에서도 볼 수 있다.

有無相生(유무상생)

있고 없음, 즉 존재와 비존재는 서로 기대어서 공존한다.

難易相成(난이상성) 어렵고 쉬운 것은 서로 도와서 이룬다.

長短相較(장단상교) 길고 짧은 것은 서로 맞대어 겨룬다.

高下相傾(고하상경) 높고 낮은 것은 서로 기대고 있으며

音聲相和(음성상화)

音(내는 소리)와 聲(들리는 소리)은 서로 조화를 이룬다.

前後相隨(전후상수) 앞과 뒤는 서로 따른다.

참고로 서산대사의 다음의 시[詩]에서도 자연 속에서의 조화와 상호 의존성을 읊고 있음을 볼 수 있다.

風靜花猶落(풍정화유락) 바람이 고요한데 오히려 꽃은 떨어지고
鳥鳴山更幽(조명산경유) 새가 우니 산은 더욱 고요하다.
天共白雲曉(천공백운효) 하늘은 흰 구름과 더불어서 더 밝고
水和明月流(수화명월류) 강물은 명월과 어울려서 흐른다.

바람이 고요하면 꽃이 안 떨어져야 하는데 실제로는 바람이 안 불 때 꽃이 더 떨어진다고 한다. 산속에서 새 우는 소리가 들리면 시끄러울 것 같은데 실제는 오히려 고요함이 더 느껴진다. 새파란 하늘보다는 흰 구름 한 점이 떠 있을 때 하늘이 더 맑아 보인다.
이처럼 자연에서도 순도 100%보다는 거기에 반대일 것 같은 무엇이 섞이고 어울릴 때 더욱 잘 어울리고 더 아름답고 더 큰 가치를 발휘할 수 있다.

강물 위에 밝은 달이 비출 때 강은 더 아름답다.
죽음이 없는 삶, 얼마나 지겨울까? 반대로 삶이 없는 죽음!
그것은 모두가 지옥일 것이다.

그렇게 놓고 보니까 위 문장에서 두 대칭적인 개념이 같이

공존할 때 그때 비로소 만물도 세상도 또 아름다움도 완성된다는 진리를 깨달을 수 있는 것 같다.

위 문장에서의 유무^{有無}(있음과 없음), 난이^{難易}(어려움과 쉬움), 장단^{長短}(길고 짧음), 고하^{高下}(높음과 낮음), 전후^{前後}(앞과 뒤), 그 외에 명우^{明遇}(똑똑함과 어리석음), 빈부^{貧富}(가난함과 부함), 민관^{民官}(백성과 관료) 등등 많은 대칭적인 두 관계나 두 개념이 서로 조화를 이룰 때 마치 위 서산대사의 시에서처럼 "새가 우니 산은 더욱 고요한" 그런 아름다운 세상이 이루어지는 것 아니겠는가?

3. 생사를 넘나드는 자유로운 고독한 영혼

노자의 사유 폭은 생과 사를 구별 짓지 않고, 언제나 그 둘을 한 손바닥에 얹어 놓고 두 세계를 같은 차원에서 순환의 한 고리로서 바라본다.

그는 40장에서 이를 다음과 같이 표현한다.

反者 道之動(반자 도지동)
　　되돌아가는 것, 즉 원점으로의 순환이 道의 움직임이고
弱者 道之用(약자 도지용)　약함(虛와 같은 뜻)은 道의 작용 원리다.
天下萬物生於有(천하만물생어유)　천하만물은 有에서 생하고
有生於無(유생어무)　有는 無에서 생하느니.

유有는 무無에서 생겼다가 다시 무無로 되돌아가는 것. 마찬가지로 생生은 사死가 있음에 존재하게 된 것이고, 사死는 생生을 누린 자라면 누구나 자연스레 되돌아가는 고향인 것이다. 이것을 노자는 이 장에서 "도의 움직임(道之動)"이라 하였다.

『莊子』22편 「지북유知北遊」에서도 다음과 같이 생사의 여일함을 쓰고 있다.

人之生, 氣之聚也(인지생, 기지취야)

　　인간의 살아 있음은 단지 氣의 모임이라!

聚則爲生 散則爲死(취즉위생 산즉위사)

　　氣가 모이면 生이고 흩어지면 죽음이라.

若死生爲徒 吾又何患(약사생위도 오우하환)

　　죽음과 삶이 한 무리라고 한다면 내 또한 무엇을 걱정할 것이 있겠는가.

서산대사의 아래의 오도송에서도 비슷한 게송을 읊었다.

空手來 空手去(공수래공수거)　빈손으로 왔다가 빈손으로 가는 것

生從何處來(생종하처래)　生이 어느 곳에서 왔다가

死向何處去(사향하처거)　죽으면 또 어디로 가는 것인가?

生也 一片浮雲起(생야일편부운기)

　　태어남은 한 조각 뜬구름이 일어남이요

死也 一片浮雲滅(사야일편부운멸)

　　죽는 것은 한 조각 뜬구름의 사라짐이라

浮雲自體本無實(부운자체본무실)

　　뜬구름 자체가 본래 실체가 없는 것이니

生死去來亦如然(생사거래역여연)

　　나고 죽고 오고 감이 또한 이와 같도다.

그렇기 때문에 노자, 장자, 서산대사 공히 사유思惟나 행위에서 늘 자유로울 수 있고 물욕과 명예욕 같은 것으로부터도 자유로울 수 있었던 것이다.

흔적 같은 것을 남기지 않고 바람과 같이 오고 감이 자유로웠던 노자의 무소유, 무위無爲의 사유를 몇 구절 더 들어 보자.

生而不有(생이불유)　낳아서 키우되 소유하지 않으며

爲而不恃(위이불시)　일이 잘되게 한 뒤에는 거기에 기대지 않으며

功成而不居(공성이불거)　공을 이루고 나면 거기에 머물지 않고

功遂身退(공수신퇴)　임무를 완수하고 나면 몸은 떠나야 한다.

長而不宰(장이부재)

　　(하늘은 만물을) 키우고 자라나게 하되 그것을 지배하지는

　　않으며

萬物作焉而不辭(만물작언이불사)

　　또 만물을 지어서 자라게 하되 그것에 간섭하지 않는다.

오른손이 한 것을 왼손이 모르게 하라는 예수의 설교와 비슷한 말들이다.

노자가 위와 같은 주옥같은 말씀을 할 때는 물론 하늘(혹은 道)의 모습을 두고 한 말이겠지만 동시에 현실을 살아가고 있는 우리 모두에게 던지는 천금같이 귀한 훈계의 말씀으로 받들어야 할 것이다. 특히 임무를 완수하고 나면 몸은 떠나야 한다는 구절(功遂身退)!

항우를 무찌르고 한나라 고조(漢 高祖)가 된 유방의 최측근 참모였던 한신과 장량, 두 장군!

전쟁을 승리로 이끌고 이제 할 일이 끝났으면 빨리 주군을 떠나야 한다는 삶의 철리를 체득하고 있었던 장량은 주군 유방에게 고별인사를 올리고 바로 낙향, 입산해 버린다.

반면에 무언가 전리품을 챙기려는, 즉 논공행상을 바라고 있던 한신에게는 주군으로부터 상은커녕 죽음을 하사받는다. 사냥이 끝났으면 사냥개는 삶아 먹힌다(兎死狗烹 토사구팽).

전쟁터에서 그렇게 용맹스럽고 신출귀몰한 최고의 명장이었던 한신도 노자의 이 말을 제대로 이해하지 못했던 것 같다. 이와같이 어디에도 걸리지 않는 바람과 같은 자유로운 영혼의 바탕을 키우기 위해서 노자가 일러준 12장의 처방전을 한번 읽어보자.

五色令人目盲(오색영인목맹)

　　다섯 가지 찬란한 색깔은 사람의 눈을 멀게 하고

五音令人耳聾(오음영인이농)

다섯 가지의 아름다운 소리는 사람의 귀를 멀게 하고

五味令人口爽(오미영인구상)

다섯 가지의 좋은 맛은 사람의 입을 상하게 한다.[10]

難得之貨令人行妨(난득지화영인행방)

구하기 어려운 고급진 물자는 사람의 행실을 어지럽힌다.

是以聖人爲腹不爲目(시이성인위복불위목)

그래서 聖人은 눈(目)을 위해서 살지 않고 배(腹)를 위해서 산다.

이 문장에서 눈을 위해서 산다는 것은 감각적이고 자극적인 삶을 산다는 것이고 배(腹)를 위해서 산다는 것은 내면의 마음의 중심, 즉 단전丹田을 잘 채우는 삶이라고 해석한다.

여기서 재미있는 것은 복腹이라는 글자다. 나는 이것을 단전이라고 해석한다. 여기서 복腹은 단순히 내장이 들어 있는 배가 아니고 인간의 영적 에너지가 배태되고 저장되어 있는 육체의 중심 바로 단전이다.

모든 영적 수련의 처음 단계는 단전 호흡과 단전 강화로부터 시작된다. 이 단전은 배꼽 아래 세 치, 불 두둑 세 치 위, 즉 인체의 정중앙에 위치하는 주먹만 한 상상의 어떤 장소이다. 해부를 해도 찾을 수 없는 영적 신비적 공간이다.

이것을 강화하고 이것을 위해서 산다는 것은 물질적인 삶(五色,

---

10 여기서 상(爽)은 상쾌하다의 뜻보다는 상하게 하다의 뜻으로 해석한다.

五音, 五味)을 멀리하고 영적인 삶을 산다는 말이다.

위의 12장은 또한 반야심경의 색즉공(色卽空)의 설법과 많이 닮아 있다.

그러나 반야심경에서의 색色은 위 12장의 오색五色처럼 간단한 색상을 의미하는 것이 아니고 그것은 오히려 눈에 보이는 온갖 만물, 제상諸相을 뜻하는 것임은 모두가 아는 바다.

"五蘊皆空 色不異空 色卽是空 諸法空相 空中 無色 無眼耳鼻舌身意"

"오온(천지만물)이 다 비어 있고, 色(눈에 보이는 모든 현상)은 空과 다르지 않고 세상의 온갖 현상과 제법(諸法)은 모두 空相(빈 형태)이니 色(물질계)이라는 것도 사실은 없는 것이다."

이 오색五色, 오음五音, 오미五味의 문제, 즉 인간 본능의 문제는 사실 유사 이래 모든 종교와 철학 사상사에서 가장 핵심적인 화두였다. 불교에서는 위 반야심경 한 구절에서 보았듯이 이 색色의 본질이 헛것임. 즉 공空이므로 여기에 집착하지 말고 깊은 명상과 치열한 수련을 통해서 깨달음(득도)이라는 높은 경지에 이르면 죽기 전이라도, 즉 천당 극락에 가기 전이라도 근심 걱정 없는 구경열반究竟涅槃, 즉 최고경지의 영적 상태를 얻을 수 있다는 것이다. 그것을 위해서 인류는 지난 2천5백 년간 얼마나 많은 사람이 이 길을 따라나섰던 것이 아닌가 그러나 그 결과는 석가모니의 생전 때나 지금이나 크게 보아서 큰 성과가 없었다는 점에는 이견이 없을 것이다. 물론 각 시대마다 가끔씩 깨달은 스님과 처사의 출현이 있었지만 서민 대중들의 영적靈的인 수준은 대차가 없이 깨달음과는 거리가 멀었다는 말이다.

기독교에서는 이 육신적 본능의 문제를 사탄의 유혹으로 보고 이것을 누르고 끊어내기 위해서 온갖 노력을 다해 왔다. 대표적으로 신약성서의 요한 1서 1장의 다음 구절에서 절규하듯이 이 인간 오욕五欲의 문제를 오로지 하느님에 대한 신앙으로 대체하려고 해왔다.

> "세상에 있는 모든 것이 육신의 정욕과 안목(眼目)의 정욕과 이 생의 자랑이니 이는 다 아버지께로서 좇아서 온 것이 아니요. 세상으로 좇아온 것이니 이 세상도 그 정욕도 지나가되 오직 하나님의 뜻을 행하는 이는 영원히 거하느니라."

그러나 하느님 신앙에 의한 기독교 사회의 영적 수준이 세월의 흐름에 따라 더 나아졌다거나 점점 나아지고 있다는 어떤 근거도 없고, 또 불교나 유교의 동양사회보다 그 수준에서 차이가 있었다고 볼 수도 없다.

그러면 유교에서는 어떤가? 유교는 다른 어느 종교 철학보다도 인간의 본능을 억제시키기 위한 사회적 노력이 광범위하게 실시되었고 때로는 국가적 법률로 이를 다스리기도 했다.

자비(仁)를 베풀어라, 의롭게(義) 살아라. 예의를 잘 지켜라(禮).

지혜롭게 살아라(智). 신뢰 신망(信)을 잃지 말라. 어릴 때부터 귀에 못이 박히도록 듣던 말이다.

그런데 실제로는? 유교 도덕의 본산인 중국 사회와 중국인들의 도덕 수준을 보면 절망감이 든다. 그리고 보면 인간의 5,000년 역사에서, 물질문명은 18세기부터 시작된 산업혁명 이후로 엄청나게 발전했지만, 도덕, 철학, 종교 등 인간의 영적, 형이상학의 부분에서는 위에서 언급한 바와 같이, 많은 종교와 현자賢者들의 노력에도 불구하고 별로 나아진 것이 없는 것 같다.

오히려 사람들의 심성은 물질문명의 발전에 반비례해서 더 강팍해진 것이 아닌가 한다.

그러면 여기서 노자의 무위無爲사상을 어떻게 받아들이고 수용해야 할까?

인간의 본능적 요구, 즉 좋은 것 먹고, 좋은 집에 살면서 고운 배우자와 재미있게 살고 싶은 소위 색色의 문제에 대해 노자는 어떻게 하라고 하는가? 특히 삶의 근본적 문제, 생사의 문제, 더 좁히면 죽음의 문제에 대한 노자의 생각과 가르침은 기존의 3대 종교의 것과 어떻게 다른가?

노자에게서 무엇을 배우고 얻을 것인가를 생각해 보자.

노자는 삶과 죽음을 구분하지 않는다. 이 둘은 빛과 그늘과 같아서 빛이 있으면 당연히 어둠이 따라오는 것이다. 탄생이 있으면 죽음도 당연히 따르는 것. 이것은 석가모니의 생각과 같은 것이지만 석가모니와는 그 해결책, 즉 죽음의 문제를 극복하는 방식에서 완전히 다르다.

석가모니는 인간의 고통(四苦八苦)을 본인의 피나는 노력으로써(八正道 六바라밀 등) 스스로의 육체와 정신을 높은 차원으로 높이면, 즉 득도를 하면 죽음의 두려움에서 벗어나서 죽음과 삶의 경계를 넘어설 수 있다는 것이다. 즉 불생불멸不生不滅의 대 자유 경지에 노닐 수 있다는 것이다.

그러나 노자는 석가모니의 이런 모든 득도를 위한 노력이 다 허망한 것으로 본다.

우주만물의 생성소멸과 내 자신의 삶과 죽음도 아주 자연스러운 현상으로서 이를 당연한 것으로, 있는 그대로 받아들여야지 괜스레 그 순환의 대 원리에서 벗어나려고 몸부림치지 말라는 것이다.

즉 무위無爲로써 천지의 도道의 움직임에 맡겨라. 석가모니식의 애씀은 모두 유위有爲의 헛된 인간들의 몸부림일 뿐이라는 것이다.

우리가 가을에 낙엽이 지는 것을 어떤 노력을 한다고 한들 막을 수 있다는 것인가? 낙엽이 지는 것이나 봄에 잎이 솟는 것이나 다 똑같은 도의 움직임인데 이것은 피하고 저것은 취하고 할 수가 없는 것 아닌가? 그렇다면 내 몸과 내 인생과 내 삶을 나만의 작은 울타리 안에서 보지 말고 천지만물 전체와 더불어서 크게 본다면 나의 소멸은 소멸이 아니고, 대 우주의 본류, 즉 도의 움직임에 실려서 천지와 더불어 상존 상구(常存 長久, 오래도록 길게 삶)하는 것이다.

그래서 『도덕경』 7장에서는 천지가 길게 또 오래 살 수 있는 것은 자기가 오래 살려고 애를 쓰지 않고 우리 인간들처럼 그렇게 발버둥 치지 않기 때문이라고 말한다.

天地所以能長且久者(천지소이능장차구자)

　천지가 길게 또 오래갈 수 있는 까닭은

以其不自生 故能長久(이기부자생 고능장구)

　스스로가 (길게) 살려고 애쓰지 않기 때문이다.[11]

　노자는 특히 59장에서 아낌(嗇)에 대해서 말한다. 그의 아낌은 자린고비의 아낌이 아니고 자연을 훼손하지 말고 과소비를 하지 말라는 의미이다. 어떻게 노자는 2500년 후의 21세기에 자본주의 사회의 대량생산 대량소비의 시대가 올 것을 예상이라도 한 것처럼 아낌(嗇)을 이야기했을까?

　오늘날과 같이 소비가 미덕이라는 등 자본주의 대량소비 시대의 헛된 구호에 이끌려서 하늘이 내려 준 유한한 자원을 낭비하고 자연을 훼손하는 이런 막가파식의 타락된 사회상을 어떻게 예상할 수 있었을까? 그래서 거기에 경종을 울리기 위해서 아낌(嗇)을 강조했던 것이 아닌가 싶다.

　59장을 자세히 한번 보자.

治人事天 莫如嗇(치인사천 막여장)

　사람을 다스리고 하늘을 섬기는 일에는 아끼는 것만 한 것이 없다.

---

11 여기서 불자생(不自生)의 의미는 '자기 혼자서 살려고 애쓰지 않는다'라고 해석할 수 있겠다

夫惟嗇 是謂早服(부유장 시위조복)

　　대저 오직 아끼는 것, 이것을 일러서 일찍 회복하는 것이라
　　한다.

早服謂之重積德(조복위지중적덕)

　　일찍 회복한다는 것을 일컬어 덕을 쌓는 것이라 한다.

重積德則無不克(중적덕즉무불극)

　　덕을 거듭 쌓으면 이겨내지 못할 것이 없고

無不克則莫知其極(무불극즉막지기극)

　　이겨내지 못할 것이 없다는 것은 그 끝을 모른다는 것이다.

莫知其極, 可以有國(막지기극 가이유국)

　　그 끝을 모를 정도니, 한 나라를 얻을 만하다.

有國之母, 可以長久(유국지모 가이장구)

　　나라를 얻을 바탕이 있으니, 오래 갈 만하다.

是謂深根固柢 長生久視之道(시위심근고저 장생구시지도)

　　이를 일컬어서 뿌리가 깊고 단단히 뻗어, 오래 살고 길게
　　볼 수 있는 道라고 할 만하다.

위에서 보듯이 자연을 함부로 훼손 낭비하지 않는 것이 곧
하늘을 섬기는 것이고 물자를 아낌으로써 손상된 자연을 회복할
수 있다는 것이고 또 이것이 바로 덕을 쌓는 것이라고 했다.

이렇게 덕을 계속 쌓으면 극복하지 못할 것이 없다고 했는데
여기서 극복한다는 것은 자연 훼손에 의한 인류의 위기를 극복한다
는 뜻으로 나는 자의적으로 해석한다. 이렇게 인류의 위기를 극복해

서 나라를 얻고(구하고) 오래도록 삶을 유지할 수 있다(長久)고 이 59장을 해석하고 싶다.

천민자본주의의 대량소비가 초래한 오늘날의 전 지구적 위기를 해결하기 위해서 우리는 겸허한 마음으로 노자를 다시 펴보아야 한다.

통나무처럼 질박하게 살고, 고급 사치품을 가까이하지 않고(不貴難得之貨), 사사로움과 욕심을 적게 하는 삶(少私寡欲)을 강조한 노자의 생활 방식을 이제 전 인류가 화급하게 따라 하지 않으면 우리는 머지않아 아마겟돈적 비극을 피하지 못할지도 모른다.

여기서 우리는 또 동학의 위대한 사상을 발견하게 된다.

동학 2대 교주 해월 최시형은 스승 수운의 인내천人乃天 사상, 즉 사람을 하늘같이 귀하게 여기라는 사상을 더 발전시켜서 삼경사상(敬天 敬人 敬物, 즉 하늘을 공경하고, 사람을 공경하고, 만물을 귀히 여김)을 주창하였다. 여기서 경물敬物이란 모든 자연과 생물을 귀하게 여기고 아끼라는 것인데 ,이 경물사상이 곧 위에서 말하는 治人事天 莫如嗇, 夫惟嗇, 是謂早服(사람을 다스리고 하늘을 섬기는 일에는 아끼는 것만 한 것이 없다. 오직 아끼는 것, 이것을 일러 일찍 회복하는 길이라 할 것이다)의 사상과 닿아 있다.

아끼는 것은 공경한다는 의미이고 귀하게 여긴다는 의미이다. 해월이 『도덕경』을 읽었는지 아닌지는 모르지만, 노자와 해월 두 위인의 생각이 이렇게 서로 닿아 있음을 우리는 알 수 있는 것이다.

노자는 또 제3장에서 다음과 같은 삶의 자세를 제시하고 있다.

聖人之治(성인지치)　성인이 다스리는 세상에서는
虛其心(허기심)　그 마음은 텅 비우고
實其腹(실기복)　그 내면(중심)을 튼실하게 하고(12장 참조)
弱其志(약기지)　그 욕심(의지)을 줄이고
強其骨(강기골)　그 뼈대(인품 인성)를 강건하게 한다.

위 구절에서 나오는 심心과 지志는 모두 금강경의 아상我相 혹은 유식론唯識論에서의 7식인 말라식과 같은 개념으로서 이것을 최대한으로 줄이고 대신에 골骨, 즉 인품을 강하게 하라는 가르침이다.

그러면서도 노자는 인간적 외로움에 떨고 있는 자신의 처지를 애달아하는 우리네와 똑같이 너무도 인간적인 모습을 보이기도 하여서 더욱 친밀감이 간다.

아래의 20장을 읽으면서 인간 노자의 매력에 더 빠져들었다.

絶學無憂(절학무우)　학문(배움)을 끊으니 만 근심이 없어지네.
人之所畏 不可不畏(인지소외 불가불외)

　　사람들이 두려워하는 것을 나 또한 두려워하지 않을 수 없네.

학문을 끊고 오직 도의 세계에 천착하는 자기의 모습!

한편으론 학문으로 인한 온갖 시비 등에서 벗어나는 기쁨도 있지만 다른 한편으로는 모든 다른 사람들과의 교유관계를 끊음으로써 오는 두려움 같은 것은 노자에게도 예외가 아니구나라고 나는 이 구절에서 유추, 해석해 본다.

荒兮! (황혜) 其未央哉 (기미앙재)

　　황량하구나! 거기에는 아무것도 선명히 보이는 것은 없네.12

衆人熙熙 如享太牢 (중인희희　여형태뢰)

　　뭇사람들은 희희낙락하며 마치 큰 소를 잡아서

如春登臺 我獨泊兮 (여춘등대　아독박혜)

　　화사한 봄 누각에 올라 노는 것 같은데 나 홀로 답답하도다.

衆人皆有餘 (중인개유여)　뭇사람들은 다 여유를 가지고 사는데

而我獨若遺 (이아독약유)　나 혼자만 모자란 사람처럼 살고 있네.13

我愚人之心也 (아우인지심야)　아! 나는 어리석은 자의 마음이네.

沌沌兮 (돈돈혜)　어리석고 어리석구나.

俗人昭昭 (속인소소)　사람들은 다 똑똑들한데

我獨昏昏 (아독혼혼)　나 혼자만 멍청하구나.

俗人察察 (속인찰찰)　사람들은 잘도 살펴가며 똑똑한데

我獨悶悶 (아독민민)　나 혼자만 답답하고 번민이 많구나.

衆人皆有以 (중인개유이)　사람들은 다 쓸모가 있어 보이는데14

而我獨頑似鄙 (이아독완사비)

　　그런데 나 혼자만이 완고하고 비천한 것 같네.

我獨異於人 而貴食母 (아독이어인　이귀식모)

　　나 혼자만이 다른 사람들과 다르게 食母만을 받들고 있네.15

---

12 여기서 央(앙)은 '선명하다'의 뜻임.

13 이때의 遺(유)는 어리석다, 모자라다의 뜻으로 해석해야 될 듯하다.

14 여기서 有以는 쓸모가 있다로 해석함이 맞을 듯.

15 여기서 식모(食母)는 여러 가지 해석이 있으니 "생명의 근원" 정도로 이해를 하며,

고독과 혼돈과 세상 물정을 모르는 답답함 등으로 비감한 마음에 젖는 자기의 마음을 달래주는 것은 그래도 자기는 남들과 다르게 천지생명의 근원인 도(食母)를 받들고 있다. 그들과는 다른 차원에 존재하고 있음에 위안을 삼는 것이다.

자기는 눈앞에 보이는 순간의 쾌락을 추구하지 않고 천지생명의 뿌리(食母)를 궁구窮究하고 그것을 귀하게 여기고 있는 道의 사람이라는 자각이다.

참 안쓰러우면서도 그도 역시 나와 같은 허약한 한 사람의 인간이구나 하는 친밀감이 더 솟는다.

위 20장을 읽으면 또한 싯다르타께서 깨달음 후에 하신 "천상천하 유아독존"이라는 독백이 생각난다.

높은 경지에 다다른 자기를 이 세상 어느 누구도 알아주지 않는 절대고독의 경지!

그러나 한편으로는 범인凡人이 다다를 수 없는 높은 깨달음의 세계에 도달한 자, 곧 깨친 자만이 외칠 수 있는 고독한 법열法悅의 탄성이다. 이는 바로 우주 생명의 근원을 다 파악한 후에 느낀 노자의 심정과 크게 다르지 않을 것이라고 생각한다.

그러나 무릇 모든 깨달은 자가 그러하듯이 노자도 그 높은 경지에 도달하기 위해서는 자기 육체라는 질곡으로부터 많이도 고통을 받았고 그 육체의 한계를 벗어나기 위해서 치열한 자기와의

따라서 귀식모(貴食母)는 생명의 근원인 도(道)의 길만을 받들고 있다는 뜻으로 이해하면 될 것 같다.

다툼이 있었음을 13장의 문장 "吾所以有大患者 爲吾有身 吾無身 吾有何患"에서 읽을 수 있다.

뜻풀이를 하면 "내게 큰 근심이 있는 것은 내게 육신이 있기 때문이다. 내게 육신이 없다면 무슨 근심거리가 있으리오"라고 할 수 있겠다.

싯다르타도 깨달음을 얻기 전에 이 육신으로부터 오는 여러 고통과 근심에서 벗어나고자 히말라야에 입산하여 6년간의 사투를 벌였으나 결국 실패하고 하산하여 새로 시작하지 않았던가?

아! 육체! 모든 화근의 원천인 이 육체로부터의 해방을 얻기 위해서 동서고금의 수많은 선인달사仙人達師들이 겪어왔던 고통을 노자도 겪었던 것이다.

자기 육신과의 고통스러운 사투를 벌이는 어려움뿐만 아니라 그가 겪는 정신적인 갈등도 심대했던바, 이를 극복해 나가는 과정을 15장에서 토로하고 있다. 15장의 문장文章을 한번 보자.

古之善爲士者(고지선위사자)　옛날 도를 잘 체득한 사람은[16]
微妙玄通 深不可識(미묘현통 심불가식)
　　　신묘하게도 도에 두루 깊이 통달하여 그 심원함을 다 알
　　　수가 없다.
夫唯不可識(부유불가식)　故强爲之容(고강위지용)

대저 그것을 다 헤아릴 길 없기에 억지로 이를 형용(容)해
보고자 한다.

豫(與)兮! 若冬涉川(여혜 약동섭천)

조심스럽구나! 마치 겨울날 살얼음 내(川)를 건너는 것 같네.

猶兮 若畏四隣(유혜 약외사린)

두리번거려지네! 사방 주위를 두렵게 살피는 것 같네.

儼兮 其若客(엄혜 기약객)

의젓하고 점잖기는 마치 손님의 모습과 같고

渙兮 若冰之將釋(환혜 약빙지장석)

흩어지고 풀리는 것이 마치 막 녹으려 하는 얼음과 같네.

敦兮 其若樸(돈혜 기약박)　도탑기는 마치 질박한 통나무 같고

曠兮 其若谷(광혜 기약곡)　텅 비어 있기는 깊은 계곡 같고

混兮 其若濁(혼혜 기약탁)　혼탁하기는 흐린 물과 같네.

孰能濁而靜之徐淸(숙능탁이정지서청)

누가 능히 흐린 것과 함께 어울리면서 조용히 천천히 그것을
맑게 할 수 있는가?

孰能安而久, 動之徐生(숙능안이구 동지서생)

누가 능히 조용히 오래도록 그것(道)을 움직여서 소생하게
할 수 있는가?

保此道者不欲盈(보차도자불욕영)

이 道를 보존하려는 자는 가득 채우려 하지 않는다.

夫唯不盈, 故能蔽不新成(부유불영 고능폐불신성)

대저 이렇게 가득 채우려 하지 않기 때문에

故能蔽不新成(고능폐불신성)

> 능히 자기를 버리고(蔽), 부질없이 또 새로운 것을 또 이루려
> 고 하지 않는다.[17]

이 15장에서 보이는 것은 무위無爲의 도를 잘 행하려는 사람들이 겪는 고충과 심리적 갈등을 잘 묘사하고 있다.

살얼음을 건너듯이 조심스럽고 주위 사람들의 시선에 두리번거리고 때로는 남의 집을 방문한 손님처럼 의젓하고 품위가 있게 그러면서도 막 녹으려는 얼음같이 마음이 풀리고 흩어지려 하기도 하고 질박한 통나무 덩어리처럼 단단하면서도 깊은 계곡처럼 텅 비어 있는 마음!

가끔 흐린 물과 같이 혼탁해지기도 하지만, 그러나 이 흐리고 혼탁한 것과 어울려서 끝내는 그것을 맑게 변환을 시키는 사람, 말없이 조용히 자기 스스로와 주변을 변화시키고 소생시키는 사람, 도(道)의 사람! 그러나 이 무위자爲道者는 무엇이든지 가득 채우려고는 하지 않는다. 흐린 물과 함께 섞여서 그 물을 맑게 변화시키지만, 그 맑아진 물로써 다시 무엇인가 더 좋은 것을 만들어 내겠다고 하는 욕심을 내지 않는다. 자기를 희생시켜서는 다시 또 무엇인가를 도모하고 새로운 무엇을 이루어 내려고 하는 그런 부질없는 노력

---

17 많은 사람들이 이 끝 구절 '不新成' 부분의 의미 맥락이 잘 통하지 않는다고 해서 이 불(不)이 이(而)의 오자(誤字)로 보고 能蔽而新成, 즉 "능히 자기를 버리고 새롭게 생성한다"로 해석한다. 그러나 왕필본의 기록을 노자의 원 텍스트로 인정한다면 위와 같이 "새로운 것을 이루려고 하지 않는다" 그대로 해석해야 할 것이라고 본다.

같은 것은 하지 않는다.

夫唯不盈, 故能蔽不新成, 이 마지막 문장의 기술이 이채롭다. 즉 기존의 종교에서 많이 보는 성자^{聖者}의 모습과 많이 다르다. 자신을 희생시켜서 세상을 새롭게 정화시키고 그리고 그 정화된 세상을 자기의 추앙자들을 통해서 세상 끝까지 전파하겠다는 그 흔한 전도주의적 발상과는 확연한 차이점을 볼 수 있다는 것이다.

맑음뿐인 자신을 흙탕물 같은 세상과 섞어서 그것과 하나가 되어 버리고 마는 자세! 그리고 자기를 망가뜨려 버리고는 다시 무엇을 더 도모하지 않겠다는 이 비감한 선언! 나는 맑음도 아니고 더러움도 아닌 그 둘 모두라는 물아일체^{物我一體} 사상의 실천자!.

제2장에서 말한 "生而不有, 爲而不恃 功成而不居"의 자세가 바로 이런 자세일 것이다.

첫 구절에서 "옛날 도를 잘 체득한 사람"이라고 표현했지만 이것은 사실 노자 자신을 말하는 것이라고 생각되고, 인간 노자가 겪은 여러 모양의 흔들리는 모습에 마음이 짠하다.

그러나 이것들을 다 극복하고 마침내 "혼탁한 것들과 어울려서 그것을 맑게 만든다." 그리고는 거기에서 더 나가지 않고 멈추는 성자^{聖者}의 모습을 본다.

참고로 위의 살얼음판을 건너는 것 같이 조심스러움을 표현하는 '여^與'와 사방 주위를 두렵게 두리번거린다는 '유^猶'를 합쳐서 '여유^{與猶}'가 되는데 다산 정약용은 이 두 글자의 조합을 자기의 호로 삼았다. 그리고 자기의 양주 두물머리의 별장에다 여유당^{與猶堂}이라는 편액을 달았다. 그 아픈 내막을 약술한다.

서기 1800년 3월 다산 정약용은 정조 정권의 정세가 좀 이상하게 돌아가고 자신에 대한 정적들(노론)의 공격이 거세어지는 것을 느끼자, 모든 것을 내려놓고 양주 두물머리 초천의 별장으로 내려와 버린다. 정조는 곧바로 은퇴한 다산에게 책(漢書選) 10질을 보내면서 안부를 묻고 만류하려고 했다. 사신이 돌아간 뒤에 다산은 혼자서 눈물을 흘렸다고 한다.

그러고 난 2주 뒤에 정조가 갑자기 세상을 뜬다. 그해 6월 28일의 일이다. 그해 겨울에 다산은 초천의 별장에 '여유與猶'라는 편액을 달았다. 그리고 그 편액을 달게 된 전말을 기록한『여유당기與猶堂記』를 썼다. 이『여유당기』에서 다산은 다음과 같이 썼다.

나는 6, 7년 전부터 노자의 다음 두 구절을 늘 가슴에 담고 있었다.
與兮 若冬涉川, 猶兮 若畏四隣(여혜 약동섭천, 유예 약과사린) 살얼음을 건너듯이 조심스럽고 주변 사람들의 시선에 두리번거린다.
그러면서 또 이렇게 추기追記한다.
嗟乎 之二語 非所以藥吾病乎!(차호 지이어 비소이약오병호!) 오호라 이 두 마디가 내 병을 고칠 수 있는 약이 아닌가.

이 편액을 내걸고 불과 두 달 후에(순조 1년 2월 9일) 다산은 구속되고 18년간의 긴 유배 생활이 시작되었다. 우리 역사의 아픈 비틀림이다.

위 문장을 보더라도 다산은 열렬한 노자의 애독자였고 또 그를 흠모해 왔음을 알 수가 있다. 그렇지 않고서야 어떻게 자기의 호를 노자의 문장에서 추출해 올 수 있으며 또 그것을 자기 별장의 편액으로 써서 달아 놓을 수 있겠는가?

당시의 정통 성리학자로서 노자를 이렇게 가까이 두고 생각했다는 사실 하나만 보더라도 그의 사고가 얼마나 리버럴하고 깨어 있었는가를 알 수 있다.

오직 주자학만이 학문으로 인정되고 다른 모든 것은 사문난적으로 몰아 탄압하던 엄혹한 시대임을 생각하면 다산의 이 용기 있고 열려 있는 학문의 자세를 거듭 우러러보지 않을 수 없다.

그러면 다산은 왜 이 여유與猶라는 문구를 만들어서 그렇게 가까이 했을까?

그것은 살얼음판을 걷는 것 같이 조심스러운 마음, 또 사방에 적들이 우글거리는 가운데서 늘 두리번거리면서 살아야 하는 자기와 정조대왕의 위태로운 정치적 상황에서 자기가 느끼는 심정이 잘 응축된 문구라고 생각했을 것이다.

참고로 왕필 해석분의 『도덕경』에서는 여해與兮가 아니고 예해豫兮로 되어 있는데 왜 다산은 이것을 여해與兮로 고쳤을까? 그것은 두 가지 이유일 것이다.

첫째 고대의 중국문서 여러 곳에서 예豫와 여與는 같이 호환 통용되었다고 한다.

다산은 이것을 잘 알고 있었기에 '예'를 '여'로 바꾸어서 '예유' 대신에 '여유'로 고쳤다. 그렇게 하면 같은 뜻이지만 우리말로 발음하기도 좋고 여유롭다는 이미지도 줄 수 있다.

둘째 여유^{與猶}의 본뜻이 두렵고 주저하고 머뭇거린다의 뜻이지만, 다산은 그런 불안정한 환경하에서도 마음의 여유를 찾겠다는 강한 의지를 표현하려고 한 것이다.

원문 "조심스럽고 주변을 늘 두리번거린다"는 뜻의 豫(與)猶를 우리말 '여유'로 표현함으로써 어떠한 여건에서도 마음의 평화를 잃지 않겠다는 다산의 의지를 잘 나타낸 기막힌 문장의 치환술이다.

다음 70장에서도 천하 사람들이 자기의 뜻을 몰라주는 현실에 답답해하면서도 자기 홀로 큰 이상을 가슴에 안고서 외로워하는 인간 노자의 모습이 보인다.

吾言甚易知, 甚易行(오언심이지, 심이행)

    내 말은 참으로 알기도 쉽고 실천하기도 쉬운데

天下莫能知, 莫能行(천하막능지 막능행)

    천하 사람들은 알지도 못하고 실천도 못 한다.

言有宗, 事有君(언유종 사유군)

    말에는 요지가 있고 일에는 머리(君) 핵심이 있는 법이다.

夫唯無知, 是以不我知(부유무지 시이불아지)

    무릇 그들은 요지도 핵심도 모르니까 나를 모르는 것이다.

知我者希, 則我者貴18(지아자희 즉아자귀)

---

18 위의 ~則我者貴에서, 즉(則)의 해석을 그 앞 구절과 연결하는 접속사로 보아서, "나를 아는 자가 드물다. 즉 나라는 사람은 귀한 존재다"라고 해석할 수가 있지만 필자는 여기서 즉(則)을 본받다로, 또 귀(貴)를 회귀하다라는 뜻의 동사로 해서 위와 같이 해석했음.

나를 아는 자가 드물고 나를 본받는 자도 적으니

是以聖人被褐而懷玉(시이성인피갈이회옥)

그래서 성인은 베옷을 입고도 가슴에는 옥을 품는다.

이 피갈회옥(被褐懷玉, 베옷을 입고도 가슴에는 옥을 품다)이라는 구절을 보면 평생을 거지 형상을 하면서 가난한 자와 한센병 환자와 함께했던 성 프란치스코의 모습이 떠오른다. 또한 아무도 알아주지 않는 외로운 길을 가난과 함께 걸어 온 많은 동서양의 성자(聖者)들의 모습도! 노자의 모습이 곧 이들의 모습이 아닐까 싶다.

그러나 16장에서는 인간적인 외로움과 고통을 극복하고 만물의 근원인 도道에 가까이 간 그의 모습을 볼 수 있다.

致虛極 守靜篤(치허극 수정독)

虛가 지극함에 이르면 순일한 靜(고요함)에 머물 수 있게 된다.

萬物竝作 吾以觀復(만물병작 오이관복)

만물이 함께 무성하게 자라는 가운데서 나는 그것들의 소멸(돌아감)을 본다.

夫物芸芸 各復歸其根(부물운운 각복귀기근)

대저 만물이 다 무성하게 보이지만 그러나 저마다 그 근본(죽음)으로 다 돌아가겠지.

歸根曰靜 是謂復命(귀근왈정 시위복명)

근원으로 돌아가는 것을 靜(고요함)이라 하고 이를 일러

"하늘의 뜻으로 되돌아간다"고 한다.

天乃道 道乃久 歿身不殆(천내도 도내구 몰신불태)

　　하늘이 곧 道며 道는 영원하니 비록 내 몸이 없어진다고
해도 나는 위태로움을 느끼지 않는다.

역시 생과 사를 뛰어넘어선 아득한 성자의 경지이다.

그런데 왜 내 가슴은 이렇게 싸한 아픔과 어떤 추연한 그리움에
젖어 드는 것인가? 만물의 무성함에서 그 소멸을 생각하고 소멸과
더불어서 오는 절대적인 고요함(靜)과 그 근원인 허(虛)! 또 그
태허太虛로 곧 돌아갈 자신의 육신肉身! 그러나 조금도 두렵지도 않고
위태로움도 느끼지 않는 고향 나들잇길뿐인 죽음!

이제 앞장(15장)에서 토로했던 머뭇거림도 두리번거림도 없고,
20장에서 하소연했던 인간적 외로움도 자신에 대한 회의적이었던
마음도 다 사라지고 이제는 대도大道의 근원과 하나가 되어서 편안하
게 두려움 없이 영원의 물결 속에 작은 물방울이 되어 함께 섞이는
승리감에 젖는다. 눈물이 날 것 같다. 이것은 또한 『장자』「대종사」
편에서 장자가 읊었던 경지이기도 하다.

　　"夫大塊 載我以形 勞我以生 佚(일)我以老 息我以死 故善吾生
者 乃以善吾死也"

　　"대저 대지는 나에게 형체를 부여하여 살게 함으로써 나를
수고롭게 하였고 늙음을 주어서 나를 평안하게 해주고, 죽음
을 주어서 나를 쉬게 하는두다 그러므로 내 삶을 잘 사는

것이 내 죽음을 잘 맞이하는 것이라오."

생사를 초월한 성현^{聖賢}의 오도송이다.

생사의 둔턱을 다 치우고 마침내 승리한 동양의 두 현인, 노자와 장자의 멋진 모습을 본다.

이것은 또한 "삶도 하나님의 은혜요, 죽음도 하느님의 은혜다"라고 하는 크리스찬의 신앙 고백문이기도 하다.

이 대목에서는 또 예수께서 십자가에 못 박혀 돌아가시면서 남긴 마지막 말씀인 "이제 다 이루었다"는 말씀이 연상되기도 해서 숙연해지기도 한다(요한복음 19장 30절).

4. 도의 본질에 대한 노자의 깊은 통찰과 경탄

노자는 도의 황홀한 본질에 대한 감탄을 멈추지 않는다.

『도덕경』 4장, 6장, 14장, 21장, 41장 등에서 그는 도에 대한 흠모와 사랑에 빠진 모습을 보인다.

道沖而 用之或不盈(도충이 용지혹불영)

　　도는 텅 비어 있어서 아무리 퍼내어 써도 결코 다 채워지지 않는다.

淵兮! 似萬物之宗(연혜! 사만물지종)

　　그윽하도다! 분명 만물의 으뜸인 듯하구나.

挫其銳 解其紛(좌기예 해기분)

　　날카로운 것은 무디게 하고, 얽힌 것은 풀어내고

和其光 同其塵(화기광 동기진)

　　광채가 나면 그 빛을 죽여서 중화시키고 티끌 먼지와 하나가
되도다.

湛兮 似或存(담혜 사혹존)

　　맑고도 맑음이여! 마치 지금 여기 존재하고 있는 것 같네.

谷神不死 是謂玄牝(곡신불사 시위현빈)

　　골짜기의 신은 결코 죽지 않는다. 이를 일컬어 가믈한 암컷이
라 한다.

玄牝之門 是謂天地根(현빈지문 시위천지근)

　　가믈한 암컷의 아래 문, 이를 일컬어 천지의 뿌리라고 하네.

綿綿若存 用之不勤(면면약존 용지불근)

　　이어지고 또 이어져서 아무리 써도 마르지 않네.

視之不見(시지불견)　보려고 해도 보이지 않고

聽之不聞(청지불문)　들으려고 해도 들리지 않고

搏之不得(박지부득)　잡으려 해도 잡히지 않는 존재

此三者 不可致詰(차삼자 불가치힐)

　　이 모두가 하나씩 따지고 파고들 수 없고

故混而爲一(고혼이위일)　그러기에 모두가 섞여 하나로 되어서

繩繩不可名(승승불가명)

　　끝없이 이어지고 이어져서 무어라 이름할 수도 없는데

復歸於無物(복귀어무물)　다시 형체 없는 곳으로 되돌아가는구나

是謂無狀之狀 無物之像(시위무상지상 무물지상)

　　　이를 일러서 "모습 없는 모습", "물체 없는 형상"이라고 하네.

是謂忽恍(시위홀황)　　이를 일러 홀연하고 황홀하다고 하네!

迎之不見其首(영지불견기후)

　　　앞에서 맞이하려 해도 그 머리도 보이지 않고

隨之不見其後(수지불견기후)

　　　그 뒤를 따라가려 해도 뒷모습도 보이지 않네.

能知古始(능지고시)　　그래도 능히 천지의 시작을 알고 있으니

是謂道紀(시위도기)　　이를 일러 道의 기원이라 하겠네.

孔德之容 惟道是從(공덕지용 유도시종)

　　　텅 빈(孔) 덕의 위용! 오직 道만이 이에 버금가네.[19]

道之爲物 惟恍惟惚(도지위물 유황유홀)

　　　道의 만물 됨이여, 오직 황홀하고 또 황홀하구나.

惚兮 恍兮 其中有象(홀혜 황혜 기중유상)

　　　황홀하고 황홀함이여 그 안에 도의 모습이 있구나.

恍兮 惚兮 其中有物(황혜 홀혜 기중유물)

　　　황홀하고 황홀함이여 그 안에 만물이 있구나.

窈兮 冥兮, 其中有精(요혜 명혜 기중유정)

　　　그윽하고도 어둡도다. 그런데 그 가운데 精氣(정기)가 있네.

노자의 도에 대한 사유는 단순히 철학적 개념이라기보다는 오히

---

19 여기서 孔은 '구멍 공'이 아닌 '빌 공'으로 해석해야 될 것임.

려 마치 종교적 열정에 들떠있는 경건한 구도자의 신神에 대한 찬미와 찬탄의 고백처럼 보인다.

텅 빈 도의 위용(孔德之容)에 황홀해하는 노자! 그 황홀경에 젖어 그 안에서 도의 형상도 만나고 만물의 모습도 보고 그 어두우면서도 그윽한 텅 빔(虛)의 가운데서 또 만물의 정기精氣도 느끼고 하는 구도자의 모습이 잘 그려져 있다.

위의 『도덕경』 4장, 6장, 14장, 21장, 34장, 41장에서의 도道에 대한 기술을 통해서 노자가 형용하고 있는 도의 모습과 그 본질 및 그 작용 등을 어렴풋이라도 엿볼 수 있을 것이다.

『도덕경』의 다른 장에서는 주로 공자의 유교적 사유에 대한 비판적이고 대립적인 견해를 표방하였다고 볼 수 있는데 반해 이들 장에서는 도道에 대한 철학적 사유를 넘어서서 오히려 종교적 신앙적인 감동, 감탄을 드러내 보인 것이다.

텅 비어 있고, 아무리 써도 없어지지 않고, 그윽하고, 맑고, 가물하고 깊숙한 자궁 같으며, 천지의 시작이며, 만물의 기원이며, 모습 없는 모습이며, 보이지도 잡히지도 않은 신비한 존재!

아! 텅 비어 있는 공덕지용孔德之容이여! 그 황홀함(惟恍惟惚)이여!

이것은 마치 금강경에서 무여일반無餘涅槃의 경지나 다름이 없다고 할 것이다.

이렇게 보면 『도덕경』의 많은 문장은 한편으로는 개인의 윤리적 처신을 포함하여 정치 위정자들에 대한 훈계의 성격을 띤 철학서이면서도 다른 한편에서는 만물의 근원인 도道에 대한 종교적 열정의 표현이고 신의 강림을 경험한 열혈당 신자들이 열기를 느끼게 하는 신앙고백문 같기도 하다.

열렬한 종교인들이 보이지 않는 신의 모습을 마음속에 그리면서 마치 눈앞에 환히 보이는 듯이 감탄, 감격해하는 모습을 보듯이 여기 도道의 황홀함에 도취되어 있는 노자의 또 다른 모습을 경이로운 마음으로 본다.

아마 노자의 이런 모습이 노자 사후 한참 뒤에 발생한 중국 도교의 시원이 되지 않았나 싶다.

34장을 통해 조道의 종교적인 모습을 좀 더 보자

大道氾兮 其可左右(대도범혜 기가좌우)

　　大道의 넘쳐흐름이여! 두루 사방 미치지 않는 곳이 없구나.[20]

萬物恃之而生 而不辭(만물시지이생 이불사)

　　만물이 이 道에 의지하여 살아가고 있고 道는 또 그 역할을 사양하지 않는다.

功成不名有(공성불명유)

　　(道는) 공을 이루었어도 이름은 남기지 않고

衣養萬物而不爲主(의양만물이불위주)

　　만물을 입히고 길러내되 그 주인 노릇을 하지 않으며

常無欲 可名於小(상무욕 가명어소)

　　언제나 무언가 바라는 바가 없고 작아 보인다고 칭할 수 있지만

---

20 여기서 좌우(左右)는 사방팔방(四方八方)의 뜻으로 봄이 맞을 듯하다.

萬物歸焉 而不爲主 可名爲大(만물귀언 이불위주 가명위대)

　만물이 모두 그(道)에게로 되돌아가는 데도 그 주인 노릇을
하지 않으니 위대하다고 할 수 있는 것이다.

여기서 주인 노릇을 하지 않는다는 의미는 관여하지 않는다는
것인데, 더 부언하면 만물의 나고 죽는 문제에 대해서 마치 종교의
신 혹은 조물주처럼 일일이 관여하지 않고 자연에(스스로 그러함에)
맡긴다는 것이다. 이 말은 노자의 도道는 조물주도, 옥황상제도,
여호와도, 부처님도 아니고 그저 저절로 나서 자라서 늙고 죽는
자연의 순환원리 그 자체인 것이다.

그러기에 영혼이 사후에 가서 다시 살아갈 천국도 지옥도 없다는
의미다.

以其終不自爲大　故能成其大

　스스로를 끝내 위대하게 되려고 하지 않기 때문에 오히려
위대함을 이룰 수 있는 것이다.

이 위대함은 위 언급한 바와 같이 만물의 스스로 되어가는
자연 순환의 위대함을 말하는 것이다.

위의 노자가 그리고 있는 도의 역할과 모습을 다시 반복하면
아래와 같은데 이는 다른 한편으로는 노자가 우리 인간들에게
이를 본받아야 한다고 하는 권유의 글이라고 생각한다.

이는 또한 그분이 『도덕경』에서 반복해서 언급하는 성인聖人,

지인至人 혹은 도자道者의 모습이기도 하다.

"그 힘이 사방에 미치지 않는 곳이 없고,

만물의 의지처가 되는 역할을 사양하지 않고

공을 이루었는데도 이름을 남기지 않고

만물을 입히고 길러내는 데도 그 주인 노릇을 하지 않고

언제나 무엇인가를 바라는 바가 없고

만물이 거기로 되돌아가지만 주인 노릇을 하지 않으며

스스로를 위대하다고 여기지 않는다."

이어서 35장에서는

執大象 天下往(집대상 천하주)

    大道를 꼭 붙잡고 있으면 天下는 저절로 움직여 나간다.

혹은 "대도大道를 잘 지키면서 천하(세상)에 나아가라" 등의 여러 해석이 가능하지만 후자의 교훈적인 의미보다는 오히려 전자와 같이 도道의 본질에 대한 노자의 통찰이라고 보는 것이 맞을 듯하다.

道之出口 淡乎其無味(도지출구 담호기무미)

    도가 입 밖으로 나오면 담담하여 그 맛이 없어진다.[21]

---

21 마치 1장의 道可道 非常道의 문장을 생각나게 한다.

視之不足見(시지부족견)　보아도 다 볼 수 없고
聽之不足聞(청지부족이)　들어도 다 들을 수 없고
用之不足旣(용지부족기)　아무리 써도 다함이 없다.[22]

노자는 도의 신비스럽고 영원불멸의 모습에 감격스러워하면서 또 한편 언제나 자기는 드러내지 않고 남을 위해서 또 세상을 위해서, 낮은 자리, 남들이 싫어하는 어려운 자리만 골라서 한없이 자기를 낮추는 성자聖者의 모습을 도道의 참모습으로 묘사하고 그렇게 표현하기를 반복한다.

그래서 41장에서 그는 상덕약곡上德若谷, 즉 최고의 덕德은 산골짜기와 같다고 했다.

골짜기는 그 내면이 비어 있고(虛), 항상 낮은 곳에 처해 있으며(處低位), 모든 것을 포용하고, 항상 물이 흐르고 생명력이 넘쳐난다. 동시에 41장에서는 도道의 또 다른 모습을 아래와 같이 형용한다.

進道若退(진도약퇴)　나아가는 길은 물러서는 길처럼 보이고
大白若辱(대백약진)　크게 깨끗함은 더러운 것처럼 보이고
廣德若不足(광덕약부족)　넓은 덕은 좀 모자라는 것 같아 보이고
質眞若渝[23](질진약투)　질박한 진실은 변하는 것 같아 보이고
大象無形(대상무형)　큰 형상은 형상이 없고

---

22 여기서 족(足)은 가(可)의 뜻으로, 기(旣)는 '다, 모두' 등으로 해석됨.
23 투(渝)는 어려운 한자인데 "달라지다, 변하다"의 뜻이다.

大方無隅(대방무우)　큰 각은 각이 없고
明道若昧(명도약매)　밝은 길은 어두운 것 같이 보이고
道隱無名(도은무명)　그래서 道는 늘 숨어 있고 이름이 없다.

그러면서 그는 또 6장에서 곡신谷神은 불사不死라고 했다. 즉 골짜기의 신神은 결코 죽지 않는다. 이를 일러 가믈한 암컷(是謂玄牝)이라고 할 수 있으며, 암컷의 문은 천지의 뿌리라고 할 수 있다(玄牝之門 是謂天地根). 이는 골짜기와 암컷의 아래 문은 제일 낮고 더러운 곳인데도 그곳에서 생명이 잉태하는 가장 위대한 곳이다. 그래서 노자는 이를 골짜기의 신神이라고까지 했다고 본다.

그러면서 또 면면이 이어져서 아무리 써도 힘들어하지 않는다. 즉, 綿綿若存 用之不勤24이라고 했다. 위에서 골짜기의 특성으로서 물의 존재를 말했는데 물이야말로 노자가 최고의 상찬賞讚을 헌사하는 존재이다. 앞에서 제8장을 언급했지만 반복하면

上善若水 水利萬物而不爭 處衆人之所惡(상선약수 수리만물이 부쟁 처중인지소악)

　최고의 선함은 물과 같은 것이다. 물은 만물을 이롭게 하면서도 결코 다투지 아니하고 언제나 사람들이 싫어하는 곳에 머문다.

---

24 여기서 근(勤)은 "힘들어 하다"라고 번역하는 것이 맞을 듯하다.

이렇게 노자는 골짜기와 물에서 도의 근원을 보고 우리 인생들의 삶의 자세에서도 항상 미천한 곳, 남의 아랫자리에 처하면서 주변에 늘 도움을 주는 사람, 그러면서도 결코 이를 자랑하거나 생색내지 않는 모습을 물에서 배울 것을 권장하고 있다.

노자의 시선은 언제나 약하고 눈에 띄지 않는 저 미물 같은 존재들에 머물러 있었고 그 약하고 작은 것이 강하고 큰 것을 이기는 도의 원리를 말한다.

앞에서 언급한 78장에 이어서 24장에서도

企者不立 誇者不行(기자불립 과자불행)

    발꿈치를 세우는 자는 바로 설 수가 없고 가랑이를 벌리는 자는 바로 갈 수가 없는 법이다.

自見者 不明(자현자 불명)

    스스로를 드러내는 자는 밝지 못하고(혹은 현명하지 못하고)

自是者 不彰(자시자 불창)

    스스로를 옳다고 하는 자는 빛나지 않고

自伐者 無功(자벌자 무공)   스스로 뽐내는 자는 공덕이 없고

自矜者 不長(자긍자 부장)   자만하는 자는 우두머리가 되지 못한다.

其在道也(기재도야) "曰餘食贅行(왈여식췌행)"

    이런 것들은 道에 있어서 "찌꺼기 음식이고 군더더기 짓"이다.

物或惡之 故有道者不處(물혹오지 고유도자불처)

    만물(혹은 세상)은 또 이것들을 싫어한다. 그러므로 도를 행하는 자가 처할 바가 아니다.

도^道가 작동되는 모양은 이처럼 작게, 보이지 않게, 천천히, 자연스럽게 움직인다.

남보다 높이 오르려고 발꿈치를 세우거나, 스스로 드러내거나, 스스로 옳다고 여기거나, 뽐내고 자만하는 자들을 찌꺼기 음식이고 군더더기의 짓거리라고 비난하는 노자의 분노 섞인 표현을 본다. 그러면서 이런 것들은 도^道를 행하는 자가 결코 취할 바가 아니라고 했다.

32장을 한번 보자.

道常無名 樸雖小(도상무명 박수소)

　　　도는 항상 그 이름이 없다. 또 질박하고 비록 작아서 눈에

　　　보이지 않지만

天下莫能臣也(천하막능신야)

　　　천하에 그 무엇도 그것을 다스릴 수가 없다.[25]

侯王若能守之(후왕약능수지)

　　　왕과 제후들이 만약 그것을 잘 지킬 수 있다면

萬物將自賓(만물장자빈)　만물은 스스로 이에 따를 것이다.[26]

天地相合, 以降甘露(천지상합 이강감로)

　　　하늘과 땅이 서로 상합하여 감로를 내리게 하듯이

民莫之令 而自均(민막지영 이자균)

---

25 여기서 신(臣)은 "다스리다"라는 뜻의 동사로 해석한다.
26 여기서 빈(賓)을 따르다로 해석함.

백성은 법령을 발동하지 않아도 스스로 제 질서를 이루어
가게 될 것이다.

始制有名 名亦既有(시제유명 명역기유)

만물이 시작되면서 이름이 필요하게 되었고 이름 또한 이렇게
해서 있게(생겨나게) 된 것이다.

夫亦將知止(부역장지지)

대저 (만물이) 생긴 후에는 또한 그 그침이 있다는 것을
알아야 한다.

知止可以不殆(지지가이부태)

그침을 알면 가히 위태로움이 없을 것이다.

譬道之在天下(비도지재천하)

道가 천하에 어떻게 임하게 되는가를 비유를 들어서 말하면

猶川谷之於江海(유천곡지어강해)

마치 냇물과 계곡들이 강과 바다로 흘러 들어가는 모습과
같은 것이다.

도의 자연스런 작동 원리를 시각적으로 잘 보여준 문장이다.
특히 "知止可以不殆(그침을 알면 가히 위태로움이 없다)"는 대목은
우리가 일상생활에서도 금과옥조로 꼭 지켜야 할 구절이라고 생각
한다. 그쳐야 할 때 그치지 않음으로써 발생한 개인과 국가 사회의
수많은 역사적 비극의 기록을 다시 되새기면서.
이형기 시인의 〈낙화〉 "가야 할 때가 언제인가를 분명히 알고
가는 이이 뒷모습은 얼마나 아름다운가"라는 시구를 연상시킨다.

　　아래 30장에서도 우리 인간의 처세가 이와 같은 도의 움직이는 모양을 본받아서 자기를 드러내지 말고 겸손하게 낮은 자세로 임할 것을 권하고 있다.

　　果而勿矜(과이물긍)　좋은 성과를 내었다고 뽐내지 말고
　　果而勿伐(과이물벌)　좋은 성과를 내었다고 떠벌리지 말고
　　果而勿驕(과이물교)　좋은 성과를 냈다고 교만하지 않고
　　果而不得己(과이부득이)
　　　　성과를 낸 것은 어찌어찌해서 부득이하게 그리된 것이니
　　果而勿强(과이물강)
　　　　좋은 성과를 올렸다고 해서 강함을 내보이지 말라.
　　物壯則老(물장측노)
　　　　모든 사물은 강장하면 반드시 노쇠해지는 법
　　是謂不道(시위부도)　이를 일러서 不道(도에 어긋남)라 한다.
　　不道무己(부도조이)　도에 어긋나면 일찍 끝나버릴 것이다.

　　위의 구절들은 마치 유가儒家들의 도덕적 교훈집 같은 감이 없지 않으나 노자의 지론인 항상 아래에 처하고 뭔가 조금 이루었다 해서 겉으로 드러내지 말라는 그의 철학의 일환이다.
　　노자는 위 24장에서 언급한 도道의 작용 원리를 우리 일상에서도 그대로 실현되는 것을 최고의 덕목으로 생각하고 있는 것이다.
　　또한 노자의 겸손하면서 집착하지 않는 자세는 9장과 10장에서도 잘 드러난다.

持而盈之 不如其己(지이영지 불여기이)

　　많이 가져서 넘치는 것은 적당할 때 그만 가지는 것만 못하다.

揣而銳之 不可長保(추이예지 불가장보)

　　두들겨서 날카롭게 하는 것은 오래 가지 못한다.

金玉滿堂 莫之能守(금옥만당 막지능수)

　　집안에 금옥이 가득하면 그것을 잘 지킬 수 없고

富貴而驕 自遺其咎(부귀이교 자유기구)

　　부귀해서 교만해지면 스스로 허물을 남기게 된다.

功遂身退 天地道(공수신퇴 천지도)

　　공을 세웠으면 물러나는 것이 천지의 도리다.

위 9장에서의 주장은 오히려 명심보감류의 도덕 교본과 유사한 것 같다. 그러나 다음 10장에서는 노자적인 면목을 더 분명히 엿볼 수 있다.

愛民治國 能無知乎(애민치국 능무지호)

　　백성을 아끼고 나라를 다스림에는 앎이 없이도 가능하고

明白四達, 能無爲乎(명백사달 능무위호)

　　명백히 깨닫고 사방에 통달하는 데는 無爲로서도 가능하다.

生之, 畜之, 生而不有(생지 축지 생이불유)

　　낳고 기르되, 낳은 것을 소유하지 않고

爲而不恃(위이불시)

　　뭔가를 이루어지게 해주었다고 그것에 의지하지 말고

長而不宰 是謂玄德(장이부재 시위현덕)

　　길러주었지만 지배하지 않는 것, 이를 일러서 玄德(현묘한
덕)이라 한다.

　　위에서 낳고 기르고 이루게 해주고 길러주고 하는 것을 사람과
사람의 관계 혹은 사람과 사물의 관계에서만 볼 때는 공孔·맹孟의
유교적 훈시와 비슷해 보이지만 노자는 이것을 오히려 자연 혹은
오道의 작동 원리로 보는 것이다. 천지(道)는 만물을 태어나게 하고
기르고, 되게(이루어지게) 한다.

　　하지만 천지는 그것을 자랑하거나 그 대가를 요구하거나 그것을
소유하거나 거기에 의지하거나 하지 않는다. 그저 무심으로 무이無爲
로서 그렇게 한다. 아니 인위적으로 그렇게 한다기보다는 저절로
그렇게 된다. 그러기에 거기에서 무슨 보답을 하거나 은혜를 갚거나
하는 개념이 없는 것이다. 그런 것을 기대하지 않는 것이다. 이것이
바로 오른손이 한 일을 왼손이 모른다는 예수 그리스도의 사랑의
의미 바로 그것과 같은 개념이다.

　　그러기에 노자의 도는 공자 맹자의 인의예지적仁義禮智的 도덕 개념
과는 차원이 다른 저 높은 곳에 있다.

　　36장에서도 도道의 은밀성과 강强·약弱 모순적 두 개념의 통합성
을 현실감 있게 표현했다. 즉 이기기 위해서는 먼저 져야 하고,
큰 것(道)을 얻기 위해서는 작은 것(재물, 권력, 명예)을 먼저 버려야
한다는 것이다.

將欲翕之 必固張之(장욕흡지 필고장지)

　　접으려고 하면 반드시 먼저 그것을 펴야 하고

將欲弱之 必固强之(장욕약지 필고강지)

　　약하게 만들려고 하면 반드시 먼저 그것을 강하게 해야 하고

將欲廢之 必固興之(장욕폐지 필고흥지)

　　망하게 하고자 하면 먼저 그것을 흥하게 해주고

將欲奪之 必固與之(자욕탈지 필고여지)

　　빼앗으려 한다면 먼저 그것을 주라.[27]

是謂微明(시위미명)

　　이것을 일러서 微明(미명)[28]이라 한다.

柔弱勝剛强(유약승강강)

　　부드럽고 약한 것이 딱딱하고 강한 것을 이기고

魚不可脫於淵(어불가탈어연)

　　물고기는 연못에서 벗어날 수 없고.[29]

國之利器 不可以示人(국지이기 불가이시인)

　　국가의 이로운 祕器(비밀 병기 혹은 기술)는 남에게 함부로
　　보여줄 수 없는 것이다.[30]

---

27 여기서 고(固)는 먼저(先), 본래 등으로 해석함이 맞을 듯함.

28 여기서 미명(微明)은 유명(幽明)과 같은 뜻으로 그윽함과 밝음, 혹은 어둠과 밝음,
죽음과 삶 등과 같이 반대적 두 대칭 개념을 뜻한다.

29 이 구절의 의미가 좀 애매한데 물고기가 연못을 벗어날 수 없다는 것과 같이 도인(道
人)도 함부로 사람들에게 자기의 식견을 드러내지 않는다는 뜻으로 해석될 수도
있겠다.

30 이 구절도 좀 애매한데 국가의 귀중한 자산을 함부로 누출시키지 않듯이 성인의
도(道)도 함부로 아무 데서나 진도하듯이 가볍게 내보이지 말라는 뜻이 아닐까

이 36장은 일부 음모적 정치가나 혹은 기업가들에 의해 아전인 수격으로 오용된 경우가 있었다고 한다. 그들에게는 빼앗으려면 일단 먼저 주라는 말이 상당히 유혹적으로 들렸을 것이다.

설마 노자가 정략가들에게 권모술수를 권장했겠는가?

아마도 전술한 바와 같이 도道를 얻는다는 본래의 큰 목적을 위해서는 재물, 권력, 명예 등은 내어줄 수 있어야 한다. 즉 먼저 이런 것들을 내놓아야 한다는 뜻일 것이다. 아무튼 좀 헷갈리게 하는 36장이다.

드디어 58장에서는 복과 화, 올바름과 비틀어짐, 옳고 그름에 대한 복합적인 접근을 제시한다.

其政悶悶 其民淳淳(기정민민 기민순순)

　　정치를 어수룩하게(힘들이지 않고 無爲로) 하면 백성들이 순후해지고

其政察察 其民缺缺(기정찰찰 기민결결)

　　정치를 빡빡하게 다스리면 백성은 일그러진다.

禍兮 福之所倚(화혜 복지소기)

　　禍여! 복이 지금 그대에게 기대고 있네.

福兮 禍之所伏(복혜 화지소복)

　　福이여! 禍가 그대 안에 지금 숨어 있구나.

孰知其極(숙지기극)　 누가 그 끝을 알리오.

추측한다.

其無正邪 正復爲奇 善復爲妖(기무정사 정부위기 선부위요)

늘 바르기만 한 것도 없고, 늘 비뚤어지기만 한 것이란 없는 법이다. 바른 것이 다시 비뚤어진 것이 되고 좋은 것이 다시 나쁜 것으로 되돌아간다.

人之迷 其日固久(인지미 기일고구)

인간의 미혹함이야 그 세월이 참 오래도 되었지.

是以聖人 方而不割(시이성인 방이불할)

그러므로 聖人은 스스로 方正하면서도 남과 구분지어 차별하지 않는다.

廉而不劌 直而不肆 光而不耀(렴이불귀 직이불사 광이불요)

스스로 청렴하되 남을 상하게 하지 않게 하고 곧지만 방자하지 않고 빛을 머금고 있되 그것을 발하지는 않는다.[31]

복福과 화禍는 항상 동행한다는 진리의 말씀이 가슴 저리도록 무섭게 들린다. 절대적으로 올바른 것도, 또 절대적으로 그릇된 것도 있을 수 없고, 또 그것이 영속적일 수도 없다는 말과 함께!

인간의 미혹함이 오래된 일이라는 말은 아마도 잠깐 동안의 복에 취해서 거들먹거리거나 또 잠시의 불행(화)에도 견디지 못하고 길길이 뛰는 염량의 민심을 두고 하는 말이겠지.

금강경의 끝 부분(32分)의 한 구절 "不取於相 如如不動(부취어상

---

31 위에서 劌(귀)는 "상처 입히다"라는 뜻의 어려운 한자다. 肆(사)도 역시 "방자하다, 늘어놓다"라는 뜻의 어려운 한자다.

여여부동)"이 생각나는 대목이다(겉으로 드러나는 모양새에 따라 일희일비하지 말고 언제나 흔들림 없이 여여하게 하라).

그리고 64장에서는 크고 작음과 시작과 끝의 연계성을 말한다. 그리고 작은 것, 낮은 것, 느린 것에 대한 애정과 더불어 무리하게 하지 않음(無爲)에 대한 그의 철학을 또 강조한다.

合抱之木 生於毫末(합포지목 생어호말)

　아름드리 큰 나무도 털끝 같은 싹에서 시작하고

九層之臺 起於累土(구층지대 기어누토)

　구층의 높은 누대도 한줌 쌓인 흙에서 일으켜 세워졌고

千里之行 始於足下(천리지행 시어족하)

　천리길도 발바닥 아래에서 시작한다.

爲者敗之 執者失之(위자패지 집자실지)

　억지로 하는 자는 실패할 것이요. 잡으려고 하는 자는 놓칠 것이다.

是以聖人 無爲 故無敗(시이성인 무위고무패)

　그러므로 聖人은 (억지로) 아무것도 하지 않기 때문에 패하지 않으며

無執 故無失(무집고 무실)

　억지로 잡으려 하지 않기에 놓치지 않는다.

民之從事, 常於幾成而 敗之(민지종사 상어기성이 패지)

　사람들이 일을 함에 있어 늘 거의 다 될 듯하다가 실패한다.

愼終如始 則無敗事(신종여시 즉무패사)

처음과 마찬가지로 끝까지 신중하면 일에 실패함이 없을 것이다.

是以聖人欲不欲 不貴難得之貨(시이성인욕불욕 불귀난득지화)

그러므로 聖人은 욕심내지 않음을 욕심내고, 얻기 힘든 보화를 귀하게 여기지 않는다.

學不學 復衆人之所過(학불학 복중인지소과)

가르침이 없는 가르침으로 뭇사람들이 짓는 허물을 본래대로 회복시킨다.

以輔萬物之自然 而不敢爲(이보만물지자연 이불감위)

그렇게 함으로써 만물이 스스로 되어가는 것을 돕고 감히 일부러 무엇을 억지로 하려고 하지 않는다.

다음 63장에서도 상충하는 두 개념의 상호 관련 의존성을 말한다.

爲無爲 事無事 味無味(위무위 사무사 미무미)

하지 않음을 함으로 삼고, 일이 없음을 일로 삼고, 맛없음을 맛으로 삼는다.

大小多少 報怨以德(대소다소 보원이덕)

크든 작든, 많든 적든, 무엇에나 德(덕)으로써 怨(원)을 갚아라.

圖難於其易(도난어기이) 쉬운 것에서부터 어려운 것을 도모하고

爲大於其細(위대어기세)

큰 것을 함에는 작은 것에서부터 시작하고

天下難事 必作於易(천하난사 필작어이)

천하의 어려운 일도 반드시 쉬운 것에서부터 만들어진다.

聖人終不爲大 故能成其大(성인종불위대 고능성기대)

성인은 결코 크게 시작하지 않기 때문에 그것을 크게 이룰 수 있게 된다.[32]

夫輕諾必寡信(부경락필과신)

대저 가볍게 승낙을 하면 반드시 신뢰의 부족함이 따르고

多易必多難(다이필다난)

너무 쉬운 것은 꼭 어려움이 크게 따른다.[33]

是以聖人猶難之 故終無難矣(시이성인유난지 고종무난이)

그러므로 성인은 오히려 쉬운 것을 어렵게 여기므로 끝내는 어려움이 없게 된다.

이 장에서 노자는 중생들과 어울려서 실제 생활을 영위해야 하는 도道의 사람들에게 삶의 지혜를 가르치고 있다.

너무 쉬운 것에는 꼭 어려움이 따르는 법인데 성인聖人들은 만사를 어렵게 여기므로 어려움이 없게 된다는 구절은 나 같은 범인에게도 꼭 새겨들어야 할 말이다.

위 63장 첫 구절 "하지 않음을 함으로 삼고 일이 없음을 일로 삼는다"는 구절에서 송나라 임제종의 유명한 선사이신 차암수정此庵守靜 스님의 선시禪詩 한 편이 떠오른다.

---

32 이때 종(終)은 '결코', '끝내' 등을 뜻하는 부사로 해석함이 맞을 듯.

33 너무 가볍게 시작하면 큰 어려움에 부딪는다로 해석됨.

流水下山非有意(유수하산비유의)

　　흐르는 물이 산 아래로 흘러내리는 것은 무슨 생각이 있어서가

　　아니고

片雲歸洞本無心(편운귀동본무심)

　　조각 구름이 무리지어 돌아가는 것도 본래 무슨 마음이 있어서

　　가 아니네.

人生若得如雲水(인생약득여운수)

　　우리 인생도 저 雲水와 같이 무심(무위)에 이를 수 있다면

鐵樹開花遍界春(철수개화편계춘)

　　쇠나무에 꽃이 피어 온누리 봄이 가득하리라.

일부러 무엇을 하려는 생각 없이 물이 산 아래로 흐르듯이 구름이 무리지어 떠 있는 것처럼 하지 않음(無爲)을 하는 그런 삶을 권한다.

마지막 구절의 철수개화鐵樹開花(쇠나무에 꽃이 핀다)의 의미는 지극히 어렵다는 뜻인데, 이것은 우리 인간이 무심, 무위의 경지에 도달하는 것이 어렵지만 일단 거기에 이르기만 하면 온누리에 봄이 가득하듯이 생사를 초월한 경지에 이를 수 있다는 뜻일 것이다.

위 시詩와 유사하게 아래 48장에서도 지식의 추구에 대해 부정적인 견해를 말하면서 처무위지處無爲之(무위의 경지에 머무는 것)를 강조한다.

爲學日益, 爲道日損(위학일익 위도일손)

　　학문을 하는 것은 날마다 무엇을 더해가는 것이고 도를 행하는
것은 날마다 덜어내는(줄이는) 것이다.

損之又損, 以至於無爲(손지우손 이지어무위)

　　줄이고 또 줄이면 무위의 경지에 다다른다.

無爲而無不爲(무위이무불위)

　　無爲의 경지에 도달하게 되면 되어지지 않는 것이 없다.

取天下常以無事 及其有事 不足以取天下(취천하상이무사 급기
유사 부족이취천하)

　　천하를 취하고 싶으면 항상 무위로써 해야 한다. 有事(有爲)
로써 하면 천하를 얻기에는 부족할 것이다.

우리는 어릴 때부터 성공에 대한 동기부여의 교육에 익숙해져
왔다. 즉 어떤 목적의식을 오래도록 부여받아 왔고, 내 삶의 존재
가치는 오로지 그 목적을 달성하기 위해 얼마나 치열하게 살고
있느냐에 달려 있는 것처럼 교육받고 그렇게 인식해 왔다.

　열심히 공부해라. 그러면 성공해서 너와 너의 가정에 큰 영광을
가져오고 더 나아가서는 이 사회와 국가에 크게 이바지하는 큰
인물이 될 것이다. 너는 그때까지 너의 모든 인간적인 작은 기쁨
같은 것은 묻어두고 오로지 그 목표를 향해서 전진 또 전진해야
한다고 가르친다.

　거기에는 무엇이 행복인가와 같은 본질적인 질문은 일체 허용되
지 않는다. 오늘의 교육 현장에서도 꼭 같이 가르칠 것이다.

소년들에게 학문을 열심히 닦으라는 권학문 중에 많이 읽히는 것이 주희의 권학문인데 이것은 세월이 빠르니까 일촌광음도 허비하지 말고 열심히 하라는 추상적, 일반적인 권고문인 데 반해 송나라의 3대 황제인 진종 황제의 권학문을 보면 이는 아주 노골적으로 부귀와 절세미인을 가지고 싶으면 열심히 공부하라는 내용이다(아래 참조).

여기에서는 학문은 그야말로 부귀영화를 얻기 위한 최고의 도구로서 묘사된다.

어린이들에게 권학을 자극하기 위한 의도된 시문詩文이겠지만 이렇게 노골적으로 외형적인 성공에만 집착하라는 내용은 어린이들의 인격 형성에 좋지 않고 이렇게 해서는 결코 품격 있는 인간을 만들어 낼 수 없을 것이다. 이런 권학문은 아이들한테 읽히지 않는 것이 좋을 듯하다. 한번 들어 보자.

富家不用買良田

　　집안을 부유하게 하는 데는 좋은 밭을 살 필요가 없으니

安居不用架高堂

　　거처를 편안하게 하는데 높은 집 지을 필요가 없으니

書中自有黃金室 　(왜냐하면) 책 속에 절로 황금의 집이 있으니까.

出門莫恨無人隨

　　문을 나서는 데 따르는 사람이 없다고 한스러워하지 마시게.

書中車馬多如簇 　책 속에는 수레와 말이 떼와 같이 많다네.

娶妻莫恨無良媒

결혼을 하려는데 좋은 매파가 없다고 한하지 마시오.

書中有女顏如玉　책 속에는 얼굴이 옥같이 예쁜 여인이 있다네.

男兒欲遂平生志　남아가 평생의 뜻을 이루고자 한다면

六經勤向窓前讀　창문 앞을 향해 육경을 열심히 읽을 것이니라.

여기서 이처럼 장황하게 주희와 진종황제의 권학문을 인용한 것은 그 반대편에 서 있는 노자를 더 선명하게 부각시키려는 목적에서이다.

공부를 해서 집안을 부유하게 하고 권력을 잡고 미인을 얻을 수 있다는 이런 꼬임수 같은 권학문 대신에 『도덕경』의 몇 구절을 젊은 학생들에게 가르치는 지혜가 필요하다고 본다.

예를 들면 앞의 48장에서 소개한 取天下常以無事(無爲)(천하를 취하고 싶으면 항상 무위로서 해야 한다) 구절 등은 나라의 동량이 되려는 큰 인물은 실용적인 지식도 공부해야 하지만 동시에 천하만물과 인간만사人間諸事(사람의 일)에서 보이지 않게 작용하는 자연의 순리와 무위無爲의 도道를 같이 공부할 필요가 있음을 강조하고 있다.

44장에서도 다음과 같이 절제와 안분지족을 권유하고 있다.

名與身孰親?(명여신숙친?)

　　이름(명예)과 몸 어느 것이 나에게 더 가깝냐?

身與貨孰多?(신여화숙다?)

　　몸과 재물 어느 것이 나에게 더 크냐(소중하냐)?

得與亡孰病?(득여망숙병?)

얻음과 잃음 어느 것이 나에게 더 해로운가?

여기서는 명예와 재물을 많이 얻으면 망신이 될 수 있음을 말하는 것이다.

是故甚愛必大費(시고심애필대비)

이런 까닭에 지나치게 탐욕을 내면 반드시 그 대가를 치를 것이요.

多藏必厚亡(다장필후망)

너무 많이 가지면 반드시 크게 잃을 것이다.

知足不辱(지족불욕)   만족할 줄 알면 욕됨이 없고

知至不殆(지지불태)   멈출 줄을 알면 위태롭지 않고

可以長久(가이장구)   가히 오래 갈 수 있을 것이다.

위 진종황제의 권학문과는 잘 대비되는 구절들이다. 앞으로 우리나라의 교육 프로그램에서도 지식은 늘리되 욕망은 줄이는 그런 교육을 강화할 것을 강추한다.

아래 45장에서는 진정한 성공이 무엇인가에 대해 이야기하고 있다.

大成若缺 其用不弊(대성약결 기용불폐)

크게 이룸은 모자란 듯이 보여도 그 쓰임이 다함이 없고

大盈若沖 其用不窮(대영약충 기용불궁)

　크게(가득) 찬 것은 텅 빈 듯이 보여도 그 쓰임은 다함이 없다.

大直若屈 大巧若拙 大辯若訥(대직약굴 대교약졸 대변약눌)

　크게 곧은 것은 굽은 것 같고 크게 정교함은 서툰 것 같고 크게 말 잘하는 사람은 더듬거리는 것 같다.

靜勝熱 淸靜爲天下正(정승열 청정위천하정)

　고요히 지냄으로써 더위를 이기며 맑고 고요함이 세상을 바르게 한다.

46장에서도 비슷한 구절이 나온다.

禍莫大於欲得 咎莫大於欲得(화막대어욕득 구막대어욕득)

　만족할 줄 모르는 것보다 더 큰 화가 없고, 얻기를 계속 바라는 것보다 더 큰 허물은 없다.

故知足之足 常足矣(고지족지족 상족이)

　그러므로 족함을 족함인 줄 알면 언제나 넉넉한 것이다.

다음의 29장은 이 세상에서의 성공을 위해서 발버둥 치는 사람들에 대한 따끔한 충고문이다.

이런 문장들을 앞서 소개한 두 편의 권학문과 더불어 오늘날의 학교 수업에서 같이 가르쳐야 하지 않을까? 한편으로는 전문지식을 쌓도록 하고 다른 한편으로는 인생과 자연에 대한 깊이 있는 통찰력을 길러서 훌륭한 인품을 갖추게 함으로써 진정한 리더, 큰 인물을 길러낼 수 있을 것이다.

29장을 한번 읽어보자.

將欲取天下而爲之 吾見其不得已(장욕취천하이위지 오견기부득이)

　천하를 다 가지려 하고 그것을 이루려고 하는 사람이 있다면 내가 보건대 그 사람은 결코 그것을 얻지 못할 것이다.

天下神器, 不可爲也(천하신기 불가위야)

　천하는 신령스러운 기물이니 사람이 어떻게 할 수 있는 것이 아니다.

爲者敗之, 執者失之(위지패지 집자실지)

　억지로 하는 자는 실패하고 움켜잡는 자는 놓칠 것이다.

故物或行或隨(고물혹행혹수)

　무릇 사물의 이치는 혹은 앞서가기도 하고 혹은 뒤따라가기도 하는 것이니

或歔 或吹 或强或羸 或挫 或隳(혹허 혹취 혹강혹리 혹좌 혹휴)

　내뿜는 것이 있으면 들어 마시는 것도 있고 강한 것이 있으면 약한 것도 있고, 솟아오르는 것이 있으면 무너지는 것도 있다.

是以 聖人去甚, 去奢, 去泰(시이 성인거심, 거사 거태)

　그러므로 성인은 지나침을 멀리하고, 사치스러움을 멀리하고 과분함을 멀리한다.

앞의 차암 수정스님의 선시에서 보듯이 물이 흘러내리는 것도 구름이 뭉쳤다 흩어졌다 하는 것도 다 무슨 목적이 있어서가 아니고 그냥 흐르고 저절로 그렇게 될 뿐이다.

아름다운 것은 다 저절로 된 것이다. 꽃이 자기가 아름다워지려고 애쓰고 노력해서 예쁘게 된 것이 아니다. 꾀꼬리의 아름다운 소리가 무슨 권학문을 읽고 애를 써서 그런 아름다운 소리를 내는 것이 아니다. 무위無爲, 무심無心의 상태에서 저절로 그렇게 되는 것이다.

이 우주를 보라. 얼마나 신비하고 오묘한가? 그러면서도 노력함이 없이 얼마나 쉽게 운행되는가? 그리고 아이들을 보라. 모든 아이는 아름답다. 추한 아이는 없다. 어디서 그 아름다움이 오는 건가?

그러나 나이를 먹으면 아름다운 어른은 찾기가 쉽지 않다.

처음에는 다 아름다웠다. 그러나 나중에는 다 추하게 된다. 왜? 그들에게 무슨 일이 일어났는가? 그것은 단 하나다.

아이는 자기의 삶을 부모에게, 또 자연에게 맡기고 아무런 의식을 하지 않고 애쓰지도 않고 걱정도 하지 않는다. 이것을 노자는 '불자생不自生'이라 칭하였다. 즉 스스로 잘 살아가려고 바둥바둥 애쓰지 않는다는 뜻이다.

사실 노자의 무이無爲사상은 노자 당시의 사회가 주周나라의 안정된 시대는 가고 춘추전국시대의 혼란의 시대로 접어드는 그런 때에 각지의 여러 왕, 제후들이 나름대로 자기 세력을 확대하기 위해서 온갖 무리수와 강압적인 방법으로 백성들을 괴롭히는 그런 시대였는데, 노자는 이 혼란을 극복하는 방법은 인위적인 강압정책으로는 결코 영구적인 평화를 얻을 수 없음을 강조하고 백성, 즉 인간의 본성을 믿고 그들에게 맡기면 사회는 점점 혼란을 극복하고 평화 시대를 오래도록 누릴 수 있을 것이라는 지극히 낙관적인 세계관을 나타낸 것이다.

이 사상은 나중에 맹자의 민본사상에도 크게 영향을 미쳤다고 생각한다.

노老·장莊의 이런 자연에 맡기는 리버럴한 사유들이 유교에도 크게 영향을 미쳐서 좌파 성리학이라고 일컬어지는 양명학과도 연결이 되었고, 더 멀리 보면 오늘날의 민주·민권 사상과도 연관이 없을 수 없을 것이다.

5. 자연스러움을 잃어버린 유교의 가치들, 인의예지(仁義禮智)

노자는 유교의 근본 덕목인 인의예지仁義禮智(나중에 사단四端논쟁으로 발전됨)에 대해서는 모두 도道와 덕德의 하위 개념으로 여겼고, 또한 이들에 대해 부정적인 생각을 가진 것 같다.

『도덕경』 38장을 한번 보자.

『도덕경』은 원래 1장부터 37장까지를 도경이라 하고 38장에서 81장까지를 덕경이라고 구분하는 학자들도 많은데 근래에는 구분 없이 다 『도덕경』이라는 한 이름으로 통용된다

上德 不德 是以有德(상덕 부덕 시이유덕)

　　상덕(최고의 덕)은 덕스럽지 않아 보인다. 그렇기 때문에
오히려 덕이 있는 것이다.

下德不失德 是以無德(하덕부실덕 시이무덕)

　　하덕은 덕을 잃지 않으려고 애쓰는 것이니 그래서 실은 덕이
없는 것이다.

上德無爲而無以爲(상덕무위이무이위)

　　최고의 덕은 無爲함이며 일부러 무엇을 하려 함이 없다.

下德爲之而有以爲(하덕위지이유이덕)

　　하덕은 덕을 행함에 있어서 무슨 의도를 가지고 한다.

上仁爲之而無以爲(상인위지이무이위)

　　上仁(최고의 인)은 仁을 행하되 어떤 의도를 가지고서 하지
않는다.

上義爲之而有以爲(상의위지이유이위)

　　上義(최고의 의)는 의를 행하되 어떤 의도를 가지고 한다.

上禮爲之 而莫之應(상례위지 이막지응) 則攘臂 而扔之(측양비
이잉지)

　　上禮(최고의 예)는 예를 행하되 상대가 그것에 응하지 않으면
팔을 걷어 올리고(攘臂) 그를 끌어당겨서(扔之) 억지로 예를
행하게 한다.

故失道而後義 失德而後仁(고실도이후의 실덕이후인)

　　그러므로 사람들은 도를 잃어버린 후에야 덕을 말하고 德을
잃어버린 후에야 仁을 말한다.

失仁而後義 失義而後禮(실인이후의 실의이후례)

> 仁을 잃어버린 후에는 義를 말하고 義를 잃어버린 후에 禮를 말한다.

夫禮者 忠信之薄 而亂之首(부예자 충신지박 이난지수)

> 대저 예를 지킨다는 것은 충심이 엷음을 뜻하며 그래서 그것은 어지러움(혼란)의 우두머리가 되는 것이다.

前識者 道之華而愚之始(전식자 도짓화이우지시)

> "먼저 안다"고 하는 자들은 道의 허황된 꽃이요, 어리석음의 시작이다.34

是以大丈夫處其厚 不居其薄(시이재장부처기후 불거기박)

> 그러므로 대장부는 도의 두터움에 처하되 그 엷음에 거하지 않고

處其實 不居其華(처기실 불거기화)

> 그 열매에 처하되 그 꽃에 거하지 않는다. 즉, 허황된 겉모습을 취하지 말고 그 본질에 충실하라는 뜻이다.

위 38장에서 보면 인류 사회의 도덕적 가치에 대해 최상의 가치인 도道에서부터 최하의 예禮까지를 하이어라키의 순위를 매기듯이 평가하고 있다. 즉, 도道 → 상덕上德 → 하덕下德 → 상인上仁 → 하인下仁 → 상의上義 → 상례上禮의 순서다. 아마 그다음 순서는

---

34 여기서 전식자(前識者, 먼저 아는 사람)의 의미는 남들보다 앞서는 좀 잘난 체하는 사람을 말하는 것으로 보인다.

지智이고 지智보다 더 아래 순서가 법法과 규정이 아닐까 싶다.

노자의 입장에서 보면 유림집단이 금과옥조로 숭상하는 인의예지仁義禮智라는 것은 기껏해야 살아가는 하나의 실용, 방편쯤으로 생각한 것이다.

도道가 노니는 세계는 우주론적, 삶과 죽음을 오가는 철학적 과제, 만물과 인생의 근본 문제를 논하는 그런 깊고 높은 세계다. 한편 덕德이 논하는 세계는 개개인의 현실적 삶의 문제, 즉 인간들 사이의 관계와 치세治世 문제 등에 관한 것이므로 노자식의 우선순위를 매기려 한다면 도道가 먼저이고 덕德이 그다음이고, 그다음 순위로서 인의예지仁義禮智의 유교적 가치들일 것이다.

위에서 인仁을 잃어버린 후에 의義가 오고 의義를 잃어버린 후에 예禮가 온다는 노자의 이 말은 형식적 겉보기식의 선함만을 추구해 온 과거 중국과 조선의 유림儒林들은 물론 오늘날 우리 모두에게도 울리는 하나의 경종이다.

우리가 착함의 상징으로 여기고 있는 예禮만 하더라도 노자는 위에서 보았듯이 최고의 예(상례)라고 해봐야 기껏 "상대가 그것(예)에 응하지 않으면 팔을 걷어 올리고 끌어당겨서 억지로 예를 행한다"라고 하는 정도다. 즉 마음 깊은 곳으로부터 우러나오는 상대에 대한 존중이 아니고 보여주기식 형식적인 제스처라는 것이다. 그러니 흔히 말하는 예의 바름이라는 것의 본질과 그 가치는 순수한 도道와 덕德으로부터는 한참 먼 곳에 있다는 것이다. 이 구절에서 생각나는 것이 있는데 바로 일본인들의 과도한 예의 바름이다. 90도 절을 끝없이 반복하는 그들의 마음에 없는 그

예의바름(일본어로 建前, 다테마에)에 감동을 받기보다는 오히려 억지스럽고 때론 좀 역겹기까지 한다.

예禮를 인仁과 의義보다 하위의 덕목으로 본 것은 노자 선생의 탁견이 아닐 수 없다.

여기에다 예禮보다 더 아래 순위인 지智와 법法에 이르면 더욱 가치의 하이어라키(순위)가 선명해진다. 오늘날 사회가 문명화되어 갈수록, 경제가 발전되어 갈수록 인의仁義는커녕 예禮마저도 내동댕이쳐 버리고 오로지 사회를 지배하는 것은 법뿐이다. 법전은 갈수록 더 두터워지고 법 규정은 갈수록 더 늘어가는데 다툼은 더 늘어나고 인심은 더 사나워진다.

세계 최고의 부자 나라이자 민주주의의 완성국이라고 일컬어지는 미국을 보라. 그들은 만사를 법으로 해결한다. 2022년 1월 현재로 미국의 변호사 숫자가 1,327,010명이라고 한다. 이는 미국 인구 3억 명을 기준 하면 226명당 1명의 변호사가 있다는 이야기다.

우리나라의 2023년도 등록된 변호사 수 약 35,000명, 5천만 인구 기준 1,428명당 변호사 1인의 비율과는 크게 대비되고 일본의 경우는 이보다 훨씬 더 적다고 한다. 문제는 우리나라도 점점 미국을 닮아가서 이 비율이 급격하게 높아지고 있다는 데 있다.

도道와 덕德과 인仁과 의義가 사라지고 법이 판치는 세상! 이런 곳에 진정한 평화와 행복이 있을까?

우리나라는 왜 최고의 수재들이 모두 법률가가 되려고 하는가? 인간들 사이에서 제일 높은 가치인 도道와 덕德은 차치하더라도 그 아래의 단계인 인仁과 의義마저 내팽개치고 오직 지식과 법률만이 난무하는 사회에서 우리는 선진국이 되었다는 성취감에 안주하고 있는 것인가? 그래서 우리 사회는 안전하고 행복한가? 법이 필요 없는 세상, 아니 형식적이고 가식적인 예禮마저도 필요하지 않은 그런 세상은 언제 올 수 있을까? 노자 선생님의 주옥같은 말씀들이 가슴을 때린다.

이참에 공자가 노자를 만나서 노자의 강의를 듣고 크게 깨닫는다는 『장자』 「전자방」편의 다음의 기록을 보면 인·의·예·지의 좁은 영역에 머물러 있던 공자의 시야가 넓어지는 장면을 볼 수 있다. 물론 사실인지 여부는 알 수가 없지만.

노자: 나는 만물이 생겨난 처음의 경지에 노닐고 있습니다.

공자: 무슨 뜻인지요?

노자: 그 경지에 들어가면 지극히 아름답고 즐겁습니다. 이런 곳에 노니는 사람을 지인(至人)이라 합니다.

공자: 그 방법에 대해 여쭙고자 합니다.

노자: 천하(天下)라는 곳은 만물이 일체가 되는 장소입니다. 거기에 일체가 되어 동화될 수만 있다면 자기의 사지나 육체는 먼지나 때와 같은 것이 될 것이며, 죽음과 삶이나 시작과 끝을 마치 매일 오는 밤이나 낮과 같은 것으로 여기게 될 것입니다. 그렇게 되면 아무것도 그를 어지럽게 할 수가 없습니다. 그런데 하물며 세상에서의 득실(得失)이나 화복(禍福) 같은 잔일들이야 끼어들 수가 있겠습니까?

공자: 선생은 덕(德)이 하늘과 짝이 될 만한 데도 아직도 마음을 닦고

　계십니다. 옛날의 군자라도 누가 이보다 뛰어날 수 있겠습니까?

노자: 그렇지 않습니다. 물이 맑은 것은 그 성질이 그러하기 때문이고
　지인(至人)이 덕을 지니고 있는 것은 일부러 덕을 닦지 않아도
　만물이 서로 화합되어 있기 때문입니다. 하늘은 스스로 높고,
　땅은 스스로 두꺼우며 해와 달은 스스로 밝은데 그것들이 무슨
　덕을 닦았겠습니까?

공자가 물러나와 제자 안희에게 말하였다.

공자: 내가 지닌 도(道)라는 것은 독 안의 바구미와 같은 것이었다.
　선생(노자)께서 나의 몽매함을 열어 주지 않았더라면 나는 하늘
　과 땅의 위대하고 완전함을 알지 못하였을 것이다.

　위의 이야기에서 우리는 노자의 위대함에 못지않게 공자의 위대
함도 깨닫는다.

　자기의 좁은 사고영역의 틀만 고집하지 않고, 또 자기가 현재
누리고 있는 높은 명성에도 불구하고 흔쾌히 자기와 다른 사상과
의견에 동의하는 대인배, 아니 성인聖人의 모습이 감동스럽다.

　또 다른 하나의 우화는 진나라 시대의 희대의 악당이자 대도大盜
의 대명사인 도척盜跖과 공자 간의 대화이다.

　도척은 9천 명의 졸개를 거느리면서 도적질, 부녀자 겁탈을
일삼으며 여러 제후의 영토를 가리지 않고 침범하고 사람의 생간을
회로 썰어 먹는 잔악무도한 도적의 두목이다.

　하루는 공자가 이 도척에게 인仁·의義와 예절을 가르쳐서 바른
사람으로 만들겠다는 생각으로 도척이 형兄이자 자기의 친구인

유하계에게 도척과의 만남을 주선해 주도록 부탁했다.

　그러나 유하계는 공자에게 소용없는 일이니 그만두라고 권했다. 그러나 공자는 혼자서 도척을 찾아갔다. 아래는 『장자』「도척」편의 내용을 임의대로 편집한 것이다.

도척: 이게 누구야? 노나라의 위선자 공구(공자)가 아니냐? 나뭇가지 같은 장식이 붙은 관을 쓰고 허리에는 죽은 소의 가죽으로 만든 허리띠를 띠고 다니며 부질없는 소리를 멋대로 지껄이면서 농사를 짓지도 않고 먹고살며 길쌈하지도 않으며 입고 지낸다. 천하의 임금들을 미혹시키고 천하의 학자들로 하여금 학문의 근본으로 돌아가지 못하게 만들고 있다. 함부로 효도니 우애니 하는 덕성을 마련해 놓고 제후들에게 요행으로 인정을 받아 부귀라도 누려볼까 하고 있다. 그대의 죄가 참으로 중하다. 빨리 뛰어 돌아가라. 그렇지 않으면 그대의 간으로 나의 점심 반찬으로 삼겠다.

공자: 나는 장군의 형님인 유하계와 친하게 지내고 있습니다. 천하에는 3가지 덕이 있는데, 첫째는 외모가 늠름 준수하고 아름다움을 지녀서 만인이 모두 좋아하는 사람이고, 둘째는 지혜가 가득하여 모든 사물을 잘 분별하는 사람이고, 셋째는 덕이 충만한 사람입니다. 지금 장군께서는 이 세 가지를 다 아우르고 계십니다. 그런데도 사람들로부터 도척이라 불리고 계시니 아쉽기 짝이 없습니다. 원컨대 장군께서 나의 말을 잘 따라주시면 내가 오·월·제·노·위·진·초 7국을 돌면서 장군의 위인됨을 설명하고 그들과 협의하여 사방 수백 리의 성을 새로 만들고 수십만 호의 백성이

모인 큰 나라를 만들어서 장군으로 하여금 그 나라를 다스리는 제후로 삼도록 하겠습니다. 그러면 지금과 같은 싸움도 혼란도 없어지고 장군은 부모 효도, 형제 우애 있게 편안히 잘 지낼 수 있을 것입니다.

도척: (크게 노하면서) 너는 달콤한 말로 너의 제자 자로를 꼬드겨 위나라로 보내어서는 위나라 임금을 해하려다 실패하여 위나라 동문 밖에서 처형을 당하고 그의 몸이 소금에 절여지도록 했다. 그러고도 네가 스스로 재사(才士)요 성인으로 자처하는가?[35] 너는 노나라에서 두 번 쫓겨나고, 위나라에서 추방당하고, 제나라에서도 궁지에 몰렸고, 진나라에서도 포위를 당해 천하에 오갈 데가 없는 놈이 아닌가? 당신은 충신과 인의(仁義)를 말하지만 충신들 중에는 명분에 얽매여서 쓸데없이 죽임을 당하는 사람이 많고 현사(賢士)들도 마찬가지다. 충성이라는 것도 무엇이 충성이냐? 작은 도적은 잡히고 큰 도적은 제후가 된다. 그 큰 도적인 제후가 세운 나라에 많은 충신들이 나왔다. 그렇지만 결국 그들은 도적을 섬기는 무리가 아닌가? 전성자상(田成子常)이란 사람은 제나라 임금을 죽이고 나라를 훔쳤다. 그런데 공자 당신은 그로부터 패물을 받지 않았나? 빨리 뛰어서 돌아가라. 당신이 말하는 도(道)란 본성을 잃은 사기이고 허위의 말이고 진실함을 보전할 수 있는 것이 아니다.

---

35 이 부분은 역사적 팩트와는 좀 다른 것 같다. 자로는 위나라에 가서 내란에 휘말려 전쟁 중에 사망했다는 것이 역사적 팩트인.

이렇게 해서 공자는 도척의 막사에서 쫓겨났다는 우화인데 아무튼 『장자』에 이 우화를 넣었다는 것은 그만큼 장자의 입장에서 보면 유가儒家의 가르침이 도의 본성에서 벗어난 형식적인 겉치레에 불과하다는 것을 강조하기 위함이라고 본다.

이야기가 좀 빗나갔는데 다음은 노자의 삼보 사불三寶四不을 이야기하지 않을 수 없다.

먼저 67장의 삼보三寶를 한번 보자.

天下皆謂我道大 似不肖 (천하개위아대도 사불초)

　　천하의 모든 사람들이 나의 도는 위대하지만 따라 하기가 어려운 것 같다고 일컫는다.[36]

夫唯大 故似不肖 (부유대 고사불초)

　　道는 오직 너무 클 뿐이라서 본받을 수 없는 것 같다.

若肖 久矣其細也夫 (약초 구이기세야부)

　　만약에 본받을 수 있는 것이었다면 나의 道는 오래전부터 보잘것없는 것이 되고 말았을 것이다.

我有三寶 持而保之 (아유삼보 지이보지)

　　내게 세 가지 보물이 있는데 이를 간직하고 보존할지어다.

一曰慈 (일왈자)　첫째는 자애로움이고

二曰儉 (이왈검)　두번째는 검소함이고

---

36 여기서 불초(不肖)는 "같지 않다"보다는 "따라하기 어렵다"라고 해석함이 좋을 것 같다.

三曰 不敢爲天下先(삼왈 불감위천하선)

> 셋째는 감히 천하에 앞서려 하지 않는 것이다.

慈故能勇, 儉故能廣(자고능용 검고능광)

> 자애롭기 때문에 능히 용감하고 검약하기 때문에 널리 베풀
> 수 있고

不敢爲天下先 故能成器長(불감위천하선 고능성기장)

> 감히 세상에 앞서려 하지 않기 때문에 능히 큰 그릇을 만들고
> 그것을 키울 수 있는 것이다.

今舍慈且勇 舍儉且廣(금사자차용 사검차광)

> 지금 자애를 버리고 용감하기만 하고 검약함을 버리고 베풀기
> 만 하면

舍後且先 死矣(사후차선 사이)

> 또 세상의 뒤에 서는 것을 버리고 앞에 서기만을 한다면
> 종국에는 죽음에 이를 것이다.

夫慈, 以戰則勝, 以守則固(부자 이전측승 이수측고)

> 무릇 자애로움으로 싸우면 이길 것이고 또 자애로움으로써
> 지키면 견고할 것이다.

天將求之, 以慈衛之(천장구지 이자위지)

> 하늘이 장차 그 사람을 구하려고 하면, 자애로움으로 그를
> 감쌀 것이다.

자애로우면 용감할 수 있고 그래서 싸움에서 결국은 이기게
된다. 그러나 자애로움이 없는 용감함은 대단히 위험한 것으로서

종국에는 죽음을 부른다는 말이다.

위 문장 중 "검약하게 되면 널리 베풀 수 있다"에서 검약이란 물건을 아껴 쓴다는 의미를 넘어서 탐욕으로부터 벗어나 자신에게 꼭 필요한 것 이상으로는 갖지 않는다는 마음이다. 즉 욕심을 억제하는 능력이 있어야만 베풀 수 있다는 것이다.

"감히 세상에 앞서려 하지 않는다"의 의미는 앞의 장에서 말한 하류정신을 의미한다. 공功은 남에게 돌리고 자신은 뒤로 물러나 숨는 모습은 자애로움의 또 다른 표현이다.

자애로우면서 검약하고 그러면서 언제나 남에게 양보하며 겸손해하는 위 세 가지의 마음가짐! 과히 인생 최고의 보물임에 틀림이 없을 것 같다.

경쟁에서 늘 이기려고만 하면 이는 종국에는 파멸이 올 뿐이라는 진리를 말하고 있는 이 67장의 삼보三寶 이야기는 바로 내가 손자녀석에게 꼭 하고 싶은 말이기도 하다.

다음은 68장에 기록된 소위 『도덕경』의 사불四不에 대해 알아보자.

善爲士者不武(선위사자불무)

　훌륭한 용사는 무예를 앞세우지 않고[37]

善戰者不怒(선전자불노)

　싸움을 잘하는 자는 노여움을 드러내지 않고

---

37 여기서 사(士)는 사관(士官)할 때의 사(士), 즉 무사(武士)임.

善勝敵者不爭(선승적자부쟁)

　　적을 잘 이기는 사람은 적과 대적하여 맞붙지 않고

善用人者爲之下(선용인자위지하)

　　사람을 잘 부리는 사람은 자기를 잘 낮춘다.[38]

是謂不爭之德(시위부쟁지덕)

　　이것을 일컬어 不爭(부쟁)의 미덕이라고 한다.

是謂用人之力(시위용인지력)

　　또 이것을 일러 用人의 힘이라고 하고

是謂配天(시위배천)

　　또 이를 일러서 하늘과 짝할만하다고 하니

古之極(고지극)

　　이것은 모두 예로부터 내려오는 도의 지극함이다.

위에서 불무[不武], 불노[不怒], 부쟁[不爭]의 삼불[三不]에다가 네 번째의 불[不]은 爲之下(자기를 낮춘다)에서 "불[不]"은 아니지만 그 뜻과 뉘앙스가 "자기를 높이지 않는다"라는 뜻으로 불상[不尚]에 가까워서 사불[四不]이라고 사람들이 부르고 있다.

노자는 또 도[道]를 제대로 이행하려면 함부로 무력을 사용하지 말 것을 권고한다.

위 68장에 이어 다음의 73장에서도 무[武]와 용[勇]에 대한 올바른 자세를 언급하고 있다.

---

38 여기서 하(下)는 동사로서 낮춘다의 뜻으로 해석한다.

勇於敢則殺, 勇於不敢則活(용어감즉살 용어불감즉활)

　　용맹하지만 무모하면 죽임을 당하고 용맹하지만 무모하지

　　않으면 살게 된다.[39]

此兩者, 或利或害(차양자 혹리혹해)

　　이 두 가지의 용맹함 중에서 하나는 이롭고 하나는 해롭다.

天之所惡, 孰知其故?(천지소오 숙지기고?)

　　하늘이 싫어하는 것, 누가 그 까닭을 알겠는가?

是以聖人猶難之(시이성인유난지)

　　그래서 성인도 오히려 그 까닭을 알기 어려워한다.

天之道(천지도)　　하늘의 도는

不爭而善勝(부쟁이선승)　　싸우지 않고도 잘 이기고

不言而善應(불언이선응)　　말하지 않고도 잘 응대하며

不召而自來(불소이자래)　　부르지 않아도 스스로 찾아오고

繟然而善謀(천연이선모)　　느리면서도 잘 도모한다.[40]

天綱恢恢, 疏而不失(천망회회 소이부실)

　　하늘의 그물은 크고 넓어서 엉성한 듯하지만 놓치는 법이

　　없다.

---

39 위에서 감(敢)은 "함부로" 혹은 "무모하다"로 해석함.

40 여기서 천(繟)자는 "띠늘어질 천"자로서 "늘어지다, 느리다"의 뜻.

6. 정치 지도자에 대한 노자의 권고

이 『도덕경』은 후반부로 갈수록 그 내용이 철학적 사유나 도^道의 본질과 작용 등 우주만물의 근원과 같은 거대 담론보다는 점점 사람들에게 주는 현실적 교훈, 특히 정치 지도자들에게 던지는 통렬한 충고와 경고성 문장들로 많이 채워져 있음을 볼 수 있다.

57장에서는 함부로 무력을 쓰거나 기교나 엄한 법령으로 나라를 다스리지 말고 무위^{無爲}로서 다스릴 것을 권유한다.

以正治國 以奇用兵 以無事取天下(이정치국 이기용병 이무사취천하)

> 나라는 바름으로 다스리고, 군사행동은 奇計(기이한 계책)로서 하지만, 천하를 취하려면 無事(無爲)로 해야 한다.

天下多忌諱 而民彌貧(천하다기휘 이민미빈)

> 세상에 꺼리고 피할 것이 많으면 많을수록 백성은 더욱 가난해진다.[41]

民多利器 國家滋昏(민다이기 국가자혼)

> 백성이 편리한 기구를 많이 가질수록 나라는 더욱 어지러워지고[42]

人多伎巧 奇物滋起(인다기교 기물자기)

---

41 위의 彌(미륵 미)는 여기서는 "더욱 더"로 해석한다.
42 자(滋)는 불어나다. 늘어나다의 뜻

　　사람들의 기교가 많아질수록 기이한 물건들도 더욱 생겨나고

法令滋彰 盜賊多有(법령자창 도적다유)

　　법령이 많아지면 많아질수록 도적이 늘어난다.

故聖人云(고성인운)　　그러므로 성인은 다음과 같이 말한다.

我無爲而民自化(아무위이민자화)

　　내가 無爲로 하니 백성이 스스로 질서를 찾고

我好靜而民自正(아호정이민자정)

　　내가 고요하기를 좋아하니 백성이 스스로 바르게 되고

我無事而民自富(아무사이민자부)

　　내가 일을 일으키지 않으니 백성이 스스로 부유하게 된다.

我無欲而民自樸(아무욕이민자박)

　　내가 욕심을 내지 않으니 백성은 스스로 통나무 같은 순박한
삶을 살게 된다.

75장도 한번 보자.

民之饑 以其上食稅之多 是以饑(민지기 이기상식세지다 시이기)

　　백성의 굶주림은 위에서 세금을 많이 받아먹기 때문이다.
　　이로써 백성이 굶주린다.

民之難治 以其上之有爲 是以難治(민지난치 이기상지유위 시이
난치)

　　백성을 다스리기가 어렵다는 것은 위에서 억지로 다스리려고
하기 때문이다. 그래서 다스리기가 어렵게 된다.

民之輕死 以其上求生之厚 是以輕死(민지경사 이기상구생지후 시이경사)

　　백성이 죽음을 가벼이 여기게 됨은 위에서 백성들의 삶이 무겁게 느껴지도록 요구하기 때문이다. 이로써 백성이 죽음을 가벼이 여기게 된다.

夫唯無以生爲者 是賢於貴生(부유무이생위자 시현어귀생)

　　대저 오직 삶에서 무엇을 많이 하려고(이루려고) 애쓰지 않는 것이 오히려 생에 애착하는 것보다 현명하다.[43]

이어지는 74장은 위정자에 대한 더욱 노골적인 경고문 같은 것이다.

民不畏死(민불외사)

　　백성이 죽음을 두려워하지 않는 상태에까지 이르게 되면

奈何以死懼之(나하이사구지)

　　어찌 그들을 처형으로 겁먹게 할 수 있으리오.

若使民常畏死 而爲奇者(약사민상외사 이위기자)

　　만약 백성으로 하여금 늘 죽음을 두려워하도록 했는데도 그래도 기괴한(악한) 짓을 행하는 자가 있다면

吾得執而殺之 孰敢(오득집이살지 숙감)

43　여기서 생위자(生爲者)의 해석이 어려운데 "삶(生)을 위(爲)로서 하는 것"으로 해석할 수 있는데 생위(生爲) 앞에 '무이(無以)'가 있어서 전체적으로 "위(爲)로서 살지 않는 것"쯤으로 해석한다

우리는 그를 붙잡아 죽인다. (그런데 이 죽이는 일을) 누가 감히 하겠는가.

常有司殺者殺(상유사살자살)

항상 사람 죽이는 일을 맡은 자가 따로 있는데(신 혹은 절대자)

夫代司殺者殺 是謂代大匠斲(대대사살자살 시위대대장착)

무릇 사람 죽이는 일을 대신해서 죽이는 사람을 일컬어 代大匠斲(대대장착, 큰 목수를 대신해서 나무를 베는 사람)이라고 한다.[44]

夫代大匠斲者 希有不傷其手矣(부대대장착자 희유불상기수이)

대저 이 代大匠斲 치고 자기 손을 다치지 않는 사람은 드물다.

이 74장은 앞부분과 뒷부분이 잘 연결이 안 되는 구조다. 어쨌든 포악한 지배자 때문에 백성들이 죽는 것마저도 두려워하지 않게 되는 상황을 상정한 것이고, 이때 그 포악한 지배자는 사람을 죽일 권한도 자격도 없으면서 마치 엉터리 목수가 대목수 흉내를 내서 나무를 마구 자르듯이 사람을 막 죽이면 결국 이것은 자기를 해치게 된다는 말이다.

사람을 죽이는 일은 오직 신(하느님)만이 할 수 있는데 신이 아닌 인간이 어떤 명목으로도 사람을 죽일 수 없으며 또 그런 인간 치고 다치지 않는 사람이 드물다는 경고의 말인 것 같다.

---

44 여기서 착(斲)은 자를 착임.

우리는 이와 같은 수많은 포악한 독재자를 너무도 많이 보아 왔다. 국민을 탄압하고 함부로 죽이다가 자기도 결국 비명횡사하는 그런 경우들을 우리 한국의 최근 역사에서도 많이 보아왔다.

7. 강대국의 도리와 지도자가 가져야 할 자세

노자가 살았던 시기는 중국의 주나라가 쇠망하고 춘추전국시대의 혼란기에 접어드는 시기였는데 힘이 센 나라가 작은 나라를 삼키려고 별짓을 다 하던 그런 시기였다. 노자는 혼탁한 천하 질서를 바로 세우는 제1의 방안으로 강대국이 지켜야 할 아량과 포용의 도리를 66장에서 다음과 같이 제시하고 있다.

江海所以能爲百谷王者(강해소이능위백곡왕자)

　　강과 바다가 여러 계곡의 왕이 될 수 있는 소이는

以其善下之 故能爲百谷王(이기선하지 고능위백곡왕)

　　그것들이 낮은 곳에 처하며 스스로를 잘 낮추기 때문이다.

是以欲上民 必以言下之(시이욕상민 필이언하지)

　　백성보다 높은 곳에 앉고자 한다면 반드시 자기를 낮춰서

　　언행을 해야 하고

欲先民 必以身後之(욕선민 필이신후지)

　　백성보다 앞서기를 원한다면 반드시 자기 몸은 백성보다

　　뒤에 둬야 한다.

是以聖人處上民 而民不重(시이성인처상민 이민부중)

> 그러기에 聖人은 백성보다 위에 처할 때도 백성들에게 중압감을 느끼지 않게 한다.

處前而民不害(처전이민불해)

> 백성들 앞에 처하지만 백성에게 해를 끼치지 않는다.

또한 61장에서는 다음과 같이 주장한다.

大國者下流(대국자하류)　대국이라는 것은 강의 하류와 같다.

天下之交, 天下之牝(천하지교 천하지빈)

> 이는 천하가 모이는 곳이요, 천하의 암컷과 같다.

牝常以靜勝牡, 以靜爲下(빈상이정승모 이정위하)

> 암컷은 늘 고요함으로써 수컷을 이기고, 고요함으로써 자기를 낮춘다.

故大國以下小國, 則取小國(고대국이하소국 즉취소국)

> 그러므로 대국은 소국에게 자기를 낮춤으로써 소국의 신뢰를 얻고

小國以下大國, 則取大國(소국이하대국 즉취대국)

> 소국은 대국에게 자기를 낮추어서 또한 대국의 신뢰를 얻는다.

故或下以取, 或下而取(고혹하이취 혹하이취)

> 그러기에 하나는(대국은) 자기를 낮춤으로써 소국을 얻을 수 있고 다른 하나는 (소국은) 원래 대국의 아래에 있으므로

대국을 얻는다.

大國不過欲兼畜人(대국불과욕겸축인)

대국이라고 하는 것은 이를테면 남을 집에 데리고 와서 함께

그를 기르려고 하는 사람에 불과하고

小國不過欲入事人(소국불과욕입사인)

소국이라고 하는 것은 이를테면 다른 사람에게 가서 그를

섬기려고 하는 사람에 불과하다.

夫兩者各得其所欲(부양자각득기소욕)

대저 이 대국과 소국이 각자 바라는 바를 얻을 수 있으려면

故大者宜爲下(고대자의위하)

고로 대국이 마땅히 먼저 자기를 낮추어야 할 것이다.

이 61장의 말은 비록 국가 간에 취해야 할 외교 자세뿐만 아니라 개인 간에 있어서도 직장의 상사와 부하, 강자와 약자, 상거래에서의 갑과 을 등 모든 인간사회 관계에서 적용되어야 할 덕목이다.

아래 80장에서 노자는 대국과 소국의 조화로운 공존을 이야기하지만 그는 이상주의적 로맨티스트답게 모든 국가들이 부국강병 정책을 시행하고 강대국이 되는 것을 국가의 목표로 삼고 있는 나라들의 지배자와 백성들에게 오히려 영토와 인구를 줄여서 작은 나라로 전환할 것을 권유한다. 영토를 넓혀 강대국을 지향하는 일은 곧 전쟁을 일삼아야 한다는 것이고 이는 곧 평화를 포기하는 일이기 때문이다.

사실 노자의 마음속에 들어있는 이상적인 국가는 평화로운 작은

나라이다.

80장을 한번 보자.

小國寡民 나라의 크기를 작게 하고 백성의 수를 적게 하라.

使有什佰之器而不用

열 가지 백 가지 기계가 있으나 쓸 일이 없도록 하고

使民重死而不遠徙

백성들로 하여금 죽음을 무겁게 여겨서 멀리 배회하지 않게

하여야 한다.

雖有舟輿無所乘之

비록 배와 수레가 있어도 그것을 타는 일이 없게 하고

雖有甲兵無所陳之

비록 갑옷과 병기가 있어도 그것을 펼칠 일이 없게 하고

使人復結繩而用之

사람들로 하여금 다시 노끈을 매어 쓰도록 하라.

노자가 지향하는 삶은 좀 소극적이면서 평화적, 목가적인 것인
데 이런 목적에 부합하는 국가는 당연히 거대한 영토와 강력한
군사력과 갖가지 병기를 다 갖춘 강대국보다는 자그마한 국토에
적은 인구를 가지고 이웃을 침탈할 염려가 없는 평화를 추구하는
나라일 것이다.

마지막 구절의 결승^{結繩}이란 단어는 아주 옛날, 글자가 없던
시절에는 노끈 매듭으로서 상호간의 의사전달이나 기록의 수단으

로 삼았는데 본 장에서 뜻하는 바는 그런 원시시대로 다시 돌아가자는 것이 아니라 순박하게 살도록 하자는 뜻으로 쓰였다고 본다. 위에 언급한 바와 같이 배와 수레와 병기와 갑옷으로, 즉 거창한 무력시위로 다스리지 않으면 안 되는 강대국을 지향할 것이 아니라 노끈을 매서 의사전달과 교환을 하던 순박한 시대로 되돌아가고 싶어 할 만큼의 순박한 세상을 꿈꾸는 노자의 바람이 묻어 있는 것이다. 그는 또 작은 나라의 소박한 삶을 아래와 같이 묘사했다.

甘其食 美其服 安其居 樂其俗

　　백성들이 달게 먹고, 잘 입고, 편히 머물고, 풍속을 즐기고

隣國相望 鷄犬之聲相聞

　　이웃 나라가 서로 바라보이고 닭 우는 소리와 개 짖는 소리가 들리고

民至老死不相往來

　　사람들이 늙어 죽을 때까지 서로 왕래하는 일이 없게 되는 그런 세상![45]

72장에서는 또 지배자가 백성들을 어떻게 다스려야 할 것인가를 말한다.

---

45 이 말은 사람들이 모두 자기들의 자리에서 만족하니까 구태여 이 나라 저 나라로 돌아다닐 필요가 없게 된다는 뜻인 것 같다.

民不畏威(민불외위)

　　백성들이 통치자의 위협을 두려워하지 않게 되면

則大危至(측대위지)

　　결국 큰 위험, 즉 하늘의 형벌이 닥친다.

無狹其所居(무협기소거)

　　백성들이 사는 거처를 무시하지 말라.[46]

無厭其所生(무염기소생)

　　그들이 사는 바(사는 방식)를 싫어하지 말라.

夫唯不厭(부유불염)

　　대저 통치자가 백성들의 삶(살아가는 방식)을 싫어하지 않아
　　야만

是以不厭(시이불염)

　　(백성도) 통치자를 지겨워하지 않게 된다.

是以聖人自知不自見(시이성인자지부자현)

　　그래서 성인은 자기는 지혜가 있으면서도 스스로 그것을
　　드러내지 않는다.

自愛不自貴(자애부자귀)

　　스스로를 아끼면서도 자기를 높이지는 않는다.

故去彼取此(고거피취차)

　　그러므로 저것, 즉 自貴(자기를 높임)는 버리고 이것, 즉
　　自愛(스스로를 아끼는 자세)는 취한다.

---

46 위의 협(狹)은 좁을 협으로 보지 말고 무시하다의 뜻으로 해석함이 좋을 듯.

그리고 17장에서는 좋은 지도자의 등급을 매기고 있다.

太上 下知有之(태상 하지유지)

가장 좋은 지도자는 아랫사람들이 그가 있다는 사실만 겨우
안다. 즉, 그의 존재를 거의 의식하지 않는다.

其次 親之譽之(기차 친지예지)

그다음 가는 지도자는 사람들이 그에게 친밀감으로 존경하고
칭송한다.

其次 畏之(기차 외지)

그다음 가는 지도자는 사람들이 그를 두려워하게 되고

其次 侮之(기차 모지) 그다음은 사람들이 그를 경멸하게 된다.

信不足焉 有不信焉(신부족언 유불신언)

지도자의 말에 진정성이 없으면 백성들은 그를 불신하게
된다.

悠兮 其貴言(유혜 기유언)

조심할지어다. 자기가 한 말을 귀하게 다룰 것이니라.

功成事遂(공성사수)

(지도자가) 큰 공적을 이루어서 일이 다 되었다 하더라도

百姓謂我自然(백성위아자연)

백성들은 말할 것이다. 이것은 우리가 스스로 그렇게 되었을
뿐이라고⋯.

위 마지막 문장, 즉 큰 공적을 이루어 사업이 다 잘 되어두

백성들은 "그것은 저절로 그렇게 된 것일 뿐이야"라고 말하기 십상이다. 지도자의 외로움을 노자도 잘 알고 있는 것 같다.

그러나 이런 상황에서 지도자가 취해야 할 자세를 아래 39장의 마지막 문장에서 잘 타일러 주고 있다. 즉 不欲琭琭如玉 珞珞如石(옥처럼 빛나기를 바라지 말고 돌처럼 단단해라), 이것이야말로 낮음과 천함을 기본자세로 삼아야 하는 지도자의 참모습이 아닌가?

이 39장에서는 지도자가 가져야 할 기본자세 몇 가지를 더 말하고 있다.

貴以賤爲本(귀이천위본)

　　귀함은 천함으로써 그 본을 삼는다.[47]

高以下爲基(고이하위기)

　　높은 것은 낮은 것을 그 기초로 삼는다.

是以侯王自謂孤 寡 不穀(시이후왕자위고 과 불곡)

　　그러므로 왕들은 스스로를 일러서 孤(고)니, 寡(과)니, 不穀(불곡) 등의 겸양어를 쓴다.

此非以賤爲本耶?(차비이천위본야?)

　　이것이야말로 천함으로써 그 기본을 삼는 것이 아니겠는가?

故致數輿無輿(고치삭여무여)

　　그러기에 수레를 자주 많이 타는 것은 수레를 타지 않는 것과 같다.[48]

---

47 전형적인 以A爲B, "A를 B로 삼는다"의 한문 문법구조다.

不欲琭琭如玉 珞珞如石 (불욕녹록여옥 낙락여석)

옥처럼 빛나기를 바라지 말고 돌처럼 단단해라.

자기를 낮추고 겸손함을 지키는 것은 제왕에게나 백성에게나 만고의 진리다.

8. 도덕경의 마무리 장 제81장

信言不美(신언불미)　믿음직한 말은 아름답지 못한 것 같고

美言不信(미언불신)　아름다운 말은 믿음직하지 않다.

善者不辯(선자불변)　선한 사람은 말을 잘하지 못하고

辯者不善(변자불선)　말 잘하는 이는 착하지 않다.

知者不博(지자불박)　앎을 드러내는 자는 박식한 사람이 아니다.

博者不知(박자부지)　박식한 사람은 앎을 드러내는 사람이 아니다.

聖人不積(성인부적)

　　성인은 쌓아 두지 않는다(재물이든 지식이든).

旣以爲人己愈有(개이위인기유유)

　　있는 것으로 남에게 다 내어주니까 자기는 더욱더 있게 된다.

旣以與人己愈多(개이여인기유다)

---

48 1. 수레를 탄다는 것은 고관대작, 귀인의 상징이다. 2. 어떤 주석가들은 여(輿)를
  예(譽)로 바꾸어서 致數譽無譽(자주 영예를 얻으면 오히려 영예가 사라진다)로
  해석하기도 한다. 의미는 같다.

있는 것으로 남에게 베풀수록 자기는 더욱 풍요로워진다.

天之道, 利而不害(천지도 이이불해)

하늘의 도는 만물을 이롭게 하고 해를 끼치지 않는다.

聖人之道, 爲而不爭(성인지도 위이부쟁)

성인의 도는 남을 위해 잘 해주고 다투지 않는다.

『도덕경』을 마무리하면서 그것을 집약해 놓은 것이 본 81장이다.

위의 내용을 다시 요약하면 첫째, 자기를 돋보이게 하려고 애쓰지 말고 자기를 드러내지도 말라. 둘째, 자기의 지식과 재물을 쌓아 두지 말고 이웃에게 다 내어주고 베풀어라.

그런데 나는 여기서 노자께서 왜 그분의 웅장하고 깊고 높고 넓은 노자 철학의 결론을 위와 같이 밋밋하고 흔히 들을 수 있는 몇 줄의 평이한 글로써 마무리 지었는가에 대해서 오래도록 의아해 하였다.

그런데 한참 후에야 이『도덕경』을 주석하고 재편집한 사람이 왕필이라는 사람이고 왕필이 원본『노자』를 81개의 장章으로 구분하여 배치하면서 위의 문장들을『도덕경』을 마무리하는 마지막 장으로 배치한 것임을 알게 되었다.

그리고 이 마지막 81장의 평범한 결론도 결코 만만한 것이 아니고 시대를 뛰어넘는 위대한 성자의 깊은 뜻이 들어 있음을 어렴풋이나마 알게 되었다.

왜 왕필은 위대한 스승님 노자의 글을 이렇게 밋밋하고 평범하게 맺음질하게 되었을까?

지금까지 도道와 천지天地의 본질과, 무위사상無爲自然과 존재와 비존재의 불이不二함을 갈파하던 저 천상의 선인仙人이 갑자기 우리 동네의 서당 훈장님으로 내려오신 것인가? 그것이 아니다.

노자는 이상주의자이면서도 백성에 대한 사랑과 이해심이 남다른 성자聖者였다. 그러기에 그분은 자기가 설파해 온 도道와 무위철학을 일반 백성들이 다 이해하고 이를 실천해 나갈 수 있을 것이라고는 생각하지 않았다. 어쩌면 하루하루 먹고살기에 바쁘고 오욕칠정에 찌들어 있는 일반 사람들에게는 지금까지 설파해 왔던 자기의 사상이 결코 쉽게 접근할 수 있을 것이라고도 생각하지 않았다. 오히려 자기의 지금까지의 주장은 사상누각에 불과한 것이라고 생각했을 수도 있다.

그래서 그는 자기의 글『노자』를 마무리하는 뜻에서 아주 쉽고 평이하며 누구라도 마음만 먹으면 실천할 수 있는 위의 문장을 실었을 것이다. 이 깊은 뜻을 놓칠 리가 없는 천재 왕필이 이것을 『도덕경』의 마지막 결론의 장章인 81장에다 배치한 것이라 생각한다.

사실 이렇게 명심보감류의 평이하고 초보적인 81장의 훈시를 만약 모든 백성이 이를 실천에 옮기게 된다면 그것이 곧 노자가 꿈꾸는 이상적인 사회인 소국과민小國寡民의 평화로운 이상사회가 이루어지는 것이 아니겠는가?

앞의 여러 장章에서 주장했던 주옥같은 말씀들이 결국 이 81장의 평이한 마지막 문장으로써 완성되는 것이다.

진리는 평범한 데서 나오는 것이다.

이는 마치 불교에서의 신앙과 믿음의 정도, 즉 근기根機에 따라서 설법도 달리한다는 방편설법方便說法과 같은 개념과 유사한 것이라고 본다.

자! 나는 이렇게 해서 인류가 겉으로 화려해 보이는 현대문명의 과다 소비, 과다 생산, 과다 배출이라는 무서운 삼독三毒에서 벗어나기 위해서는 노자의 질박한 반문명의 정신으로 빨리 되돌아가야 한다는 메아리 없는 소리를 혼자 방구석에서 궁시렁거리며 펜을 놓는다.

부족한 실력으로 성현聖賢의 큰 뜻을 제대로 알지도 못하면서 오히려 세상을 어지럽히는 악업을 짓지 않았나 하는 두려움으로 독자님들의 용서를 빈다.

2편

노자와 동학

1. 고조선의 건국이념과 노자사상의 접근성

전 장에서도 언급한 바가 있지만 사실 노자는 동이족 출신이거나 고조선의 후예라는 설이 여러 노자 전문가들에 의해 주장되어 왔다. 본 장에서는 이 설에 대해서 좀 더 알아보고자 한다.

이는 노자의 무위자연無爲自然 사상이 우리 단군조선의 건국이념인 홍익인간과 재세이화 사상과 유사점이 많은 데서부터 연유된 것으로 보인다.

자! 그러면 노자는 과연 우리 동이족과 혈연적으로 무슨 관계가 있는 사람일까? 아니면 사상적 문화적으로만 동이문화의 영향을 받은 것일까? 아니면 두 사상의 유사성은 우연히 그렇게 된 것일까?

그리고 더 나아가서 고조선의 건국이념인 홍익인간 재세이화의 영향을 이어받은 동학사상은 노자사상과 어떤 관계 어떤 연관성이 있는가를 한번 생각해 보고자 하는 것이다.

이것이 다음 장에서 소개할 『동학』에 대한 간단한 상견례의 의미도 될 수 있을 것 같다.

동양사상의 거대한 두 흐름인 공자로 대표되는 유교사상과 거기에 대척점에 선 노자의 반 유교사상은 오랫동안 적대적 공존해 온 불가분의 관계라고 생각하는데 그 근원을 좀 단순화해 보면 유교사상은 본질적으로 현실적 성향이 강한 중국의 한족, 즉 화하족 속에서 잉태 발전되어 온 사상이다. 반면에 노자의 무위 사상은 동이족, 혹은 치우족을 중심으로 해서 발생 발전해 온 좀 이상주의적이고 유토피아적인 성격의 사상이라고 규정짓고 싶다.

물론 이런 주장은 상황을 지나치게 단순화하는 우를 범할 우려가 있는 것도 사실이기에 지금까지 어느 학자도 감히 주장하지 못한 상상적인 영역에 머물러 있었던 것을, 나는 여기서 무명의 처사處士라는 커튼 뒤에 숨어서 감히 그렇게 단순화해 보는 것이다.

노자는 사마천의 『사기史記』, 「노자한비열전」에 의하면 춘추시대 초나라 고현苦縣, 오늘날의 하남성 지방에서 살았다고 한다. 이를 근거로 하면 그 지방은 요동, 산동, 장쑤 등 동이족이 많이 살았던 지역에 속하지 않으므로 물리적으로는 동이족의 후손이라고 하기는 어려울 것 같다.

동이족은 한반도와 요하(요동과 요서) 지역과 산동지방에 많이 거주하면서 동이문화를 형성해 왔던 단군과 고조선의 후손들이다. 그럼에도 일부 학자들 사이에서는 노자의 동이족 설을 계속 주장하는 실정이다.

여기서 중요한 것은 설사 노자가 동이족도 아니고 고조선의 혈맥이 아니라고 하더라도 그가 요하지방과 산동반도에서 강력한 영향력과 지배력을 가졌던 동이문화로부터 많은 영향을 받았을 수 있다는 주장은 대단히 합리적이라고 본다.

그는 인간과 자연의 조화를 강조하고, 욕망의 절제와 소박함을 강조했으며, 평화를 지향하고, 강한 왕권에 의한 주변 소국의 지배를 극렬 배척하고, 강한 권력과 엄격한 법령에 의한 통치를 비판하는 등의 평화주의자의 모습으로 목가적 안온한 삶을 지향하였다.

이 모습은 곧 인간을 존중하고 이웃과 인근 국가와의 평화 공존을 주장하는 홍익인간의 고조선 건국이념과 닮아 있는 것이다.

무엇보다 노자의 핵심 사상인 무위이화無爲而化의 사상은 재세이화在世理化의 고조선 건국이념과는 거의 근접해 있는 사상이다.

재세이화在世理化란 이 세상에 우주의 근본원리(天理)와 참 이치가 만개하는 그런 이상적 유토피아적인 세상, 즉 이화理化의 세상으로 만든다는 사상이다.

위에서 언급한 바와 같이 노자와 동이족과의 생물학적 연관성에 대해서는 수긍할 만한 증거가 아직 나오지 않았다. 단지 초나라의 북·동부 지역은 동이족이 많이 거주한 제나라와 노나라와 근접해 있으니까, 노자의 가계에도 동이족의 혈통이거나 혈연이 있을 수 있다는 개연성은 충분하다고 본다.

특히 그의 사상이 고조선의 사상과 유사점이 많다는 면을 보아서 문화적인 영향뿐만 아니라 혈연적으로도 연계되었을 것이라고 추론할 수 있고, 이것이 도올을 비롯한 여러 학자들이 노자 동이족설을 제기하는 소이이기도 하다.

사실 노자의 무위자연 사상과 우리의 홍익인간 재세이화 사상과의 관계, 더 나아가서는 노자와 동학사상과의 연관성을 알아보려는 것이 필자가 『도덕경』에 연계해서 『동학』을 쓰고자 하는 연유이다.

2. 동학의 인내천(人乃天) 사상

그런데 이 홍익인간과 재세이화의 사상은 곧 동학의 핵심 사상인 인내천人乃天 사상과 삼경三敬사상의 바탕 이념이다.

동학은 조선 말 사회적 위기와 민중의 절망 속에서 등장한 사상이자 사회운동이다.

그 핵심 사상은 인내천, 곧 사람 속에는 하늘이 깃들어 있으며 그러기에 사람은 하늘만큼이나 귀중한 존재이므로 어떤 제왕이나 정치 사회적 지배자도 사람을 함부로 대해서는 안 된다는 당시로서는 혁명적인 사상이었다.

동학은 사람의 존재가 하늘(노자의 도)이 현현顯現한 신령한 존재임을 강조함으로써 억눌린 민중에게 스스로 존귀하게 여기도록 만들었다.

이것은 지금까지 외부의 초월적 신에게 구원을 의탁하던 기존의 종교와는 그 차원을 달리할 뿐만 아니라 더 나아가서 단순한 종교적 교리의 차원을 넘어서 사회 변혁과 민중 해방의 기초를 마련하게 되었다고 본다.

3. 노자사상과 동학사상의 연계성

노자의 무위자연관과 동학의 인내천 사상은 서로 맞닿아 있다.

수운 최제우 선생이 동학사상을 창시하실 때 노자의 무위자연無爲自然 무위이화無爲而化의 사상으로부터 영향을 많이 받았다고 생각한다. 특히 동학의 주문인 조화정造化定의 개념은 노자의 무위이화無爲而化가 그 바탕에 있는 것이 확실하지 않을까 하는 생각도 든다.

『도덕경』은 21세기 인류가 나아가야 할 지표라고 생각한다.

과다한 기술 발달과 과다한 생산과 소비, 그 여파에 의한 심각한 자연 훼손 그리고 끝도 없는 인간의 탐욕과 무한 경쟁! 인간의 이 제어되지 않는 무한 욕망에 의해 발생하는 모든 파괴적 광기는 다음 세기 안에 인류가 소멸할 수도 있다는 심각한 전망을 낳게 하고 있다.

노자는 이와 같은 전대미문의 지구적 위기에 처한 인류에게 들려주는 경고이면서 동시에 피난처일지도 모른다.

그러나 앞장에서 보았지만 노자의 무위 사상은 현실을 살아가는 우리 인류에게는 너무 높고 너무 깊고 또 너무 멀리 있어 보인다.

단적으로 말하면 현실의 인간들이 따르고 지키기에는 너무 추상적이고 막연하고 한편 은둔적이고 도피적이다.

현실적으로 인간의 삶이란 나물 먹고 물 마시고 팔을 베고 누워 안빈낙도 유유자적하는 그런 은둔 생활을 하기에는 너무나 거칠고 치열한 싸움의 현장이다.

그에 비해 우리의 동학은 노자의 높고 깊은 철학을 바탕에 깔고 있으면서도 현실 사회의 온갖 부조리에 대해서는 피하지 않고, 숨지도 않고 굴복하지 않으며 그것들을 혁파하기 위해 맨몸으로 맞서는 대단히 동적이고 개혁적이고 현실적인 모습을 띤다.

나는 동학의 이런 불의에 타협하지 않는 혁신적인 모습이야말로 바로 노자사상의 또 다른 모습이라고 생각한다.

이처럼 동학은 노자 선생이 2천5백 년 전에 꿈꾸었던 소박하고 평화로운 세상을 이 땅에서 이루어 내기 위해서는 땀과 눈물이 뒤범벅이 된 실존자로서의 거친 삶이 필요하다는 사실을 우리에게 일깨워 주었다고 할 것이다.

이런 의미에서 동학사상과 동학혁명은 천상에서 놀고 있던 노자의 무위자연 사상을 온갖 잡스런 인간세의 니토泥土로 끌어내려서 민중의 피와 땀과 눈물로서 그것을 정제, 정화시켜서는 종국에는 다시 노자의 안온한 세계로 되돌려 놓는 거룩한 훈련 캠프라고도 할 수 있겠다.

4. 결언

그러나 노자와 동학은 공히 인간을 세계와 분리된 존재가 아니라 자연과 하늘의 질서 속에 놓인 존재로 바라본다.

노자는 자연의 도道 속에서 무위의 삶을 강조하고 동학은 인간 속에 내재된 하늘을 깨닫게 하였다.

겸허하게 도에 따르는 순리적인 삶과 당당하게 하늘을 품은 삶은 서로 다른 듯하지만 궁극적으로는 하나의 길이다.

이에 필자는 『도덕경』과 동학을 한 책에 같이 편집하는 것이 그 의의가 있다고 자평하면서 여기 동학에 대한 졸문을 『도덕경』 후편 격으로 함께 엮어 보고자 한다.

3편

동학에 대한 재조명

1. 왜 동학인가?

도올 김용옥 선생의 『동경대전』 서문 첫 문장은 "동학은 눈물이다"라고 시작된다. 그렇다. 동학은 눈물이다.

동학 창시자 수운 최제우의 40세 짧은 인생이 눈물이고, 그의 후계자이자 동학의 실질적인 창업자인 해월 최시형의 고난의 71년의 삶 또한 눈물이고, 녹두장군 전봉준의 꺾여 버린 높은 기개가 눈물이다. 그리고 이분들의 눈물보다 백배 천배 더 아리는 피눈물은 최소 30만 명의 우리 민중, 우리 농민들이 외세와 결탁한 불의한 지배자들에 항거하면서 뿌린 그 의혈에 대한 눈물이다. 맨몸으로 왜놈의 기관총에 맞섰던 우금치 산마루에 쌓인 시쳇더미의 장면 앞에서 눈물이 나지 않은 사람은 왜놈과 백성의 피를 빨아먹던 조선의 탐관오리 말고 또 누가 있을 수 있겠는가?

눈물은 거기에서 그치지 않았다. 동학의 창시자 수운과 동학을 사실상 일으켜 세운 해월 두 분이 모두 처형되고 난 뒤에 세 번째 동학 교주가 된 손병희가 주도한 3.1만세운동의 함성, 그것은 우리 민중의 한이 서린 피눈물이었다. 3.1운동 이후에도 꺾이지 않고 면면히 이어져 왔던 동학정신을 이어받은 항일독립운동사, 그 또한 눈물 없이 그 아픈 과정을 어떻게 이야기할 수 있겠는가?

나는 동학은 눈물이면서 빛이고 꿈이고 우리가 나가야 할 방향이라고 생각하기에 감히 여기서 동학에 대한 이야기를 한번 적어보려고 한다.

이야기가 더 자세히 들어가기 전에 왜 동학이 빛이고 꿈이고 우리의 향후 방향타가 될 수 있는가를 약술하려고 한다.

1959년 고려대학에서 발간한 ≪한국사상≫이라는 학술잡지에서 시인 조지훈은 동학에 대해서 다음과 같은 취지의 글을 썼다.

"조선 중하반기부터 일어난 실학사상은 한말韓末에 밀물같이 밀어닥친 서양문물 서양문명에 밀리고, 때론 편승하게 되면서 우리의 민족적인 사상으로까지 발전하지 못하였다.

그러나 이때 우리 민족 내부에서 일어난 거대한 하나의 사상이 있었으니 수운 최제우가 창도한 동학사상 동학운동이다.

이것은 외래의 종교, 외래의 사상을 포섭하고 이것을 우리 고유의 단군사상, 즉 홍익인간의 이념과 통합하여 독창적인 종교 사상을 만들어 낸 것이다.

유교는 명정名節(글귀)에 포니抱泥(얽매임) 하여 현묘한 영역을 모르고, 불교는 적멸寂滅하여 인륜을 끊어버리고, 도교는 유적悠適하여 치평治平의 이치를 모르니 이 삼교三敎의 단소를 버리고 장점을 취한 최고 수준의 종교사상이 동학이다."

동학이 우리 민족의 눈물임은 누구나 다 수긍할 것이다.

그런데 과연 동학이 우리의 빛이고 꿈이고 나아갈 방향이 될 수 있을까?

그리고 오늘의 천도교가 그 역할을 다할 수 있을 것인가?

그 이전에 오늘의 천도교가 동학 창시자 수운과 그 후계자 해월과 3대 교주 손병희로 이어져 왔던 민족의 향두로서의 눈부셨던 초창기 동학 선지자들의 철학과 그 유지를 제대로 수행하고 있는가? 또 앞으로도 다할 수 있을 것인가 문제도 생각해 보아야 할 것이다.

결론부터 말하면 앞에서 조지훈 선생께서 언급한 바도 있지만 동학은 유구한 우리 민족 문화의 총화이며 곧 다가올 남북 통일시대에 우리 민족이 세계사의 주역으로 웅비하는 발판이 되어야 하고 또 될 수 있을 것이라 믿는다.

이것이 단순한 국뽕이 아니라는 논거를 먼저 제시하려고 한다.

역사가 우리에게 가르쳐준 것은 많은 민족과 국가가 나름대로 흥망성쇠를 겪었지만, 그중에서 세계에 널리 그 영향력을 오랫동안 미친 나라는 소수에 불과하고, 그런 소위 지도적 지위를 오랫동안 누린 민족이나 국가는 반드시 두 가지를 겸비하였던 것인데 그 하나는 물질적 토대, 즉 풍부한 경제력과 강력한 군사력이고 다른 하나는 그 민족이나 국가의 정신적 토대이다. 이를테면, 종교 등 영적인 바탕, 문화·학문·예술 등 형이상학적 영역에서의 영향력이다. 그중에서 가장 중요한 토대는 정신적인 토대와 종교적 영적인 바탕이라고 생각한다.

이 두 가지 측면에서 우리나라의 현 위치와 가능성은 대단히 긍정적이라고 생각한다.

먼저 물질적 측면에서 과연 한국이 세계의 지도적 지위에 도달할 수 있을까?

전 세계인이 감탄하는 사실은 한국이 잔인한 일본 제국주의의 억압에서 벗어나자마자 곧바로 겪은 분단과 남북전쟁의 폐허에서 불과 70년 만에 국민소득 35,000불에 달하는 경이적인 경제발전을 이룩한 일이다.

2차 세계대전 이후 수많은 국가가 제국주의의 사슬에서 독립하였고 그 나라들이 모두 경제발전을 위해서 엄청난 노력을 쏟아 왔지만, 그중에서 선진국으로 공식 데뷔한 국가는 오직 한국뿐이다.

60년대 소량의 농수산물과 가발 수출로 시작하여, 60년대 말과 70년대에 걸쳐서 섬유, 신발 등 경공업품으로 본격적인 수출 시장에 뛰어든 한국은 8~90년대 중화학공업을 거쳐서 2천년대부터는 자동차, 선박, 전자, 컴퓨터, 반도체 등 기술 집약 산업으로 진화하게 되더니 2020년대부터는 인공지능과 우주산업 등 최첨단 두뇌산업에서도 세계의 내로라하는 국가와 기업들을 상대로 경쟁해 나가는 중이다.

즉 우리는 단기간 내에 산업의 고도화를 이루고 이제는 세계 산업을 리드해 가는 선두그룹에까지 자리매김하게 된 것이다.

이러한 경이적인 발전은 경제력에만 국한되지 않고 국력의 다른 한 축인 국방력과 방위산업에서도 빠른 발전을 보이면서 이제는 경제적 이득을 넘어서서 총체적 국력 면에서도 엄청난 파워(power)를 보여주는 것이다.

2024년도 미국의 세계군사력 평가 기관인 GFP(Global Fire power)에서 발표한 세계 군사력 순위에서 한국이 5위, 일본이 8위를 기록했다. 경이로운 현황이다.

한국의 방산산업은 전차, 자주포, 각종 포탄 및 총기류, 미사일

방공망 체제, 각종 해군함정과 잠수함 등의 여러 부문에서 세계적인 경쟁력을 자랑하고 있으며, 특히 최첨단 전투기 KF-21의 순조로운 개발은 미국, 중국, 유럽의 여러 군사 강국들을 아연 긴장시키고 있다.

이처럼 경제력과 군사력, 즉 국가적 하드웨어 측면에서 세계적 수준에 올라와 있는 우리나라는 자랑스럽게도 문화, 예술 등 여러 소프트웨어 분야에서도 세계적 강국의 반열에 어울리게끔 큰 영향력을 행사하는 중이다.

100년 전 백범 김구 선생께서 한없이 부러워했던 높은 문화의 힘을 지금 우리는 전 세계에 자랑하며 전파하고 있는 것이다.

그렇다고 한국이 모든 것을 다 이룬 모범적인 나라가 벌써 되어 있다는 이야기인가 하면 그렇지는 않다. 정신을 가다듬고 우리의 처지를 다시 냉정하게 평가해 보자.

앞에서 언급했던, 우리의 경제력, 군사력, 높은 문화력 등 모두가 냉정하게 평가하면 사상누각이다. 모래 위에 지은 임시 텐트와 같다. 적어도 남북이 현재와 같이 분열이 되어 있는 한에서는 그렇다.

우리가 누리는 온갖 편리함과 경제적 문화적 여유도 휴전선에서의 총 한 발로 산산조각이 날 수밖에 없는 지극히 불안하고 허약한 임시 천막 안 잠깐의 여유일 뿐이다.

우리는 지금 일시적 마약에 취해 있는지도 모른다. 남북이 하나가 되기까지는 모든 것이 임시 천막 안의 광대놀음에 불과한 것이다.

그리고 남쪽의 내부 사정은 친일파의 미청산과 그 여파로 이어진 독재정권과 긴 군부통치의 어두운 사슬에서 아직 벗어나지 못하고 있다.

정신적으로는 우리 내부의 지독한 분열과 외세에 대한 지나친 의존성 그리고 민족 자주성에 대한 부족한 신념으로 그나마 표피적으로 유지되어 오던 민주주의마저도 그 근간이 크게 흔들리는 상황이다.

북한의 경우는 더 심각하다. 강포한 김일성 삼대에 걸친 가족 독재체제가 북한의 정치, 경제, 사회적 자유를 절멸시켰고, 특히 경제는 인민의 굶주림마저도 해결하지 못할 정도로 완전히 거덜 나버렸다.

이런 상황에서 그나마 희망을 걸 수 있고 민족의 미래를 위해서 무언가를 도모해 볼 수 있는 쪽은 남한이다. 남한의 상대적으로 발전된 경제력과 군사력 그리고 70년에 걸쳐서 쌓아 온 민주주의 경험을 바탕으로 이제는 몰락 직전의 북한을 평화적으로 끌어안아야 하고 또 그럴 만한 능력이 된다고 본다.

우리는 이러한 대변혁의 시대에 능동적으로 대처할 물질적 바탕은 어느 정도 갖추어져 있다고 보인다. 그러나 이제부터는 더 근본적이고 더 깊은 정신적 영적인 분야에서의 준비가 필요한 시점이다.

남북의 결합이나 남북통일보다도 더 긴요하고 더 어려운 과제는 우리 민족의 정신적 안정감과 일체감을 고취하고 21세기 세계 선도 국가로서 갖춰야 할 영적인 바탕, 즉 독자성과 포용성을 공유한 심오한 철학사상과 우리 민족과 세계를 다 아우를 만한 종교를 갖추는 일이다.

다행스럽게도 우리나라는 단군이 나라를 처음 열면서부터 세계 어느 나라, 어느 민족보다도 훌륭한 '홍익인간'이라는 건국이념을 만방에 제시하면서 시작했다. "널리 세상을 이롭게 한다"는 코스모폴리탄적인 웅대한 이념을 건국이념으로 제시한 고대국가는 세계 어느 민족, 어떤 국가도 없었다.

유대민족의 배타적이고 옹졸한 여호와 선민사상도, 중국에서 최초 국가라고 주장하는 하왕조도, 또 일본의 최초 왕국인 야마토 정권도 그리고 그 이외의 세계 어느 고대국가도 우리의 홍익인간처럼 웅장하면서도 인간 중심의 깊은 사상과 철학을 내포하고 있는 건국이념을 제시한 나라는 없었다는 것이다.

기독교의 바탕이 된 유대교의 히브리 민족의 건국 통치 이념이 무엇인가? 십계명의 모세율법은 배타적인 한 종족의 생활지침 그 이하도 이상도 아니라고 본다.

중국의 경우, 그 최초 왕조인 하^夏나라는 국가 통치이념을 천명^{天命} 사상에 두었다. 즉 하늘의 명에 의해 나라를 세우고 다스린다는 별로 실체가 없는 천명^{天命}이라는 애매한 말을 하면서 하왕조 체제 자체의 권위를 하늘로부터 내려받은 듯한, 말하자면 백성에게 군림을 하기 위한 방편으로서 천명을 내세우면서 동시에 황하의 치수^{治水}를 통한 농업 생산성을 높인다는 실용, 실무적 차원의 단기적 비전에 불과하다고 본다.

일본의 경우에는 태양신이자 시조신인 아마테라스 오오카미 여신이 손자인 호노니니기를 지상에 내려보내면서 3가지 신기^{神器}를 하사한다. 이것은 거울, 신검^{神劍}, 옥구슬 세 가지인데 이는 종교 (일본 신도), 무력, 풍요로움을 각각 상징한다. 호노니니기의 증손자인 진무神武가 이 세 가지 이념을 바탕으로 최초의 국가인 야마토 정권을 세우고 일본의 초대 천왕이 된다.

이 세 가지 보물은 결국 경제적 문제(옥구슬), 국방의 문제(神劍), 정신 무장(거울)이라는 한 국가를 이루는 기본 토대를 상징하는 것으로 보인다. 그런데 여기 어디에 우리의 홍익인간과 같은 차원 높은 인간 존엄과 만민, 만국, 평등의 사상을 찾아볼 수 있는가?

우리 민족은 시작부터 벌써 그 차원이 다른 민족이었다.

그 외 미국 같은 역사가 일천한 나라들은 건국신화는 있을 수 없고 단지 미국의 경우 그들의 독립선언서와 헌법에서 언급한 자연권(자유와 행복추구권), 인민주권, 자유, 평등, 법치주의, 공화주의 등을 그들의 건국이념으로 볼 수 있겠는데 한마디로 말하면 자유 민주주의가 그들의 건국이념이라고 명시한 것이다.

그러나 이것은 한 국가의 헌법정신은 될 수 있을지언정 건국의 철학이 되기에는 정치 영역만 구체화시킨 너무 좁은 영역의 실용적이고 실무적인 캐치프레이즈에 지나지 않는다고 생각된다.

그에 비해서 우리의 홍익인간 이념은 지극히 근세에 일어난 정치제도인 자유민주주의 시대 이전의 왕조국가 시대에도 적용이 되면서 또 한편으로는 미래의 어떤 새로운 정치체제 시대에도 변함없이 적용될 수 있는 인류 공통의 정신적 가치와 철학을 제시한 것이다.

홍익弘益의 의미를 좀더 부연 설명해 보자.

여기서 익益은 이익을 만든다는 의미다. 즉 경제발전 경제성장 이익창출 등의 오늘날의 자본주의적 개념이다.

또 홍弘은 널리 더불어 공유한다는 의미다. 경제성장의 결실이 일부 계층에게만 집중되지 않게 균형과 조화를 이룬다는 의미로 요즘 용어로 말하면 사회주의적 개념이다.

오늘날의 서구 자본주의 사상에서 결여된 도덕과 정의의 문제를 우리 조상들은 이미 5천 년 전에 생각했던 것이다.

그것도 개인 간의 불균형 차원뿐만 아니라 널리 국가와 국가 간의 불평등까지도 고려하는 엄청난 생각이었던 것이다.

그런데 이 홍익인간이라는 이념이 실현되기 위해서는 함께 제시한 이념인 재세이화在世理化가 먼저 실현되어야 한다고 본다. 재세이화란 나라가 이치에 맞게 합리적으로 다스려져서 이상적인 국가, 즉 이화理化세계가 이뤄진다는 개념이다.

인간들 간의 조화롭고 이치에 맞는 합리적인 질서가 잘 이행되면서, 나아가서는 하늘(천지)과 인간들 간의 관계가 조화롭게 잘 돌아가는 그런 세상을 우리 조상들은 5천 년 전에 이미 꿈꾸었던 것이다.

오늘날과 같이 인간의 과욕과 무분별한 개발에 의한 자연훼손과 같은 그런 일이 없는 세상, 곧 이화세계理化世界를 이상사회로 설정하고 그것을 건국이념으로 삼았던 것이다. 위대한 민족이다.

이런 위대한 사상은 수천 년간 우리 민족의 가슴에 그대로 간직되어 오다가 19세기 말 20세기 초 일제강점기에 다시 대종교라는 이름으로 민족 독립운동의 맨 앞장에 서서 민족의 혼을 일깨우고 불태우기도 했다.

그런데 우리 민족은 거기에 그치지 않고 이 위대한 건국이념에다 유·불·선의 여러 사상까지 통합하여 동학이라는 인류 역사 이래 최고의 철학 사상을 개발하고 그것을 천도교라는 이름으로 종교로 승화시키게 되었다.

지금까지 2000년 이상이나 세계를 움직여 왔던 기독교, 불교, 유교 등 지배적 종교들은 신음하는 세계를 살리고 구하는 생명과 평화의 도道로서의 수명은 거의 다했다고 본다.

이제 다음 바통은 우리의 동학이 이어받아 통일된 한국을 넘어서서 전 세계 인민들에게 평화와 사랑의 복음을 선사하게 될 것이다. 분별과 분열과 독선에 의한 2000년의 종교전쟁에 종지부를 찍을 때가 온 것이다.

지난 2000년간 세계사에 있었던 전쟁의 대부분이 종교분쟁에 의한 전쟁이었다는 사실을 생각할 때 앞으로 우리의 고유사상을 바탕으로 한 동학사상이 전 세계에 널리 퍼져서 세계의 항구적인 평화의 물결을 일으킬 수 있을 것이라는 큰 꿈을 꾸어본다.

이 역사적 과업을 제대로 수행하는데 조금도 부족함이 없는 위대한 사상체계를 우리 민족은 오래전부터 이미 마련해 놓고 있는 것이다. 그 핵심은 위에서 언급한 바와 같이 재세이화 홍익인간과 동학사상이다. 우리는 고조선 시대부터 어느 다른 민족도 생각하지 못했던 홍익인간의 이념을 국시로 삼았다. 이것은 공자의 인의예지仁義禮智의 개념을 그 안에 다 내포하고 있다. 그러면서 역사의 시간 개념으로 보면 공자 시대보다 훨씬 오래전부터 시작된 것이다.

2. 동학의 시작과 그 사상

동학 창시자 수운 최제우는 뼈대 있는 유교 양반 가문에서 태어났다. 부친은 뛰어난 성리학자였지만 과거시험에 실패하고 가세는 기울어져 있었다. 양반이지만 재가녀再嫁女를 어머니로 둔 반 상민이었다. 10세에 모친상을 당하고 17세에 부친상을 당하는 인간적인 아픔의 바탕에서 그의 불우한 초년이 시작되었다.

참고로 수운의 7대조가 유명한 최진립 장군인데, 이분은 임진왜란(정유재란) 때 서생포에서 왜군을 격멸한 명장인데 조정에서는 그에게 삼도수군통제사를 제수하였다. 그리고 또 병자호란 때에는 공주 영장營將의 지위로 용인전투를 지휘하다 전사를 하셨다. 조정에서는 병조판서를 추증하였고 청백리로서도 명성을 떨쳤고 효종 때에는 정무공의 시호를 내렸다.

최진립 장군의 3남이 최동량이고 그의 아들 최국선 대에서부터 큰 부를 이루게 되어 그 유명한 경주 최부자의 시초가 된다. 최진립 장군의 4남이 최동길인데 이분이 수운 최제우의 6대조 직계 조상이 되는 것이다.

그러니까 최진립 장군 슬하에서 한쪽은 6대 300년을 이어온 경주 최부자의 가문이 되고 다른 한쪽은 민족의 대사상가이자 성자聖者인 최제우의 가문이 된 것이다.

아무튼 수운은 부친 사망 후 19세에 혼인을 하고 21세부터 31세까지 10년간을 장사꾼으로 팔도를 헤집고 돌아다녔다. 37세 득도(수운의 용어로는 무극대도)를 하기까지 10년간 팔도 보따리 장사꾼으로 살면서 동시에 사상적 방황과 구도의 과정을 치열하게 겪었다. 남다른 재주와 학구열로서 8세부터 근 10년간이나 익힌 높은 학문(성리학)의 수준임에도 불구하고 남들처럼 과거에 한 번 응시해 볼 수도 없었다. 어머니가 재가녀였기 때문이다.

보따리 장사 행각을 그만두고 고향 경주의 용담정에 돌아와서도 그는 최씨 집안 친척과 고향 사람들로부터도 환영받지 못하는 이방인이었다. 온갖 수욕羞辱과 모멸적인 언사를 감당해 나가면서 그는 우주와 인간의 본질에 대한 공부를 계속하다가 다음 해에는 처가인 울산의 여시바위골로 거처를 옮겨서 수련과 기도를 더해 간다.

그러던 중에 32세 때인 1855년 어느 날 금강산 유점사에서 스님이 찾아왔는데 그분으로부터 한 권의 얇은 책자를 전달받는다. 그것이 그 유명한 『을묘천서』이다. 을묘년에 하늘로부터 받은 책이라는 의미다.

그 스님이 하는 말이 "이 책이 어찌어찌해서 내 손에 들어왔는데 아무도 그 뜻을 아는 사람이 없었는데 선생께서 학문이 깊다는 소문을 듣고 왔습니다"라고 했다. 수운이 그 책을 한번 훑어보니 유학儒學의 책도 아니고 불가佛家의 책도 아닌 도무지 그 문장의 이치가 온당치 않고 그 뜻을 파악하기가 너무 어려운 책이었다.

스님이 말하길 "이 책을 3일의 여유를 드리고 선생께 놓고 가겠소. 3일 후에 다시 올 터이니 깊이 살피시기 바랍니다." 3일 후 그 스님이 다시 왔을 때 수운이 "저는 이 책이 어떤 책인지다 파악했습니다"라고 하니까 스님은 수운에게 백 번 절하며 무척 기뻐하면서 "이 책은 진실로 선생님이 가져야 할 책입니다", 또 "소승은 이 책을 선생님께 전하는 역할을 할 뿐입니다. 원컨대 이 책에 쓰여진 대로 뜻을 이 세상에 널리 펼치소서"라고 하면서 계단을 내려갔는데 잠시 후 홀연히 그의 자취가 사라졌다.

수운은 이 스님이 신인神人임을 알아차리고 그 책을 깊이 연구하였다. 그 책에는 기도하는 바에 대한 가르침이 쓰여 있었던 것이다.

이 에피소드는 해월의 지시로 강수라는 동학도이자 뛰어난 성리학자가 지은 『도원기서』의 앞부분 일부를 요약한 것이다. 『도원기서』는 수운과 해월의 일대기 행적을 기록한 책이다.

그런데 『을묘천서』는 어떤 책이기에 수운이 거기에 깊이 빠져서 연구한 것일까? 명시된 바는 없지만 학자들의 일치된 견해는 그것이 당시 중국에 거류 중인 이태리 출신 예수회 선교사인 마테오 리치가 지은 『천주실의』가 틀림없다고 한다. 『천주실의』는 기독교 사상서이지만 그 내용이 유교·불교 등 동양의 여러 사상까지 폭넓게 기술하고 동·서양의 사상을 비교 분석한 명저로서 청나라의 지식인들 사이에서 높은 평가를 받았었고 조선에도 전해져서 이수광 등의 실학파 학자들에게 큰 영향을 미쳤다. 천주실의는 물론 한문으로 된 책이지만 저자인 마테오 리치는 가톨릭 선교사로서 중국에 오래 살면서 뛰어난 한학자漢學者가 된 사람이다.

수운은 21세부터 10년간 봇짐장수로 전국을 돌아다니면서 단지 장사만 한 것이 아니고 당시 조선에 물밀듯이 밀어닥치는 서양문물과 서양학문과 종교 등에 대해서도 견문을 넓히는 데에 힘썼다.

특히 중국에서 발발한 아편전쟁과 그에 따른 홍수전의 태평천국의 난은 그의 사고체계를 크게 흔들어 놓았다.

지금까지 세상의 중심이라고 믿어왔던 중국이 서양의 일개 군부대에 의해 허무하게 무너지는 모습이나 홍수전이라는 일개 무지렁이 반란군이 수백만의 인민대중을 끌어모아서 남경을 점령하는 대변란의 시대를 귀로 듣고 눈으로 보면서 그는 서학에 대한 깊은 관심을 가지고 있던 차에 신령기가 있어 보이는 스님으로부터 입수한 『을묘천서』는 그의 내면을 흔들어 놓았고 거기에 깊이 천착하고 신(천주)에 대한 탐색과 기도에 전념하는 계기가 되었다.

그는 드디어 천성산(양산) 내원암과 적멸궁에서 목숨을 건 기도와 수도를 계속해 나가게 되었다. 기도를 마치고 경주 용담정으로 다시 돌아왔는데 자산은 탕진되고 빚은 산더미처럼 쌓였다.

이때 수운은 또 철점(철물상이 아니고 사실은 쇠를 만드는 소규모 제철 공장이었다)을 열어서 난국을 타개하려고 전 재산인 논 여섯 마지기를 저당 잡히고 돈을 변통하였다. 그러나 사업과 수도^{修道} 두 가지를 한 머리 한 가슴에서 풀어나가는 것은 현실적으로 불가능하고 특히 그의 마음은 사업보다는 도통^{道通}에 더 기울어져 있는데 철물사업이 제대로 될 리가 없었다.

문제는 논 여섯 마지기를 담보 잡히고 돈을 빌렸는데 한 사람에게서만 빌린 것이 아니고 담보물은 하나인데 이를 7군데에 잡히고 거금을 빌린 것이다. 제철공장을 하려니까 거금이 필요했던 것이다.

평소 수운의 인품과 또 10년간의 행상과 주유천하 하면서 획득한 해박한 여러 지식과 똑똑함을 믿고 사람들이 투자한 것 같다.

투자금을 갚지 못하면 논 여섯 마지기를 넘겨주겠다는 약정을 한 것 같다. 완전 사기는 아니고 요샛말로 구라를 잘 친 것이다. 그런데 결과가 좋지 않게 되자 수운은 7인의 빚쟁이들을 모아 놓고 자기 사업이 안 되어서 갚을 수 없으니, 관아에다 자기를 고발하라고 하면서 소장을 직접 써서 주었다. 왜냐하면 빚쟁이들이 다 한문을 모르고 지식이 모자라 고발장을 쓸 줄 몰랐기 때문이다.

그런데 이에 불만을 품은 동네의 한 채권자 할머니가 수운의 거소로 쳐들어와서 행패를 부리고 수운에게 돌진하는 것을 막으려다 할머니를 살짝 밀었는데 그만 그 노인이 그 자리에서 기절하고 쓰러져 할머니의 집으로 옮겼더니 조금 후 죽어버린 것이다. 그러자 할머니의 자식들이 몰려와서 수운의 멱살을 잡고 야단이었는데 수운은 그 집으로 가서 할머니의 시신을 살펴보고 아무도 곁에 오지 말도록 당부하고는 시신의 혈을 만지면서 기다란 꿩 꼬리를 할머니 목구멍에 넣고 살살 돌렸더니 목구멍에서 그렁그렁 소리를 내면서 핏덩어리를 토해내는 것이었다. 살아난 것이다. 이를 계기로 수운은 신통한 신적인 능력자로 소문이 나게 되었다. 빚쟁이들로부터의 추가적 독촉 이야기가 더 기록이 없는 것을 보니 부채 문제는 그만 유야무야된 것 같다.

나는 『도원기서』의 이 부분을 읽으면서 혼자서 웃음을 멈출 수가 없었다. 한 면으로는 점잖은 성리학자이고 다른 한 면으로는 높은 경지의 정신세계에서 도통의 경지에 이른 도인이 돈에 쪼들려 철물사업을 하겠다고 이웃 사람들에게 사기에 가까운 언사로서 돈을 빌려서는 갚지 못해 매를 맞는 상황이 자꾸 상상이 되는데 마치 우리 어릴 때 술 먹고 친구들하고 자주 불렀던 〈빈대떡 신사〉라는 뽕짝 노래가 자꾸 생각이 나서 웃음이 멈춰지지 않았다.

한국 5,000년 역사에서 최고의 사상가로, 최고경지의 도인으로, 또 천도교의 교주로서 만인의 추앙받는 수운 선생의 한때 곤궁했던 시절에 이웃 사람들에게 민폐를 끼치는 모습이 마치 한 편의 코미디처럼 우스꽝스러운 이미지가 자꾸 떠올라서 혼자 피식피식 웃는다. 그러나 정신을 차리고 똑바로 앉아 성자聖者의 망가져 보이는 그 곤궁한 형편을 상상하니 아! 그것이 바로 눈물임을 다시 알아차린다. "동학은 눈물이다"라는 도올의 말이 가슴에 와닿는다.

동학을 말하려면 부득이 창시자 수운의 득도 현장을 이야기하지 않을 수 없다.

사실 10년간의 행상 기간 동안 수운은 여러 가지 사회의 부조리 현상과 기울어져 가는 나라의 현실 등 물리적이고 가시적인 문제뿐만 아니라 생·사의 문제 등 인간의 영적인 문제에도 끊임없이 생각을 해왔었다고 보인다.

그러다가 고향 용담정으로 돌아온 다음 해인 32세 때에 입수한 마테오 리치의 『천주실의』로 추정되는 『을묘천서』를 입수한 이래로 5년간의 긴 기간 동안 용담정, 울산 여시바위골, 양산 천성산 등 여러 곳으로 거처를 옮겨가면서 치열하게 공부하고 기도했다.

수운의 이 기도는 『을묘천서』의 주인공인 천주天主(신)를 만나겠다는 염원을, 보이지 않는 천주에게 반복하여 비는 일이었다. 수운은 오랫동안 정말로 이 천주를 직접 만나고 싶어 했다.[1]

울산에서 제철(철점) 사업 등의 우여곡절을 겪은 끝에 36세에 고향 경주 용담정으로 다시 돌아와 수도修道와 기도 생활을 계속하던 중 그다음 해인 1860년 4월 5일의 일이다.

갑자기 몸이 부르르 춥고 떨리고 정신이 혼미하여 술에 취한 것 같이 엎어지고 꼬꾸라지고 또 몸이 솟구치기도 하는 등 도무지 무슨 병인지 알 수 없는 일이 닥치는데, 그때 하늘로부터 아주 뚜렷한 소리가 들려오는데 무슨 소린지 알 수가 없었다. 수운은 허공을 향해 외쳤다. "묻노니 공중의 소리 임자는 도대체 누구입니까?"

그랬더니 하늘의 소리가 들리기를 "나는 상제上帝(天主)다. 너는 상제上帝를 모르느냐? 백지를 펴라. 그리고 내가 그리는 부도(부적)를 받아라." 수운이 백지를 폈더니 그 흰 종이 위에 부도(부적)이 뚜렷이 그려져 있었다. 수운은 아들을 불러 그 부도를 보라고 했더니 아들이 "아무것도 보이지 않습니다"라고 했다.

이때 상제의 소리가 들렸다. "너희에게 우매함이 가득하구나(愚昧在). 붓을 들어 그 형상대로 써라. 그리고 그것을 태워서 정갈한 그릇에 넣어라. 그리고 냉수를 타서 마셔라."

---

1 위 언급한 『을묘천서』가 마테오리치의 『천주실의』의 복사본이거나 혹은 그 번역본이라는 직접적인 증거는 없으니 오해 없기를 바란다.

이에 수운이 즉시 한 장의 부도를 써서 태워 냉수에 타서 마셨다. 아무 맛도, 소리도 없었다(無聲無臭).

상제가 또 말한다. "이제 너는 내 아들이다. 나를 아버지라 불러라."

이에 수운은 상제를 아버지라 부르기 시작했다. 그랬더니 상제가 또 말했다.

"너의 정성이 어여쁘구나. 이 부도(부적)는 삼신산 불사약이다. 그 효능을 네가 어찌 다 알겠느냐?"

이에 수운은 수백 장의 부도를 그려서 연이어 태워서 마셨다. 이렇게 7~8개월간을 했더니 몸이 부드러워지고 피부에 윤기가 흐르고 용모도 아름답게 변모하였다. 이 부적을 궁을부적弓乙符籍이라 하는데 태극의 형상이라고 한다.[2]

어느 날 상제가 또 교시를 내렸다. "너에게 백의상白衣相(실제 권력은 없는 명목상의 재상)을 제수하노라."

수운이 대답한다. "나는 이미 상제의 아들인데 상제의 아들이 어찌 또 백의상白衣相의 벼슬을 받는단 말이요."

이에 상제가 말하길 "네가 백의상의 벼슬을 원하지 않으면 나의 조화造化를 받아서 나의 이 조화造化에 참여하여라."

이에 수운은 그 가르침을 받들어 그대로 시험해 보았다. 그리고는 상제에게 말했다.

---

2 동학교도들은 이 부적에 신령스런 기운이 깃들어 있다고 믿고, 이것을 몸에 지니고 다니면서 심신의 안정을 얻을 수 있었다고 한다. 나중에 발발한 동학농민전쟁 시에도 동학군들은 이 부적을 지니고 있으면 총에 맞아도 죽지 않는다고 여겼다 한다.

"이런 것들은 모두 이 세상에 이미 있는 조화造化일 뿐이고 특별한 것이 별로 없소이다."

수운은 상제의 명령이라도 그대로 따르지 않기로 마음 먹었다.

그랬더니 상제가 또 말하길 "조화造化가 뭐 한두 개인 줄 아느냐? 이 조화도 해보고, 저 조화도 행하여 보아라."

수운은 그 말씀대로 이 조화 저 조화를 또 해보았더니 모두가 이 세상에 있는 것들이요, 특별한 것이 없었다.

그래서 수운은 혼자서 생각했다. 이따위 조화로 사람을 가르치면 반드시 사람을 그릇된 길로 빠지게 만들 뿐일 것이다. 앞으로는 절대 상제의 조화를 따르지 않겠다고 결심했다.

그랬더니 상제가 또 다른 조화를 꺼내와서 "이 조화야말로 진실로 해볼 만한 조화일세" 하면서 권했다.

수운은 한 번 더 그것을 행했더니 역시 세상에 있는 조화일 뿐이었다. 그리고 화가 나서 어떠한 상제의 명령도 받들지 않기로 마음먹고 열하루 동안이나 식음을 전폐했다. 이제 상제도 더 이상의 가르침을 내리지 않았다.

참고로 여기서 '조화造化'의 의미를 설명하자면, 그것은 물리적 법칙을 벗어난 듯싶게 사물의 창조와 변화를 일으키는 어떤 신적인 현상 혹은 그 능력이라고 할 수 있을 것이다.

그리고 동학에서 절대자, 즉 신神에 대한 명칭이 상제上帝, 천주, 한울님, 하늘 등으로 다양하게 사용되는데 모두가 하나님 혹은 신을 칭하는 단어이다.

물론 동학에서 뜻하는 신의 개념과 기독교나 다른 일신교에서 말하는 신의 개념은 좀 다르다.

기독교의 신은 천지만물을 창조하고 그 모든 것의 생사화복을 주관하며 인간은 그 신에게 오직 복종하고 기대는 수동적인 피조물일 뿐이다. 그러나 동학에서의 신은 인간과 함께 조화, 즉 창조의 기능까지 나눌 수 있을 만큼 인간과 대등한 관계로 인식된다. 그것이 수운의 인내천人乃天(사람이 곧 하늘이다) 사상의 바탕이다.

거의 한 달 가량 지났을 때 상제가 다시 나타나서 "오~ 아름답도다. 그대의 절개여! 내 마음이 곧 너의 마음이다(吾心 卽汝心也). 이렇게 너와 나의 마음이 합일되어 있음을 다른 사람들이 어찌 알 수 있겠느뇨? 너를 활용하여 앞으로 이 땅에 무궁한 조화를 내리리라. 천하에 참다운 덕을 펼치시게"라고 하는 것이었다.

이 말을 듣고 수운은 비로소 음식을 먹기 시작하고 이후로는 마음을 안정시키고 기를 바르게 하였다(修心正氣).

거의 일 년간을 이렇게 보내면서 마음을 닦고 단련하였다.

이후로는 모든 것이 스스로 그렇게 되지 않는 것이 없게 되었다.

위의 내용은 수운이 상제(천주님)을 만나는 장면인데 예수가 사막 광야에서 40일간 사탄의 유혹을 받는 장면과 유사한 면이 있는 것 같다.

조금 장황하지만 이를 소개하고자 한다. 이는 두 성인의 깨달음과 그 깨달음을 어떻게 대중에게 전할 것인가를 고민하는 과정을 소개하고 싶은 마음에서이다.

마가복음 1장 10절~13장과 마태복음 4장 1~11절을 보면 예수께서 요단강에서 요한에게서 세례를 받고 물에서 나오는데 하늘에서 소리가 나기를 "너는 내 사랑하는 아들이라, 내가 너를 기뻐하노라"고 하였다. 이어서 성령이 예수를 광야로 데리고 가서 사탄에게 40일간 시험을 받게 하는데 40일간을 주린 가운데 하늘의 소리(시험하는 자의 소리라고 기록되어 있음)가 들리기를 "네가 만약 하느님의 아들일진대 이 돌들에게 명령하여 떡덩어리가 되도록 해보라"고 했다.[3]

이에 예수가 답한다 "사람이 빵으로만 살 것이 아니오, 하나님의 말씀으로 살 것이라" 했다.

이에 사탄이 다시 예수를 성전 꼭대기로 데리고 가서 네가 만약 하느님의 아들이거든 뛰어내려 보라고 했다. 이에 예수가 말하기를 "주 너의 하느님을 시험하지 말라"고 응수했다.

이에 다시 사탄이 예수를 높은 산으로 데리고 가서 천하만국과 그 영광을 보여주며 "만일 네가 나한테 엎드려 경배하면 이 모든 것을 너한테 다 주리라"고 유혹을 하는데 예수는 이에 단호하게 "사탄아 물러가라"고 고함지르니 사탄은 물러가고 천사들이 나와서 예수께 수종을 들었다는 신약성서의 기록이다.

위의 예수가 시험당하는 이야기는 다들 알고 있는 것이지만

---

3 여기서 떡 덩어리는 '빵'으로 번역하는 것이 맞을 것이다. 영어 성경에도 'bread'로 되어 있다. 성경이 조선에 처음 소개될 당시인 17세기 경에는 우리나라에 빵이라는 것이 없었으므로 당시 사람들에게 친숙한 '떡'으로 번역한 것 같음. 그런데 빵은 당시 유대인의 매일의 양식이므로 더 정확한 번역은 '밥'이 될 것이다.

이를 동학 창시자 수운이 천주 하느님으로부터 받은 시험과 대비를
해 본다는 뜻에서 약간의 해석을 부연하면, 전지전능하신 하느님으
로부터 "너는 나의 사랑하는 아들이다"라는 계시를 받은 예수는
이제 세상에 나가서 많은 사람들에게 자기가 하느님의 아들임을
알리고 자기의 뜻을 사람들에게 전파 전도하려는 계획을 가지고
대중전도를 나서기 전에 광야에 가서 40일 금식기도를 했다. 금식
기도 중에 여러 가지 환상(사탄)과 생각들이 들고나는 그런 상황을
그린 것이 위의 마가·마태복음의 기록이 아니었나 싶다.

첫 번째 사탄의 유혹은 이제 내가 하늘의 아들이라는 권능을
이용하여 사막에 지천으로 널려있는 돌덩어리들을 빵으로 바꿔서
지금 굶주리고 있는 수많은 백성을 구제하는 구제사업부터 한번
해볼까 하는 생각이 막 차올랐을 것이다. 그러다 고개를 흔든다.
아니다. 물질로서 사람을 모으고 물질로서 인간의 문제를 해결하려
는 것은 결코 온전한 방법이 아니다. 사람은 짐승이 아니다. 배를
채워주겠다고 속여서 군중들을 꼬여 그들의 추앙을 받는 사이비
교주들을 역사에서 우리는 너무 많이 보아 왔다. 첫 번째 유혹을
뿌리친 예수의 위대함을 잘 보여주는 기록이다.

마귀의 두 번째 유혹이다. 높은 산꼭대기에서 뛰어내려도 아무
탈이 없는 기적 같은 나의 모습을 보여주면 사람들이 구름같이
나한테로 몰려들겠지. 그렇게 해서 내가 수많은 백성의 영적인
지도자가 되어 볼까?

그러나 예수는 또 고개를 흔든다. 아니다. 그러다가 내가 다치거
나 죽거나 하면 어떡하나 하는 생각이 들면서, 또 이런 천바한

쇼맨십 같은 전도 방식을 생각하는 자기가 하느님께 너무 죄송스럽다는 생각이 들면서 이것을 단호하게 배격한다.

세 번째 유혹이다. 내가 가진 이 엄청난 능력으로 천하만국의 화려한 영광을 원도 한도 없이 한번 누려볼까 하는 불경스런 생각이 쑥 들어오는 데 이에 깜짝 놀라서 사탄아 물러가라고 외치면서 자기의 삿된 생각을 확 쫓아내 버리는 장면이다.

과연 예수 그리스도다운 위대한 모습이다.

이렇게 하여 예수는 가장 미천한 사람들과 어울려 가장 허약한 방식으로 그러나 가장 높은 사랑과 자기희생의 방식으로서 자기의 모습을 세상에 나타내기로 결심하였다. 추측컨대 이때 이미 십자가에서 처형을 당할 것이라는 자기의 운명을 감지하셨을 것이다.

그런데 우리는 이와 같은 감동적인 예수의 접신 장면 혹은 깨달음의 장면에 버금가는 수운 선생의 접신 장면을 위의 상제上帝와 만나는 장면에서 볼 수 있다.

수운은 천주를 만나려는 오랜 염원과 기도에 집중하던 중 어느 날 천주(上帝)를 만나는데 그때의 상황은 위에서 언급한 대로 인간 이성이 지배하는 평상의 정신적, 신체적 조건이 무너지고 우리가 흔히 보는 마치 무당이 작두를 탈 때의 접신의 상태에 들어간 것이다.

이런 비몽사몽간에 만난 상제上帝는 그에게 기적을 보이고 초인적인 능력을 수운에게 내린다. 그리고 수운을 자기의 아들로 받아들인다고 선언한다. 상제가 내린 기적이라는 것은 자기가 보여준 그 부적을 백지에 그리게 하고 그것을 태워 마시게 했는데 수운이 이를 잘 따랐더니 몸이 다시 태어난 듯이 가볍고 피부도 부드럽게 되고 용모도 아름답게 변모하게 되는 그런 기적이었다.

이 장면은 요단강에서 세례를 받고 나오는 예수에게 하느님의 성령이 비둘기처럼 내리고 "너는 내 사랑하는 아들이다"라고 하면서 그에게 권능을 부여하는 신약성서의 기록과 닮아 있는 것 같다.

그리고 한참 후 상제가 수운에게 다시 나타나서 "이제 너에게 재상의 벼슬을 내린다"라고 한다. 물론 이때의 재상은 실제 권한이 없는 명예직인 백의상白衣相이다.

수운은 상제의 이 엄청난 성은聖恩에 감읍하기보다는 오히려 반박을 한다. "이미 상제께서 나를 아들로 인정하셨는데 무슨 또 하늘 재상이라는 명예를 더하려 합니까?"라고 답을 하자, 상제는 이제 "그러면 백의상白衣相이라는 하늘 벼슬 대신에 '조화造化'를 너에게 줄 터이니 조화를 일으키고 시험해 보아라"고 한다.

이 조화놀이 같은 신과 수운의 대치 장면에서 우리는 수운과 같은 대각자大覺者와 일반 무당, 점쟁이들과의 차이점을 알 수 있다. 접신의 상태에서 잘못하면 삿된 길로 빠진다는 이야기를 많이 들었다.

위 조화라는 말은 동학연구가와 동양사상가들 사이에 의견이 많은 단어지만 나는 이것을 예수가 40일 기도 중에 광야에서 만난 사탄의 유혹과 같은 것이라고 생각한다. 즉 뭔가 사람들의 이목을 빨리 집중시킬 수 있는 이적異蹟 행위, 혹은 자기가 가진 약간의 초월적인 힘으로 사람들을 지배하고 그들의 추앙을 받으려는 헛된 생각 같은 것이라고 생각한다. 이런 것들이 다 사탄이고 '조화造化'다.

예수가 사탄의 유혹을 배격했듯이 수운도 이 조화의 행세를 거부한 것이다. 조화造化라는 말이 『장자』「대종사」편에서는 거의 '조물주'와 같은 의미로 쓰이지만 장자 이전의 다른 문서에서는 환술의 달인, 마술사와 같은 의미로 쓰였다. 아무튼 이 부분에서의 조화의 의미는 "귀신적 주술적인 작용"의 의미로 보는 것이 맞을 것 같다.

아무튼 이승과 저승의 갈림길 같은 깊은 접신의 과정에서 수운은 예수와 마찬가지로 여러 주술적인 조화적 행위에 대한 유혹을 뿌리치고 대도를 걷는 대각자大覺者의 모습을 보여준 것이다.

예수의 광야의 시험이 마귀로부터 받은 유혹이라면 수운이 접신 중에 받은 유혹은 상제 하느님으로부터 직접 받은 것이다. 그러기에 예수는 그 유혹하는 상대가 사탄인 것을 간파하고 "사탄아 물러가라"고 했는데 수운은 사탄이 아니라 상제 스스로가 마치 사탄이 유혹하듯이 헛된 제안과 지시를 하고 있음을 간파했다. 그래서 거기에 대해 수운이 거부를 하는 등 마치 대등한 인간들 사이의 관계처럼 상호관계가 이뤄지고 있는 모습을 볼 수 있다.

이러저러한 이적을 행하도록 지시를 하거나 하늘나라에서 높은 벼슬자리를 제안해 오는 것을 수운은 무조건 다 따르는 것이 아니고 신의 명령이라도 선택적으로 따르고 자기 의견을 제시하는 자세를 보인다.

우리가 깊은 호흡이나 수련 중에는 가끔씩 환상, 환청 같은 것을 듣고 보는 경우가 있는데 근기가 약한 사람이나 또 평소에 합리성이나 이성적인 사고의 훈련이 부족한 사람일수록 쉽게 이런 마상魔相이나 환영幻影의 이끌림에 빠져들기가 쉽다.

　정통 선불교의 선방에서도 종종 일어나는 현상이라고 하는데, 수련한 지 한 2~3년이 지나면 수련 속도가 빠른 사람의 경우에 가끔 신비한 체험을 하거나 신통력이 생겨서 주변 사람들의 질병이나 앞으로 닥칠 일 등을 예언하는 능력이 들어온다고 한다. 큰스님들은 수련자들에게 이때를 조심하라고 한다. 이런 일시적인 신통력이나 예지능력을 과신하여 거기에 빠져들면 그것이 바로 무당 박수가 되는 길이라면서 절대로 이런 잡스러운 옆길을 따라가서는 안 된다고 초심 수련자들에게 경고한다고 한다.

　이 경계를 잘 넘어서지 못하거나 마상魔相의 유혹을 분별하지 못하면 사이비 종교의 교주가 되거나 박수무당이 되는 것이다.

　아무튼 수운 선생은 여러 차례의 유혹을 이겨낸 끝에 상제의 명령이라고 해서 무조건 거기에 복종만 할 것이 아니라 상제를 내 마음에 진실로 모시되 나와 상제는 수직관계가 아니고 수평관계임을 깨닫게 된다. 상제 또한 나를 종으로 대하는 것이 아니고 나를 자기의 친구로 파트너로 대해 주신다는 것이다.

　상제의 존재는 예나 지금이나 천지에 편재한 영이고 에너지이며 만물 그 자체이고 스스로 그러함(無爲自然) 그것이다.

　그는 만물을 창조하는 창조주가 아니고 나의 친구이고 나와 합일이 되는 우주 그 자체이다. 이렇게 하여 사람이 곧 하늘, 즉 인내천人乃天의 원리를 터득하였고, 이것이 바로 동학의 기본 교리가 된 연유이다.

　대각을 얻은 후에 수운이 깨달은 진리가 동학의 주문인 "시천주侍天主 주화정造化定"이라는 한마디다.

이는 천주를 내면에 진심으로 섬길 때 우주천지의 조화가 바른 방향으로 이루어지게 된다. 즉 이적을 행하거나 사람들을 구제활동 같은 것을 하되 올바르게(定) 하지 않으면 안 된다. 조화가 바르게 이루어지지 않으면 사람들을 현혹하여 혹세무민하는 사탄이 되는 것이다.

수운의 득도 과정은 이렇게 긴 시간 동안 상제와의 접촉을 통해서 점진적으로 상제와 천천히 일체가 되어가는 과정을 거친다. 지금까지 세계의 모든 성자^{聖者}나 각자^{覺者}들 중에서 이렇게 인간과 신이 함께 조화를 이루어 가면서 무상정등각^{無上正等覺}(가장 높고 올바른 깨달음)을 이룬 사람은 없다.

참고로 불교의 대부분의 각자^{覺者}들의 경우도 돈오점수^{頓悟漸修}(즉 수련 중에 어느 순간 직관으로 단번에 깨달음이 오는데 이 깨달음을 지속적인 수행을 통해서 유지 완성해 나가야 한다는 수련법)이든, 혹은 돈오돈수^{頓悟頓修}(즉 단번에 깨달음이 오고 수행도 단번에 완성된다는 수련법)이든 어느 경우든 깨달음은 순간적으로 번개가 내려치듯이 확 밀려온다.

그러나 수운의 경우는 무극대도 득도의 순간이 순간적으로 확 들이닥친 것이 아니고 천주와의 오랜 논쟁과 씨름 끝에 마침내 천주로부터 "오~ 아름답도다! 그대의 절개여(美哉! 汝之節兮) 앞으로 그대를 써서 이 땅에 무궁한 조화^{造化}를 내리고 참다운 덕을 펼치리라"라고 하는 인정과 축복을 받고 비로소 음식을 들기 시작하고 마음의 안정을 얻고 기^氣를 바르게 하였다(修心正氣). 여기(깨달음, 득도)에 이르기까지 이렇게 일 년의 기간 동안 계속 단련하였는데 이제부터는 모든 것이 스스로 그렇게 되지 않는 것이 없었다(無不

自然).

이때의 깨달음의 환희를 수운은 한글로 써서 표현했다. 그것이 「용담가」였다. 고금 어느 고승이 깨달음 순간에 용출해 나오는 감동을 한글로 적은 분이 있었던가? 수운은 달랐다.

참고로 수운과 동시대를 사셨던 경허스님의 득도 후의 오도송과 수운의 「용담가」를 조금 비교해 보자.

忽聞人語無鼻孔(홀문인어무비공)

　　홀연히 어떤 사람이 코에 고삐 뚫을 구멍이 없다고 말하는

　　것을 듣고

頓覺三千是我家(돈각삼천시아가

　　문득 깨달음이 오는데 삼천대천세계가 모두 다 내 집일세.

六月岩山下路(육월암산하로)

　　육월 바위산을 내려가는 길에(바위산을 경허가 수도하던

　　연암산으로 번역하기도 함)

野人無事太平歌(야인무사태평가)

　　일꾼들은 한가히 태평가를 부르네.

경허는 홀연히 깨달음이 오고 난 후의 천하를 다 얻은 듯한 포만감과 평온한 심사를 위와 같이 표현했다.

다음은 수운의 한글 「용담사」 한 부분을 읽어보자.

이내유수 기장하다 구미산수 좋은 승지(勝地)

무극대도 닦아내니 오만년지 운수로다.

만세일지 장부로서 좋을시고 좋을시고(萬世一之丈夫, 만년에 한 번

있을까 말까 한 대장부)

이내신명 좋을시고 구미산수 좋은 풍경

하느님 하신 말씀 개벽 후 오만년에

네가 또한 첨이로다. 나도 또한 개벽 후에

노이무공(勞而無功)하다가서 너를 만나 성공하니

나도 성공 너도 득의(得意) 너의 집안 운수로다.

수운은 득도의 환희를 만년에 한 번 있을 만한 엄청난 사건임을 인지하고 이것을 자기 같은 사람에게 임하게 된 것이야말로 자기의 운수는 물론 7대조 정무공 최진립 이래, 자기 가문의 대 운수임을 토로한다. 또한 깨치고 나니까 늘 보던 고향 구미산의 산수경관도 최고의 명승지名勝地로 보이는 것이다.

그는 득도 후에도 이렇게 소박하고 촌스러움을 내보인다. 다른 선사禪師들의 오도송에서처럼 삼천대천세계와 같은 추상적이고 모호한 가식假飾을 보이지 않는다.

그리고 위 오도송에서 보듯이 수운의 깨달음은 수운 혼자만의 성공이나 대운이 아니고 하나님(천주)에게도 엄청난 성공이고 행운임을 토로한 것이다. 세계 역사에서 유일무이한 득도의 장면이다.

또 수운의 오도송 「용담가」의 말미에는 매우 애처로운 정조情調가 보인다.

천만년 지내온들 아니잊자 맹서해도

무심한 구미용담 평지되기 애달하다.

자기의 근거지인 천하명승지 구미산 기슭의 용담정도 곧 평평한 폐허가 될 것이라는 비장한 예감을 표출하고 있다.

수운은 자기가 곧 시작하려는 포덕布德의 행위가 기존의 보수적인 유림사회와 또 부패로 찌든 조정 관료와 분명 부딪히고 종국에는 탄압받고 자기도 처형당할 것임을 예감하고 있었음을 알 수 있다.

그러나 수운의 더 깊이 있는 오도송은 다음의 「탄도유심금」이라는 제하題下의 그의 한시漢詩에서 볼 수 있다.

纔得一條路 步步涉險難(재득일조로 보보섭험난)

　　겨우 한 가닥의 길을 찾아, 걷고 또 걸어 험난한 길을 건너왔네.4

山外更見山 水外又逢水(산외갱견산 수외우봉수)

　　산 넘어면 또 산이 나타나고, 물 건너면 또 물을 만났다.

幸渡水外水 僅越山外山(행도수외수 근월산외산)

　　다행스레 물 밖의 물을 다 건너고, 겨우 산 밖에 또 산을 다 넘었네.

且到野廣處 始覺有大道(차도야광처 시각유대도)

---

4 여기서 개(纔)는 좀 어려운 글자인데 "겨우 개"로 읽음.

드디어 탁 트인 들판에 이르니 비로소 큰 길이 있음을
깨닫는다.

苦待春消息 春光終不來(고대춘소식 춘광종불래)

　봄소식을 얼마나 기다려도 끝내 봄이 오지 않았는데

非無春光好 不來卽非時

　춘광호 노랫가락이 없지도 않은데 봄이 오지 않음은 아직
때가 아니기 때문이지.5

玆到當來節 不待自然來(자도당내절 불대자연래)

　이제 때가 당도하니 기다리지 않아도 저절로 오네.

春風吹去夜 萬木一時知(춘풍취거야 만목일시지)

　지난밤 춘풍이 한 번 스치니 만 가지 나무들이 일시에 봄이
왔음을 알아차리네.

　수운이 겪은 온갖 고생, 온갖 탄압과 음해들, 그야말로 산 넘어
산이고 물 넘어 물을 헤쳐 온 고난의 행군 끝에 이제 넓은 들에
당도하고 대도大道를 보게 되는 감동을 노래하는 것이다.

　산사의 스님들도 목숨을 건 자기와의 투쟁 끝에 어렵고 귀한
깨달음을 얻고 그 환희를 게송으로 표현해 내지만 수운의 깨달음은
접신을 통한 영적인 고양高揚은 물론, 생활인으로서 겪은 어려움과,
거기에 더해서 자기의 사상과 저술과 포덕 행위에 대한 세인들의
박해 등등 말하자면 영육에 걸친 총체적인 수난을 겪은 후에 얻은

---

5 여기서 춘광호(春光好)는 송나라 구양형이라는 시인이 지은 봄노래라고 함.

깨달음이다.

그런 악조건 속에서도 그는 희망을 놓지 않았다. 드디어 봄이 왔다. 그러면서도 그의 사유는 그 깊이를 다 잴 수가 없다. 다음의 시구를 보자.

영소^{詠宵}(밤을 노래한다)라는 제하^{題下}의 수운의 한시^{漢詩}의 한 대목이다.

煙遮去路踏無跡(연차거로답무적)

　　연기는 가는 길을 자욱이 덮고 있어도 밟힌 자국을 남기지 않고

雲加峰上尺不高(운가봉상척불고)

　　구름은 산봉우리에 올라타도 산은 한 치도 더 높아지지 않네.

月夜溪石去雲數(월야계석거운수)

　　달밤에 시냇돌은 지나가는 구름이 헤아리고

風庭花枝舞蝴尺(풍정화지무호척)

　　바람 부는 정원의 꽃가지는 춤추는 나비가 재고 있다.

半月山頭梳(반월산두소) 반달이 산머리에 빗처럼 걸려 있고[6]

傾蓮水面扇(경련수면선)　늘어진 연꽃잎은 수면의 부채로다.

煙鎖池塘柳(연쇄지당류)　안개는 연못가의 버들을 자욱이 가두고

燈增海棹鉤(등증해도구)

---

6 梳는 얼레 빗 "소"로 읽음

밤 깊어가니 바다의 낚싯배 등불은 하나둘 늘어만 간다.7

이 시는 수운이 대구감옥에서 처형되기 전에 쓴 생의 마지막 시라고 하는데 죽음을 앞둔 성자^{聖者}의 평온하고 생사를 초월한 경지를 잘 나타내 보이고 있다. 그런 상황에서 어떻게 이런 감동적인 서정시를 지을 수 있는지 범인들의 상상을 아득히 초월해 있는 성인^{聖人}의 경지에 탄복할 뿐이다. 시어^{詩語}의 선택도 너무 아름답다. 다른 선사^{禪師}들의 게송과는 좀 차원이 달라 보인다.

아무튼 이렇게 상제와의 1년여에 걸친 접신을 통해서 마침내 깨달음을 얻은 수운은 자기의 깨달음을 사람들에게 알리고 소통하기로 마음먹고 「포덕문」을 짓고 포덕(전도)을 시작한다. 1861년 여름 그의 나이 31세 때였다.

그는 그가 깨달은 도를 '천도'라고 이름하였다.

여기서 포덕^{布德}은 덕을 펼친다는 뜻인데 그가 포교나 전도라는 용어를 쓰지 않고 포덕이라고 한 연유는 원래부터 수운은 무슨 종교를 만들려는 뜻이 있은 것도 아니고, 또 그 종교를 전도해서 조직을 크게 키우려고 하는 그런 뜻이 전혀 없었다. 단지 그가 깨달은 덕^德을 이웃에게 펼치고 싶어하는 소박한 마음이다.

그럼에도 불구하고 그의 용담정으로 많은 사람들이 몰려오기 시작하였다. 그에 따라 대구 경주 지방의 유림들의 의심과 우려가

---

7 도구(棹鉤): 도구는 직역을 하면 노를 저으며 하는 낚시쯤으로 되는데 여기서는 낚싯배로 넓게 해석함.

커져 갔다. 유림들은 수운을 서학(기독교)쟁이로 오해한 것이다.

다음 해 32세 때, 동학의 핵심 사상서인 『동학론』을 한문으로 썼고 연달아 포덕 활동이 활발해지고 동학교도들이 많이 몰려왔다.

그의 집필활동도 더 활발해졌다. 기존의 서학(천주교)과 구분 짓기 위해서 '천도' 대신에 '동학'이라고 명명하였다.

전술한 바와 같이 수운은 동학 창시자이기 이전에 뛰어난 유학자이고 문장가였다.

31세에 포덕(전도활동)을 시작하여 34세에 처형당할 때까지 자기의 사상과 깨달음을 수많은 글로써 기록하였는데 이것을 전부 체포되기 직전에 후계자인 2대 교주 최시형에게 전하면서 편집 발간해 줄 것을 간곡히 부탁한다.

이들 대부분은 득도 후 핍박을 피하여 남원의 은적암으로 피신을 해 있는 동안 그 은적암에서 쓴 글들이다.

「동학론」, 「수덕문」, 「교훈가」, 「권학가」 등의 논설문 이외에 「통유」 등 수많은 시문詩文이 있다.

해월 최시형은 스승 최제우에 대한 충성심이 엄청난 분이고 또 대단한 능력과 친화력이 있는 사람이라 평생 피신생활의 곤궁한 중에서도 이 모든 문서를 하나의 책으로 엮어내게 된다. 당시의 목판 인쇄 기술이 얼마나 열악한 상황인데, 그것도 남의 눈을 피해 가면서 편집 출판하는 지난한 일을 목숨을 걸고 수행하였다.

그리고 그 편집본을 이름하여 『동경대전』이라 하고 이것이 동학 교도들의 경전이 되고 당연히 오늘날 천도교의 경전이 된 것이다.

여기에 수록된 수운의 주요 집필문은 「포덕문」, 「동학론」, 「수덕문」 같은 논설문 형태도 있지만 입춘시 화결시 같은 수많은 시들도 있다. 나는 한시를 감상, 평가할 만한 수준이 안 되지만, 수운의 한시에 대한 학자들의 평가에 의하면 동서양을 막론하고 동시대 최고의 시詩라고들 하고 있다.

번역된 수운의 이 시들만 보아도 수운의 시적 상상력이나 깊이를 엿볼 수 있다.

참고로 도올 김용옥 선생이 최고의 시라고 평가하는 수운의 시를 소개한다.

片片飛飛兮(편편비비혜)　바람결에 편편 날고 나는 꽃잎!

紅花之紅耶(홍화지홍야)　하늘을 물들이는 저 붉은 꽃의 붉음이여.

枝枝發發兮(지지발발혜)　가지가지 피고 또 피어나는구나.

綠樹之錄耶(녹수지녹야)　대지를 수놓은 푸른 나무의 푸름이여.

霏霏紛紛兮(비비분분혜)　펄펄 휘날리는 눈가루!

白雪之白耶(백설지백야)　백설 중의 그 백(白)이로다.

浩浩茫茫兮(호호망망혜)　넓고 넓어 망망하도다.

淸江之淸耶(청강지청야)　저 푸른 강의 푸름이여!

섬세한 감성의 표출이면서도 탁 트인 도량 속에 감추어진 신(조화자)의 숨결을 느낀다.

편편 비비, 바람에 휘날리는 붉은 꽃잎. 그 한 잎 한 잎은 각개 개별적인 존재다. 각개의 시작과 끝, 삶과 죽음이 있다. 그러나 우리는 그 꽃잎 하나하나마다의 존재 그 자체는 관심이 없고 오직 그것들이 뭉쳐서 나타내 보이는 붉음만 보인다. 그 붉은 꽃잎 하나하나마다 묻어 있는 그 붉음!

그 붉음은 개별로서는 아름다움을 나타내지 못하지만 전체로는 큰 아름다움과 의미를 가져다준다.

개체는 전체와 합일이 될 때만 완성이 된다.

나와 천지의 관계, 인간과 신의 관계도 마찬가지다.

비비 분분하는 눈송이 한 올의 흼(白)!

그것에서 보이는 신(천주)의 모습을 수운은 또 애달파 하고 있다.

수운에게는 신의 존재는 천지만물을 창조하여 생사화복을 주관하시는 전지전능한 무서운 창조자가 아니다.

천지에 만재해 있는 뭇 창생들과 더불어서 웃고 울고 소통하는 영원한 친구이자 안내자다.

남원 은적암에서 반년여를 은거하면서 많은 저서를 남긴 후에 38세(1862년) 봄에 아무도 모르게 제자들이나 도인들(신도들)에게도 알리지 않고 경주로 다시 돌아와서 집으로 가지 않고 몇 군데 집을 순회하면서 보냈다.

이렇게 도인들에게도 거처를 숨긴 이유는 첫째 관청의 괴롭힘을 피함이고 둘째는 제자 중에서 누가 도력으로 자기의 거처를 알아낼 수 있는가를 시험해 보기 위함도 있었다고 한다.

그러자 마침 최경상(해월 최시형)이 홀연히 수운 앞에 나타났다.

수운이 물었다. 내가 돌아와서 여기에 있다는 것을 어떻게 알고 왔는가?

해월이 답한다 "선생님, 어쩐지 여기 오고 싶다는 생각이 들어서 무작정 이리로 온 것입니다."

그리고 해월이 또 말한다. "선생님! 보시다시피 소생이 공부가 부실하고 여러모로 모자랍니다만 선생님이 남원에 가시고 안 계시는 동안 저에게 이상한 일이 일어났는데 어찌 된 영문인지 도무지 모르겠나이다."

자초지종을 잘 말해 보라고 수운이 말하자 해월이 정색을 하며 무릎을 꿇고 말씀드리기를 "제가 선생님이 안 계시는 동안 검등골(포항시 신광면에 있는 해월의 거주지)에 쑤셔 박혀 열심히 주문을 외며 공부를 하는데, 매일 밤 등불을 켜놓는 데 등잔에 기름이 반 종지기밖에 없었는데 그것이 스무 하룻밤을 가고도 남았습니다. 도대체 어찌 된 일이겠습니까?"8

선생께서 희색이 만면하여 말씀하시었다.

"아! 하나님의 조화가 큰 신험으로 나타난 것이로다. 그대는 기뻐하라. 큰 자부심을 가져라."

이에 해월이 여쭈었다.

---

8 여기서 등잔불의 경험이 없는 청년들의 이해를 돕기 위해, 등잔불은 호롱불이라고도 하는데 호롱은 기름(연료)을 담는 주먹만 하게 오목한 그릇인데 그 안에 담긴 기름에다 심지를 담가서 그 심지를 호롱 위쪽 구멍으로 내보내서 그 끝에다 불을 붙이는 것이 호롱불이다. 불은 호롱(종지기)에 기름이 있는 한 계속 탄다. 보통 한 종지기의 기름으로는 하룻밤 동안 심지 적시기도 버겁다. 기름은 보통 참기름, 들기름 등 식물성 기름을 쓴다. 그러다 근대화되면서부터 점차 석유를 사용하게 되었다. 아무튼 해월은 이 기름 반 종지기로 스무 하룻밤이나 불을 켰다고 하니 이것이 무슨 조화일까 하고 스승 수운에게 여쭤보는 장면이다.

"그러면 이후로 제가 감히 포덕을 해도 되겠습니까?"

수운 왈□ "덕을 만방에 널리 펼쳐라."

해월이 다녀간 후로는 사방에서 어진 선비들이 모여드는 데 날로 사람들의 수가 많아져서 감당하기가 어려워졌다.

3. 수운의 체포와 처형

수운은 1824년(순조 24년) 10월 28일에 경북 월성군 현곡면에서 태어나서 37세에 득도하고 38세 6월부터 포덕하여 40세 12월에 체포되어 41세(1864년) 3월에 처형되었다. 그러니까 실제 포덕(전도) 활동을 한 기간은 2년 반밖에 되지 않는다. 예수의 3년 활동보다도 더 짧은 공생애를 살았다.

수운의 짧은 인생은 인간적으로는 불우하고 애달픈 생이지만 그분의 짧은 인생은 세계의 여러 성인聖人들의 인생을 모두 다 모아놓은 듯하다.

늙은 아버지와 젊은 계모 밑에서 불우한 소년 시절을 보낸 것은 공자와 닮았고, 생애의 어느 시점에서 갑자기 신의 계시를 받았다는 점은 마호메트와 비슷하고, 기존의 사유체계와 가치관을 완전히 뒤엎어 버렸다는 점에서는 싯다르타와 통하고, 3년 이내의 짧은 공생애는 예수를 닮았다.

따지고 보면 수운은 체포되어 사형당할 만큼 그 사상이 불온하거나 당시의 정권에 위해가 될 만한 무슨 정치적 모익를 했거나 혹은 기존의 유교, 성리학 체계를 부정하거나 하는 그런 주장을 한 바가 하나도 없는 정말로 순박한 시골 선비였다. 단지 그를 추종하는 도인들이 많았다는 점과 그 세력이 점점 커져가고 있었다는 점이 당시 부패한 관청의 눈에 나게 되었고, 그들은 결국 수운을 서학쟁이에 버금가게 새로운 종교와 사상으로서 세상을 어지럽혔다는, 즉 혹세무민으로 몰아서 사형이라는 극형을 내린 것이다.

여기서 꼭 하나 언급하고 싶은 것은 수운은 자기를 따르는 도인들에게 절대로 관官에게 책잡히는 언행을 하지 말 것을 권유했다. 또 도인들에게 당부하기를 만약 관청에서 의심하거나 취조하면 동학 도인이 아니라고 부인하라고 당부하였다.

이런 일은 세계 종교사에서 일찍이 없었던 일이다.

진리를 위해서 자신의 목숨을 바치면 하늘에서 최고의 상이 기다리고 있다면서 전도를 위해서 순교를 부추기고 찬양하는 모든 다른 종교의 전도 활동과는 전혀 다른 방식이다.

수운이 1862년 경주부에 불려가서 곤욕을 치르고 용담정으로 돌아와서 사태의 심각성을 깨닫고 도인들에게 남기는 유언 비슷한 글을 썼는데 이것이 「통문通文」이라는 제목으로 『대선생주문집』에 수록되어 있다. 그 내용 중에 다음과 같은 문장이 나온다.

"내가 이 통문을 그대들에게 발한 이후로는 일체 친척의 병이라 할지라도 방문하여 주문을 외우거나 가르침을 베풀지 말 것이다. 그리고 이미 앞서 도를 전한 사람들도 다 찾아내어 비밀리에 나의 이러한 뜻을 전하라. 모두 도를 버릴지언정 욕을 당하는 일이 없도록 하라."

이렇게 수운은 위태로운 지경에 이르면 트집잡힐 구실을 만들지 말라면서 도인들의 안위를 제일 우선시하는 위대한 종교 지도자이기 이전에, 정말로 정이 철철 넘쳐나는 어버이의 마음을 내보이는 휴머니스트였던 것이다.

그러면서 그의 다른 글인 「탄도유심급歎道儒心急」에서는 도유道儒들(신도들)이 마음을 급하게 먹지 않도록 타이르는 당부를 한다.

하느님의 말씀을 땅끝까지 전한다면서 자기 나라를 넘어서서 세계의 온갖 구석까지 찾아다니면서 억지로 때로는 폭력과 전쟁을 불사하면서까지 전도에 목숨을 거는 일부 기독교의 전도 제일주의와는 참으로 대비가 되는 부분이다.

이처럼 도를 위해서 순교를 권하지 않는다고 하여 동학이 그러면 나약하고 비굴한 종교냐 하면 오히려 그 반대임은 동학농민전쟁에서 죽음도 두려워하지 않는 동학인들의 그 무서운 용기와 결기를 보면 그렇지 않다는 것을 잘 알 수 있다.

수운은 처형당하기 전에 두 번 체포를 당했는데 첫 번째는 경주 관아에 윤선달이라는 자가 경주부의 영장(군대 장관)에게 부추기기를 "최제우를 잡아들이면 그 제자들이 돈 꾸러미를 들고 와서 석방을 애원할 것입니다"라고 하면서 최제우를 잡아들일 것을 권유하자 영장營將이 최제우를 잡아들여 취조하는데 수운의 당당한 답변과 그의 위엄에 눌려서 취조를 진행하지 못하고 본관 사또가 그를 방면하고 만다.

이때부터 수운은 적극적인 포덕활동을 전개하고 각 지역의 포교활동을 총괄하는 접주제를 실시하고 우선 영덕, 안동, 우산 등 경상도 동북부 지역을 위주로 16개 지역의 접주를 임명한다.

그리고 6개월 후 관청의 심상찮은 분위기를 감지하고 또 미구에 자기가 다시 체포당할 것을 예감하고 최경상(최시형)을 자기의 후계자로 임명하고 해월이라는 도호道號를 내린다.

해월에게 도통을 전수하면서 「수도가修道歌」라는 시를 지어서 그에게 준다.

龍潭水流 四海源(용담수류 사해원)

　　　용담의 물은 흘러서 사해의 근원이 되고

龜岳春廻 一世花(구악춘회 일세화)

　　구미산에 봄이 돌아오면 온 세상에 꽃이 만발하리.

이 시의 뜻은 우리의 동학이 지금은 용담정의 작은 물줄기처럼 미약하지만 이것이 나중에 온 세상을 적시는 근원이 될 것이고, 내 고장 구미산에 봄이 오는 날이면 온 세상이 꽃으로 덮이듯이 밝은 세상이 되리라는 뜻으로서 해월을 통하여 우리 동학이 사방에 전파되고 꽃을 피우리라는 예언의 말이다. 그러면서 또 천주에게 기도하여서 아래의 결訣을 받아서 해월에게 전한다.

龍潭水流 四海源(용담수유 사해원)

　　　용담의 물은 흘러서 사해의 근원이 된다.

劍岳人在 一片心(검악인재 일편심)

　　검등골에 한 사람(해월을 뜻함)이 있네, 그의 마음은 일편단

심일 뿐이로다.

이 결訣은 앞으로 동학이 천하에 널리 퍼져나갈 것이며 천주께서도, 또 나 수운도 오직 너 해월만 믿는다는 일종의 신임장과 같은 문서로 보여진다.

그러면서 永爲不忘天地(영원히 천지를 잊지 말아라)는 메모도 같이 주셨다. 이때 천지는 하늘과 땅(인간)을 말하지만 하늘이 곧 땅(인간)이라는, 즉 인내천人乃天, 사람이 곧 하늘이라는 진리를 잊지 말라는 의미도 있지 않을까 싶다.

이렇게 수운은 이제 자기에게 닥칠 운명을 감지하면서 모든 것을 해월에게 넘기고 자기의 운명을 담담히 받아들일 마음을 잡고 있었다.

1863년 12월에 어느 도인이 급하게 달려와서 고하기를 "지금 경주부의 관헌들이 선생님을 해칠 모의를 하고 있다고 하니 급히 피하셔야겠습니다"라고 하는데, 이에 수운은 태연자약하게 "이 도道는 나로부터 나온 것이니 나 스스로 감당하는 것이 옳다. 제군들에게 해가 되어서는 안 된다"라고 하면서 피신을 가지 않았다.

12월 10일 새벽에 중앙 조정의 선전관(정구룡)이 장졸들을 많이 거느리고 용담의 거처를 덮쳐 수운을 체포하였다. 체포 후 경주부와 영천을 거쳐서 서울로 압송되어 가는데 과천현에 도착하자 철종이 승하하여 국상이 반포되었다. 수운은 그런 외중에서도 북쪽을 향해 재배하며 지극히 애통해하였다고 한다 이것을 부더라두 수운이 얼마나 유교적 예도禮道에 철저한 분인가를 알 수 있는 것이다.

국상으로 조정이 혼란했던 탓으로 다시 대구감영으로 이감이 되었다가 다음 해(1864년 고종 1년) 3월 사형이 집행되었다.

대구감영에서 문초를 받는 중에 곤장을 심하게 맞는데 넓적다리 부러지는 소리가 우레와 같이 크게 들렸다고 한다. 그런 와중에서도 사형이 집행되기 전 옥중에서 한 편의 시를 쓰신다.

이 세상에서 쓴 마지막 글이고 유서이다.

燈明水上無嫌隙(등명수상무혐극)

　　물 위에 등불이 밝게 비추고 있으니 어두운 틈이 있을 수 없고

柱似枯形力有餘(주사고형력유여)

　　물 위에 세워진 기둥 그 모습이 다 기울어진 것 같아도 그 힘은 차고 넘치도다.

깨달은 사람이나 성자의 마지막 모습은 확실히 다르다.

눈앞에 죽음이 임박한 데 오히려 그의 마음은 밝은 등불을 보고 있다. 어찌 어두운 마음과 절망이 있을손가?

"내 형용 처참하게 몰락해 보여도 내 생명력은 민중 속에서 면면이 살아 있을 것이다"라고 하며 수운은 이미 죽음 후의 부활과 영생을 생각하고 있었던 것이다.

예수처럼 죽은 지 사흘 만에 무덤에서 다시 살아나는 그런 부활이 아니고 내 사상과 나의 도道는 도우道友들의 마음속에서 다시

살아날 것이고, 죽은 후에 하느님의 영원하신 품에 안기는 그런 영생이 아니고 민중들의 삶 속에서 내 뜻과 꿈이 면면히 이어져 나가며 영원히 살아있을 것이다. 즉 민중 속에서 민중을 통해서 영생하리라는 믿음이 있기에 사형 집행이 곧 있을 것을 감지하고서도 담담히 평상지심으로 이런 희망의 시를 읊을 수 있는 것이다.

그러나 이 문장은 아래와 같이 해석되기도 한다.

燈明水上無嫌隙(등명수상무혐극)9

등잔불이 물 위에 비출 적에 희미하다고 탓하지 말라.

柱似枯形力有餘(주사고형력유여)

기둥이 말라비틀어진 것 같아도 버틸 힘은 있을 것이다.

이렇게 해석할 수 있음은 수운은 이 글을 며칠 후 감옥으로 면회 온 해월에게 몰래 건네주었는데 그때 "高飛遠走(높이 날듯이 멀리 도망쳐라)"라는 경구와 같이 주었던 상황과도 부합되기 때문이다.

"말라비틀어진 기둥이라도 큰 집을 버티고 있을 힘은 있는 법이다"라는 위로의 말을 건네는 스승의 마음을 표현하는 의미로서는 두 번째의 해석이 더 적합한 것이 아닌가 싶다.

이제 자기가 죽으면 우리 동학의 운명은 해월 자네 한 몸에

---

9 위의 극(隙)은 틈 극인데 여기서는 틈으로 해석 않고 모자람 혹은 희미함 등으로 해석함이 가함.

달렸으니 속히 멀리 도망가서 목숨을 부지하고 살라는 말과 함께 어렵고 힘에 부치더라도 말라비틀어진 기둥이 큰집을 거뜬히 받히고 있듯이 자네의 약한 한 몸도 우리 동학의 미래를 거뜬히 받히고 나갈 것이라고 하는 스승의 부탁과 위로와 신뢰가 담긴 글이라고 생각된다.

해월은 그 길로 바로 도피의 길을 떠나서 죽을 때까지 35년을 숨어서 살다가 그 역시 처형당하고 만다.

후술하겠지만 해월은 이렇게 시작한 35년간의 도피 행각 중에서 엄청난 일들을 해내 동학을 하나의 종교로 일으켜 세웠다. 스승 수운의 사상과 철학을 책으로 발간하여 동학의 경전으로 만드는 등의 많은 업적에 대해서는 다음 장에서 기록한다.

4. 동학의 포용성과 통합성

수운은 자기의 사상 철학을 생전에 기록으로 남겼다. 그것들을 제자 해월 최시형이 하나로 묶어 편집을 한 것이 『동경대전』임은 전술한 바다.

본 장에서는 수운의 핵심 저술인 「포덕문」과 「동학론」을 중심으로 동학사상의 내용을 수박 겉핥기식으로나마 한번 살펴보기로 한다. 너무나 많은 경전 해석과 학술논문들이 시중에 나와 있고, 천도교에서도 동학 교리나 관련 서적들이 많이 출간되어 있으므로 좀 더 깊이 들어가고 싶은 분들은 이런 서적이나 논문을 참고하기 바란다.

본 고는 그저 동학의 기본 이해와 앞으로 우리 민족이 이 동학을 어떻게 활용하고 발전시키고 또 포덕을 할 수 있을 것인가에 대한 추상적이고 개념적 이해와 큰 틀에서 그 의의를 찾아보는 데 그치려 한다.

참고로 동학사상에 대한 기본적인 틀을 이해하는 데 도움이 될 만한 구전口傳이 천도교 사상가인 이돈화 선생이 쓴 『천도교창건사』에 수록되어 있다.

수운이 득도 후 포덕활동을 시작하자 경주의 유생들의 음해, 최씨 문중의 비난, 관아의 감시 등이 점점 거칠어지자 1861년 11월에는 다시 고향 용담을 떠나서 남원으로 피신하여 은적암에 반년을 기거했다.

은적암에 계실 때 어떤 노승과 다음과 같은 대화를 나눈다.

노승: 선생께서는 불도(佛道)를 연구하십니까?

수운: 나는 불도를 좋아합니다.

노승: 그러면 왜 승려가 되지 않았소?

수운: 중이 되지 않고서 불도를 깨닫는 것이 더욱 좋지 않을까요?

노승: 그러면 불도(儒道)를 하십니까?

수운: 나는 유도(儒道)를 좋아하나 유생(儒生)은 아니요.

노승: 그러면 선도(仙道)를 하십니까?

수운: 선도(仙道)를 하지 않소마는 좋아는 하지요.

노승: 그러면 무엇이란 말씀이오? 아무것도 하는 것도 없이 아무것이ㅏ

다 좋아한다고 하오니 말을 알아들을 수가 없소이다.

수운 선생은 안색을 정연하게 하시고 말씀한다.

수운: 대사는 두 팔 중에 어느 팔을 배척하고 어느 팔을 사랑하오?"

노승: 네 알아들었습니다. 그러면 선생은 몸 전체를 사랑한다는 말씀입니까?

수운: 나는 유(儒)도 아니고 불(佛)도 아니요, 선(仙)도 아니오. 그 전체의 원리를 사랑하오. 천도(天道)는 아니 있는 곳이 없나니, 아니 있는 곳이 없으니 전체를 사랑할 수밖에 없지 않겠습니까?

노승: 선생님, 그러면 유(儒)·불(佛)·선(仙) 세 가지 중에서 어느 것이 비교적 이치가 높고 광대무량합니까?

수운: 대사께서는 사자의 주검과 개의 주검, 어느 것이 더 무섭다 생각하십니까? 살아 있을 때야 사자의 힘은 강하고 개의 힘은 약하다고 할 수 있으나, 죽으면 개와 사자가 마찬가지요. 진리라는 것도 또한 그러하오니 무슨 진리든지 그 시대 사람에게 생혼을 넣어줄 수 없고 그 시대의 정신을 살릴 수 없게 되면 그것은 죽은 송장의 도덕일 뿐이요. 이 시대는 불법(佛法)이나 유법(儒法)이나 기타 모든 묵은 것으로는 도저히 새 인생을 거느려 나갈 수 없는 시대이지요. 다만 요할 것은 송장 속에서 새로 산 혼을 불러일으킬 만한 무극지운을 파지(把持, 꽉 움켜짐) 하고 신천(新天) 신세계 인(新世界人)으로 개벽을 해야 하지요.

위 노승과의 일화에서 보듯이 동학은 그 안에 유儒·불佛·선仙의 기존의 우리 전통적 종교 사상을 다 포함하고 있으면서 그것들의 허虛한 면을 채워주는 완벽한 종교사상 체계일 뿐만 아니라 특별히 그 바탕에는 홍익인간 재세이화라는 단군의 건국이념을 다 담고 있는 것이다. 뿐만 아니라 수운은 『을묘천서』 등을 통해서 마테오 리치의 기독교 사상을 깊이 흡수하였는데 이것이 그의 사상 형성과 천주(신)의 개념 형성에 큰 영향을 미쳤다고 생각된다.

그렇다고 동학이 이것저것 여러 사상을 뒤섞어 놓은 잡탕물이냐 하면 오히려 그 반대이다.

동학사상의 핵심은 시천주侍天主다. 사람은 태어날 때부터 한울(신)을 몸 안에 모시고 태어난 존귀한 존재다. 신분, 계급, 남녀노소, 빈부에 차별이 없고 양반도 상놈도 천민도 다 똑같이 그 안에 하느님이 계신다.

이 말은 곧 봉건적 신분제도의 철폐를 의미하는 것으로서 당시로서는 혁명적인 사상이다. 이 평등사상은 개인 간의 평등은 물론이겠지만 국가 간의 평등에도 같이 적용되어야 한다.

그러기에 청나라나 일본이 우리 정치에 간섭함은 용납할 수 없는 일이고 동시에 서양 제국주의가 아시아, 아프리카의 후진국을 침탈하는 제국주의적 세계 질서에 저항하는 것이다. 이것이 곧 자주정신이다. 평등사상은 자주정신과 늘 함께 가는 것이다. 그리고 이것은 곧 인권 보호와 민주주의 사상과도 결을 같이한다.

그렇기 때문에 우리의 동학농민혁명이 반봉건, 반외세를 앞세운

민주·민권·자주의 기치를 앞세웠던 연유이다.

그리고 동학농민전쟁이 실패한 이후에도 이 정신은 그대로 살아서 3.1만세운동, 상해임시정부 수립 등을 위시한 수많은 항일 독립운동의 지주가 되었고, 그것이 해방 이후에도 4.19 반독재 혁명, 반군부독재 투쟁, 광주 5.18 민중항쟁, 6.10 민주항쟁 등의 긴 민주화 투쟁의 정신적 바탕이 되었다고 본다.

그러기에 이 동학의 정신은 수많은 실패와 좌절을 겪으며 100년도 넘는 오늘날까지도 우리 민중들의 가슴에 그대로 살아있는 것이다.

이 점이 동서고금의 긴 역사 동안에 있었던 수많은 다른 민란과는 그 궤를 달리하는 것이다.

동학혁명은 박해받는 농민들의 일시적 봉기가 아닌, 그 근저에는 위와 같은 심오하고도 높은 정신적인 뿌리가 깔려있기에 일회성의 다른 민란들과는 차원이 다른 것이다.

5. 동학의 주문(呪文)과 동학론

주문呪文은 인간이 하느님과 소통하고 내면을 정화하며 정신적 각성을 이루는 핵심적 수련의 수단이다.

이는 동학이 민중에게 쉽게 다가갈 수 있는 암호요, 상징이요, 경전을 압축한 비어祕語라고 할 수 있다.

수운이 득도 후에 제일 먼저 쓴 한문 「포덕문」에서 상제와 만나는 장면이 나온다.

상제가 말하기를 "나에게 주문呪文을 받아서 사람을 가르치라"는 구절이 있다.

그러나 그 뒤에 쓴 「동학론」에서는 상제가 주문을 내려준 것이 아니고 주문을 지어서 사람들을 가르치라고 하는 것을 보면 이 주문은 수운 본인이 상제를 만난 후 1년간 그 깨달음의 과정을 반추하고 검증을 반복한 연후에 직접 지은 것임을 알 수 있다.

모세가 시내산에서 여호와 하나님으로부터 직접 십계명을 받은 것이나, 마호메트가 천사 가브리엘로부터 코란의 내용을 모두 내려받은 것하고는 사뭇 다른 것이다.

즉 동학의 21자字 주문呪文은 수운의 독창적인 작품이다. 물론 상제와의 만남에서 받은 영감과 그후 1년간의 치열한 고심 끝의 창작물이다.

기독교의 주기도문이나 불교의 천수경, 반야심경 등이 예수와 싯다르타가 직접 만든 것이 아니고 후대의 신도들이 전도의 필요성에 의해, 교주의 언행을 바탕으로 만든 것이다. 즉 종교화와 그 조직의 목적을 위해서 후대에 만들어졌던 것인데 비해서 동학의 주문은 이들과는 사뭇 대조적이다.

동학의 주문에는 여러 가지가 있지만 여기서는 수운의 「동학론」에서 말한 21자의 강령 주문과 본 주문만 소개한다.

至氣今至 願爲大降(지기금지 원위대강)
지극한 하나님의 기운이 지금 나에게 이르렀나이다. 원컨대 그 기운이 크게 내려 하느님의 기운이 내 기운이 되게 하소서.

侍天主 造化定(시천주 조화정)

하느님을 내 몸에 모셨으니 이제 하느님과 내가 하나가 되어
새로운 세상을 같이 이루어 나가겠나이다.

永世不忘 萬事知(영세불망 만사지)

영원히 잊지 않고 하나님의 지혜에 따라 만사를 깨닫게 하소
서.

사실 이 21자의 주문을 정확하게 이해하고 해석하는 것이 어쩌
면 불가능할지도 모른다. 그만큼 내용이 함축적이고 축약적이라서
백인百人 백해百解가 가능한 것이다.

위의 내용을 기독교식으로 내 마음대로 번안飜案을 한번 해 보면
이렇게 되지 않을까 싶다.

"주여 전능하신 주님을 이제 내 영혼 깊숙이 맞이합니다. 주께서
내 마음에 오셨으니 하느님의 뜻이 이 땅에서 이루어질 수 있도록
주님과 이웃들을 섬기겠나이다."

이 주문에 대한 이해를 더하기 위해서 『동학론』에 기술된 주문에
대한 부분을 더 살펴보자.

四方賢士 進我而問曰 "呪文之意 何也"

사방의 어진 선비들이 나에게 다가와 묻기를 "주문이라는

뜻이 무엇입니까" 하길래

曰 "至爲天主之字, 故以呪言之, 今文有 古文有"

수운이 대답하길 "하느님을 지극히 위하는 글자인데 그래서 呪라는 형식으로 말하는 것입니다. 이 呪는 지금의 글에도 있고 옛글에도 있습니다."

수운은 또 "至氣今至 願爲大降 侍天主 造化定"(지기금지 원위대강 시천주 조화정)의 14자의 주문을 한 글자 한 부분씩 떼어서 설명했다. 맨 앞의 지至는 최상급이라는 뜻으로 쓰였고, 기氣는 단순한 기운이 아니고 형체가 없이 허虛하지만 영험스럽고 모든 것에 관여되지 않는 것이 없는 천명天命과 같은 것이며, 들리기는 하나 보이지는 않고 형용하기도 어려운, 우리의 일상적 인식체계를 넘어서는 근원적인 혼원지일기渾元之一氣를 가리키는 것이다. 여기서 혼원지일기渾元之一氣라는 것은 노자가 말하는 혼이위일渾而爲一(혼돈스러우면서도 하나로 통일되어 있음) 혹은 유물혼성有物混成(만물이 뒤섞여서 함께 생성됨)과 같은 의미로 볼 수 있겠다.

그다음의 금지今至라는 의미는 이런 기氣, 위에 언급한 혼원지일기渾元之一氣가 내 몸과 내 마음에 접신하는 것을 뜻한다.

그리고 그다음의 원위대강願爲大降에서 대강大降(크게 내리다)이라는 것은 하느님의 기氣가 내 몸에 내려서 내 몸의 기가 하느님의 기로 화化하기를 원한다는 뜻이다. 즉 하느님의 청명한 기로 내 몸이 바뀐다. 즉 천인합일神人合一의 경지에 이르기를 원한다는 뜻이다.

그다음 시侍라는 것은 받든다, 모신다는 것인데 시천주侍天主라 하면 내 몸 안에 계시는 하느님과 하느님의 기氣를 부모님처럼 잘 섬기겠다는 의미다.

동학에서의 천주天主는 창조주로서의 신神이 아니고 우주 만물에 깃들어 있는 뭇 영들의 집합체, 우주정신, 천지 신령님의 개념에 가깝고, 어떤 면에서는 만물에는 영혼이 깃들어 있다고 믿는 애니미즘 사상과 유사해 보인다.

다음 조화정造化定은 좀 어려운 말이다.

조화는 문자 그대로 해석하면 창조하고(造) 변화해 가는(化) 천지 우주의 본질과 그 과정을 뜻하는데『한국민족문화 대백과사전』에서 설명한 조화정造化定의 의미와 도올 김용옥 선생의『동경대전』의 해설을 참조하여 다음과 같이 설명하고자 한다.

조화의 의미에는 두 가지의 측면이 있는데 하나는 만물이 생성되고 변화해 나가는 자연적 조화, 즉 신의 조화인데 이는 무위이화無爲而化(스스로 그렇게 되어감)로 작용하는데 노자의 무위無爲의 개념과도 상통한다.

수운은 「동학론」에서 "蓋自上古以來 春秋迭代 四時盛衰不遷不易 昭然于天下也"라, 즉 "대저 옛적부터 봄가을이 서로 어긋남이 없이 바뀌어 나가는 것과 사시四時(시절)가 성하고 쇠하는 것에 한 치도 변함이 없으니 이 또한 하느님의 조화의 흔적이 천하에 밝게 드러난 것이다"라고 하면서 신에 의한 자연적 조화를 이야기했다.

그리고 수운이 말한 조화造化의 또 다른 의미는 인간의 조화활동에의 참여이다. 즉 인간은 신神의 이런 무위이화無爲而化의 이치를 자각하고 그 밝은 덕에 합일되게 마음을 바르게 하여서 신의 조화(창조와 변화)에 참여하는 것이다.

그는 이를 "造化者 無爲而化也 定者 合其德 定其心也"이라고 표현했다. 즉 "조화라는 것은 무위이화이고 정定이라는 것은 신神의 덕德에 합일이 되게 그 마음을 정하는 것이다"라고 했다.

이로써 인간은 신의 지시대로 움직이는 꼭두각시가 아니고 신이 하는 만물의 창조와 천하의 운영에 함께 참여할 수 있다는 것이다.

인간의 창조적 참여는 천도天道를 자각하고 그 마음을 지키고 기운을 바로 함으로써 가능한 것인데 이는 하느님을 마음에 모시고 (侍天主) 그것을 바탕으로 밖으로 기화氣化하여 덕을 베풀어 나가는 것이다. 이는 侍者 內有神靈 外有氣化, 번역을 하면 "시侍라는 것은 마음 안에는 신령님이 계시고 마음 밖으로는 그것을 기운화氣運化하는 것, 즉 사회에 덕德을 베푸는 것이다" 정도로 할 수 있겠다.

이는 또 시천주侍天主(천주를 내 맘에 모심)가 있기에 조화정이 가능하며, 천덕天德과 인덕人德, 인심과 천심이 둘이 아니라는 것을 말하기도 하는 것이다.

이처럼 조화정이란 하늘이 자기실현의 공을 이루는 것임과 동시에 사람이 천리天理를 자각하여 힘써 행함으로써 천지화육天地化育의 공을 천인합덕天人合德(신과 사람이 협력하여 같이 덕을 이룬다)으로 마무리한다는 뜻이 되는 것이다.

이렇게 해석해 놓고 보니까 진정한 동학인이 되는 일은 기독교인이 되는 일보다는 훨씬 어렵다는 사실을 알게 된다. 즉, 동학교인이 되는 것은 인간의 일, 즉 자기 수련과 자아 발전의 일과 신과의 접융을 겸하지 않으면 안 되겠다는 생각이 든다.

수운이 오랫동안 인간 이성과 합리적 사고의 훈련을 쌓았기 때문에 신(상제)과의 접선이 있었을 때 상제가 이러저러한 조화造化의 능력을 수운에게 내려주겠다고 했는데, 이 제안을 취사선택해서 어떤 것은 받아들이고 어떤 것은 받아들이지 않는다. 즉, 신이 내리는 어떤 권능일지라도 이것이 사리에 합당한지 판단해서 수용 여부를 인간이 결정한다는 점이다.

이 말은 곧 인간의 이성적 판단 능력이 부재하면 신과의 대등한 관계가 성립될 수 없는 것이다. 즉, 인내천人乃天, 사람이 곧 하늘이라는 등식이 성립될 수 없는 것이다.

따라서 이성理性과 영성靈性을 동시에 겸비하지 않으면 제대로 된 동학도인이 될 수가 없다는 말이 된다.

앞으로 동학의 활성화를 위해서는 이성과 영성의 교육에 엄청난 노력을 기울여야 할 것이다.

여기서 하나 주목할 것은 이 조화정造化定의 의미가 인간의 사회적 책무, 좁히면 동학교도의 사회적 책무를 이야기한다는 것을 간과해서는 안 된다.

내 마음에 하느님의 영을 모시고 세상의 바르지 못한 온갖 사유와 관행과 규범을 고쳐나가고 척결해 나가야 한다는 대단히 개혁적인 의미가 내포되어 있는 것이다. 이것을 동학에서는 덕을 펼친다(布德)고 보는 것이다.

그리고 보면 조화정造化定이라는 애매하고 추상적일 것 같은 이 한 구절이 우리나라 역사의 물줄기를 바꾼 동학농민혁명과 3.1만세운동과 상해임시정부 설립이라는 위대한 업적들을 이루는 철학적 바탕이고 그 구심점이 되었음을 알 수 있다.

맹자의 민본주의와 도덕적 왕도정치가 사실상 천 년 이상 동양 사상의 바탕이 되어 왔지만, 이는 어디까지나 제왕정치의 틀 안에서 인의예지의 이상사회를 이루어 나가야 한다는 스스로 사유의 폭을 제한해 왔으므로 동양 각국의 실제 역사에서 맹자의 민본주의를 제대로 실천할 수 있을 만큼의 근본적 개혁의 추진력을 만들어 내지 못했다.

또한 기독교의 '사랑'의 교리도 결국 개별적인 도덕과 희생을 강조하는 것이지 사회 전체에 하느님의 덕이 골고루 미치도록 해야 한다는 문제에 대한 인식이 부족했었기에 기독교 2천 년 역사가 일반 백성의 인권과 복지와 자유에 대한 고려는 미흡한 채 일방적인 전도 위주의 교세 확충에만 관심을 보여 온 점이 없지 않다. 즉, 역사 발전의 과정에서 인간은 소외되었다는 말이다.

불교의 경우도 개인의 생사 문제와 그것으로부터의 벗어남, 즉 해탈의 문제에 집착함으로써 굶주리고 학대받는 일반 대중들의 권리 향상이나 평등의 문제에 관심을 가진 불교 왕조나 국가가 존재한 적은 없었다.

그런데 우리의 동학은 그 정신의 기본 바탕이 4~5천 년 전의 홍익인간 재세이화, 즉 널리 인간을 이롭게 하고 세상을 올바르게 만들어 간다는 건국이념을 깔고 있는 데다 그 바탕에 유·불·선 3교의 장점을 다 흡입하여 우리 나름의 통합적이고 독창적인 혁신적 철학사상으로 발전시킨 것이다.

나는 동학의 이 혁신적 사상이 어떻게 우리나라에서 발현될 수 있었는가를 늘 생각했는데 그 가장 핵심이 인간은 신의 피조물도, 신의 소유물도 아니고, 신의 영靈을 받아서 그 기운으로 사회를 올바르게 개혁해 나가는데, 그 모든 과정에서 인간의 이성理性과 자율성이 신의 창조(造化)의 기운과 함께하면서, 즉 천인합덕으로써 그렇게 만들어 간다는 것이다.

신의 권위마저도 절대적인 것으로 인정하지 않는 마당에 인간의 권위, 즉 제왕이나 양반 지배계급 혹은 기존의 사회, 정치체제 같은 것이랴.

만약 그것들(사회 지배체제)이 신과 인간의 뜻에 배치가 된다면 당연히 바꿔야 한다는 혁명적 사유가 내포되어 있는 것이다. 이 사상을 바탕으로 동학혁명과 3.1운동이 일어날 수 있었던 것이다.

위대한 철학이다. 그러기에 나는 이 동학사상이 앞으로 세계를 리드해 가는 종교로서 더욱 발전해 가야 된다고 생각하는 것이다.

그렇다고 동학이 마르크스의 자본론처럼 무슨 사회혁명을 부추기는 단순한 하나의 이념이 결코 될 수 없다.

오히려 지금까지 인류가 발전시켜 온 모든 철학과 사상을 압도하는 심오한 사상체계를 보지保持하고 있는 인류 미래의 좌표라고 나는 생각한다.

천지를 하나의 유기체로 인식하고 하늘(신)과 인간이 협심하여 새로운 것을 만들어 나가는, 즉 조호정造化定을 실천해 나가야 한다는 민족의 성자聖者 수운 최제우 선생의 웅장한 비전이 앞으로 한반도를 넘어서 전 세계 인민들의 복음이 될 것임을 꿈꾸고 바랄 뿐이다.

6. 동학에 있어서의 이적(異蹟)에 대한 평가

수운 최제우의 「동학론」을 비롯한 수많은 논문과, 단문, 시 등 그분의 집필들을 보면 그분은 확실히 뛰어난 사상가, 철학자, 문장가에다 불세출의 시인(漢詩)이다.

그러나 그것뿐이었다면 그분은 단지 조선이 낳은 뛰어난 사상가, 철학자, 문필가일 뿐이었을 것이다.

그러나 수운은 그런 범상의 사상가나 문장가로 머물러 있는 지식인의 한계와 범위를 아득히 넘어서 있는 사람이다.

저 높은 초월의 경지에서 신(神)과의 직접적인 교류를 통해서 인간의 사유 능력을 벗어난 초인(超人)의 경지에 이른 사람이다.

그렇기에 그의 짧은 인생행로에는 수많은 이적(異蹟)이 함께 했다.

동학이 성리학이나 철학 등 일반적 학문과 확연히 구분되어 학문적 차원을 넘어서 하나의 종교로서 굳건히 자리매김하게 되는 연유의 하나로서 수운이 겪은 상제(신)와의 직접적인 만남과 교류뿐만 아니라 그의 수행 과정에서 또 포덕(포교)의 과정에서 보여준 수많은 초자연적 이적의 사례들을 들 수 있을 것이다.

특별한 약 처방을 하지 않았는데도 주문을 외우거나 포덕 집회 도중에 병이 낳거나, 혹은 신비한 영험을 체험하는 사례들은 얼마든지 있었다. 몇 가지 사례를 들어 보자.

수운의 삶의 행적을 기록한 『대선생 주문집』이나 『도원기서』에 따르면 수운의 득도 과정이나 득도 이후 처형당하기 전의 3년여의 기간 동안 여러 차례, 여러 곳에서 발견할 수 있는 신비적 현상과 이적들의 사례들을 볼 수 있다.

첫 번째 이적은 용담정 집에서 깊은 기도 중에 상제(천주)가 찾아와서 그와 대화를 주고받고 했는데 상제가 수운에게 백지를 바닥에 펴라고 말한 뒤 "내가 너에게 부적을 내리겠다"라고 하는데 하얀 백지 위에 태극 무늬 같은 뜻을 알 수 없는 부적이 확 찍혀 나오는 것이다. 수운이 아들을 불러서 이 백지 위에 그려진 부적을 한번 보라고 하니까 아들은 아무리 눈을 닦고 보아도 그것이 보이지 않았다.

두 번째 이적은 해월 최시형이 검등골(포항시 신광면) 자기 집에서 열심히 주문을 외며 공부를 하는데 매일 밤 등불을 켜놓는 데 등잔에 기름이 반 종지기밖에 없었는데도 그것이 스무 하룻밤을 가고도 남았다.

세 번째 이적은 수운이 남원 은적암에 은거하며 집필을 하고 있을 때인데 어느 추운 겨울날인데 도인들이 추운 날씨에 냉수마찰을 하고 있을 것이라는 생각이 들어서 "찬물에 들어가서 급하게 앉지 말라. 양기가 있어야 하는데 몸을 해치니라"라는 말을 마당에서 크게 외쳤는데 같은 시간 제자 해월 최시형은 포항 검등골의 자기 집에서 주문을 외며 기도하다가 도는 깨쳐지지 않고 답답하여 얼음 구덩이에 들어가서 앉아 있는데 하늘로부터 울리는 소리가 들려왔다.

"찬물에 들어가서 급하게 앉지 말라. 몸을 해치느니라"라는 소리가 들렸다.

네 번째, 수운은 몰려드는 사람들을 기도로 많이 치료를 해주었다. 손으로 만져서 병을 고쳤다는 이야기가 많이 있었고 실제로 3년여의 포덕기간에 여러 곳에서 많은 사람이 몰려들 수 있었던 것은 그의 병 고침 이적에 크게 힘입었을 것이다. 그리고 수운이 움직이는 곳에는 항상 특별한 서기가 가득 서려 있었다고 한다.

다섯 번째, 1863년 12월 10일(음력)에 수운이 도인들 10여 명과 함께 고향 용담정에서 체포당하는데 경주 관아에서 조사받고 12월 11일 대구 감영으로 압송되었다. 수운이 말 위에 묶인 채 타고 있는데 말이 아무리 매질을 해도 한 발자국도 움직이지 않았다. 이에 수운을 함부로 다루던 수십 명의 하졸들이 크게 당황하며 수운에게 와서 "소인들이 큰 선생님을 알아 뵙지 못했습니다. 용서 하십시오. 이제부터는 잘 모시겠습니다"라고 하자 그로부터 말이 빠르게 움직여서 대구 감영으로 순행을 할 수 있었다고 한다.

위에서 인용한 이적 행위 외에도 많은 기적 현상들이 있었지만 일부는 초기 교단의 도인道人들에 의해서 좀 과장되거나 각색된 부분도 있으리라고 본다. 그러나 근본적으로 수운은 자기를 성화聖化 하거나 신비화하는 것을 극구 싫어했다. 어디까지나 합리적, 이성 적인 사유의 범위 내에서 동학 이론을 개척하고 포덕활동을 한 것이다.

이처럼 합리적 종교로서 평가받는 동학이지만 갑오년 동학농민 항쟁 당시에는 동학농민군 사이에 "지기금지 원위대강 시천주 조화 정" 14자의 주문을 외우고 부적을 몸에 지니고 있으면 총알도 비껴간다는 말이 광범위하게 퍼져서 이로 인해 농민군들이 총칼 앞에서도 물러서지 않고 싸울 수 있었다고 하는 말이 있다.

물론 동학교의 지도부에서 공식적으로 이렇게 공포를 한 것은 아니지만 어쨌든 이런 소문으로 인해 주문과 부적의 영험함을 믿었던 동학교도들의 회생을 키운 면도 있었다.

기록으로 남은 것은 아니지만 2차 동학농민전쟁의 우금치 전투를 앞두고 총괄 대장 전봉준은 수많은 부하를 모아두고 자기는 총을 맞아도 죽지 않는다는 가짜 퍼포먼스를 보인 적이 몇 차례 있었다고 하는데 사실 여부는 확실하지 않다. 설사 그것이 사실이라 하더라도 살육전을 앞두고 두려워하고 있는 부하들에게 자기를 믿고 두려워하지 말고 따르라는 전봉준 장군의 충정으로 보고 싶다.

반면에 기독교의 경우, 예수는 지나치게 과도한 신비적인 모습으로 포장되어 있다. 물론 성경의 이야기가 대부분 예수 사후에 제자들과 예수의 추종자들에 의해 신격화 작업이 가미되어 기록된 것임을 감안하면 단순 비교를 할 수는 없을지라도 확실히 동학의 기록들은 선교를 목적으로 기록된 성경보다는 오히려 심오한 철학서에 가깝다.

이런 합리적 바탕 위에 신적神的인 초월과 아주 절제된 이적의 신비로움이 잘 융합되어 있는 동학의 교리야말로 이제 문명화된 21세기 혹은 그 이후에 인류가 의지해야 할 진정한 종교라고 생각한다.

동학이 위대한 종교로 평가받는 연유가 꼭 이적이 있었기 때문이라고 하는 것은 절대 아니다.

기독교나 불교에서는 수많은 이적이 늘 함께 있어 왔으나 유교의 경우에는 그런 초자연적인 이적의 사례가 없이 인간의 타고난 성性과 이理의 본성에만 그 바탕을 둔다. 물론 유교에서도 천명天命이니 천지天地니 하면서 인간을 넘어선 하늘의 뜻을 이야기하지만, 여기서 하늘의 뜻이란 결국 인간의 바른 마음인 이理와 성性의 다른 표현인 것으로 이해가 되니까 동학에서의 천주나 한울님의 개념과는 많이 다르다고 볼 수 있다.

노·장자의 사상도 이 점에 있어서는 유교의 그것과 대차가 없다고 본다. 그러기에 동학을 말할 때는 이 초자연적 이적의 여러 현상들을 결코 빼놓을 수 없다.

신과 인간의 소통, 즉 천인합일神人合一의 개념이 동학만큼 잘 조화가 된 종교는 없다고 본다. 기독교나 서양철학에서의 천인합일神人合一의 개념은 인간의 신에게의 완전 복종, 즉 나의 무화無化를 의미하는 것이고 불교에서의 해탈도 결국 나를 버리는 것, 즉 몰아沒我의 경지에 달했을 때 가능한 것이다.

그러나 동학의 시천주侍天主 조화정造化定은 내 마음에 신을 모시어 나도 신의 창조와 변화의 과정에 같이 참여한다는 의미이다. 신에 의한 일방적인 지시와 거기에 무조건 복종하는 주·종의 관계가 아닌 신과 인간의 협업 관계를 의미한다. 일찍이 없었던 독창적이고 인간 회복의 대서사이다.

그러나 동학에서의 인간 존중 사상은 서양의 르네상스 시대에 있었던 인본주의와는 다르다.

서양의 인본주의는 중세 1,000년간 계속되었던 신에 의한 인간에 대한 억압에서의 해방을 추구하면서 인간의 무한한 가능성과 그리고 신 없는 인간의 끝없는 진보에 대한 자신감을 확보하려는 것이었다.

그런데 이 인간 진보에 대한 자신감이 제1차 세계대전을 거치면서 그리고 1930년대의 세계 대공황을 거치면서 완전히 무너지고 만다. 그리고 연이어 닥치는 2차 세계대전!

이렇게 해서 서양의 인본주의와 인간 이성에 대한 신뢰는 무너지고 경건한 신앙주의로 되돌아갈 수도 없는 아노미, 즉 허무주의가 사람들을 경제발전과 물질숭배라는 물신物神에 빠져들게 하고 유럽과 미국은 점점 정신적 혼돈에서 헤어나지 못하고 있다는 것이 나의 판단이다.

신으로부터 해방된 인간이 이제 신 없는 세상에서 갈 길을 잃고 헤매고 있는 형국이다.

그러나 동학이 그리는 사회는 유럽의 중세 사회에서와 같은 신과 인간의 수직적 종속관계로 인해 고통을 받는 그런 사회도 아니고 또 신으로부터 뛰쳐나와서는 스스로의 길을 모색하는 데 실패한 사르트르적인 불안을 겪고 있는 그런 사회도 아니다. 신과 인간의 창조적 협력에 의해 진정한 신인합일神人合一을 추구하는 안정된 삶과 안정된 사회를 이루어 가고자 하는 것이다.

유교에서의 이理와 성性에 대한 무한 신뢰는 중국과 조선을 지배해 온 2,000년간의 유교문화가 결과적으로 성공을 하지 못했다는 역사적 사실에서 그 한계성이 드러난 것이다. 인간이란 아무리 군자라 할지라도 전적으로 신뢰할 만한 존재가 아니라는 것이 동서양의 역사에서 이미 증명이 된 것이고 다른 한편으로는 신에게

100% 의존하는 중세 서양의 신神일변도의 사상도 1,000년 서양 역사를 통하여 얼마나 잘못되었는가를 잘 보여주었다.

따라서 앞으로 우리가 따라야 할 올바른 길은 인간과 신이 공존하고 협력하는 신인합일의 동학사상이라고 생각한다.

7. 해월 최시형

동학사상을 확립하고 동학의 바탕을 만든 사람은 수운 최제우다. 그러나 동학을 하나의 거대한 민족종교로 성장시킨 사람은 해월 최시형이다.

수운은 타고난 수재인 데다가 어린 시절에 아버지 근암공 최옥으로부터 집중적인 성리학 교육을 받은 지식과 교양을 갖춘 최고 수준의 엘리트 선비였다. 그에 비해 해월은 조실부모하고 고생을 많이 하고 자라면서 제대로 교육을 받을 기회를 갖지 못했다. 그래서 남의 집 머슴도 살고 흥해 마북리 첩첩산골에서 화전민으로 살면서 온갖 고생을 다하면서 10대 20대를 보낸 불우한 청년이었다.

그러다 34세에 수운을 찾아뵙고 동학에 입교하였다. 특이한 것은 34세(1861년) 6월에 입교했는데 그해 8월에 바로 수운으로부터 도통을 승계받고 후계자가 된 것이다.

해월이 입교하던 당시에 수운에게는 수많은 유식한 선비 출신 도인들이 몰려들었는데 수운은 해월의 사람됨과 그의 천재성을 곧바로 알아보고 그를 후계자로 지목한 것이다.

수운이 처형되고 난 뒤에 동학이 해월에 의해서 얼마나 성장하고 어떻게 해서 민족의 거대한 사상과 혁명의 중심으로 자리매김하게 되고 또 어떻게 그 거대한 물결을 일으켰는가를 생각한다면 해월을 후계자로 뽑은 수운의 신안神眼(신의 눈)에 감탄하지 않을 수 없다. 또 한편으로 글이라고는 배워 본 적이 없는 해월이 수운이 남긴 그 많은 한문으로 된 논문과 한시漢詩들의 원고 뭉치를 다 읽고 외우고 이것을 책으로(『동경대전』) 출간할 수 있었는지 그저 감탄스러울 뿐이다.

예수에게 살아서 베드로가 있고 죽어서 바울이 있었다면, 수운 최제우에게는 살아서 해월 최시형이 있었고 죽어서는 의암 손병희가 있었다. 아니 해월은 베드로와 바울 두 사람의 몫을 했던 사람이다.

베드로는 무식하지만 스승을 향한 충성심 하나로 예수 사후에 전도 사업을 우직하게 밀어붙인 사람이었고 바울은 당대 최고의 인텔리로써 유대인 위주의 시골 종교를 코스모폴리탄적인 세계 종교로 만드는 데 결정적인 역할을 한 인물이다.

해월은 이 두 사람의 몫을 다한 충성심과 지성을 모두 갖춘 인물이었다.

의암 손병희는 바울이 예수가 살아계실 때는 몰랐던 것 같이, 교주 수운의 사후에 동학에 입도한 인물이지만 지모와 용기와 신앙심이 대단한 분으로 해월과 함께 동학농민전쟁에 참가했던 제3대 동학 교주다.

동학을 천도교라는 종교로 탈바꿈시키고, 3.1 독립만세운동과 상해임시정부 설립을 주도한 종교를 넘어선 우리 민족의 지도자다.

이제 우리 민족의 영원한 스승이자 사상가이자 혁명가이신 해월 최시형 선생에 대해 좀 더 알아보자.

1) 해월 최시형의 고난의 일생

1827년, 순조 27년 3월생. 고운 최치원의 30대손.

6세 때 어머니를 잃고 계모 슬하에서 자라다 15세 때 아버지마저 사망, 계모는 떠나고 누이동생과 함께 먼 친척집에서 천덕꾸러기로 자랐다.

머슴살이, 제지공장 노동자 등으로 전전하다 28세에 흥해 마북동 골짜기로 옮겨 화전민으로 6년간 살다가 선생 수운의 유지를 받들어 동학의 맥을 유지하면서 수운의 뜻을 펴기 위해서 34세에 태백산으로 도피, 은거하는데, 여기에 선생님(수운)의 유족들까지 합류하게 되었는데 그들을 자기 가족보다도 더 지극히 보살핀다.

얼마 후 두 집 가족을 데리고 울진의 산속으로 피신하여 들어가서 농사짓고 짚신을 삼으면서 두 집 가족을 보살핀다. 자기 몸 하나도 가누기 어려운 도피 생활 중에서 참으로 대단한 스승에 대한 충성심이다.

그는 항상 짚신 한 켤레와 밥 한 끼가 든 봇짐을 옆에 두고 살았기 때문에 '최 보따리'라는 별명을 얻었다.

그런 불안한 도피 생활 중에서도 그의 포덕활동은 계속되었다고 한다.

수운이 잡혀가면서 해월에게 급하게 남긴 유언은 고비원주 高飛遠走

(높이 날아서 멀리 달아나라)였다.

그래서 수운이 처형될 때 그는 이미 멀리 도망 나와서 체포를 피할 수 있었다.

글공부를 언제 했는지는 기록에 없지만 수운과 만나는 시점인 34세 때는 이미 여느 학자 못지않게 높은 한학의 실력을 갖추고 있었다고 보인다. 왜냐하면 수운과의 대화가 말뿐만 아니라 한문 문장으로서도 자주 이루어진 점 등으로 봐서 이를 알 수 있다. 스승 수운 못지않은 천재성을 타고난 것 같다.

수운의 유언에 따라 관헌의 감시를 피해서 태백산 여러 산골, 안동, 울진, 영해 등 경상도 북부지방을 전전하면서도 뛰어난 능력으로 동학의 포덕활동을 펼친다. 그러다 44세 때 진주민란의 주동자 중의 한 사람인 이필제가 영해에서 일으킨 교조신원운동 민란에 가담하여 실패하게 되자 많은 교도를 잃고 다시 도망길에 나선다.

그런 중에서도 포덕활동은 계속되어 교세가 비약적으로 증가하자 58세 때는 충청도 보은으로 본거지를 옮겨서 교조의 신원운동과 동학에 대한 탄압중단을 요구하는 항의집회를 계속한다.

사실 동학의 신원운동이란 교조 최제우의 억울한 죽음의 원을 풀어드리고 그의 죄명을 벗겨드리려는 운동으로 전라도와 충청도의 감영과 나중엔 서울의 조정을 상대로 한 여러 차례의 탄원운동을 말하는데 여기에는 늘 동학 탄압 중지와 포교의 자유도 함께 요구하였다.

이 교조신원운동과 동학 탄압 중지를 요구하는 집회는 1차의 이필제 신원운동 이후에도 3차례나 더 계속되었으나 조정과 지방

감영(전라도와 충청도) 어디에서도 제대로 된 해결책을 제시하지 못하자, 드디어 1894년에는 고부군 접주인 전봉준이 난을 일으켜서 고부군청을 습격하는 일이 발생하였다.

동학농민전쟁의 서막이었다.

처음에는 해월은 폭력적인 방법으로 관청을 습격하는 일에 반대했다. 그러나 전봉준의 2차 봉기와 청군과 일본군의 참전이 밝혀지자 해월은 북접 각지의 접주들에게 총궐기를 명령하고 마침내 10만 명의 병력을 동원하여 논산에서 남접 군과 연합하게 된다.

사실 전라도, 경상도 남부 지역을 근거지로 하는 남접 동학과 충청도, 경상도 북부, 강원도와 황해도 지역을 근거지로 하는 북접 동학 사이에는 그 성격과 노선상의 차이가 늘 있었다.

우선 교도들의 구성면에서 북접의 교단 지도부는 대체로 중농과 부농층으로서 학식이 풍부한 편에 속하며 정부와의 전면적인 대결보다는 유화적 타협적인 자세를 취하고 정부에 대해서 주로 교조의 신원운동과 동학의 공식 인정을 요구하는 등 온건한 항쟁을 취하는데 반해서 남접의 지도층의 구성은 대체로 빈농 출신으로 관청의 수탈을 직접 받는 사람들이었고 따라서 정부의 억압에 강경한 대결의 자세를 취하였다.

그러나 일본군의 조선 침탈이 본격화되고 동학농민군에 대한 일본군의 진압작전이 본격화되자 지금까지의 유화적 태도를 바꾸어서 강경 군사 투쟁으로 노선을 바꾼다.

그러나 우금치 전투와 청주성 공격에서 전봉준 휘하의 부대뿐만 아니라 손병희의 동학군도 거의 궤멸하자 해월은 의암 손병희에게 도통을 승계하고 다시 도망길에 나섰다. 그러나 강원도 원주에서 동학교도의 집에서 잠적해 있을 때 한 교도의 밀고로 체포되어 교수형에 처해졌다. 1898년 6월, 그의 나이 71세였다.

해월은 천재적인 전도사였다.

교조 수운이 처형될 당시(1864년)의 동학교도의 수는 불과 수천 명에 불과하였는데 해월은 이것을 동학농민전쟁이 발발하던 1894년, 즉 30년 만에 전술한 바의 여러 악조건 속에서도 30만 명의 대 군단으로 키웠다.

물론 당시의 사회적 불안, 신분 평등을 주장하는 교리, 백성들의 반봉건 반외세 의식의 고조 등의 사회적인 분위기도 한 원인이 되었겠지만, 무엇보다 해월의 목숨을 건 포덕 활동과 그의 타고난 친화력과 천재적인 관리 능력이 가장 큰 역할을 했음을 부인하지는 못할 것이다.

평생을 피해 다니면서도 이런 엄청난 일을 해낸 사람은 세계 어디에서도 찾을 수 없을 것이다. 그것도 부인과 아들들마저 관에 잡혀서 모두 옥사를 당하고 혈통마저 끊어진 인간적으로는 정말 견디기 어려운 여건에서도 그의 동학에 대한 열정은 체포되어 처형당하는 날까지 줄어들지 않았다.

2) 해월의 사상

해월은 스승 수운의 시천주侍天主 사상을 더욱 발전시켰다. 시천주侍天主는 하느님을 내 마음에 받아들이고 하느님을 공경한다는 사상인데, 해월은 이에 더 나아가서 하느님뿐만 아니라 사람도 하느님과 꼭 같이 받아들이고 공경한다는 경인敬人을 주장하면서 사인여천事人如天, 즉 사람 섬기기를 하늘 섬기듯이 해야 한다는 사상을 폈다.

아울러 사람뿐만 아니라 더 나아가서 사물, 즉 천지 만물도 다 같이 아끼고 존중하라는 경물敬物까지도 주장했다.

이렇게 경천敬天, 경인敬人, 경물敬物의 삼경三敬사상을 주창함으로써 수운의 시천주侍天主의 개념을 크게 넓혀놓았다.

하늘과 사람과 자연은 모두 같은 뿌리의 다른 모양을 띤 것이다.

사람 안에 하느님이 계시고 자연 만물 안에 다 하느님이 계신다는 그의 우주관이다.

해월의 이 삼경三敬 사상이 『도덕경』에서 나오는 "사람은 땅(만물萬物과 같은 뜻으로 이해됨)을 본받고, 땅(만물)은 하늘을 본받고, 하늘은 도를 본받고, 도는 자연(스스로 그러함)을 본받는다"라는 노자의 철학에서 영향을 받았는지는 알 수 없으나, 기존의 다른 종교에서는 오직 하늘(신神)만을 섬길 것을 요구하지만 해월은 사람도 하늘처럼 귀하게 대하고 나아가서는 천지만물도 함부로 대하지 말고 아끼고 같이 공생해야 한다는 위대한 가르침이다. 앞으로 지구의 위기를 극복해 나갈 인류 미래의 유일한 지침이라고 믿는다.

해월의 이 사인여천事人如天(사람 섬기기를 하늘과 같이 하라)의 경인 경인敬人사상은 나중의 아동운동과 여성운동의 사상적 바탕이 되기도 했다.

해월은 어린이를 때리는 것은 한울님(천주)을 때리는 것이라고 했고, 당시까지만 해도 어린이와 여자를 가볍게 여기는 풍토가 만연했는데 해월은 이것을 개선하려고 많은 애를 썼다.

이 사상은 그의 후계자인 손병희에게 그대로 전수되었고, 손병희의 사위인 방정환이 1922년 어린이날을 만들게 하는 밑바탕이 되게 했다. 이렇게 동학과 천도교는 어린이와 여성의 지위 향상에 많은 노력을 기울였다. 동요작가 윤석중은 방정환을 스승으로 모시고 그와 아주 가까이 지내왔으며, 방정환의 영향으로 천도교에도 이해가 깊었다. 그는 방정환의 활동에 크게 자극받아서 어린이를 위한 많은 동요를 남겼는데 그가 작사한 〈어린이날 노래〉, 〈반달〉, 〈송아지〉, 〈설날〉, 〈졸업식의 노래〉, 〈기찻길 옆〉, 〈나리나리 개나리〉, 〈새나라의 어린이〉 등등의 주옥같은 가사는 윤극영의 작곡에 실려서 지금까지 애창되는 동요들이다.

이 노래들은 어린이의 노래를 넘어서 7천만 우리 민족 모두의 가슴을 울리는 민족의 노래가 되었다.

또한 해월의 경물敬物사상은 천도교의 자연사랑, 생태존중 운동의 근원이 되었고 나중에 우리나라 생명운동과 환경운동의 사상적 밑바탕이 되었다고 해도 과언이 아닐 것이다.

우리나라 생명운동의 대부이고 그 효시라고 할 수 있는 무위당 장일순 선생과 김지하 시인 등도 해월의 이 경물敬物사상에 깊이 공감하고 늘 이 사상을 언급하였다.

사실 만물에 영혼이 깃들어 있다는 사상은 애니미즘 사상과 비슷한 개념으로 서양에서도 오래전부터 있어 왔던 다신론적多神論的 개념이다.

동학에서 만물에 신이 깃들어 있다는 사상은 하나의 신(하느님)

이 만물에 깃들어 있다는 것으로, 철학적 용어로는 범재신론이라고 할 수 있는데 반하여, 다신론이나 애니미즘 사상은 만 개의 신이 하나의 신에 통합되어 있는 것이 아니고 만 개의 신이 독립적으로 만물에 각 개별적으로 존재한다는 생각이다.

인류가 문명이 발전하기 이전에는 원래 이 애니미즘이나 다신론적 사상을 바탕으로 생활했는데 문명이 발전해 가면서 씨족, 부족 사회에서 국가적 통합조직으로 발전해 점점 유일신唯一神, 즉 일신론적一神論的 사유로 바뀌게 된 것이다.

그러나 해월의 경인敬人·경물敬物의 사상은 인간을 숭배하거나 물질을 숭배하라는 것이 아니고 인간을 귀하게 여기고 자연 만물을 귀하게 여기라는 것으로서 해월은 이를 물오동포物吾同胞(만물과 나는 같은 동포다)라고 했다. 이 사상은 사실 불교의 "만물에는 불성佛性이 깃들어 있다"고 하는 사상과 대동소이한 것 같기도 하다.

해월 최시형의 업적을 다시 한번 간략하게 요약을 하면 다음과 같을 것이다.

첫째, 스승 수운이 만들어 놓은 동학이라는 철학과 사상을 완전히 체계화시켰다. 특히 그의 경천敬天, 경인敬人, 경물敬物의 삼경三敬 사상은 스승 최제우의 인내천人乃天 사상을 완성한 것이며 오늘날 우리나라 인권운동과 환경운동의 이론적 받침이 되기도 했다.

둘째, 스승 수운이 죽기 전에 그에게 넘겨주며 편집 인쇄를 부탁한 많은 글을 도피 중의 열악한 환경에서 숨어서 편집 인쇄한 업적이다. 오늘날도 천도교의 경전으로 쓰이는 『동경대전』과 『용담유사』 등을 편집 인쇄하였다. 도피 중의 열악한 환경에서 방대한 서물書物을 목판 인쇄한다는 일은 오늘날 우리가 생각하는 편집 인쇄와는 전혀 다른 고행에 가까운 일이었다.

셋째, 수운 처형 당시 수천 명에 불과하던 동학교도를 1894년 우금치 전투에 참여할 때는 전국적으로 삼십만에 가까운 대규모 종교 집단으로 성장시켰다. 그리고 동학을 하나의 종교로 승화 발전시켰다.

넷째, 처음에는 반정부 무쟁투쟁에 반대하는 입장이었지만 나중에는 전봉준과 연합하여 동학농민전쟁에 직접 참전하였다.

이로써 그는 단순한 동학의 사상가나 한 종교의 지도자에 머물지 않고 잃어버린 나라를 되찾기 위한 독립투사로서, 또 백성의 고난을 대변하는 혁명가로서의 모습을 보여주었다.

결국 이 참전으로 인해 그 자신의 물리적 생명은 물론 그를 추종하던 여러 제자들이 처형을 당하는 비극을 맞았고 그의 명령에 따랐던 수많은 동학교도가 전장에서 목숨을 잃고 동학의 세력은 거의 소멸하게 되는 지경까지 몰락하였다.

그러나 물리적 외형적으로는 이와 같은 몰락의 길을 걸었지만 마치 예수가 십자가에서 처형된 뒤에 얼마 후 그 제자들과 신도들에 의해서 로마 정권의 탄압을 이겨내고 결국 다시 살아나서 위대한 기독교 문명을 이루는 바탕이 된 것과 마찬가지로 최시형과 전봉준과 동학교도들의 이런 외형적인 몰락이 다시 항일 독립운동으로, 3.1만세운동으로, 상해임시정부 수립으로, 더 나아가서는 대한민국의 건국정신으로 부활하게 된 것이다.

8. 의암 손병희

한편 교주(해월 최시형)를 옆에서 지극 정성으로 모시던 의암 손병희는 교주로부터 도통을 이어받고 북접의 최고 군사령관으로 임명되어 전봉준과 연합 작전으로 우금치 전쟁에 참전한다. 우금치에서 처참하게 패하여 여러 곳에서 산발적인 전투를 벌이다가 음성군 금왕읍에서 왜군과 마지막 전투를 벌였다.

이 전투에는 해월 최시형도 참가했다. 마지막 전투에서도 패하자 북접 동학군은 부대를 해산하고 각자 피난길을 떠난다. 손병희는 스승 최시형을 모시고 조카이자 동학군 지도자인 손천민과 함께 강원도로 도주하다가 나중에는 위험을 분산하기 위해 모두 흩어졌다. 얼마 후 스승 최시형과 손천민의 체포, 처형의 소문을 듣고 함경도로 피신하였다가 안경장수로 변장하여서 중국으로 피신하였는데, 중국에서 망명이 거절당하자, 이번에는(1901년) 일본으로 망명하게 된다.

일본에서는 이미 와 있던 오세창, 박영호 등 개화파 인사들과 교류하면서 국제 정치적인 안목을 넓히고 개화사상에 깊이 눈을 뜨게 된다. 이렇게 하여 동학 지도자의 위치를 넘어서 점점 우리나라 근대화 운동의 지도자로서 거듭나게 된다.

1905년에는 일본에 체류하면서 동학을 천도교로 바꾸고 본격적인 근대 종교의 모습으로 발전시켰다.

1906년에는 귀국하여 친일조직인 일진회에 깊이 간여하고 있던 손병준, 이용구 등을 천도교에서 출교 처분하고 천도교의 순수성을 지켜나간다.

그리고 1908년 1월에는 제4대 교주의 자리를(천도교에서는 교령이라고 함) 박인호에게 물려주고 의암은 교육사업과 출판사업에 전념하면서 독립운동에 적극 참여한다.

교육사업으로서 많은 학교를 세웠다. 그중에서 보성전문학교(오늘날의 고려대학교)와 동덕여자의숙(오늘날의 동덕여자대학교)이 대표적이다.

손병희의 가장 큰 업적은 동학을 민족종교로 발전시키고 보전하는 데 결정적인 역할을 했다는 점과 무엇보다도 동학을 항일독립운동과 연계시키고 그 이후의 대한민국 건국 정신이 되는 민주, 민권, 민족이념과 연결시키는 가교의 역할을 했다는 점이다.

3.1운동을 주도한 핵심 인물로서 기미 독립선언서를 그가 낭독했다는 사실은 결코 우연이 아니다.

1861년 4월 청주에서 태어나서 26세인 1886년에 동학에 입교하여 제3대 동학교주가 되고 동학농민전쟁에 장수로서 참여했던 핵심 동학교도인 그는 이렇게 인생 후반에는 사회운동가로, 또 독립투사로서 민족을 이끌었다.

3.1운동의 주동자로 체포되어 서대문 형무소에서 2년간 수감생활을 하다가 병보석으로 1922년에 석방되었으나 동년 5월 19일 향년 61세로 별세하셨다. 오늘날의 천도교는 그의 작품이라고 해도 과언이 아니다.

9. 갑오 동학농민혁명

본 장에서는 비록 실패하기는 했지만, 우리 민족의 역사 이래 최대의 민중 혁명이었고, 짧은 기간이지만 민중이 스스로의 조직인 집강소를 통해서 직접 정치에 참여할 수 있게 만든 위대한 슬픈 서사시, 그러면서 오늘날 우리가 누리는 이 민주주의를 태동시킨 동학농민전쟁을 좀 더 자세히 살펴보고자 한다.

동학농민혁명의 의미를 한마디로 정의하면 조선 봉건체제 해체의 도달점이고 조선 민중해방운동의 출발점이라고 할 수 있을 것이다.

전봉준을 비롯한 동학 도인들이 주도한 동학농민혁명을 흔히 그보다 40여 년 전에 발발한 중국의 태평천국의 난과 많이 비교하는데, 홍수전의 태평천국의 난도 우리의 동학과 마찬가지로 부패한 청조의 학정과 관리들의 억압에 견디다 못해서 들고 일어난 농민들의 반란 전쟁이라는 점에서는 우리의 동학농민혁명과 비슷하다.

난의 주모자인 홍수전은 기독교의 변형적 한 형태인 태평천국교를 만들어서 중국 남부에서 수많은 신도를 확보하고 그들을 위주로 하여 난을 일으켰다.

한때는 남경을 점령하고 북경 근처까지 밀고 올라가서 청조^{淸朝}를 곧 정복할 듯한 기세였다.

난의 규모도 엄청나서 전쟁에 참여한 정식 인력만 2백만 명이 넘었고 15년여 전쟁 기간 동안 사망자만 정부군, 태평군을 합치면

3천만 명이라는 엄청난 규모였다. 동학혁명군 가담자 추정 60만에 전쟁 1년여 기간 동안 회생자 추정 30만에 비하면 태평천국 난이 얼마나 큰 규모로 장기간 계속된 대란이었는가를 알 수 있다.

그러나 홍수전의 태평천국의 난이 그 규모와 저항 기간 등에서는 우리 동학전쟁을 압도하지만 그 난은 중국 역사에서 있었던 수많은 민란의 하나에 지나지 않았고, 지도자인 홍수전은 자기가 예수의 동생이라고 하고 천국에 가서 예수를 직접 만났다고 하는 등 사이비 종교의 모습을 보였다. 다른 한편으로는 한때 태평교의 교세가 늘어나서 남경을 정복하는 등 실제 권력을 쥐게 되자 홍수전은 수백 명의 미녀들을 거느리며 호화생활을 하는 등 전형적인 사이비 종교 지도자의 타락한 모습 그대로를 보여주었다. 이에 반하여 우리의 동학혁명은 그런 일시적 불만으로 폭발한 민란하고는 차원이 다르다. 우리나라에서도 고려시대의 만적의 난, 조선시대의 홍경래의 난, 임꺽정의 난, 진주민란 등등 수많은 민란이 있지만 대부분이 태평천국의 난과 대동소이하게 백성들의 불만이 폭발하여 발생했다가 진압당하고는 급격히 사그라져 버린 뒤 그 이후의 역사에 별로 큰 영향력을 미치지 못한, 일시적인 봉기에 불과한 것들이었다.

그에 비해 동학농민전쟁은 여러 면에서 고금 동서양의 여러 곳에서 발생했던 다른 민란들과는 그 차원이 좀 다르다.

그리고 무엇보다 동학은 그 창시자인 수운 최제우 선생과 수운이 처형된 뒤 동학을 재건하여 전국적인 종교조직으로 키운 해월 최시형 선생 같은 위대한 성자聖者에 의해서 만들어졌고 그 후계자인 의암 손병희 선생과 같은 민족 지도자로서의 높은 덕망과 시대를 이끌어 가는 혜안을 가진 의인義人들이 즐비한 민족정신의 결집체였다.

거기다 농민들로부터 높은 지지를 받는 전봉준 장군 같은 높은 인품과 지략을 갖춘 무장 지도자들이 즐비한 그런 종교 단체이다.

그렇기 때문에 비록 일본군에게 참패당했지만, 동학전쟁 후 130년이 지난 오늘날까지 동학의 정신과 사상은 한국인의 가슴에 그대로 남아 있고 앞으로 더욱 타오를 것이다. 그래서 홍수전 같은 사이비 종교지도자, 혹은 일시적 민란 지도자나 그런 조직들하고 동학을 비교할 수는 없다고 할 것이다.

1) 동학농민항쟁의 발단과 그 의의

직접적인 원인은 전술한 바대로 후반기 조선 조정(순조 이후)의 무능, 지배층의(노론) 장기간에 걸친 세도정치와 그에 따른 만연한 탐관오리들의 부패와, 백성에 대한 가혹한 억압과 수탈 등에 견디다 못해 들고 일어난 민란이다. 이 점에서는 동서고금의 다른 민란들의 발발 요인과 대동소이하다.

그러나 우리의 동학농민혁명이 다른 민란들과 다른 점은 민란이 발발하기 오래전에(35년 전) 수운 최제우가 인간의 존엄성과 만민이 평등하다는 민권사상을 주창하며 당시의 양반 상놈이라는 철저한 신분제를 비판하는 새로운 사상을 내놓으면서, 억압적인 유교적 전통문화에 신음하던 일반 백성들에게 급속도로 전파되기 시작했다. 이에 위협을 느낀 조정에서는 수운을 잡아다 바로 처형시켜 버린다.

수운이 처형되고 난 후 동학이 사그라지기는커녕 오히려 그의 후계자 해월 최시형을 통해서 엄청난 규모로 동학교도의 수가 늘어나게 되었다. 수운이 처형되던 1864년 당시 수천 명에 불과하던 동학교도가 20년이 지난 1885년쯤에는 30만 명으로 불어났다. 이렇게 늘어난 교세에 힘입어 1892년과 1893년간에 3차례에 걸친 대규모의 집회를 열어서 교조의 신원과 동학에 대한 탄압 중지 및 포교의 자유를 요청하였다.

동학교도의 요구사항은 위에 언급한 교조신원과 동학 탄압 중지 및 포교 자유 등의 동학의 내부 문제에만 국한된 것이 아니고 외세에 굴종하는 조정의 정책을 시정하라는 것과, 사욕을 채우지 말고 나라를 위하고 백성을 평안하게 해 달라는 요구도 포함되어 있다. 즉 척왜척양斥倭斥洋(일본과 서양을 배척함)과 보국안민輔國安民(나라를 위하고 백성을 평안하게 함)과 같은 정치적인 요구도 강력하게 표출했다.

이런 거듭된 요구와 집회에도 불구하고 정부나 지방관청의 응답이 미온적이고 오히려 탄압이 가속되자 드디어 1893년 11월, 전봉준은 전라도 고부군에서 군수 조병갑의 학정에 시달리던 농민들을 이끌고 난을 일으켰다. 동학농민전쟁의 시작이다.

이처럼 동학농민전쟁은 농민들의 우발적인 봉기가 아니고 그 바탕에는 만민 평등, 신분 차별 격파, 민권 보장, 자주외교 등의 민주주의, 민족주의, 자유평등의 사상이 그 근간을 이루고 있는 대혁명이다.

우리나라의 역사는 동학농민전쟁을 분기점으로 전제왕정 체제에서 새로운 평등 민권 자주의 근대 민주 독립국가의 체제로 전환이 되는 대변혁의 시대가 시작된 것이다. 그래서 우리는 이것을 동학대혁명이라고 부르는 것이다.

동학농민전쟁이 비록 참담한 패배로 끝났지만 그것으로 결코 끝난 것이 아니다.

그 이후의 3.1만세운동, 상해임시정부 수립, 항일 독립운동 등에서 동학도들이 주도적인 역할을 했음은 전술한 바다.

그리고 이 동학혁명 정신을 이어받은 대한민국의 임시정부는 오늘날 대한민국의 근간이 되어서 우리 헌법의 전문에도 이를 명확하게 기재해 놓고 있다. 그리고 동학정신은 오늘날 천도교로 부활하여서 민족종교로써의 역할을 하는 중이다.

나는 이 천도교가 앞으로 발전적 개편을 통하여 세계적 사상, 세계적 종교로 뻗어나갈 수 있을 것이고 동시에 우리 한민족이 세계를 이끌어 나가는 세계 최강대국의 역할을 하는데 그 사상적 정신적 밑받침이 될 것이라고 믿는다.

이렇게 다른 민란들과는 차원이 다른 동학농민혁명의 의의와 가치는 국제적으로도 인정을 받아서 2023년에는 유네스코 세계기록유산으로도 등재되었다.

2) 동학농민전쟁의 구체적인 전개

자, 그럼 동학농민전쟁이 어떻게 시작되고 진행되었는가를 그 단계별로 좀 더 구체적으로 접근을 해 보자. 가끔 기술이 중복되는 부분이 있더라도 독자 여러분의 양해를 구하는 바이다.

(1) 이필제의 난

1870년 3월, 진주민란의 지도자 중의 한 사람인 이필제가 최시형을 찾아와서 교주 최제우의 신원伸冤(원통한 일을 푸는 일)을 위해 교주의 기일忌日인 3월 10일을 기해 동학도들의 봉기(일제히 들고일어남)를 하자고 요청하자 최시형이 처음에는 이를 거절했으나 거듭된 간청에 못 이겨서 이를 허락한다.

이필제는 500여 명의 동학도인들을 이끌고 영해부의 관아를 습격하여 성을 점령하였으나 그다음 날부터 시작된 관군의 토벌에 견디지 못하고 뿔뿔이 흩어지고, 난은 실패하고 만다. 이필제는 문경에서 잡혀 서울에서 처형되고 최시형은 강원도와 경상도 북부 산악지역에서 도피활동을 계속했다. 동학에서는 이 난을 임해사변이라고 부르고 이필제를 동학에 큰 해를 끼친 인물로 기록하고 있다.

동학교도가 관을 상대로 난을 일으킨 최초의 사건이지만 이 이필제의 난을 동학농민운동이라고 할 수는 없다.

우선 이필제는 동학교도가 아니었고 어쩌면 그의 타고난 반란의 기질이 최시형과 동학교도들을 이용해서 임해사변을 일으켰다고 봄이 맞을 것 같다. 아무튼 이 난으로 인해 동학과 최시형은 더욱 가혹한 탄압과 추적을 받게 되었다.

그리고 이필제의 난으로 인해 동학의 모든 초기의 조직과 교세가 와해되고 나중에(1894년) 적극적인 반정부 투쟁에 나서려는 전봉준의 남접 측 동학군과 연합전선을 펼치기를 주저케 한 하나의 원인이 되기도 했다.

(2) 공주 및 삼례 집회

홍역을 치르고 난 최시형은 도피 중에도 다시 동학 재건에 나섰고, 1880년대부터는 관가의 수색이 느슨해진 틈을 타서 다시 많은 교도를 확보할 수 있었다. 그만큼 당시의 조선 백성들에게는 다른 어디에도 기댈 곳이 없었다는 의미이다. 조정과 지방관청은 위아래 할 것 없이 백성들을 갈취할 생각뿐이고, 글줄이나 읽은 양반 선비들 역시 무지렁이 일반 농민이나 상놈들을 한 번도 사람으로 대한 적이 없이 오직 자기들의 알량한 신분을 지키고 자산을 늘리는 데만 혈안이 되어 있는 가혹한 아귀餓鬼의 집단일 뿐이었다.

이에 동학의 양반 상놈이 없는 평등사상과 여성과 어린이에 대한 존중의 사상은 저층의 농민들과 상민들에게는 복음이 아닐 수 없었다. 여기에다 교주 최시형의 사람을 끄는 매력적인 인품과 천재적인 포교술이 더해져서 무너졌던 동학의 터전을 짧은 시간 내에 다시 일으켜 세울 수 있었던 것이다.

최시형은 1880년대 초반 어느 시점부터는 동학의 본거지를 보은의 속리산 언저리(보은 장내리)로 옮겼다. 이때 입도한 사람들이 손병희, 서병학, 손천민, 김연국 등의 청장년 지식인 그룹이었다.

이때부터 또 최시형은 호남으로 진출하여 전봉준, 손화중, 김개남, 김덕명 등의 후일 동학농민혁명군의 핵심 지도자들이 많이 입도하게 했다. 이렇게 충청도와 전라도에서 동학교도들이 급속하게 불어나고 경상좌도의 진주와 황해도까지 교세를 넓혀 나가자 관아에서는 다시 동학교도에 대한 탄압을 강화하고 재산 갈취도 점점 더해갔다.

그러나 이제 동학교도들도 이전처럼 도망만 다니지 않고 적극적으로 항의를 하기 시작한다.

그 첫 번째 집회가 공주 집회와 삼례 집회다. 1892년 말 공주와 삼례에서는 각각 수천 명의 동학교도들이 모여서 교조신원, 동학교도 탄압 중지, 탐관오리 처벌 등을 요구했다. 이 집회에서 이와 같은 항의문서를 작성하고 요구사항을 관아에 전달한 사람이 바로 전봉준이었다. 그가 공식 석상에 처음으로 등장하는 순간이다.

(3) 광화문 복합상소

공주와 삼례 집회의 기세에 놀란 충청·전라 두 감사는 이들의 요구사항을 조정에 전달하겠다고 약속하고 동학교도들을 구슬려서 일단은 해산하게 했다.

그럼에도 동학 지도부 중의 일부는 서울로 올라가 궁궐 앞에서 직접 복합상소^{伏閤上疏}(대궐 앞에 엎드려서 올리는 상소)를 강력하게 주장하고 마침내 최시형도 이를 허락하였다.

1893년 2월 11일 손천민, 손병희, 김연국, 박인호 등 동학 지도자 약 50여 명이 광화문 앞에서 부복상소를 단행했다.

그러나 조정에서는(고종) 이들 주장을 단호히 배격하면서 빨리 해산하지 않으면 죽음을 내릴 수도 있다는 협박과 함께 군졸들을 시켜서 이들을 모두 끌어내 버렸다.

이처럼 광화문 상소가 실패하자 동학도들은 다시 삼례에서 수천 명이 모여서 기존의 요구사항 외에 외세 배격이라는 요구를 하나 더 추가해서 더 강경한 집회를 개최하였다.

이 2차 삼례 집회를 개최한 사람들은 최시형을 필두로 한 북접 교도들이 아니고 전봉준, 김개남, 손화중, 서장옥 등이 이끄는 남접의 강경파들이었다.

이때부터 동학이 온건파인 북접과 강경파인 남접으로 나뉘게 된 것이다. 북접은 지역적으로는 경상좌도의 북부와 충청좌도(충청북도), 강원도, 황해도 등 최시형의 지배력이 강한 북쪽 지방의 다소 온건한 동학접주들을 말하지만 꼭 지역적으로만 구분하기에는 애매한 점이 있다.

반면 남접은 호남 전체 지역과 충청도 일부 지역의 더 개혁 지향적인 성향의 접주들을 일컫는 편의상의 개념이다.

(4) 보은집회(1893년 10월)

상기에서 언급한 바의 교조신원과 동학탄압 중지를 요구하는 3차례의 청원이 모두 조정과 지방관청의 거부로 끝나자 1893년 3월에는 3만 명의 동학교도들이 충청도 보은에 집결하여 성벽^{城壁}을 쌓고 교조신원과 사회개혁을 요구하는 통유문을 돌리고 "척양척왜

斥洋斥倭, 보국안민輔國安民, 제폭구민除暴救民" 등의 피켓을 내세우며 장기 항거 체제에 들어갔다. 그러나 이 집회는 북접의 온건 지도자들이 주도하는 어디까지나 평화적인 집회로서 집회 참가자들에게 무기 소지를 일체 허락하지 않았고 집회 중에 군중들은 동학의 주문인 "시천주 조화정"을 외우고 찬송가격인 〈검가〉를 부르면서 평화적인 항의 집회를 계속했다.

보은 군수가 해산명령을 내렸으나 거부당하자 조정에서는 충청감사 조병식을 파직하고 선무사 어윤중과 충청감영의 병사兵使 홍계훈을 군인 300명과 함께 보내서, 회유와 협박을 병행하였다.

이에 동학교도들은 노약자와 아이들을 성 밖으로 내보내고 장기 항전의 태세를 보이자 이번에는 선무사 어윤중이 공주 영장營將(지역 군의 장), 충청감영의 군관, 보은군수 등을 대동하고 다시 와서 고종의 해산명령서를 대독하고 해산을 명하자 동학교도들은 3일 안에 해산하겠다고 약속하고 사전구속의 우려가 있는 교주 최시형, 다음 교주인 손병회, 동학 간부인 서병학 등은 다음 날 밤으로 피신하였다.

보은집회의 군중들이 이렇게 순순히 해산하게 된 이면에는 고종의 강경한 해산 명령과는 별도로 선무사 어윤중이 군중들에게 내린 온화하고 유화적인 제스처가 크게 작용했었다고 본다.

어윤중은 임금을 대신하여 다음과 같은 교지를 읽어나갔다. 이는 앞의 고종의 원 교지와는 어긋나는 내용이지만 그는 서울에서 내려올 때 고종으로부터 전권을 위임받은 특명 선무사의 자격으로 임금의 교지를 따로 만들어서 시위대를 회유할 수 있었던 것이다.

"내가 너희를 이끌어 편하게 하지 못한 탓이며, 또한 여러 고을의 목민관과 수령들이 너희를 벗겨 먹고 곤박하게 괴롭혔다. 오직 내가 백성의 부모가 되어 그 백성들이 스스로 의롭지 못한 것에 빠지는 모습을 보며 슬퍼하고 안타깝고 측은하게 생각한다. 너희는 모두 양민이니 각각 스스로 물러나 돌아가는 사람은 마땅히 토지와 재산을 돌려줄 것이므로 평안히 생업에 힘쓰게 할 것이니 의심하거나 겁을 먹지 않도록 하라. 탐욕스런 아전들도 처벌할 것이다."

새빨간 거짓말이고 당장의 위기를 모면하기 위한 사탕발림이었다. 그러나 우리의 순박한 농민 백성들은 이에 감읍하여 각자 집으로 돌아갈 심산이었다. 선무사 어윤중도 조정에다 함부로 무력을 사용해서는 안 된다고 건의했다.

이에 집회의 지도부는 아래의 4가지 요구사항을 전달하고 어윤중에게 해산을 약속했다.

① 교조 최제우의 원통함을 풀어줄 것(伸冤)
② 동학교도의 탄압을 중지할 것
③ 외국 세력을 배격할 것(斥洋斥倭)
④ 외국 상품을 배격하고 국산품을 애용토록 할 것

구구절절이 옳은 말이고 정당한 요구사항이다.

나는 이 대목에서도 핍박만 받고 나라에서 제대로 사람 대접을 받은 바가 없는 조선 하층민들의 높은 의식 수준에 또 한 번 탄복하게 된다. 포악한 조정과 지방 관아의 승냥이 떼 같은 벼슬아치들의 학정에 견디다 못해 들고 일어난 그 백성들이 자기들의 억울한 사정들만 호소하는 것이 아니고 국가의 안위와 나라 경제를 걱정하면서 일본과 서양세력을 배격하고 그들의 상품 유입에 따른 국가경제의 파탄을 걱정하는 이런 차원 높은 호소문을 조정에다 올리는 이 백성들의 갸륵한 마음에 그저 눈시울이 붉어질 뿐이다. 그보다 300년 전의 임진왜란 때도 양반과 벼슬아치 놈들은 다 도망가고 임금마저 야반도주해 버린 판국에 오직 핍박받던 무지렁이 백성들이 들고일어나서 의병으로 왜적을 물리친 일도 꼭 같은 일이다.

(5) 원평집회

원평은 오늘날의 익산시 원평동이다. 수만 명이 운집한 보은집회는 앞서 언급한 바와 같이 최시형을 비롯한 북접의 동학도들이 주축이 된 평화적인 집회였고 조정의 회유에 의해 20일 만에 해산하고 만다.

같은 시기에 원평에서는 전봉준과 남접의 동학인들이 주도한 좀 더 강경한 소리를 내는 농민 무리들이 대규모로 모였다.

이들은 사실 북접이 주도한 보은집회와 연합하여 좀더 적극적이고 본격적인 대정부 투쟁을 기대하며 북접교도들이 전면적 봉기를 하면 이에 호응할 만반의 준비를 하고 있었다. 원평집회에 참여한 사람들은 동학교도보다는 오히려 일반 농민들이 대세를 이루고 있었다.

역사에서 만약이라는 말이 허용되지 않지만, 만약 전봉준의 의견대로 보은에 모인 수만 명의 인원이 해산하지 않고 원평에 모인 수만 명의 사람들과 힘을 합쳐서 바로 무장투쟁을 감행했더라면! 당시에는 일본군이 아직 들어오기 전이었고 조정에서는 이를 막을 힘이 없는 상태였으므로 서울로 진격하여 전주화약과 같은 민간 참여 정부를 조선 땅 전체로 넓혀 나가서 입헌군주제도 비슷한 민주주의 초보적 정치형태를 1883년경에 이 땅에 실현시킬 수 있지 않았을까 하는 상상을 해본다.

원평집회에서는 보은집회에서와 같은 동학의 주문을 외거나 경전을 읽는 대신에 정부와 지방 벼슬아치들을 규탄하는 정치적 구호를 주로 외쳤다.

그러나 안타깝게도 보은집회가 맥없이 해산했다는 소식을 접하고 원평의 주도자들은 다음 거사를 기약하며 일시 해산하기로 하고 각자 자신이 속한 접소로 돌아가서 개별적 활동을 재개하기로 한다. 즉 고부의 전봉준, 원평의 김덕영, 태인의 김개남, 무장의 손화중, 남원의 최경선 등이다. 이 중에서 제일 먼저 치고 나온 사람은 역시 고부의 전봉준이었다.

(6) 고부 봉기

지방 관리들의 탐학과 착취는 전국적인 현상인데 그중에서도 고부군수 조병갑의 패악질은 유명했다.

평소에 조병갑의 학정에 치를 떨고 있던 고부 백성들은 전라도 전역에 가뭄이 들어서 배를 곯고 있었는데 조병갑은 아랑곳하지 않고 농민들을 동원하여 저수지(만석보)를 축조하여 농민들에게 그 사용료를 거두어들여서 700석을 벌었다.

거기다가 자기 아버지가 예전에 태인군수를 지낼 때 선정을 베풀었다며 그 공덕비를 세운다는 명목으로 백성들로부터 천 냥에 해당하는 돈을 거두어들였다.

더 이상 견디지 못한 고부 백성들이 전봉준의 아버지 전창혁에게 부탁하여 탄원서를 작성 제출했다. 그러나 전창혁은 그 탄원서를 쓴 죄로 곤장을 맞고 장독杖毒이 올라 보름 만에 죽고 말았다.

이에 전봉준과 고부 군민들의 인내는 한계에 달하여 마침내 봉기하여 고부 관아를 점령하고 전주 감영까지 들이칠 계획을 하였다. 조병갑은 재빨리 피하여 죽음을 면했다.

관아를 접수한 백성들은 아전들을 붙잡아 처벌하고 무기고를 접수하고 양곡 1,400석을 몰수하여 주인들에게 돌려주고 만석보를 허물어 버렸다. 동학혁명의 첫 신호탄이었다.

조정에서는 조병갑을 민란의 책임을 물어 고금도로 유배 보내고 박원명을 고부군수로 임명하였다.

박원명은 농민군에게 성대한 잔치를 벌여주면서 반란의 죄를 묻지 않겠다고 하는 등 그들을 달래며 빼앗은 양곡도 돌려주었다. 그러자 농민군들은 민란을 더 지속할 필요가 없다고 하며 자진 해산하였다.

여기서 끝났더라면 그것은 그저 작은 고을의 흔한 소요에 불과했을 것이다.

그런데 얼마 후, 그동안 사태의 진행을 관망만 하던 조정에서 안핵사로 파견되어 있던 장흥 부사 이용태가 사단을 일으키면서 사태는 다시 악화된다.

민란이 마무리되는 듯하자 이번에는 이용태가 800명의 역졸을 이끌고 고부로 와서는 민란 참가자들을 반역죄로 간주하고 그들을 색출하여 체포하고 재산을 빼앗는 등 전에 조병갑이 하던 것보다 더한 짓을 하자 농민들은 다시 술렁이기 시작하였다.

한편 전봉준은 단순 봉기한 일반 농민들과는 그 뜻하는 바가 다르게 처음부터 거대한 혁명을 가슴에 품고 있었는데 고부봉기가 소강상태로 들어가자 몸을 피하여 전라도 각지의 동학 접주들과 거사를 모의하기 시작하였다.

그들은 손화중(무장현 접주), 김개남(태인 접주), 김덕영(금구 접주), 최경선(남원 접주) 등이다.

전봉준은 무장(오늘날의 고창군 무장면)에서 탐관오리의 숙청과 보국안민의 기치 아래 무장현 농민군 3백 명을 이끌고 고부군으로 진군하는데 고부의 농민군 1천 명이 합류하여 고부군청을 점령하여 갇혀 있던 1차 민란의 농민군을 석방하고 무기고를 접수하였다. 이때 각지에서 봉기한 농민군들이 고부에 집결하면서 농민군의 수는 8천 명에 육박했다.

같은 달(1894년 3월) 백산(오늘날 정읍시 백산리)에서도 농민군이 집결하여 전봉준을 대장으로 추대하고 김덕영, 손화중, 김개남 등의 동학 접주들을 참모장으로 삼았다.

이때 발표한 동학농민군 4대 강령은 다음과 같다. 이제부터는 단순한 민란이 아니고 군기가 엄정한 혁명군의 모습을 띤다.

① 불살인 불몰물(不殺人 不沒物): 사람을 함부로 죽이거나 백성의 재물을 빼앗지 말라.

② 충효쌍전 제세안민(忠孝雙全 濟世安民): 충과 효를 온전히 하고 세상을 구제하고 백성을 편안하게 한다.

③ 축멸왜이 등청성도(逐滅倭夷 燈淸聖道): 왜적과 오랑캐를 몰아내고 나라의 거룩한 길을 밝힐 것이다.

④ 구병 입경 진멸권귀(驅兵 入京 盡滅權貴): 군사들을 이끌고 한양으로 가서 권귀(높은 자리의 권력자들)들을 모두 멸할 것이다.

이렇게 전열을 정비한 동학농민군은 1차적으로 전주를 점령할 목표로 진군하여서 금구, 태안, 부안 등을 점령하고 고부 황토현에서 전라 감영의 군사와 대치하다 결국 감영군이 1천여 명의 사상자를 내고 도주하자 농민군의 사기가 하늘을 찔렀다. 이에 주변의 농민들도 혁명군에 가담하기 시작했다.

이에 당황한 고종은 경군京軍(관군) 800명을 파견하여 동학군을 토벌하게 한다. 홍계훈이 이끄는 이 경군은 해상로를 통해 제물포에서 출발하여 군산에 상륙하여 전주성을 방어하기 위해서 전주로 향했다.

그러나 뛰어난 전략가인 전봉준은 황토현 전투의 승리로 기세가 올라 있었음에도 불구하고 곧바로 전주로 진격하지 않고 오히려 남하하여 경군을 남쪽으로 유인했다.

고창, 영광, 함평을 거쳐 나주로 내려갔다가 다시 북상하여 장성의 황룡촌에서 관군을 맞이하여 관군을 패퇴시켜 버린다. 지리적으로 유리한 전투 지점을 선택했던 것이다. 그 유명한 장성 황룡강 전투에서의 2번째 승리다. 많은 수량의 관군 신식 무기가 동학농민 창의군으로 넘어갔다.

전봉준은 전략이 뛰어난 장군이면서 무엇보다 휘하 군졸들의 교육과 기강에 많은 노력을 기울이면서 전투원이 아닌 일반 백성들에게 폐를 끼치지 않으려고 많은 애를 썼다.

굶주린 농민군은 마을에 들어가면 닭이나 개를 잡아먹기가 일쑤인데 이런 민폐를 끼치지 않기 위해서 전봉준은 "닭고기는 계룡산 정기이니 계룡산의 운수를 해치지 말 것이요, 개고기는 우리의 정신을 흐리게 하니 먹어서는 안 된다"는 그럴듯한 논거를 지어내 농민군을 교육시키니 그 후부터 농민군이 마을에 진입하면 닭과 개를 멀리했다고 한다.

물론 이런 지도부의 지침에도 불구하고 일부 농민군의 약탈이 있었다. 이런 현상은 다른 여러 민란에서도 있었던 일이지만 동학혁명이라는 거룩한 이름 앞에서는 참으로 부끄러운 일이다.

그러나 동학군을 뒤따르는 무리 모두가 동학의 숭고한 이념이나 전봉준의 높은 혁명정신을 다 이해하고 따른 것이 아니므로 이런 부분적인 불미스러운 행위를 두고 동학군의 기강이 엉망이었다고 말할 수는 없다.

이제 전라도 이외의 지역에서도, 예를 들면 황해도의 황주와 해주, 강원도의 원주, 경상도의 김해, 충청도의 옥천, 회덕, 목천,

보은 등지에서도 봉기가 일어났다. 연전연승으로 기세가 오른 동학군은 장성전투 후에 원평 들판을 지나 곧바로 전주성을 들이친다.

동학농민군들이 전주를 향해 대오 단정, 보무 당당히 진군을 해 나갈 때에 사방의 주민들이 남녀노소 구름처럼 몰려와 환호와 박수를 보냈다. 술동이를 들고 마중 나온 사람, 주먹밥을 소쿠리에 담아 동학군들에게 돌리는 아낙네들, 또 환호하면서 그 자리에서 바로 입대 신청하는 젊은이들….

아! 이 동학농민군의 전주성 입성 장면은 예수가 예루살렘성을 향해 나아갈 때 연도에 군중들이 몰려들어 "호산나"를 외치며 환호 찬양하는 장면, 즉 예수 일행의 예루살렘 입성 장면과 너무나 유사하게 감동적이다.

너무나 행복한 순간이다. 그런데 너무 짧은 행복이었다.

당시의 상황을 일본의 고꾸민신문(國民新聞)에서는 다음과 같이 보도했다.

"백성들은 관군에 대해서는 뱀을 보는 것 같이 꺼리고, 동학군에 대해서는 스승을 만난 듯이 좋아한다.

군량을 조달할 때에도 관군에서는 엄하게 명령을 내려 강제적 징수를 하지만 많은 농민들이 이 명령을 회피하고 감히 응하지 않았다. 그런데 동학군 쪽에서는 거두지 않고도 얻고, 구하지 않아도 들어온다."

전주 감영의 군사들 대부분이 황토현 전투와 장성 황룡강 전투에서 많은 소실이 있어서인지 전주성은 무혈로 동학군에게 넘어갔다.

전주는 조선왕조의 시조 전주 이씨의 본거지인데 이곳이 혁명군에게 점령되었으니, 조정이 발칵 뒤집혔다.

이에 고종은 청나라에 원군을 파견해 달라고 요청을 하자(1894년 4월 30일) 청군은 곧바로 5월 5일에 아산만에 1,500명을 상륙시킨다. 그리고 일본에 조선출병을 통보했다.

이에 일본은 기다렸다는 듯이 그다음 날인 5월 6일에 제물포에 군대를 상륙시킨다. 사실 일본은 조선이 청에 파병을 요청했다는 소식을 들은 그날, 즉 4월 30일, 바로 조선 파병을 결정하고 군대를 준비시켜 두었던 것이다.

이는 바로 청일전쟁의 발단이 되고 더 나아가서는 일본의 강제 조선합병의 시발점이 된다.

일본군 제물포 상륙 한 달 후 경복궁이 점령되고 김홍집 친일내각이 들어서고 연이어 동학농민군에 대한 전면 토벌전을 벌이게 된다. 이로써 우리 농민군 3십만 명이 희생되는 본격적인 동학농민전쟁이 벌어지게 된 것이다.

청과 일본은 갑신정변 후에 맺은 텐진조약에 의해서 양국은 어느 일방도 상대국의 동의 없이는 조선에 군대를 파병할 수 없게 되어 있었는데, 청이 이를 어기고 먼저 파병하자 조선에 파병할 구실을 찾고 있던 일본은 하늘이 내린 좋은 기회라면서 동학군이 있는 전주 가까운 곳(아산만 등)으로 병력을 보내지 않고 대신에 제물포로 보냈다.

이는 동학군과의 전투를 하기 위해서라기보다는 먼저 조선 왕궁을 점령하고 청일전쟁을 일으킬 공사에서였다 아무튼 고종은 백성들의 한 맺힌 호소와 상소에는 들은 척도 하지 않다가 백성의 본격적인 봉기가 시작되자 정부군으로 막으려고 노력도 제대로 하지 않고 겁부터 집어먹고 바로 외국 군대를 불러들이는 우리 역사상 최악의 결정을 내렸다. 고종이 민족에 끼친 해악질은 임진왜란 때 야반도주한 선조에 못지않고 이 두 임금은 조선조 최악의 임금으로 길이 그 악명을 남기게 되었다. 차라리 연산군은 궁궐 내에서 방탕질하고 패륜과 신하들에게 잔혹한 짓을 저지른 망나니였지만 나라를 팔아먹지는 않았다.

참고로 고종이 청나라에 보낸 파병요청서의 일부를 축약해서 다음과 같이 기록한다.

지금 봐도 분통이 터지고 치가 떨릴 지경이다. 이런 자가 일국의 왕의 자리에 있으니 조선이 망하는 것은 당연한 순서인 것이다.

"폐국 전라도 태안과 고부 등의 현은 민풍(民風)이 사납고 성질이 음험하고 간사하여 평소 다스리기 어려운 곳이라고 일컬어지는 곳입니다.

요 몇 개월 사이에 동학교비(動學敎匪)들이 무리 만여 명을 모아서 현읍 10여 곳을 공격하여 함락시켰고 지금은 다시 북상하여 전주성을 함락시켰습니다. 관군을 파견하여 토벌을 시도했지만 죽음을 불사하고 덤비는 교비(敎匪, 동학군)들에게 패배하고 말았습니다. 이 흉포한 무리들이 400리 정도밖에 떨어지지 않는 한성으로 북상을 한다면 경기지역이 요동을 칠 것입니다. 거기에다가 폐국(弊國, 조선)의 부대는 겨우 도성을 지킬 만한 인원뿐이고 아직 전투경험도 없어서 구적(

寇賊, 도적떼)를 섬멸시키는 데 쓸 수가 없습니다.

돌이켜 보건대 임오년(임오군란)과 갑신년(갑신정변) 두 차례에 걸쳐서 폐국의 내란을 중국의 병사들이 대신 평정해 주었습니다.

이번에도 이전의 사례에 의거하여 청컨대 번거롭더라도 귀 총리(위안스카이)께서 신속하게 북양대신(이홍장)에게 전보를 보내서 속히 토벌하게 하고 아울러 폐국의 군사들에게도 근무(軍務, 군사에 관한 일)를 가르쳐 주시기를 바랍니다.

사나운 교비들이 섬멸이 되고 나면 즉각 철수를 요청드려서 천조(天朝, 상국인 청나라)의 병사들이 외지에서 오래도록 피로케 하지 않도록 하겠습니다.”

위 문장은 고종이 청의 총리 위안스카이(원세개)에게 1894년 4월 28일에 보낸 전문을 읽기 쉽게 약간 각색한 것이다.

도대체 일국의 왕이란 자가 자국의 특정 지역의 백성들을 “음험하고 간사하다”고 단정 짓고 마치 자기 부하의 성정을 사장에게 고자질하는 못 되고 못난 회사 간부와 같은 모습을 보이는 고종이란 자의 외교문서를 보면 이런 자가 우리 조선의 왕이었다는 사실이 너무 부끄럽다.

(7) 전주 화약(和約)

예상과는 달리 일본군이 빠르게 제물포에 상륙하게 되자 조정은 놀라서 동학군과의 협상으로 방향을 틀게 된다. 이는 일본군까지 동학전쟁에 가담하게 되면서 청과의 복잡한 사태가 발생하게 될 것을 우려해서이다.

반면에 동학농민군도 완산전투에서 관군에게 대패하여 사기가 많이 떨어져 있었고 또 농번기가 다가오고 있는데 외국군대가 토벌군으로 내려온다는 소문이 당도하자 동학군 측에서 먼저 화의를 제안하게 되었다.

5월 4일 전봉준은 폐정개혁안이 담긴 청원서를 관군 대장인 홍계훈에게 보냈다.

5월 7일 홍계훈과 전라도 관찰사 김학진이 전봉준의 폐정개혁안을 수용하면서 전주 화약和約이 맺어지고 다음 날 동학농민군이 전주성에서 자진 철수하면서 동학농민 1차전쟁은 마무리가 된다.

이에 조정에서는 6월 11일 교정청을 설치하고 12개 조의 개혁안을 발표하고 그에 따른 개혁을 추진하기로 한다.

전라도 관찰사 김학진과 전봉준이 6월에 회동하여 관·민의 화합을 위하여 농민들의 자치기구 설립을 합의하고 전라도 53개 주·읍에 집강소를 설치하여 종래의 지방 관아를 대신하여 지역을 통치하고 폐정개혁을 시행하도록 하였다.

그러고는 그 통합체인 대도소를 전주에 설치하여 전봉준이 그 통괄 업무를 맡게 되었다. 말하자면 민선 관찰사가 된 것이다.

전봉준은 이 전주화약의 정신을 실현하기 위해서 전국의 각 고을에 염찰사를 보내어 학정과 탐학을 일삼는 군수나 현감들에게는 경고장을 내밀고, 모범적인 관아에게는 협력을 당부하고 함께 폐정을 개혁해 가자고 당부했다.

그러면서도 정국의 추이와 외국군의 동태를 관찰하면서 경계의 끈을 놓지 않았다.

이즈음 권력에서 벗어나 있던 흥선대원군 측에서도 은밀하게 사람을 보내서 동학농민군의 재봉기를 권유하기도 했다. 민씨 일파와의 정쟁에 동학 세력을 이용하려는 간교한 책동이다.

망하는 집구석의 그 아비 그 아들에, 그 며느리의 파국적 막장 드라마라고 할 것이다.

아! 역사가 여기에서 딱 멈추었으면 얼마나 좋았을까?

전주화약은 우리 역사 이래 민중혁명에 의한 정치 참여가 최초로 실현될 뻔한 참으로 행복하고 위대한, 그렇지만 너무나 짧은 행복이었다.

그러나 악마는 민중의 더 많은 피를 요구하면서 이로부터 본격적인 민족 고난의 100년을 준비하고 있을 줄이야!

그 악마! 아직도 그 시뻘건 이빨을 벌리고 우리 한민족을 향해서 적의를 감추지 않고 있는 천 년의 원수, 제국주의 일본과 조상들의 만행을 반성하지 않는 그 후예들이다.

(8) 일본군의 경복궁 점령과 본격적인 조선 침략

전주화약으로 상황이 안정되자 조정에서는 청군과 일본군에게 이제 되었으니 철군하라고 요청했는데, 청군은 얌전하게 철군했는데 일본군은 "동학란이 진압되었다는 말은 거짓이다. 그래서 우리는 조선 주둔을 계속한다"라는 궤변을 늘어놓으면서 장기 주둔 태세를 갖춘다. 이에 청의 이홍장은 일본군의 철수를 요구한다. 일본은 청에게 거꾸로 공동으로 조선의 내정개혁을 착수하자고 제안한다. 청은 "동학란은 이미 끝났고 조선의 개혁은 조선 사람들의 몫이지 외국인 우리들이 이래라저래라 할 권리는 없다"면서 일본의 제안을 거부했다.

이에 일본은 6월 21일 경복궁을 기습 점령하여 고종의 신병을 확보하고 거짓 왕명을 내세워서 저항하는 조선군을 무장해제해 버린다. 얼굴마담으로 흥선대원군을 내세우고 친일내각(김홍집 내각)을 구성하고 군국기무처를 설치하여 조선이 청으로부터의 독립 자주국임을 선언케 하고 내정개혁을 단행케 한다. 이것이 2차 갑오개혁이다.

갑오 1차 개혁이 동학혁명군의 요구에 의한 것이라면 이 2차 개혁은 일본의 강요에 의한 개혁이다.

그리고 바로 이틀 후인 6월 23일에 일본군은 청의 해군을 기습공격하면서 청일전쟁을 도발하고 7월 1일에는 정식으로 전쟁을 선포한다. 국제법이고 기존의 텐진조약이고 뭐고 다 무시하고 무조건 전쟁으로 끌고 가는 행위는 나중에 미국을 상대로 하와이 해군기지를 기습공격하여 미·일전쟁을 유도한 것과 똑같은 수법이다.

국운이 다해가는 청나라는 신흥 일본군의 상대가 되지 않았다. 전쟁은 일본의 일방적인 우세로 진행되어서 일본군은 평양과 압록강을 거쳐서 여순과 대련을 점령하고 서해에서는 청국의 북양함대를 궤멸시킨다. 이것이 전쟁 발발 후 불과 두 달 만에 일어난 일이다. 이어서 일본 이토오 내각은 조선에 대한 침략을 노골화하며 거기에 제일 장애물인 동학군을 궤멸시키기 위해서 일본군을 증파하여 조선 전토에 배치시킨다.

그러나 주력군은 청일전쟁 중 혹은 그 이후에도 중국에 주둔시키고 조선 주둔군은 수천 명에 불과했던 것으로 보인다. 그만큼 조선을 만만하게 본 것이다.

한일합방이 1910년에 정식 체결되었지만 실제적인 합방은 이미 1894년 하반기부터 시작되었다고 보는 것이 맞을 것이다. 이미 군권과 외교권은 청일전쟁 후 일본이 장악하게 된 것이다.

전쟁은 일본과 청나라 사이에 벌어졌지만, 그 전쟁터는 우리 조선 땅이었고 거기에 동원 징발되는 물자도 모두 조선의 것이었다. 동학농민군을 막으려다 일본군을 끌어들인 고종의 죗값을 우리 백성들의 고난과 피로서 대신 치르는 억장이 무너지는 망국의 역사가 시작되었다.

(9) 동학 2차 전쟁과 우금치 전투

위에서 언급한 바와 같이 전주화약全州和約으로 안정을 되찾아 가던 내전의 상황이 일본의 개입으로 인해 더 큰 비극적 상황으로 치닫게 되었다.

청일전쟁에서의 일본 승리와 일본의 경복궁 점령과 친일 내각 성립, 2차 갑오개혁, 일본군의 조선 주둔군 증파 등 일본의 침략이 본격화되자 동학농민군 측에서도 결집이 시작되었고, 이번에는 전라도뿐만 아니라 전국 각지의 동학농민군이 들고 일어나고 동학 교도가 아닌 일반 농민들과 유생들까지 의병에 가담하게 되었다.

가장 빠르게 움직인 사람은 태인 접주 김개남이었다. 태인을 중심으로 동학군의 큰 세력을 가지고 있던 김개남은 시기상조라며 머뭇거리던 전봉준과 손화중의 만류에도 불구하고 1895년 8월 25일 재봉기를 선언하고 관군에 선전포고를 했다. 이를 시발점으로 해서 전국 각지에서 봉기가 시작되었다. 전라도, 경상도, 충청도, 강원도는 물론 황해도 평안도 지역 일부까지 전국 각지의 농민, 유생, 동학교도들의 봉기가 줄을 이었다. 그래도 역시 주력 전투부대는 동학농민군들이었다.

이즈음 고종도 밀지를 내려 동학군의 재봉기를 부추겼다고 하는데 이제는 자기가 일본에 감금당하고 권력을 잃게 되자 그동안 그렇게 핍박하던 동학군에게 도움을 요청하고 있으니 참으로 한심스런 인간이다.

어째서 하늘은 세종대왕과 이순신을 낸 조선 땅에다 선조와 고종 같은 인간 말종을 또 임금으로 내려보내는가?

이제 전봉준도 더 이상 미루지 못하고 9월 초에는 삼례에 농민군 대도소(지휘부)를 설치하고 병력을 일으킨다.

한편 동학 교주 최시형은 충청도에 머물며 전봉준의 1차 봉기에는 가담하지 않았다. 여기에는 두 가지 이유가 있었는데 첫째, 동학이 정치문제에 너무 깊숙이 관여하는 것을 탐탁지 않게 생각했고 둘째는 얼마 전 이필제의 난 때 별 성과도 없이 동학교에 엄청난 피해만 입힌 제1차 교조신원운동에서 겪은 아픈 경험 때문이었다.

그러나 이번에는 상황이 달라졌다. 일본이 저렇게 무도하게 조선을 침탈하고 동학농민들을 박멸하려고 하는데 더 이상 주저할 수가 없었다. 특히 교조 최제우도 득도 후 맨 먼저 지은 한글로 된 「용담가」에서 "개같은 왜적놈아"라고 말했듯이 생전에 늘 일본의 침략 야욕을 경계하였는데, 이제 실제로 스승이 우려하던 바대로 왜적의 침략이 현실화되자 해월도 좌고우면하지 않고 참전을 결정하게 된 것이다.

9월 10일 조선 정부(김홍집 친일내각)가 일본의 강요에 따라 동학군 진압을 위한 출병을 하자 최시형은 9월 12일 삼례에서 대규모 동학 창의倡義대회를 열고 항일무쟁투쟁을 선언한다.

이에 해월은 9월 18일 전국의 동학교도 총집결령(항일무력봉기 총 기포령)을 내리고 총사령관에 손병희를 임명한다.

이 기포령에는 "인심人心이 곧 천심天心이라 이 또한 천명이다. 누가 옳고 그름을 과히 탓하지 말라. 여러분들은 전봉준과 협력하여 스승의 원한을 풀고 우리 도의 큰 원願을 실현하라"고 적혀 있다.

조선 정부군은 이제 일본군과 연합하여 동학군 토벌작전을 벌여 나가기 시작하는데 전봉준 동학군도 10월 초에 논산에서 최시형이 보낸 동학 북접군(대표 손병희)과 만나서 놀뫼(논산 초포)에 대본영을 세우고 합동작전을 시작한다,

최시형도 이때 놀뫼 대본영에 같이 참전했다. 이때 동학군의 총병력이 4만에 달한 것으로 전해진다.

좀 아쉬운 것은 전봉준의 부대는 손병희의 북접군과의 연합작전을 위해서 삼례에서 한 달여를 이미 지체해 버렸다는 점이다. 한 달을 더 당겼더라면 우금치를 넘어 공주성을 차지할 수 있었을 것인데! 최시형의 실책이라고 본다.

그 사이 정부군과 일본군의 공주성 방비 준비는 더 튼튼히 할 수 있게 되어버렸다. 정부군은 대부분의 현대식 무기와 보급을 일본군에 의존하고 작전 수행도 일본군이 주도하였다.

논산에서 회합한 손병희의 북접군과 전봉준의 남접군은 전봉준을 총사령관으로 추대하고 합동작전으로 공주성을 향해 진격한다. 그러나 부대 단위는 동학의 각 접주 단위로 구성되었고 전체 총괄은 전봉준이 한다고 하지만 부대의 운용은 각 접주들 단위로 하는 것이어서 그 효율성이 좀 부족할 수밖에 없는 체제였다.

한편 북접 농민군의 한 무리는 전봉준과 연합전선을 펴기 위해서 논산으로 내려간 손병희의 주력 부대와는 별도로 제천, 단양, 영동, 진천 등의 여러 관아를 습격하여 무기를 빼앗아 청주의 충청도 병영을 공격했다. 9월 24일의 일로 우금치 등 공주전투의 전초전이라 할 수 있다.

아무튼 이렇게 하여 동학군은 공주성을 향해서 진격하는데 첫 번째 전투인 금강진 효포에서 동학군은 관군과 일본군의 우세한 무기 화력에 밀려서 70여 명의 사상자만 내고 후퇴하였다.

당시 전봉준이 지휘한 농민군의 수는 약 2만 명쯤으로 추산된다.

효포에서 후퇴한 전봉준의 동학군은 논산에서 전열을 재편하면서 후방 보호를 위해서 전주와 광주에 주둔해 있던 김개남과 손화중에게 공주 총집결을 요청하고 이에 김개남이 5,000여 병력을 이끌고 합세하였다.

전열을 가다듬은 전봉준은 11월 9일(양력 12월 5일) 공주감영을 향해 총공격을 개시하고, 판치를 방어하는 관군을 웅치의 높은 봉우리로 밀어붙였다. 손병희 휘하의 동학농민군 수천 명은 격전 끝에 이인을 탈환하고 관군을 우금치산으로 밀어붙였다. 이에 일본군은 우금치에 병력을 증파하였다.

이인가도와 우금치산 사이의 10여 리에 걸쳐 전봉준의 동학군이 우금치 서쪽을 공격하고, 삼화산 쪽으로는 다른 농민군 1만여 명이 공격해 왔다.

관군과 일본군은 이미 그 정보를 알고 우금치에서 미리 방어진을 구축하고 있었다. 우금치에서 수비하고 있던 관군과 일본군은 합쳐서 1천 명 정도였고, 전봉준군은 약 2만 명이었다.

전투는 일주일간 계속되었는데 동학군은 40~50여 차례에 걸쳐서 돌격 공격을 했으나 일본의 월등한 화력 앞에서 추풍낙엽이었다. 일본은 독일제 개틀링 총, 영국제 스나이더 총 등 자동 장전과 연발이 되는 최신의 무기를 갖추고 있었는데 반해 우리 농민군은 단발 장전 화승총이고 그것마저 병사들에게 다 공급하지 못하고 많은 병사들은 쇠스랑 등 농기구를 가지고 대항했으니 제대로 전투가 될 수가 없었다.

일본군은 우금치의 견준봉 능선에서 공격해 오는 동학농민군을 향해 일제 사격을 가하고는 몸을 숨기고 하는 방식으로 동학군을 사살해 나갔다. 다음은 토벌군 선봉장으로 참전한 이규태의 「진중일기」 중의 한 대목이다.

> "깃발을 드높이 올리고 북을 둥둥 울리면서 빗발치는 일본군의 기관총 탄환세례 앞에서도 죽음을 무릅쓰고 서로 앞을 다투어 수만 명의 농민군들이 우금치 산등성이로 올라왔다. 도대체 저들은 무슨 의리와 무슨 담력을 지녔기에 저리할 수 있단 말인가? 지금 그때 그들의 자취를 기록하려 하니 생각만 해도 뼛골이 심히 두렵고 마음이 서늘해진다."

우금치 전투 패배와 공주성 공략 실패의 여파로 동학농민군의 기세는 꺾인 데 반해 전국 각지에서 관군·일본군의 연합군은 동학군을 색출하여 사살하기에 여념이 없는 와중에 김개남이 이끄는 1만여 명의 동학군은 청주성을 공격하는 대담성을 보였으나 결국 참패해 도주했다. 이때 동학의 최고 문장가인 강시원 도차주도 잡혀서 참형당하는 데 이에 교주 해월이 대성통곡을 했다는 기록이 있다.

한편 손병희와 이용구가 이끄는 동학농민군도 우금치 송배미 산자락에서 관군·일본군과 치열한 전투를 벌이다가 "피는 내를 이루고 시체는 산처럼 쌓였다"고 기록할 정도로 참패를 당하였고 또 다른 동학군 부대도 공주 바깥 산줄기를 타고 대치하다가 논산과 전주로 퇴각했다.

11월 27일(양력 12월 23일)에는 태인 성황산에서 전봉준이 이끄는 동학군의 최후 항전이 있었으나 패배하고 전봉준은 주력 부대를 해산하고 본인도 피신했다.

장사꾼으로 변복하여 장성의 입안산성과 백양사 등으로 도피를 하다가 순창 장터 주막에 들러 하룻밤을 지내는 데 인근에 사는 옛 부하인 김경천이 많은 보상금을 타기 위해서 그를 밀고하여 주막을 포위하고 있던 장정들에게 몽둥이찜질을 당하고 일본군에게 인도되어 나주 감영을 거쳐서 서울로 압송되었다. 12월 2일(양력 12월 28일)의 일이다.

이때 손화중과 최경선도 같이 압송되었다. 서울로 호송되어 가는 도정에는 전봉준을 보기 위해서 군중들이 몰려들었고 특히 서울에서는 거리를 가득 메울 정도로 군중들이 몰려들었다고 한다. 전봉준은 일본영사관 순사청 감옥에 갇혔다.

그러다 농민군 지도자들만을 취조하기 위한 임시 재판소격인 '권설재판소'에서 법무대신 서광범이 주심으로 한 재판을 받고 손화중, 김덕영, 최경선, 성두한 등의 다른 동학 지도자들과 함께 사형을 언도받고 1895년 3월 29일 새벽에 교수형으로 처형되었다. 우리나라 형벌제도가 생긴 이래 최초의 교수형이었다.

체포 이후 압송 과정, 일본영사관 감옥에서 받은 취조 과정 그리고 위의 권설재판 과정에서 보여준 전봉준의 당당하고 거침없는 태도는 조선인 취조관뿐만 아니라 추국을 담당한 일본인들까지도 감탄을 자아냈다고 한다.

그의 마지막 재판의 한 장면을 보자.

재판소에 출석할 때 걸을 수가 없어서 짚동우리에 누운 채 들어갔는데 담당 법관(장박)은 위압을 부려 나졸들에게 호령하여 일으켜 앉히려고 하면서 "너는 일개 죄인이다. 어찌 법관 앞에서 불공함이 이리 심한고?"라고 언성을 높이자 전봉준은 "네 어찌 나를 죄인이라 하느냐"라고 하며 호통을 쳤다.

그리고 심문 중에 판사가 자꾸 국가를 혼란에 빠뜨린 대역죄인이라고 말하자 전봉준은 다음과 같이 소리친다.

"도(道) 없는 나라에 도학을 세우는 것이 무슨 잘못인가?

민중에게 해독만 되는 탐관오리를 벌하고 일반 백성들이 평등하게 살게 하려는 것이 무슨 잘못인가?

조상의 뼈다귀를 우려 행악을 하고 인민의 피땀을 긁어 제 몸을 살찌우는 자들을 없애버리는 것이 무슨 잘못이냐?

악한 정부를 고쳐서 선한 정부를 함이 무슨 잘못이냐?

자국의 백성을 없애기 위해서 외적을 불러들인 너희의 죄가 엄중한 데도 도리어 나를 죄인이라 부르느냐?

너는 나의 적이고, 나는 너의 적이라, 내 너희를 쳐 없애고 나라를 바로 잡으려 하다가 도리어 너희 손에 잡혔으니 너는 나를 죽이면 된다. 다른 말은 묻지 말라."

말을 마치고 입을 굳게 다물었다. 이에 판사는 다시 손화중 등 다른 4명을 불러 심문했으나 이들도 전봉준과 똑같은 태도를 보였다. 이에 재판관은 전원 사형 언도를 내렸다.

사형 집행이 되기 전에 한 간수의 부탁으로 전봉준은 한 편의 시를 적었다. 전봉준의 절명시라고 알려진 시다.

일본의 『도쿄니치 신문』에 실려서 알려진 시다.

時來天地皆同力(시래천지개동력)　때가 와서 천지가 힘을 합했건만

運去英雄不自謨(운거영웅부자모)　운이 다하니 영웅도 어찌하지 못하는 구나.

愛民正義我無失(애민정의아무실)　백성을 사랑하고 정의를 내세움에 내게 무슨 허물이 있나.

爲國丹心誰有知(위국단심수유지)　나라를 위한 일편단심 그 누가 알아주리.

안중근 의사가 여순감옥에서 보여준 모습과 겹친다.

전봉준이 처형당하고 난 15년 뒤인 1910년 2월, 안중근도 여순감옥에서 사형선고를 받고서 몇 편의 시를 남긴다.

다음은 안중근 의사가 이생에서 쓴 마지막 시다.

爲國犧牲爲國死(위국희생위국사)　나라를 위해 희생하고 나라를 위해 죽는다.

捨身取義壯士事(사신취의장사사)　봄을 버리고 의를 취함이 장부의 일일진대

今日爲國絶命時(금일위국절명시)　오늘이 바로 조국을 위해 목숨을

끊을 때다.

大丈夫死亦何悲(대장부사역하비)   대장부가 죽는 것을 어찌 슬퍼하

　　　　　겠는가.

하늘은 썩어 문드러진 조선 땅에 그래도 역사의 굽이굽이마다 이런 영웅들을 우리에게 내려보내는구나! 두 영웅의 절명시가 가슴을 때린다.

그리고 전봉준이 잡히기 하루 전날 전봉준과 더불어 동학농민군 최고의 지략가이자 용장인 김개남 장군도 태인 종송리에서 피신 중 임병찬이란 자의 밀고로 잡혔다. 그는 전주에서 전라감사 이도재의 심문을 받았는데 정식 재판 절차도 거치지 않고 전주 서교장에서 바로 처형되었다.

이로써 동학농민군의 3걸이라 할 수 있는 전봉준, 김개남, 손화중 3인이 모두 잡힘으로써 동학군의 주류는 거의 해체되었다고 볼 수 있다. 그러나 그 이후에도 산발적인 봉기와 전투는 전국 각지에서 계속되었다.

전봉준이 처형당하고 난 후, 희망을 잃은 백성들 사이에서 그 슬프고 허전한 마음을 가눌 길이 없어 누가 지은지도 모르고 또 누가 먼저인지도 모르게 〈새야 새야 파랑새야〉라는 3음계의 슬픈 민요가 들불처럼 번져나갔다.

이 민요는 여러 버전이 있는데 제일 많이 불리는 버전 2개를 여기서 독자분들과 함께 부르고 싶다.

첫째 버전

새야 새야 파랑새야 녹두밭에 앉지 마라
녹두 꽃이 떨어지면 청포장수 울고 간다.

여기서 파랑새는 일본군을 상징하고[10] 녹두밭은 전봉준이 이끄는 동학농민군을 상징하고 녹두꽃은 바로 전봉준을 뜻하고 청포장수는 청포를 팔며 가난하게 서럽게 살아가는 조선의 백성들을 상징한다.

둘째 버전

새야 새야 파랑새야 전주 고부 녹두새야
어서 바삐 날아가라.
댓잎 솔잎 푸르다고 봄철인 줄 알지 마라.

여기서는 파랑새가 반대로 전봉준을 가리킨다. 파랑새는 희망을 가져다주는 새다.

"어서 빨리 날아가라"는 의미는 지금 멈추어 쉬지 말고 계속해 나가라는 뜻으로 또 "댓잎 솔잎 푸르다고 봄철인 줄 알지 마라"는 지금 조금 평화가 온 것처럼 보이지만 진정한 혁명의 봄, 민중의

---

10 아마도 일본군의 군복이 파란색(카키색)이었던 것에서 따온 것 같음

평화가 온 것은 아니라고 민중 스스로에게 타이르고 경각심을 가지라는 의미로 해석할 수 있겠다.

나는 이 버전은 동학 1차전투에서 혁명군이 전주를 점령하고 전주감사 김학진과 동학혁명군 사이에 '전주화약'이 성립되어 백성들은 이제 평화가 온 것이라고 착각하고 안심하고 있었던 전주화약 직후의 상황을 패러디한 노래라고 생각한다. 당시 상황과 시국을 정확하게 꿰뚫어 보고 있던 어떤 도인 혹은 혜안을 가진 현인이 이 가사를 쓴 것이라고 생각한다.

아무튼 〈새야 새야 파랑새야〉는 우리 민족의 애환이 담긴 아리랑에 버금가는 민족적 고전 민요가 되어 오늘날에도 널리 애창되고 있다.

우금치에서 패퇴한 동학군은 위 김개남의 청주성 공격 외에도 남원 운봉, 장흥, 나주, 무주, 태인, 장수, 정읍, 원평, 강경, 용포, 삼례 등등 전라도 각지에서 저항을 멈추지 않았다.

특히 전봉준의 피체 후에도 동학농민군은 12월 14일 장흥부를 접수하여 장흥부사 등 96명을 살해하고 그다음 날 장흥 석대혈전에서는 3만 명으로 불어난 농민군이 관군, 일본군과 혈전을 벌였다.

이 전투가 동학농민군의 대규모 전투로서는 마지막 전투였다고 볼 수 있다. 그 이후에도 강진성을 함락하는 쾌거를 올리기도 했으나 그 기세는 급격히 약해졌다.

또한 12월 24일(양력 1895년 1월 30일)에는 손병희와 교주 최시형이 직접 지휘하는 음성군 금왕읍에서 벌어진 마지막 전투에서도 패배하자 최시형은 군대를 해산하고 손병희, 손천민 등과 함께 강원도로 피신하였다.

강원도에서 여러 곳으로 피해 다니다가 음력 4월 5일 한 동학교도의 밀고로 잡혀서 6월 2일에 교수형에 처해졌다.

1895년 1월 1일 금구 대접주 김덕영 장군이 체포되면서 동학군의 마지막 장수마저 체포되어 처형되자 이제는 살아남은 소수의 동학 잔류병 약 30여 명이 대둔산 꼭대기에서 진을 치고 최후의 항전을 벌이면서 3개월을 버티다 전원 사살되거나 혹은 절벽에서 추락사하는 비극적인 기록이 있다.

이것은 마치 고대 유대의 독립군의 일부가 로마 점령군에 항거하다 '마사다'라는 유대사막의 절벽 산꼭대기에서 진을 치고 마지막 저항을 하다가 960명 전원이 자결하였다는 '마사다 요새'의 이야기와 너무 닮아 있는 우리 민족의 또 하나의 비극사이다.

이 우금치 전투를 포함한 동학농민군의 여러 전투 이야기야말로 정말 눈물 없이는 들을 수 없는 우리 민족의 한恨의 결정판이다.

이 글의 맨 첫 문장에서 언급한 "동학은 눈물이다"라는 도올 선생의 말에 더욱 숙연해질 뿐이다.

우금치 전투에 참여한 2만 명의 동학농민군 대부분이 이렇게 학살당하듯이 전사하는 동안 일본군의 희생자 수는 100여 명 안팎이었다고 한다.

그리고 동학농민전쟁 1차, 2차를 통하여 동학농민군 20만 명 이상이 희생되고 패전 후 일본군의 철저한 수색, 체포에 의해 잡혀서 사살당한 사람까지 다 합하면 대략 3십만 명이 희생되었다고 본다.

여기서 우리가 냉철히 주시해야 할 역사적인 사실은 이렇다. 동학농민전쟁은 그 참여 인원과 3십만에 가까운 희생자를 낸, 말하자면 조선 전 민중의 전쟁이었다고 해도 과언이 아니었다.

주전장인 우금치 전투뿐만 아니라 일본군이 참여한 모든 대소규모의 전투에서 전패를 한 것이다. 일본군의 지원이나 참여 없이 치른 관군과의 많은 전투에서는 오히려 농민군이 우세했다. 이것은 당시 일본군의 수준과 조선 정부군 혹은 농민군과의 전력 차이가 얼마나 심했는가를 보여준다.

더욱 뼈 때리는 사실은 1894년에 조선에 파병된 일본 군인의 수는 모두 약 2만여 명인데 이중 청일전쟁을 치르는데 약 1만5천여 명을 투입하고 서울(경성) 수비대로 3천여 명을 남겨두고 실제로 우금치 전투를 포함한 전국에 걸친 동학농민군들의 봉기를 진압하기 위한 전투에는 많아야 3천 명뿐이었다.

사실 청일전쟁은 그해 1894년 8월에 평양전투가 일본의 일방적인 승리로 개전 후 3일 만에 끝나고 일본군은 파죽지세로 압록강을 건너 요동반도로 진격하여 11월에는 여순항을 점령하고 그다음 해 1월에는 산해관을 점령한다.

한편 일본 해군은 1894년 9월 황해해전에서 청의 북양함대를 궤멸시키고 해군본부가 위치한 웨이하이(위해)에 상륙하고 다음 해 3월에는 타이완 인근의 평후제도를 점령한다. 이렇게 해서 결국 청나라의 항복을 받아내 시모노세끼 조약을 통해서 조선에 대한 일본 지배권을 확보하고, 타이완을 차지하고 거액의 전쟁배상금도 받아낸다.

그러니 조선의 오합지졸 동학농민군쯤이야 그 수가 얼마이든지 별 신경 안 쓰고 장난치듯이 쓰러뜨리면 된다고 생각한 것이다.

그들은 오랫동안 조선 각지에 스파이를 보내서 우리의 실정과 전쟁 능력을 환히 들여다보고 있었던 것이다.

수운이 생전에 "개같은 왜적놈아" 하면서 통탄했을 때 이런 비극을 예상이라도 한 것이었을까?

일본은 정말로 우리의 백 년 원수가 아니고 고려시대 이후부터 우리의 천년의 원수라 해도 과언이 아닐 것이다.

이참에 일본과 일본 국민, 변하지 않는 그들의 속성에 대해 좀 더 깊은 이해를 위해서 두 전문가의 평가를 한번 들어 보자.

먼저 2차 대전이 한창이던 1944년에 쓰인 미국의 유명 작가 루스 베네딕트가 쓴 『국화와 칼』에서 일본인의 성정을 잘 표현한 문장을 보자.

"아름다움을 사랑하며 예술가를 존경하며 국화를 가꾸는 데 신비로운 기술을 가진 국민, 그러나 이 국민은 칼을 숭배하며 무사에게 최고의 영예를 돌린다.

최고도로 싸움을 좋아하는가 하면 동시에 아주 얌전한 국민, 군국주의적이면서도 탐미적인 국민, 불손하면서도 예의 바르고, 완고하면서도 적응력이 좋고, 충실하면서도 불충실하고, 용감하면서도 겁쟁이이며, 보수적이면서도 또한 새로운 것을 잘 받아들이는 국민, 자기 행동을 다른 사람이 어떻게 생각하는가에 대해 아주 민감하지만 반면에 다른 사람이 모른다고 생각하면 범죄의 유혹에 쉽게 빠지는 국민들!"

흔히 우리가 알고 있는 바대로 전형적인 두 얼굴의 모습, 즉 혼네(本音)와 다떼마에(建前)의 겉 다르고 속 다른 이중적 성격의 모습의 표현이다.

다음은 우리나라 최고의 소설로 평가받는 『토지』의 작가이신 박경리 선생님의 견해이다. 1990년 2월에 도올 김용욱 선생이 원주의 박경리 선생댁을 방문한 적이 있다.

그때 두 분이 나눈 대화이다.

박경리: 도올 선생은 일본에 대해 어떻게 생각하나요?

도올: 조선인에게는 이념적인 허세가 있다면 일본인에게는 감각적인 섬세함과 진검승부의 철저함이 있는데 이런 점은 배울 점이라고 생각합니다.

박경리: 김 선생은 일본에 대해 아직 나보다 잘 모르는 것 같군요. 일본은 본질적으로 야만적이고 일본의 역사는 칼의 역사일 뿐입니다.

도올: 그래도 헤이안 시대부터 여성적이고 심미적인 예술성과 독창성이 있잖아요?

박경리: 아! 와카나 하이쿠에서의 정적인 감상주의를 말씀하시군요. 나름의 깨끗하고 순수함은 있지요. 그러나 그것은 너무나 가냘픈 로맨티시즘이지요. 일본 문화의 최대치는 기껏해야 센티멘탈리즘과 로맨티시즘일 뿐입니다.

일본 서기에 기록되어 있는 일왕의 선조인 神들의 이야기는 온통 정벌과 죽음의 이야기뿐입니다. 거기에는 사랑과 평화의 이야기는 없습니다. 일본의 문학 작품들에서도 사랑을 모르는 야만적 정조로 가득합니다.

사랑을 모르면서 사랑만 갈망하다가 출구를 찾지 못해서 자살을 하고 맙니다. 그것도 끔찍한 할복의 방법으로. 뭐랄까 야만적 센티멘탈리즘이라고 할까요. 본질이 없어요. 사랑과 철학이 없어요.

위 두 예에서 언급한 바와 같이 일본인들의 이중적 성정에 대해 우리는 항상 경계를 게을리해서는 안 된다.

일본을 그저 몇 차례 방문하고 나서 그들의 친절함과 정결함에 꼬빡 넘어가는 한국인들이 아직 많은데 일본은 절대로 피상적으로 쉽게 파악해서는 안 된다고 하는 것이 여러 일본 전문가들의 견해임을 유념할 필요가 있다고 본다.

(10) 동학농민혁명 이후의 우리 역사

동학농민전쟁은 민족의 가슴에 이처럼 눈물과 한恨을 남긴 비극의 기록이지만, 이 전쟁(앞으로는 혁명으로 명명함)이 그 이후의 우리 역사에 끼친 영향은 너무나 크고 절대적이다.

제1차 동학혁명의 결과로 조정과 합의한 전주화의는 우리 역사에서 최초로 백성의 의견이 정치에 직접 반영되는 민주 정치의 초석이 되었다. 비록 일본의 개입으로 실현은 되지 못했지만, 영국의 명예혁명에 버금가는 엄청난 역사의 진보였다.

동시에 제1차 갑오개혁은 민의가 반영된 또 하나의 민족 자체적인 민중의 힘으로 이루어진 민주 대장정의 첫걸음이었다. 이것은 그 뒤에 따르는 일본의 강요에 의해서 이루어진 2차 갑오개혁과는 전혀 다르다.

그러나 동학혁명이 좌절된 후 곧바로 밀어닥친 을미사변(일본군에 의한 민비 살해 사건)을 계기로 해서 조금 수그러지던 민중의 저항과 봉기는 다시 전국을 휩쓸면서 제2의 의병전쟁이 시작되었다. 쫓겨다니던 동학농민군들이 대거 을미의병에 가담하게 된다.

이 을미의병은 동학혁명에서 타오르던 민족의 불길이 다시 살아나는 제2의 동학혁명이라고 할 수 있을 것이다.

동학혁명과 이 을미의병은 세계사에 유례가 없을 만큼 치열했던 항일독립운동으로 발전되고, 동시에 3.1만세운동과 상해임시정부 설립의 바탕이 된다. 그리고 이것이 곧 오늘날의 대한민국의 건국이념이 되고 헌법정신이 되는 것이다.

동학혁명이 우리 역사에 미친 정신적인 영향도 위에서 언급된 정치적 영향에 못지않게 엄청났다.

무엇보다 교주 최제우 선생이 주창하던 인간의 평등성, 즉 신분이나 성별의 구분 없이 인간은 누구나 귀중한 존재이고, 하느님과 동급(人乃天)이라고 할 정도로 귀한 존재임을 혁명의 과정을 통해서 실천적으로 터득하게 되는 계기가 된 것이다. 유럽에서 18세기 민본주의와 인간평등을 주장하는 계몽사상이 있었다면 우리나라에는 서양의 계몽사상의 영향을 받지 않고 독자적 자발적인 사상과 자발적 독자적인 민주혁명이 있었으니 곧 동학사상과 동학혁명이 그것이다.

동학혁명이 일으킨 부정적인 영향을 굳이 하나 든다면, 동학혁명이 크게 번지자 무능한 조정과 고종의 오판이었지만 외국 군대를 불러들이는 계기가 된 점이다. 이것이 일본의 조선 지배와 한일합병의 단초가 됐다. 그러나 이것은 전술한 바와 같이 동학혁명 때문이라기보다는 무능 부패한 조선 조정의 탓일 뿐이다.

그리고 결과론적이지만 일본은 이미 1870년대부터 사이고 다카모리, 요시다 쇼오인 등이 주축이 된 정한론(조선을 정벌해야 한다는 이론)이 일본 정계의 지지를 받고 있었고 그에 맞게 일본의 국력은 날로 커져 가고 있었기 때문에 동학혁명이 아니더라도 그들은 어떤 이유를 들어서라도 조선에 군대를 파견하고 그들의 조선 지배 계획을 차질 없이 집행해 나갔을 것이다.

(11) 동학혁명을 보는 정치인들의 시각

동학농민전쟁은 보는 사람과 집단에 따라서 그 명칭이 다르다.

일제강점기와 해방 후의 여러 독재정권의 기간 동안에는 여전히 동학란으로 불리다가 학계와 교육계에서 정식으로 동학농민혁명 혹은 동학농민전쟁이라는 공식 용어로서 보편화되기 시작한 것은 1990년대부터다.

그 이전까지는 우리 역사에서 흔히 있었던 다른 민란들과 같은 등급으로 취급했다는 의미다.

북한에서도 동학농민혁명을 반봉건, 반외세 농민 혁명으로 대단히 높이 평가하는데, 그러나 그들은 동학이라는 말을 절대로 쓰지 않고 갑오농민혁명 혹은 갑오농민전쟁으로 부른다.

이는 공산정권의 특성상 종교의 기능을 인정하지 않을 뿐만 아니라 이 전쟁의 참여자 거의 대부분이 농민이었고 또 민중혁명이라는 이미지를 앞세우고 싶었기 때문이다.

또 하나 흥미로운 사실은 박정희 가문과 동학과의 관계다. 박정희의 부친 박성빈 선생이 구미에서 동학 접주를 했다는 사실이다. 박정희의 가계는 처음부터 기득권의 지배체제만을 옹호하는 보수사상을 가진 사람들이 아니다.

부친이 동학 접주인 데다 그의 친형 박상희는 일제강점기에는 나름대로 의식 있는 지식인으로 1940년대에 여운형의 건국동맹에서 활동했고 해방 후에는 건국준비위원회(건준)의 선산군지부를 창설했다.

그리고 대구 10월 인민항쟁 때는 선산(구미)에서 좌익계열 신문인 민주주의민족전선 지부장을 지냈다.

당시 시위대와 경찰과의 충돌이 있었는데 이때 시위대를 설득하여 갇혀 있던 경찰들을 피신시키려다 뒤늦게 도착한 다른 지역에서 파견된 진압 경찰에 의해 시위대로 오인받아 사살당한다.

그리고 박정희 본인도 비록 만주 군관학교와 일본육사를 졸업한 친일 군인이었지만 일본 패망 후에는 임시정부와 독립군에게 적극적으로 접촉하기도 하고 해방 후에는 미군정 하에서 군인으로 입대를 하지만 그의 본심은 늘 민중적이고 민족적인 사상에 경도되어 있었다고 보인다. 그는 평소에 늘 제일 존경하는 분으로 박상희 자기 형님을 꼽았다고 한다. 그리고 군인 신분임에도 당시의 좌익정당인 남로당에 가입하기도 한 것이다. 그러다가 여수·순천의 군인 반란사건이 터졌을 때 이 사실이 발각되어(군프락치 사건) 사형을 당할 상황이었는데 당시 육군 정보국장이었던 백선엽이 사형에서 무기형로 감형시켜 주었던 것이 역사적인 사실이다.

아무튼 1973년 11월 박정희 정부는 우금치에 위령탑을 세웠는데 그 탑의 명칭을 '동학혁명군위령탑'이라고 명명하고 박정희 대통령이 직접 쓴 것이다. 이를 보면 평소 부친 박성빈의 동학 활동을 늘 가슴에 담고 있었고 농학농민혁명에 대해 올바른 역사적 안목을 갖고 있었음을 보여주는 사례다.

그런데 그 비문의 내용에는 "동학혁명은 5.16쿠데타와 10월 유신으로 계승되었다"고 쓰여 있다. 역사 왜곡이고, 아전인수요 자기 합리화의 대표적인 표현이다.

한편 김대중은 평소 전봉준을 가장 존경하는 우리 역사의 인물로 꼽았고, 대통령이 된 뒤에는 황토현 전적지에 동학농민혁명 기념관을 지었다. 김대중 대통령의 사상과 행적으로 볼 때 전봉준에 대한 그분의 마음은 충분히 이해가 된다.

그런데 하나 웃기는 일은 천하의 포악한 독재자인 전두환이 1983년 황토현에다 동학 전승지를 크게 조성하고 그 기념비 제막식에 참석하여 "전봉준 할아버지가 이루지 못한 꿈을 내가 이루었다"는 말을 했다고 하는데 이것이 사실이면 참 모골이 송연하다. 사실 확인한 바로는 전두환과 전봉준은 혈연의 관계는 없는 것으로 확인되었다. 다행이다.

김구 선생은 젊은 시절(18세) 동학에 입도하여 19세에 황해도에서 최연소 동학 접주가 되어 아기 접주라는 별명을 얻었다고 하는데 그의 접주 활동 여부에 대해서는 이론도 있는 것 같다.

그러나 확실한 것은 1894년 동학혁명이 한창일 때 동학군에 자발 입대하여 황해도 일대에서 활동했다는 기록은 백범일지에도 나오는 말이다. 김구 선생의 일대기가 바로 동학정신을 구현하는 기록이다.

홍범도 장군도 강원도 산악지대에서 포수 생활을 하고 있을 때 동학혁명과 전봉준의 처형 이야기를 듣고 그도 전봉준 장군이 걸은 길을 걷겠다는 결심으로 두만강을 넘나들며 항일 게릴라 활동에 투신한다. 그러다 봉오동 전투에서 일본군 정규군인 몇 개 여단(전투 참가 인원 6백여 명)과의 전투에서 대승을 거둔다.

일본군 피해자 2백여 명인데 비해 홍범도 부대의 피해는 불과 10여 명 이내였을 정도로 청사에 빛나는 전투였다.

승려 시인 한용운의 경우는 아버지가 유림으로서 동학농민군 토벌대로 활약한 사실에 너무나 큰 마음의 상처와 수치심에 빠져 고민하다가 결혼한 지 1년도 채 안 된 19세의 나이에 출가를 하여 스님이 된다. 그는 아버지의 잘못을 평생을 두고 반성하듯이 시종일관 동학농민군이 지향한 반봉건, 반일본의 노선을 걸었다.

직접 동학군으로 전투에 참여하지는 못하였지만 평생에 걸친 그의 올곧은 사상과 행동은 바로 동학정신을 구현하는 또 다른 동학혁명이었다고 할 만하다.

10. 천도교 시대

동학농민군과 을미의병 전쟁(을미사변 이후 전국으로 번진 의병활동)이 처참하게 모두 제압당하자 이제 국내에서 일본에 저항할 수 있는 세력은 전무하고, 청일전쟁을 승리한 1895년부터는 조선은 사실상의 일본 통치하에 놓인 반식민지 신세였다. 대한제국이라는 황제국 타이틀은 일본이 만들어 준 이름뿐인 허수아비였다.

이런 시국에 손병희는 1901년 일본으로 망명하여 국제정치의 안목을 넓히고 개화사상에 눈뜨게 된 일은 전술한 바다. 1906년 초에 귀국하여 그해 2월에는 동학을 천도교로 개칭하고 조직을 새롭게 정비한다.

동학교도로서 동학농민전쟁에도 참여한 이용구가 변신하여 친일단체 일진회에 가입하고 동학교도 일부를 데리고 나가서 시천교라는 유사 동학교를 만들자, 손병희는 이용구와 그에게 가담한 교인들을 전부 제명 처리해 버린다.

조직을 새로 정립한 손병희는 서북지방(평안도, 함경도)의 천도교 조직을 확대해 나갔다.

동학농민전쟁 이후 계속 극심한 탄압을 받아 궤멸 상태에 이른 동학세력과 구 농민군들이 새로운 조직의 천도교로 몰려왔다. 1908년에는 총독부에 종교단체로 정식 등록을 하고 근대화된 조직으로서 공개적이고 합법적인 종교활동을 지향하였다. 이런 변화에 힘입어서 1910년대 중반에는 천도교의 교인이 백만 명에 이르러 국내 최대 종교로 등극한다. 이때 천도교 교인의 60% 정도가

서북지역의 출신이었다고 한다. 당시의 개신교 교인이 10만 명, 천주교 교인이 약 2만 명이었다고 하니 엄청난 세력이었다.

이런 세력을 바탕으로 손병희는 문화·교육사업을 벌이면서 한편으론 3.1운동을 준비했다. 3.1운동 선언서의 서명자 33인 중 천도교인이 15명이고 그중에서 9명은 동학농민전쟁에도 참여한 사람이다.

그런데 3.1운동에 가담하거나 시위에 참가한 대부분의 천도교인들이 북접 계통의 동학인들이었다고 한다. 손병희의 영향력이긴 하지만, 동학농민전쟁 시에는 반대로 북접 동학도들이 소극적이었는데 참 역사의 아이러니다.

11. 민족종교 동학의 활성화와 세계화

맨 앞 장에서 동학에 대한 조지훈 선생의 멘트를 언급한 바도 있지만 동학은 유구한 우리 민족 문화의 총화이며 곧 다가올 남북통일시대에 우리 민족이 세계사의 주역으로 웅비하는 발판이 되어야 하고 또 될 수 있을 것이라고 믿는 사람 중의 한 사람으로서 본 장에서는 이 동학을 어떻게 하면 좀 더 세계화할 수 있을까 하는 문제를 한번 생각해 보려고 한다.

우리나라는 2020년대에 들어서서 이제 세계 10대 경제대국이자 5대 군사강국으로 누구도 함부로 대할 수 없는 세계 열강의 반열에 들어섰을 뿐만 아니라 영화, 음악, 음식 등의 여러 문화

분야에서도 세계를 리드해 나가고 있다고 자평하고 있다.

특히 근년에는 또 우리 한글이 그 과학성과 접근의 용이성이 뛰어나 세계적으로 각광받고 있으며 그 영향력이 점점 커져 가고 있는 실정이다.

좀 국뽕스런 말이겠지만 한국이 조만간에 남북통일이 되고 만주의 고토까지 일부 흡수하여 세계 4대 강국이 곧 될 수 있을 것이라고 주장하는 미래학자, 사회학자들이 많이 생기고 있다.

그러나 이처럼 우리나라의 물질적 물리적 프레임은 세계의 강대국 반열에 가까이 와 있는 데 반해 이 근골을 받쳐주고 지속화할 수 있는 철학, 종교, 사상 등 고급 문화면에서는 아직 세계적 문화대국의 반열에 오르기에는 요원한 실정이다.

이 문제에 대해 나는 그 해결책을 동학에서 찾을 수 있다고 믿는다. 하나의 종교 사상체계로서의 동학은 세계 어느 나라 어느 종교보다도 뛰어난 점을 보지하고 있다고 본다. 동학은 성리학적인 기본 윤리·도덕적 바탕에다가 인간 존엄성과 생명 중심의 철학적 사유를 내실화하고 있다.

이에 더하여 종교 일반에서 보이는 영성, 즉 초월적 영역에서 인간과 신의 교류, 소통까지 확보하고 있다는 점에서 앞으로 전개될 과학의 시대 AI의 시대에도 동학은 인류에게 균형감 있는 좌표를 제시할 수 있을 것이라고 믿는다.

인간 이성理性에 대한 깊은 신뢰와 믿음을 아래층에 깔고 위층에는 신 혹은 하눌님과의 소통을 통해서 인간의 부족함과 가벼움 혹은 가변성을 보완한다는 그야말로 이성理性과 신성神性의 결합이라는 인류 역사 이래 최고 수준의 종교사상이라고 생각한다.

거기에다가 동학은 동학농민혁명에서 보여준 것처럼 외세와 결탁한 타락한 정권과 지배층의 폭압적인 민중탄압에 맞서 분연히 일어서서 민중을 위한 향도의 역할을 몸으로 앞장서는 실천력을 보여준 것이다.

이렇게 행동으로 보여준 동학의 민족, 민주, 민권, 평등의 실천적 이념이야말로 비록 동학농민혁명은 실패하였지만 이후 항일독립운동의 뿌리가 되었음은 전술한 바이고 더 나아가서 이 동학의 빛나는 역사는 1900년대 초의 나철의 대종교라는 민족종교가 결성되는데 큰 자극제가 되었다고 생각한다.

이 대종교라는 종교는 국권회복을 목적으로 단군사상을 중심으로 민족정신의 함양과 교육을 목적으로 1909년에 나철이 평안북도 용천에서 결성한 종교 단체인데 서일, 김좌진, 이시영, 신채호, 이범석, 장지연, 박은식 등의 열혈 민족주의자들이 많이 가담했다. 서울에도 지사가 있었고 1911년 만주지사를 설치하고 1914년에는 일제의 탄압으로 그 본부를 북간도의 화룡현으로 이전하여 항일독립 투쟁의 중심적인 역할을 했다.

동학농민혁명의 영향 때문이라고 단언할 수는 없지만 아무튼 같은 시기, 기독교계의 독립운동도 대단했다. 윤치호, 이상재, 안창호, 이동휘, 이승훈, 김구, 이승만, 조만식 등등. 이때가 우리나라 기독교 100년사에서 가장 빛나는 시기였을 것이다.

이야기를 다시 동학의 확장성과 세계화 문제로 돌려보자.

아무리 훌륭한 종교사상이라 하더라도 그것이 국내의 극히 일부 사람들에게만 알려져 있고 대다수 사람들이, 특히 외국에서, 이를 알아주는 사람이 없다면 이는 그야말로 금의야행錦衣夜行(비단옷을 입고 있는데 밤이라 아무도 알아주는 사람이 없음)의 격이다.

그래서 이 장에서 강조하고자 하는 바는 동학의 대중화, 더 나아가서는 동학의 국제화이다.

전도(동학 용어로 포덕)의 문제는 사실 교주인 수운 자신이 다음의 시(修道歌)를 지어서 도통을 이어받을 제자 해월에게 주면서 그에게 포덕을 부탁할 때 수운은 이 도道가 언제인가 세계만방으로 흘러갈 것임을 예상하고 그 바람을 시로 적어서 준 것으로부터 연유되었다고 생각한다.

龍潭水流 四海源(용담수류 사해원)   용담의 물은 흘러서 사해의 근원이
　　　　되고
龜岳春廻 一世花(구악춘회 일세화)   구미산에 봄이 돌아오면 온 세상에
　　　　꽃이 만발하리

동학은 동학농민전쟁 이후 1905년에 3대 교주인 손병희가 천도교로 개칭하여 항일독립운동과 3.1운동을 주도한 것이야말로 민족의 종교다.

그런데 동학농민혁명과 그 후 항일독립운동 기간 동안 많은 뜻있는 국민들이 동학 혹은 천도교에 입교하여 천도교가 엄청 번성하였는데 이것이 일제의 동학 탄압과 해방 후 국민들의 무관심

속에서 그 세력이 크게 줄어들었다. 특히 천도교 7대 교령인 최덕신의 정치참여와 그의 월북활동으로 인해 박정희 정부로부터 심한 탄압을 받게 된 것이 결정적 원인이 되었다고 보인다.

일제강점기 중간쯤을 기준으로 동학교도의 수가 약 3십만 명 정도였는데 2020년 12월 말 현재 대한천도교의 등록된 도인의 수는 약 6만 5천 명 정도라고 하니 당시 조선의 인구가 약 2천만 명이었음을 감안하면 엄청나게 많이 줄어들었음을 알 수 있다.

이처럼 천도교는 현재 종교조직으로서 세력이 아주 미약하고 대중적 인지도도 낮다. 그렇지만 콘텐츠가 좋아서 노력 여하에 따라서 미래에 대한 전망은 얼마든지 낙관할 수 있다고 본다.

동학의 위대성은 그 포용성과 통합성에 있다고 본다. 즉 동학교의 교리가 타 종교의 그것과 서로 모순 상치되지 않고 오히려 모두를 다 수용할 수 있는 용광로 같다는 것이다.

"내가 지금 불교도인데 또 동학교도가 될 수 있는가?" 또는 "지금 기독교인인데 동시에 동학교인이 될 수 있는가?"라고 묻는다면, "물론 될 수 있다"가 나의 답변이다.

양쪽은 선택적 관계가 아니라 보완적인 관계로 서로 발전해 나갈 수 있다고 본다.

끝으로 기독교가 한국에서 100년도 안 된 짧은 기간에 전인구의 20% 정도가 기독교 신자로 급성장하게 된 원인으로 여러 가지를 꼽을 수 있겠지만, 그중의 하나로서 나는 찬송가의 보급을 꼽는다.

기독교, 특히 개신교의 찬송가는 기쁠 때나 슬플 때나 외로울 때나 어느 때나, 혹은 혼자서 혹은 여럿이 모여서 삶의 기쁨과 애환과 그리움을 노래로써 표현할 수 있는 아주 유용한 도구다. 특히 신앙심이 깊은 신도들의 신에 대한 찬양도, 신에 대한 간절한 기원도, 신과 나와의 깊은 교감과 종교적 희열 등을 모두 이 찬송가를 통하여 잘 표현, 표출한다. 특히 찬송가의 효능은 여러 사람이 합창할 때 그 효력을 발휘한다.

나의 제안은 개신교의 이 찬송가의 이점을 동학에 도입하자는 것이다.

물론 동학의 구현체인 현재의 천도교에서도 초기 찬송가인 〈용담유사〉와 후기 찬송가집인 〈천덕송〉, 〈송가〉 등이 있는데 공히 천도교 예식이나 기도회, 시일제[十日祭] 등에서 많이 불린다.

이 중에서 〈용담유사〉는 그 안에 교주 최제우가 직접 쓴 한글 가사인 〈용담가〉, 〈안심가〉, 〈흥비가〉, 〈권학가〉, 〈도덕가〉, 〈교훈가〉 등의 8가지의 가사가 수록되어 있는데 그 선율이 모두 3박자계인 우리 전통 시조나 민요의 장단을 차용하고 있어서 당시의 백성들이 부르기 좋도록 되어 있다. 우리 민족의 종교로서 민족적 전통 민요 장단의 찬송가인데 이것을 그대로 사용해도 괜찮다고 생각한다. 단지 가사의 내용 중에 현대인이나 외국인들이 이해하기 어려운 한문 구절이나 중국 고전에서 인용한 단어 등은 현대적 표현으로 바꾸는 것이 좋을 듯하다.

그다음의 후기 찬송가집인 〈천덕송〉과 〈송가〉에 수록된 곡은 좀 더 현대화되어서 민요조에다 창가, 행진곡풍의 곡이 혼합으로 100곡 이상이 실려 있다. 이 곡들도 다 의미가 있고 앞으로도 계속 사용될 것이다.

나의 제안은 이들 기존의 천도교 찬송가에다가 우리의 아름다운 가곡과 동요를 더 가미하자는 것이다.

〈그리운 금강산〉 등 우리의 가곡은 이미 전 세계의 음악계에서 널리 불리고 연주되고 있을 뿐만 아니라 그 가사와 곡의 서정성抒情性이 동학정신, 동학사상과 잘 어울릴 수 있다고 본다. 우리의 동요도 마찬가지다.

우리의 아름다운 가곡과 동요 중에서 선별하여 동학교에 맞게 수정하여서 동학 찬송가로 사용할 것을 제안한다.

마지막으로 이렇게 우리 민족의 혼과 역사와 눈물과 한 그리고 영광이 모두 응축되어 있는 동학은 결코 현재의 천교도 교단과 신자들만의 것이 아니고, 오늘을 살고 있는 8천만 우리 민족 모두의 자산이고 부채이다. 그러기에, 동학의 활성화와 세계화의 문제는 우리 모두가 일심으로 풀어나가야 할 과제라고 생각한다.

자! 이제 우리 민족의 눈물이고 한이면서도 21세기 우리 민족의 남북통일 시대에 있어서 장쾌한 꿈이기도 한 동학에 대한 나의 짝사랑을 오로지 부족한 나의 식견 때문에 멈춰야만 할 것 같다.

제2부

조선 중기의
실천적 개혁 사상가들

남명 조식 선생을 기리며

앞의 제1부에서 우리는 노자의 『도덕경』과 동학에 대해서 알아 보았다. 1부의 2편에 기술한 바와 같이 동학은 그 뿌리가 우리 고조선의 건국신화에서부터 발원하여 노자를 거쳐서 동학에까지 이르게 되었음은 전술한 바대로이다.

이제 본 제2부에서는 노·장자로부터 영향을 받고 독보적인 경敬, 의義 사상을 개척하여 실천적 도학을 완성한 남명 조식 선생과 그분의 제1제자인 내암 정인홍 선생을 소개하는 자리를 마련하기로 한다.

내가 이 두 분을 꼭 집어서 『노자와 동학 그리고 개혁적 성리학』 이라는 제목의 본서의 일부에 편입하고자 하는 이유는 아래와 같다.

첫째, 남명과 내암 두 분은 말로만 정의와 개혁을 말하는 소위 글쟁이들이 아니고 신변의 위협을 무릅쓰고 권력자들의 비리를 고발하고 억눌려 사는 백성들의 참상에 함께 마음 아파하는 의롭고 양심적인 지식인 즉 지행합일의 표본적인 성리학자였다.

비록 시대가 달랐지만, 그들이 추구하고자 하는 깨끗하고 공정 한 사회 건설에 대한 꿈은 똑같았다.

그분들이 그린 사회의 모습과 꿈이 곧 1부에서 기록한 동학의 창시자 최재우의 꿈이었고, 동학 혁명가 전봉준의 꿈이었다.

둘째, 이 분들의 사상과 정신에는 노자의 인간 존중과 자연 존중의 사상이 깊이 스며들어 있다. 따라서 홍익인간이라는 우리 고유의 건국이념이 노·장자를 거쳐서 남명과 내암의 웅혼한 유토피아적 사유에 스며들었고, 이것이 남명 → 정약용 → 조선 실학파들 → 동학사상으로 이어지는 보이지 않는 채널로 이어져 있다고 상상할 수 있지 않은가?

이에 용기를 얻은 나는 이 두 분에 대한 나의 존경심을 담은 기록을 이 책의 2부로 담아 한 권의 책으로 합본하게 되었음을 말씀드리고 독자 여러분의 너그러운 양해를 구한다.

1. 조선의 대표적인 개혁적 성리학자 남명 조식

내가 남명 선생에 심취하게 된 연유를 먼저 이야기하고 시작하고 싶다.

나는 부끄럽게도 60대 중반까지 남명 조식 선생에 대해서 그저 우리 고장 경상우도의 개혁적 사림학자로 퇴계 이황에 버금갈 만한 대단한 성리학자라는 정도로 그 명성만 알았지, 그분의 철학과 학문과 그리고 그분이 우리 역사에 끼친 엄청난 긍정적인 영향에 대해서는 거의 알지 못했다.

이런 나의 무지함을 반성하는 의미에서 70대 중반이 넘어선 나이지만 그분에 대한 나의 때늦은 흠모를 한번 적어보기로 마음먹었다.

내가 늦깎이로 남명 선생에 대한 흠모와 존경을 갖게 된 연유를 몇 가지 적어 보면,

첫째, 남명은 유학자로서 대단히 열린 마음의 소유자였다. 그는 철저한 성리학자였지만 당시의 조선 사대부들이 빠져 있었던 폐쇄적이고 배타적 노론류의 꽉 막힌 성리학자가 아니었다. 그의 학문적 지知적 범위는 양명학, 노老·장莊사상, 불교, 의술, 천문지리, 심지어는 음양 도통 같은 분야에도 관심을 가졌을 정도로 요즘 말로 하면 대단히 진보적인 성리학자였다.

퇴계 이황은 이런 남명을 두고 노·장 사상에 너무 경도되었다고 힐난할 정도였다.

둘째, 남명은 학문을 위한 학문, 지식을 위한 지식을 배격하고

실천적 실용적인 치용致用에 주안점을 두었다. 현실과 동떨어져서 형이상학적인 논쟁에 집중하는 당시의 학문 풍토를 크게 비판 배격하였다.

남명은 그 학문적 바탕도 경敬을 바탕으로 의義를 중시하는 실천적 학문을 추구했지만 태생적으로 불의不義를 보고 참지 못하는 정의감이 가득한 분이었다.

이렇게 의義를 강조하는 그분의 학문과 교육은 남명 사후 얼마 후에 발발한 임진왜란에서 그 진가를 발휘한다. 임진왜란이 발발하자 그의 대표적 제자인 정인홍, 곽재우, 김면 등 50여 명의 남명 제자들이 관군이 패퇴하고 다 달아나 버린 자리에서 의병을 일으켜 백성과 민족을 지켜내게 된 것이다.

위에 언급한 세 분을 포함하여 당시 경상우도를 중심으로 한 많은 의병의 대단히 효율적이고 희생적인 전투 활동에 힘입어서 1차 진주성 전투를 승리로 이끌게 된 것이다.

이 1차 진주성 전투의 승리가 의미하는 바는 우리 역사에서 너무도 큰 것이다.

남해안에서의 이순신 장군의 활약으로 인해 왜군의 서해 해상을 통한 보급이 불가능해진 것이 결국 왜군이 철수하지 않을 수 없게 된 결정적 요인이 되었음은 우리가 학교 역사책에서 배운 이야기다.

최근 영국의 어떤 이순신 연구가의 주장에 의하면 만약 이순신 장군이 남해안에서 왜군을 묶어놓지 못했다면 조선은 완전히 일본의 영토가 되었을 뿐만 아니라 명나라마저도 일본의 손아귀에 넘어갔을 것이고 그러면 후일의 청나라도 없었고 아시아와 세계의 역사는 완전히 달라졌을 것이라고 했다.

사실 당시 명나라는 이미 국세가 기울기 시작한 때였고 만주의 여진은 그 세력이 아직 강성해지지 않았던 시기인데 반하여 일본은 전국시대를 마무리하고 그 힘이 욱일승천하던 시기로 아시아에서 일본을 막을 힘을 가진 나라는 없었다고 주장하는 그의 논리는 상당히 일리가 있는 주장이라고 본다.

그리고 보면 우리의 이순신은 조선의 역사뿐만 아니라 세계의 역사를 바꾼 세계사적 위인임에 틀림이 없다.

그러나 이런 이순신 장군의 연전연승의 남해안 전투 승리가 가능하게 된 큰 요인 중의 하나가 바로 의병을 중심으로 한 진주성 전투에서의 승리이다.

진주성 전투에서 7천 명의 우리 의병과 관군이 3만 명의 일본군을 상대로 약 2달간의 전투에서(전투 준비기간 포함) 완승을 거두었다. 이로 인해서 진주성을 함락하고 전라도 곡창지대를 바로 장악하려던 왜군의 전략은 완전히 무너졌다. 만약 왜군이 승리하여 전라도의 해안 지역을 육지로 해서 진격했더라면 이순신 장군의 해상전투에도 치명적인 차질을 빚었을 것이다.

이 점을 생각하면 진주성 전투와 그 전투를 목숨 걸고 지원한 남명 선생의 제자들을 중심으로 한 의병들의 역할에 새삼 고개가 숙여진다. 물론 김시민 장군의 영웅적인 활약과 죽음으로 조국을 지킨 그분과 많은 관군의 눈물 맺히는 희생이야말로 우리 역사가 존속하는 한 기억하고 추모해야 할 일임은 말할 필요가 없다.

승승장구하던 왜군이 진주성 전투에서 얼마나 혼줄이 났던지 그들의 가부끼 연극에서도 모꾸시(목사 김시민을 목사의 일본어인 모꾸시로 표현한 것임) 귀신이 출현하여 아군(일본군)을 괴롭힌다는 스토리가 있을 만큼 목사 김시민은 공포의 대상이 되었고 지금도 우는 애기를 달랠 때 마치 우리나라에서 호랑이 온다고 하듯이 모꾸시 온다고 겁을 주는 풍습이 남아 있다고 한다.

내가 여기서 장황하게 진주성 전투를 이야기하는 것은 남명 선생의 위대한 학문과 교육이 우리 민족과 역사를 지키는 데 엄청난 역할을 했음을 강조하고자 한 것이다.

셋째, 남명 선생은 나와 같은 고장인 합천군 삼가현에서 태어났다. 7세경에 한양으로 이사를 하여 거기서 29세까지 공부를 하고 30세에 처가인 김해에서 45세까지 계시다가 다시 고향 삼가(톳골)로 돌아오시어 60세까지 계시다가 말년(61세)에는 또 내가 지금 살고있는 산청에 사시다가 71세에 돌아가셨다.

이렇게 나와 고향도 같고 인생 마지막도 같은 산청에서 보내신 남명 선생에 대해서 나의 애정이 남다를 수밖에 없는 것이다.

그러나 인조반정에 의해서 정인홍을 비롯한 그분의 제자들 대부분이 제거되고 개혁 지향적인 북인들이 정계에서 사라지게 되면서 이 위대한 민족적 위인의 흔적도 지워지게 된다.

특히 영조 때의 무신의 난(충청도의 이인좌와 경상우도의 정희량이 연대해서 일으킨 난) 이후부터는 남명 후계의 북인과 남인들은 물론이고 모든 경상우도 출신 유림의 과거 진출이 막혀 버리면서(이것이 고종 대의 갑오경장 때까지 100년 이상이나 계속되었음) 남명의 흔적은 한양 등 다른 지역은 물론 출신 지역인 경상우도에서마저도 완전히 사라지게 되었다.

누가 뭐라 해도 남명은 의義, 즉 정의를 말하고 가르치고 실천하신 분이고 그의 제자들 대부분이 의병활동으로 또는 올곧은 상소로써 정의를 위해서 싸워오신 분들이다.

우리 역사에서 혹은 세계 여느 나라의 역사에서도 남명의 제자들처럼 한 학교, 한 학파에서 일으킨 의병활동 같은 이런 활발한 레지스탕스는 그 전례가 없었던 일이다.

선생이 돌아가시고 난 20년 뒤인 1592년 임진왜란이 발발하자 당시 썩어빠진 벼슬아치들과 관군들은 다 도망쳐 버리고 백성들은 의지할 곳이 없던 상황이었다. 놀라운 일은 당시 선생의 제자로서 생존해 계시던 제자 대부분이 의병에 참여했고, 이들을 지도했던 의병장 57명이 선생의 제자들이었다는 사실이다. 이런 일은 동서고금에서 전례를 찾아볼 수 없는 일이다.

관군이 다 해체되다시피 한 맨바닥에서 서당에서 책만 읽던 선비들이 책을 던지고 칼을 들었던 희한한 일, 그것도 대부분이 한 서당 한 선생의 제자들이라는 역사적 대 사건을 보면 남명 조식 선생님의 위대한 영혼이 그 제자분들을 지켜보면서 일깨우고 계셨다고밖에는 다른 생각이 들지 않는다.

선생의 깊고 넓은 학문의 세계를 다 이해할 수도 없는 무지렁이 촌로가 오직 선생께서 남기신 많은 위인적 흔적에 홀려서 선생을 좀 더 알고 싶은 마음 하나로 이 글을 쓰기로 감히 나선다.

2. 남명이 추구한 경(敬), 의(義)에 대한 이해

경敬과 의義는 남명의 트레이드 마크다.

더 자세히는 "內明者敬 外斷者 義"라는 문구가 진정한 그의 trade mark라고 하는 것이 맞을 것이다. 이 뜻은 "마음속을 환하게 밝히는 것은 경敬이고 밖으로 행동을 결단하는 것은 의義다"라고 번역할 수 있을 것이다.

선생은 이 문구가 새겨진 칼을 경의검敬義劍이라 하며 늘 차고 다니셨다고 한다. 그러면 먼저 남명이 평생 궁구窮究하고 가르쳤던 경敬, 의義에 대해서 좀 더 이해해 보자.

경敬이란 학문과 수양을 함에 있어서 잡념을 버리고 의식을 집중함을 말하는 데 남명이 말년 산청 덕산에 계실 때 산천재에 걸어 두었던 경敬과 의義의 그림을 통해서 경敬을 설명해 보자.

主一無適(주일무적): 하나를 붙잡을 뿐 다른 데로 가지 말라. 즉, 마음이
　　　　하나가 되도록 하여 다른 데로 마음이 팔리지 않도록 한다.[1]
整齊嚴肅(정제엄숙): 자세를 가다듬고 엄숙한 마음을 가져야 한다.
常惺惺法(상성성법): 항상 마음을 맑게 깨어 있도록 할 것.[2]
其心收斂(기심수렴) 不容一物(불용일물): 그 마음을 수렴함에 있어서
　　　　는 다른 일물도 허용하지 않는다. 즉, 심신을 다잡는다.

---

1 여기서 적(適)은 "가다 찾아가다"의 뜻으로 해석함.
2 남명은 경의검과 함께 성성자(惺惺子)라는 방울도 늘 몸에 지니고 다녔다고 함.

이것을 유림儒林들이 쓰는 어려운 말로 표현하면 항상 신독愼獨하여 심心을 전일專一하고, 격물치지格物致知의 궁리窮理를 통해 마음을 수련하는 것이라고 표현하면 될 것 같다.

쉬운 말로 해서 한 치의 흐트러짐 없이 마음을 집중하여 자기의 실력을 쌓고 마음을 맑고 밝게 유지하는 것 정도로 이해하면 될 것 같다.

사실 남명의 '내명內明'의 개념은 공자의 제일 제자인 안연顔淵의 위기지학爲己之學에서 '명선明善'과 '성신誠身'의 개념과 비슷하다. 또 이것은 주역의 '직내直內'와도 유사한 개념이다.3

안연에게 있어서 명선明善은 이치를 깊이 궁구 성찰하는 것이고 성신誠身은 인의예지仁義禮智를 닦아 수시존양修身存養하는 것이다. 남명의 내명內明은 이 안연의 명선明善과 성신誠身의 개념과 같이 정제엄숙을 추구하는 것으로서 남명은 이를 경敬이라고 했다.

또 그의 외단外斷의 개념은 추측컨대 주역의 외방外方의 개념을 더 발전적으로 응용한 것이 아닐까 싶다. 주역의 외방外方이란 행동을 통한 실천을 지향한다는 것인데 남명은 이를 외단자外斷者로 명명하여, 의義의 실천에 있어서 아주 단호함을 더 강조하고 주역의 외방外方 개념을 더 구체화했다고 본다.4

사실 남명 시대에는 세상이 온통 부패한 불의의 권력자들이

---

3 위의 위기지학(爲己之學)은 남에게 보이거나 벼슬을 위해서 하는 학문이 아니고 오직 스스로를 수양하고 인품을 닦는 학문을 뜻함.
4 남명은 여기서 단(斷)이라는 글자를 넣어서 딱 끊듯이 단호하게 한다는 의미를 강조했다고 보인다.

위아래로 득실거리는 어지러운 시대였는데, 이런 정치 사회적 여건에서 안연에게는 학문적 개념에 불과한 주역의 '외방外方'의 개념을 사회를 바로잡는 의로움(義)의 개념으로 발전시킨 것은 남명의 진일보한 개혁적인 자세의 일환이다.

물론 일부 독자들로서는 남명이 아니더라도 맹자의 사단칠정(仁義禮智 喜怒哀懼愛惡欲 인의예지 희노애구애오욕)의 사단四端에서 인간이 가지고 있는 선천적인 도덕적 자질로서의 수오지심羞惡之心, 즉 의義의 문제를 진작부터 말해 왔다고 말할 수도 있을 것이다.

그러나 4단의 수오지심의 발로로서 나타나는 의는 남명의 경敬·의義사상의 의와는 그 의미와 범위에서 크게 차이가 난다고 본다. 사단四端에서의 의義가 인간 내면의 여러 본성 중의 하나인 수오지심의 정태적靜態的 성질이라고 보이는 것인데 반하여 남명의 의義는 사회정의적인 외향적으로 표출되는 동태적 적극적인 의, 즉 외단자外斷者인 것이다.

사실 이 경敬의 문제는 성리학의 창시자인 주희와 정이천이 강조한 것인데 우리나라에서는 퇴계 이황이 이를 더욱 심화시켜서 그의 유명한 성학십도聖學十圖를 통해서 이 경敬을 하나의 철학 사상으로까지 발전시켰다.

퇴계나 남명에 있어서 이 경敬이란 단순히 마음을 집중하여 학문과 수양을 한다는 의미를 넘어서 인간의 마음을 주재하는 통괄적인 개념으로 이해하고 이에 대한 연구를 많이 했다.

성학십도라는 것도 결국 이 경敬의 개념과 그 영역 그리고 그 수양의 원리와 방법 등을 나타낸 것이다. 그래서 일본의 철학자다카하시 스스무는 퇴계를 "경^敬의 철학자"라고 했다.

남명도 이 경^敬의 문제를 퇴계 못지않게 깊이 연구했는데 그러나 남명은 경^敬 그 자체에 머물지 않고 그것이 의^義와 결합될 때에 진정한 가치를 발할 수 있다고 함으로 그의 독특한 경^敬·의^義 철학을 완성할 수 있었던 것이다.

남명은 오랜 연구 끝에 성리학^{性理學}의 핵심을 거경행의^{居敬行義}로 파악했다. 즉 몸과 마음을 바로 가져서 의로움을 행하라는 것인데 이것은 말로는 쉬운데 실제로 시행하기는 쉬운 일이 아니며 실제로 이 실천의 문제를 더 깊이 생각한 사람들은 오히려 양명학자들과 훗날의 조선 실학파들이다.

남명은 거경^{居敬}의 첫 단계로서 『소학^{小學}』을 대단히 중요시했다. 『소학』은 인간으로서 기본적으로 갖추어야 할 예의범절, 마음수양과 충효^{忠孝}를 강조하는 유교사회의 도덕규범의 기본서이기 때문이다.

선생이 다음으로 강조한 책은 『대학』이라고 한다. 『논어』, 『맹자』, 『중용』 등 다른 사서^{四書}보다 특히 『대학』을 강조한 것은 『대학』이 『소학』과 더불어서 유교의 기본을 튼튼하게 하는 실천적 규범으로서 필독서로 파악했기 때문일 것이다.

남명은 『소학』, 『대학』을 제대로 다 익히지 못하고서도 경전의 내용을 두고 추상적인 토론만을 즐기면서 무슨 대학자나 다 된 것처럼 천리^{天理}를 논하는 당시의 사대부들의 풍조를 대단히 싫어했다고 한다. 경전을 공부하는 데 있어서도 문장의 구절이나 해석하고 이를 암송하는 등의 방법은 가장 하책^{下策}으로 여기고 경전의 뜻을 완전히 파악하여 완전 자기화^{自己化}하는 방식, 즉 반구자득^{反求自得}을

상책上策으로 쳤다고 한다.5

　사실, 이 경敬과 의義의 문제는 남명이나 혹은 다른 조선의 성리학자들이 처음 사용한 것이 아니고 최초로 언급된 원전은 『주역』이다. 앞에서 언급한 바와 같이 주역 곤괘坤卦에 "경이직내敬以直內 의이방외義以方外"라는 말이 나온다. 이 말은 경敬으로서 내면을 곧게 하고 의義로서 밖으로의 행동을 방정하게 한다는 뜻으로 남명의 내명자경內明者敬 외단자의外斷者義와 대동소이한 뜻이다.

　그런데 남명은 여기서 주역의 문구를 그대로 준용하여 내직자경內直者敬 외방자의外方者義라는 식으로 표현하지 않고 내명자경內明者敬 외단자의外斷者義라는 독창적인 문장을 만들어 사용함으로써 의義에 대한 자세를 단지 행동을 방정하게 한다는 정도의 주역의 표현인 외방外方을 그대로 쓰지 않고 의義를 아주 단호하게 표출해야 한다는 뜻으로 외단外斷이라는 호쾌한 용어를 선택한 것이다.

　그리고 주역의 곤괘坤卦 이외에 정이천, 주희 등 송나라의 유학자들도 경敬에 대한 자세를 신독愼獨, 격물치지格物致知, 궁리窮理 등을 통해서 마음을 일심으로 수렴해야 한다고 주장했다.6 중국에서 주창되던 경敬에 대한 공부가 조선의 성리학자들에게도 그대로

---

5 위 반구자득(反求自得)은 (밖에서 찾으려하지 말고) 자기 안에서 돌이켜 구하여 스스로 깨닫는다(얻는다)의 뜻임.

6 1) 신독(愼獨): 직역하면 "홀로 있을 때 조심하라"인데, 남이 보이지 않는 곳에서도 늘 마음을 살피고 경계하라.
　2) 격물치지(格物致知): 사물의 이치를 철처히 탐구하여 지식과 깨달음에 도달한다.
　3) 궁리(窮理): 사물의 이치를 끝까지 탐구한다는 뜻. 격물치지(格物致知)와 유사한 개념임.

전달되었음은 재론의 여지가 없을 것이다.

남명 당시의 조선 유림사회의 분위기를 잠깐 들여다보면 1519년 기묘사화를 필두로 하여 윤원형 일파가 일으킨 을사사화 등으로 수많은 신진 사림士林들이 도륙을 당하게 되자 도학정치를 구현하려던 신진 사림들의 기세가 꺾이고 학자들은 세상에 나아가기를 꺼리고 이제 성리학은 치세治世를 위한 도학道學이 아니라 자신의 심성수양을 위한 도구가 되었다. 이런 분위기 속에서 성리학은 점점 현실과 동떨어져서 심성心性, 리기理氣, 사칠四七(四端七情, 사단칠정) 등의 형이상학적 철학적 논쟁에 집중하는 풍토가 만연하게 되었다. 즉 유학의 근본인 올바른 인성과 그것을 실천해 나가는 도학道學을 추구하기보다는 추상화 사변화思辨化의 궁리窮理로 점점 심화되어 갔다.

남명은 이와 같은 성리학의 사변화와 "이론을 위한 이론"을 내세우는 이런 풍토를 매우 비판적으로 생각하면서 퇴계에게 다음 내용의 편지를 보낸다.

"손으로 물 뿌리고 비질하는 방법도 모르면서 입으로 천리天理를 말하고 이름을 훔쳐 남을 속이려 한다"고 신랄하게 비판하기도 했다.

이때가 1564년 이퇴계와 고봉 기대승 사이에 그 유명한 사단칠정四端七情 논쟁, 줄여서 사칠논쟁을 한창 벌이고 있을 때다.

이렇게 남명은 천리天理와 천명天命을 궁구하는 형이상학적, 관념적이고 사변화된 학문을 지양하고 철저히 실천이 바탕이 되는 하학下學 위주의 학문을 강조하였다.

또한 현실과 동떨어져 심성수양만을 추구하는 것이 아니고 성리학의 이론을 현실사회에 실천하는 현실지향적인 자세를 취한 것이다. 즉 내적 함양涵養을 통한 외적 발현發現을 도모하는 것이다. 내면을 갈고 닦는 경敬과 실천규범으로서의 의義를 함께 추구하는 것, 이것이 남명의 "거경居敬 행의行義" 철학의 바탕이다. 즉 겨敬에 거居하면서 의義를 행한다는 철학이다.

퇴계 이황이 순수한 학문의 관점에서만 성리학의 이론 공부에 심취했던 것에 반해 남명은 이런 성리학 이론 중심의 논쟁을 비판하면서 실천의 문제를 더 강조하였다고 할 수 있다.

퇴계학파가 인仁을 중시했다면 남명학파는 의義를 중시했다고 할 수 있다. 후대의 실학파 학자인 성호 이익은 남명에 대해 "기개와 절조의 최고봉"이라는 찬사를 보냈다.

남명의 이런 실용적 학문정신이 후대의 실학파들과 직접적인 연관이 되었다고 단정할 수는 없지만, 그의 제자인 한강 정구(寒岡 鄭逑)를 통해서 허목, 유형원, 이익, 정약용 등으로 간접적 맥이 이어졌다고도 볼 수 있다.

3. 남명의 행적

남명은 태생적으로 엄격한 주자학자였지만 당시의 고루하고 폐쇄적인 여타의 성리학자들과는 그 그릇이 다른 인물이었다.

그의 학문의 범위도 주자의 성리학에만 머물러 있지 않고 전술한 바와 같이 양명학, 불학佛學, 노장老莊 사상은 물론이고 천문 지리, 수학, 병법, 음양오행, 역술 등 다양한 분야를 섭렵했다.

따라서 남명의 교우관계는 단지 성리학자들 사이에만 머물러 있지 않고 경향 각지의 여러 문인 필객은 물론이고, 서산대사 등 불교 인사와 토정 이지함 등 민속학자뿐만 아니라 심지어는 황진이 등 당시 천시하던 기생까지, 소위 청탁을 가리지 않았다. 이것은 그분의 사고가 얼마나 유연하고 그 관심 분야가 또 얼마나 다양한가를 보여주고 있다.

여담으로 황진이가 남명을 대면했을 때의 광경을 허권수 교수의 『조선의 유학자, 조식』이라는 책에서 다음과 같이 그리고 있다.

황진이는 조식을 대하는 것이 마치 우뚝한 산봉우리를 대하는 것 같아 도저히 그 지조를 시험해 볼 엄두가 나지 않았다. 세상 사람들을 많이 접해 보았지만 이렇게 기상이 크고 포용력이 있어 감히 범접할 수 없는 인격을 갖춘 인물은 처음 보았다. 유혹에는 실패했으나 유혹을 시도해 보기라도 했던 서경덕과는 또 다른 면모를 보았다.

남명도 산수山水를 좋아하는지라 자신이 가보지 못한 묘향산, 금강산 등의 형상에 대해 묻자, 황진이는 상냥하게 그림을 그리듯이 자세하게 대답했다.

황진이가 돌아가고 난 후에 제자들이 물었다. "남녀칠세부동석이라고 했는데 선생님께서는 그 기생의 방문을 물리치지 않은 것은 무슨 연유에서입니까?"라고 했는데 남명의 대답은 "천하에서 제일가는 관문은 화류관문(여자의 유혹)이라, 너희들은 능히 이 관문을 통과할 수 있겠느냐"라고 웃으면서 말하기를 "이 관문은 능히 쇠도 녹이느니라"라고 했다고 한다.

위의 여담과는 별도로 내가 『남명집』을 읽으면서 하나 알게 된 것은 천하제일의 도학자에다 휴머니스트이고, 늘 백성들의 고난 고통에 마음 아파하면서 한편으로는 벼슬아치들의 백성들에 대한 억압과 부패에 대해 분노를 멈추지 않았던 남명 선생이 인근 여러 고을의 벼슬아치들과 어울려서 기생들을 데리고 지리산 쌍계사와 청학동 일대를 여행을 하면서 기록한 『유두류록』을 보면서 느꼈던 의아함, 이질감 혹은 가벼운 배신감 같은 감정이다.

아래는 이 여행록의 발췌다.

동행 인원이 기생을 포함하여 수십 명인데 그중에는 진주 목사, 고령 현감, 청주 목사 등의 고위직 벼슬아치도 포함되어 있었다.

보름에 걸친 여행 장도(長途)는 삼가 계부당 → 진주 → 사천(배로 남해안을 거쳐서 섬진강으로 거슬러 올라갔음) → 하동 → 악양 → 화개 → 쌍계사, 칠불사, 불일암, 청학동 등을 거쳐 → 옥종 → 삼가 코스인데 여러 고을을 지날 때마다 그 지방의 관헌들이나 지방 유지 및 절간의 스님들까지 모두가 술과 고기를 들고 마중 나와서 남명 일행을 맞이하는 그야말로 황제 등산을 하는 모습이었다.

그리고 남명의 지리산 등반은 십수 차례에 걸쳐서 이루어지고 물론 그중에서 최고봉인 천왕봉 등반도 있었던 것 같다. 물론 그때마다 위의 여행과 같은 거창한 행렬은 다 아니었음은 물론이다.

내가 왜 남명의 지리산 등반 행위까지 이렇게 곱지 않은 시선으로 언급하는가? 그것도 조선의 성리학자들 중에서 내가 제일 높이 우러러보고 존경하는 선생님인데….

이는 아마도 내가 남명을 지나치게 성인시聖人視했거나 혹은 그 시대의 사회적 관례나 반상班常의 문화를 잘 이해하지 못하고 오늘의 시점에서 본 정의에 대한 어떤 추상적인 관념을 기준으로 본 것일 수도 있을 것이다. 어쨌든 남명은 조선 왕조 시대의 양반 지배계급 출신의 양심적인 인텔리였지 결코 예수 그리스도도 석가모니도 아닌데 괜히 내가 그분을 너무 성스러운 어떤 위인으로 상상해 왔던 내 순진함을 탓하기로 했다.

『유두류록』의 거창한 여행록을 읽었다고 해서 나의 남명에 대한 존경심이 결코 엷어진 것은 아니다.

그러나 남명은 음풍농월하며 술과 기생들을 데리고 시회詩會를 하는 등의 당시에 흔하게 하던 양반들의 놀음과는 일체 멀리하였고 제자들에게도 시문 창작을 경계하였다고 한다. 시를 많이 지으면 소위 완물상지玩物傷志(물건을 가지고 노는 데 정신이 팔려서 원래의 뜻을 잃는다)의 폐단을 우려한 것 같다. 그렇다고 남명이 희로애락에 등 돌리고 시문 하나도 짓지 않는 꽉 막힌 벽창호 같은 글방샌님은 결코 아니었다.

『남명집』에 실린 시만 하더라도 200수가 넘을 정도로 많은 시를 쓰셨다. 실제 남명은 뛰어난 시인으로 인사人事와 자연의 모든 분야에 걸쳐서 오언절구, 육언절구, 칠언절구 등 여러 형식의 격조 높은 시를 많이 남겼다. 내가 좋아해서 외우고 있는 그의 대표적인 시 두 편만 적어본다.

> 두류산(頭流山) 양단수(兩端水)를 예 듣고 이제 보니
> 도화(桃花) 뜬 맑은 물에 산영(山影)조차 잠겼셔라
> 아희야 무릉도원이 어디뇨? 난 옌가(여긴가) 하노라.

> 삼동(三冬)에 베옷입고 암혈에 눈비 맞아,
> 구름 낀 볕뉘도 쬔 적이 없건마는
> 서산(西山)에 해지다 하니 그를 설워하노라.

두 번째의 시는 중종의 서거 소식을 듣고 즉흥으로 쓴 시로서 개혁정치를 포기하고 조광조 등 사림파를 박해한 중종의 죽음을 두고 착찹해하는 남명의 마음이 잘 표현된 명시다.

남명은 자기의 생각을 주고받는 서간문이나 자연과 인심에 대한 감상을 적은 많은 시詩를 남겼지만 부賦의 형식으로 남긴 글은 3개만 보인다. 이는 「원천부原泉賦」, 「민암부民巖賦」, 「군법행주부軍法行酒賦」인데 이 중에서 유명한 것이 「민암부」이므로 여기에 인용한다. 참고로 부賦라는 것은 한문학의 한 장르(형식)인데 운문과 산문의 중간쯤에 존재하는 시의 형식으로 쓰인 산문이라고 보면 된다. 소동파의 적벽부에서의 부賦 바로 그것이다.

「민암부」는 원래 『서경書經』「소고召誥」편에 나오는 말인데 "왕은 백성이 바위 같다는 사실을 되돌아보며 두려워하시라(王用顧畏民巖 왕용고외민암)"는 뜻인데 이 『서경』에 나오는 민암民巖이라는 단어를

차용하여, 중종(1534년) 때 문과시험 문제로 출제된 시험 제목이 민암이었다. 이때 이 시험에 응시한 남명은 시험 제목에 대해 부賦의 장르로 답안을 써낸 것인데 이것이 그 유명한 남명의 「민암부民巖賦」다. 그 내용의 대략은 다음과 같다.

"백성이 물과 같다는 말은 예로부터 있어 왔으니 백성은 임금을 받들기도 하지만 백성은 나라를 엎어버리기도 한다. 나(임금)로 말미암아 편안하기도 하고 나로 말미암아서 위태롭게도 하니 백성을 위험하다고 말하지 말라. 백성은 위험하지 않다."

『서경書經』 「소고」편의 민암民巖이라는 말을 두고 여러 주석가들 사이에서 백성은 물 가운데 있는 보이지 않는 바위처럼 위험하다고 주석을 달았는데 남명은 여기서 백성은 위험한 바위가 아니라고 하는 답안을 써낸 것이다.

위험한 것도 편안한 것도 다 임금 하기에 달렸지, 백성의 탓을 하지 말라는 것이다.

이때 남명은 확실히 맹자의 민권론을 이야기한 것이다. 이것이 중종의 눈에 거슬렸는지 어떤 이유인지 모르지만 이 시험에서 남명은 떨어지고 퇴계는 붙어서 벼슬길에 나섰다.

아무튼 천하 명산의 최고봉 밑에 터를 잡고 학이시습지學而時習之(배우고 익히며) 하고 득천하영재이교육得天下英才而敎育(천하의 영재들을 모아서 교육) 하는 군자의 락樂을 다 누리면서 벗과 더불어 지리산을 유람도 하는 선생의 모습을 보면 그것이 당시 시대상황에서 선택할 수 있는 최선의 길이었는지도 모른다.

내가 남명 선생을 가슴 깊이 흠모하는 이유는 전술한 바의 여러 이유가 있겠지만 나는 그분의 유명한 「을묘사직소」(단성소라고도 함)를 읽으면서 그분의 경敬·의義의 신념과 철학적 사유에 동감하기도 했지만 무엇보다도 그분이 자기 주변에 있는 대부분의 백성들이 겪고 있는 헐벗음과 관청으로부터의 수탈에 신음하는 그 비참함에 얼마나 가슴 아파하고 분노하고 슬퍼했는지 그 모습이 마치 내가 지금 눈앞에 보고 있는 것처럼 선명하게 그려져 있어서 읽을 때마다 가슴이 저미어 오는 것을 느꼈기 때문이다.

자기를 다스리고 학문에 임하는 데는 그렇게 엄격한 분이 이웃에 살고 있는 백성들의 고통에는 자기 살을 에는 듯이 가슴 아파하는 선생의 따뜻한 가슴은 나를 울리기에 충분하고도 남았다. 「을묘사직소」에 적힌 그분의 피맺힌 절규와 호소를 한번 들어 보자.

아래는 「을묘사직소」의 일부분이며 편의상 한문 원본은 생략하고 번역문으로 대체한다.

참고로 「을묘사직소」란 명종으로부터 단성현감으로 임명 제수를 받자 이를 수락하지 않고 바로 사직 상소를 올린다. 이것이 그 유명한 단성소, 즉 「을묘사직소」이다.

아래에서 보듯이 내용이 직설적이고 심지어는 대왕대비(문정왕후)를 세상물정을 모르는 과부라고 하고 임금(명종)을 임금의 책무를 알지 못하는 어린아이일 뿐이라고 대 놓고 말해버린다. 이는 당시 문정왕후의 서슬 퍼런 권력 앞에서 목숨을 내놓지 않고는 할 수 없는 일이다.

입신양명을 위해 아무 권력에나 줄 대고 굴신하던 당시의 선비사회의 풍토에서는 볼 수 없는 대단한 용기다.

무명의 시골 선비에 불과하던 조식이라는 이름을 일거에 전국적인 유명 학자로 만든 것이 이 「을묘사직소」이다.

이런 점이 남명을 남명답게 하는 엄청난 처신이며 이 올곧은 정신이 바로 그의 사후 수제자였던 정인홍에게 그대로 전수되어서 정인홍의 활발한 의병활동과 유명한 사의장봉사(辭義將封事)라는 상소를 쓰게 되는 데에 큰 영향을 미치지 않았나 싶다.

단성소는 다음과 같이 시작한다.

"새로 선무랑 단성현감을 제수받은 조식입니다.7

신은 진실로 두려운 마음에 어찌할 바를 모르며(誠惶誠恐) 머리를 조아려 주상전하께 상소를 올립니다.

…(전략)

낮은 벼슬아치들은 아래에서 시시덕거리면서 술과 여색에 빠져 있습니다. 그런데도 높은 벼슬아치들은 윗자리에서 빈둥거리면서 자신의 재산 불리기에만 여념이 없습니다. 물고기는 썩을 때 뱃속부터 썩는 법입니다. 지금 우리나라 또한 이 뱃속의 썩은 물고기와 같습니다. 그런데도 누구 하나 이를 주관하여 바로 잡으려 하지 않습니다. 대궐 안 벼슬아치들은 자신의 은밀한 뒷배를 끌어들이고자 잔혹한 쟁투를 벌입니다.

---

7 단성현감은 종육품 품계의 宣務郞(선무랑) 벼슬임.

용이 호랑이의 목을 치는 것 같은 칼잡이의 자세로 상대방을 겨눕니다.[8] 각 고을에 나가 있는 수령은 야비한 승냥이 떼와 같이 백성의 살가죽을 벗겨냅니다. 이들은 가죽이 남아 있지 않다면 털이 또한 붙어 있을 곳이 없다는 사실을 알지 못합니다.

신이 오래도록 생각하고 탄식하는 것은 이런 까닭에서입니다. 신은 낮에 하늘을 바라보다가 한숨을 몰아쉰 날들이 셈조차 할 수 없을 만큼 많습니다. 밤에 천장을 바라보며 흐느끼다가 쾅쾅 가슴을 친 날들 또한 헤아릴 수 없습니다.

비록 대왕대비께서는 성실하고 뜻이 깊다고 해도 문이 겹겹이 달린 궁궐에만 살아와서 세상물정을 모르는 과부에 지나지 않습니다. 전하 또한 임금의 책무를 알지 못하는 어린아이일 뿐입니다.

…(중략)

그런데도 지금 우리나라에는 능력도 없는 자들이 간장 종지만 한 명성을 팔아서 마치 놀음판에서 판돈을 탐내듯이 전하의 녹봉을 노리고 있습니다.

헛이름을 팔아서 녹봉을 얻기만 하고 마땅히 해야 할 일을 하지 못한다면 이는 신이 원하는 바가 아닙니다.

이것이 신이 벼슬에 나아가기를 어려워하는 두 번째 이유입니다.

…(중략)

지난봄(1555년 5월) 왜구가 남해안 일대, 영암군 달량포 일원에 왜선 70여 척으로 침입한 후 백성들을 죽이며 노략질을 일삼았습니다.

---

8 을사사화로 수많은 학자 관료들이 죽임을 당한 일을 두고 한 말임

이때 벼슬아치들은 화들짝 놀라 허둥거리는 모습이었습니다. 이것은 전하께서 그동안 왜구에 친화정책을 펼친 탓입니다. 전하께서는 공격하지 않고 은덕을 베풀고자 하였으나 왜구는 오히려 우리나라를 얕보며 함부로 날뛰고 있는 것입니다. 그러니 이러한 왜구의 침탈이 일어나는 것은 하루아침에 갑자기 생긴 변고라 할 수 없습니다. 그 가장 근본적인 원인은 우리 조정에서 돈을 받고 관헌을 채용하는 데 있습니다.

한비자는 "권세 있는 자를 통하여 관직을 구하고 재물을 가지고 녹봉을 구하면 나라가 망할 것이다"라고 했습니다. 그런데도 우리 조정에서는 권간(權奸, 권세를 가진 간신)들이 부당하게 관직을 팔아 재물을 취하고 있습니다. 그러기에 우리 장수 가운데는 지략과 용맹을 갖춘 자가 없습니다.

고을 수령들과 병마절도사들은 죽임을 당하거나 달아나기 바쁘고 성 안에는 군졸조차 남아 있지 않고 무기는 쓸 수 없는 것이 대부분이니 왜적은 아무 거침없이 무인지경으로 성 안으로 들어옵니다.

그런데도 전하께서는 강력한 힘을 보여주기는커녕 매년 하사하는 쌀과 무역선의 규모를 늘려 달라는 대마도주의 요청을 받아주려고 한 것입니다. 우리 백성에게도 부족한 식량을 대마도에 더해 주는 것은 도대체 무슨 일입니까. 이들 오랑캐들과 화친을 해야 한다거나 너그러운 은덕을 베풀어야 한다고 주장하는 이들이 있습니다(퇴계 계열).

옛날 춘추시대 송나라의 양왕이 초나라와 전쟁을 할 때 초나라 군대가 강을 다 건넜지만 아직 전열을 정비하지 못하고 있을 때 장수들이 다시 거세게 공격을 하자고 건의했는데 양왕은 "군자는 부상당한

적을 두 번 찌르지 않고 머리가 흰 노인을 잡지 않는다"며 군자의 인(仁)을 주장하다가 전투에서 패하고 자기 목숨까지 잃었습니다. 이후 사람들은 이를 "송양지인(宋襄之仁, 송나라 양왕의 인)"이라 하며 크게 비웃었습니다. 우리 조정에서 왜인들을 배려하는 모습이 송나라 양왕의 인(宋襄之仁)보다 한 수 위인 것 같습니다. 우리나라는 세종대왕 때 대마도를 정벌한 바가 있습니다.

그런데 지금에 이르러 왜구의 침탈에 와들와들 떨고 있는 것은 도대체 무슨 까닭입니까?

…(중략)

신은 도무지 알지 못하겠습니다. 지금 전하께서 전심으로 다 하고자 하는 일이 무슨 일입니까.

전하께서는 학문을 좋아하십니까? 음주가무와 여색을 좋아하십니까? 활쏘기와 말타기를 좋아하십니까? 전하께서 좋아하시는 일이 무엇이냐에 따라서 나라의 존망이 달려 있습니다.

…(중략)

삼가 바라옵니다. 부디 전하께서는 밝은 눈과 밝은 귀로 신의 상소를 살펴십시오. 신은 그지없이 절박하고 불안한 마음을 이길 수 없습니다. 죽을 죄를 범하며 아룁니다.9

이상에서 단성소의 몇 구절을 인용해 봤는데 남명이 백성들의 비참함과 억울함을 보면서 눈물을 흘리고 밤잠을 설쳤다는 위의

---

9 문장의 중간에 편의상 첨삭이 있었음.

내용이 조금도 자신을 과장해 보이기 위한 표현이 아닌 것이 남명의 친구인 성운이 쓴 『대곡집大谷集』에서 "남명은 늘 나라를 근심하고 백성을 불쌍하게 여겼다. 매양 달 밝은 밤이면 혼자 앉아 슬피 노래하다가 노래를 마칠 무렵부터는 눈물을 흘리며 울었다. 그러나 곁에 사람들은 그 뜻을 알지 못했다"는 구절이 나온다.

남명이 통탄스러워하는 것은 조정 관료와 지방 수령과 아전들의 부정부패 문제뿐만 아니라 중앙 조정이 국방 문제에 대해 둔감할 뿐만 아니라 허약한 문치주의에 빠져서 잦은 왜구의 침략에 대해 굴종적인 나약한 모습을 반복하는 상황이었다.

이 단성소 외에 남명의 다른 상소문인 「무진봉사戊辰封事」에도 남명의 지방 관료들의 부패에 대한 분노와 백성들의 고통에 대한 연민이 깊이 박혀있다.

아들 없는 명종이 죽음을 앞두고 결국 이복동생의 아들인 선조에게 왕위를 넘긴다. 나이 17세에 즉위한 선조는 민심을 수습하고 국가경영에 대한 자문을 얻기 위해서 남명과 퇴계 같은 원로급 선비들에게 국가경영에 관한 상소를 올릴 것을 요청한다.

이에 남명은 문란한 국정을 신랄하게 지적하고 특히 지방 아전들과 지방관들의 부패를 반복 적시하면서 이에 대한 일대 혁신을 주문하는 상소를 써서 올리는데 이 상소문을 승정원 등 중간에서 읽어볼 수 없도록 봉투를 밀봉해서 보낸다고 하여서 봉사封事라고 하고, 즉 무진년에 밀봉된 상소를 올린 것이다.

지방 관리와 토호 아전들과의 결탁에 의해 온갖 부정부패가 횡행하고 또 이 틈에 그들로부터 뇌물을 받아 챙기고 그 부정을 눈감아 주는 중앙의 고관대작들의 작폐를 신랄하게 지적하며 특단의 조처를 요구하였다. 그러나 선조의 비답批答은 유념하겠다는 애매하고 흐릿한 멘트뿐이고 그 뒤 아무런 조처도 없었다. 조정과 지방 벼슬아치들의 횡포는 여전하고 백성들의 고통은 더 심해졌다. 남명의 실망은 컸다. 혹시나 하고 새 왕의 선정을 기대했으나 역시 아니었다.

이때가 남명의 연세 68세였는데 그 뒤 얼마 후 건강이 좋지 않아지고 병고에 시달리다가 3년 후인 71세에 돌아가시게 된다.

하나 언급할 것은 이 무진봉사 상소에서 남명은 자기의 학풍을 계속 비난해 온 퇴계의 학문을 다음과 같이 비판하기도 했다.

"사람의 일을 팽개치고 하늘의 이치를 말하는 것은 곧 입으로만 하는 이치(口上之理)이며 또 자신의 뒤를 돌아보지 않고 들어서 아는 것만 많은 것은 귀 속의 학문(耳低之學)입니다."

퇴계류의 완고한 강성 주자학파의 꽉 막힌 탁상공론에 대한 비판이고 임금에게도 이런 학풍에 같이 부화뇌동하지 말고 백성들의 고통을 살피고 민생에 심혈을 기울이라는 지극히 실용적이고 시의적절한 충고였다. 그러나 선조가 이런 충신의 말에 귀 기울이고 백성의 고통에 동감을 할 인간이었으면 얼마 후 발발한 임진왜란에 백성을 버리고 야반도주를 했겠는가?

이 무진봉사보다 1년 전, 선조 집권 1년 전, 그러니까 명종대代의 마지막 해에 남명이 올린 상소인 「정묘사직소丁卯辭職疏」를 읽어 보아도 당시의 썩어빠진 조정의 정책과 지방관들의 행패에 얼마나 분노하고 있으며 또 그에 따른 백성들의 고난에 얼마나 마음 아파했는지를 다시금 볼 수 있어서 5백 년이 지난 지금에도 독자들의 가슴을 아리게 한다. 몇 구절 인용한다.

…(중략)

"신이 엎드려서 보니 나라의 근본은 쪼개지고 무너져서 물이 끓듯 불이 타듯 하고, 여러 신하들은 거칠고 게을러서 시동(尸童) 같고 허수아비 같습니다. 기강은 형편없이 무너졌고 원기가 완전 위축이 되었습니다. 형정(刑政)이 온통 어지러워졌고 공정한 도리도 다 없어졌으며 선비의 습속도 다 무너졌습니다.

기근이 계속 되풀이되고 창고는 다 비어 있고 세금과 공물(貢物)을 멋대로 걷고 국방은 허술할 대로 허술합니다.

뇌물을 주고받음이 극도에 달했고 백성을 착취하는 풍조도 극도에 달했고 따라서 백성들의 원통함도 극에 달했고, 대조적으로 관리들의 사치는 극에 달해 호화로운 음식이 넘쳐납니다.

오랑캐들(왜적)도 이런 조선을 업신여겨서 자주 쳐들어오고 있습니다. 온갖 병통이 급하게 되어 하늘의 뜻과 사람의 일을 예측할 길이 없습니다.

이런 폐단을 내버려두면서 조정에서는 한갓 헛된 이름만을 일삼고 말만 번지르하게 하는 사람을 따르고 있습니다. 그러면서 이미 산야에 버려져 있는 신(조식)을 찾으면서 어진 이를 구한다는 아름다운(번지르한) 이름만을 내세우고 있는데 헛된 이름으로는 실질적인 어려움을 구제할 수 없습니다.

이는 마치 그림 속의 떡으로 굶주림을 구제하지 못하는 것과 같습니다.

청하옵건대 일의 완급과 허실(虛實)을 잘 분간해서 처리하시옵소서.

…(중략)

그런데 지금 나라의 형세가 없어질 듯 위태로운데 정승의 자리에 있는 자도 좌우로 둘러보기만 하고 구원은 하지 않고 있으니 반드시 손을 댈 수 없는 형편이 있을 것입니다.

지각없는 늙은 백성이 제 자리를 벗어나서 관청에서 할 일까지 침범하면서 임금님께 죽음을 무릅쓰고 올립니다. 처사(處士)가 함부로 나랏일을 논의한 죄에 대해서는 신이 당연히 벌을 받겠습니다. 삼가 소를 올립니다.”

그야말로 죽음을 각오하고 쓴 상소다. 가슴이 먹먹해진다.

남명은 이때 벌써 임진왜란을 예측하고 있었음을 볼 수 있다. 도요토미는 조선의 내부 사정을 환히 꿰뚫어 보고 있었다. 다만 이순신 같은 천재가 조선에 있다는 것만 몰랐을 뿐이다.

아니나 다를까 남명이 돌아가시고 난 뒤 20년 만에 실제로 지금까지의 소규모의 침략 약탈이 아닌 대대적인 일본의 국운을 건 침략을 시작한 것이다.

남명은 이 전쟁을 예상하고 제자들에게 실제 전투의 전술도 가르쳤다고 한다.

남명이 돌아가시기 2년 전인 연세 69세 때는 제자들에게 모의 과거시험을 출제했었는데 그 제목이 “왜적의 침략을 방비할 대책을 써라"였다. 이처럼 남명은 삼포 왜란, 사랑진 왜란, 달랑포 왜란 등 계속되는 왜란에 속수무책인 조정의 무능을 한탄하면서 향후 있을지도 모를 더 큰 규모의 왜란을 걱정하고 대비했음을 여러 정황으로서 알 수가 있다.

허황된 탁상공론으로 세월을 보내며 나라가 처한 위험과 백성들이 당하고 있는 고통에는 외면하는 당시의 많은 교조적인 주자학자들과는 그 궤를 달리하는 자세인 것이다.

이와 같은 남명의 민생과 국방에 대한 우려와 그것을 강조하는 교육의 덕분으로 임진왜란이 발발하자 그 제자들 대부분이 의병을 일으켜, 나라를 위해 목숨과 재산을 내놓은 것이다.

남명이 무진봉사 소를 올린 선조 1년, 같은 해에 퇴계도 선조에게 시무육개조의 무진봉사를 올린다. 다음은 그 대략이다.

(중략)

(남명을 지칭하며) "노장학(老莊學)의 허망함을 즐기고 숭상하여 성인 (공자)을 업신여기고 예법을 멸시하는 풍습이 일어나고 있습니다. 공리(功利)를 따지고 이익을 꾀하는 폐단은 고질이 되었습니다."

퇴계는 또 이 상소문에서 선조가 힘써야 할 학문의 6가지 조항 (무진육조)[10]을 적었는데 그 대략의 요지는 다음과 같다.

---

10 퇴계의 위 무진봉사 6조는 영천군수 허충길이 모아서 엮은 퇴계의 상소문집에서 발췌했음.

① 위계질서를 중시하고 인(仁)과 효(孝)를 기본으로 한 예법으로
　 다스릴 것

② 윤리를 밝게 하고 효(孝)와 자(慈)를 독실하게 해서 가정을 다스리는
　 근본으로 삼을 것

③ 유학의 이상향을 추구하고 경전을 돈독하게 실천하고 특히 대학과
　 중용의 인·의·예·지의 도와 덕을 치국의 근본으로 삼을 것

④ 불교·도교 등은 인심을 해치므로 임금도 유교의 도를 밝히는 데
　 힘써야 한다.

⑤ 왕과 대신과 대간은 서로 존중해야 한다.

⑥ 인군은 성실하게 자기를 닦고 천심을 본받아 인애로서 다스
　 릴 것

지금 읽어봐도 참 숨통이 꽉 막힐 것 같은 답답함을 느끼는
서당 훈장님의 장광설이다. 여기 어느 항목에 당시 조선이 당면한
여러 문제에 대한 처방이 있으며 백성들의 아우성에 대한 일말의
관심이라도 있는가? 요샛말로 해서 "놀고 있네"라고 비아냥거리고
싶다.

남명의 비판대로 사람의 일 팽개치고 한가롭게 하늘의 이치를
논하고 있는 것이 아닌가?

이런 주자학 근본주의자가 조선의 대표 학자로서 오늘도 추앙을
받는 현실이 안타까울 뿐이다.

이처럼 남명과 퇴계는 조선시대를 대표하는 두 유학자였지만
두 분의 학풍, 철학, 그에 따른 후세에 끼친 영향력 등에서 극명한

대조를 보인다(물론 이 두 분 외에 또 조선을 대표할 만한 학자로서 서인西人의 대표격인 율곡 이이를 들 수도 있지만, 천재 율곡의 학문과 정치에서의 영향력은 퇴계나 남명과 견줄 바가 못 된다고 본다. 그러기에 조선의 대표 유학자를 말한다면 역시 퇴계와 남명을 들 수 있을 것이다).

크게 보아서 요즘의 용어로서 두 분을 구분하자면 남명은 대단히 진보적이고 개혁 지향적인 분인데 반해 퇴계는 골수 보수주의자라고 평가할 수 있을 것이다.

두 분의 경제적 배경을 보더라도 남명은 평범한 양반집 자제로서 평생을 소박하게 주로 처가의 도움을 받아서 담백하게 사신 분인데 반해 퇴계는 전답 34만 평에 노비가 300명이 넘는 대부호 지주였다.

지역적으로도 남명은 경상우도(오늘의 경상남도), 퇴계는 경상좌도(오늘의 경상북도)로 나뉘어져서 오늘날까지도 경상좌도 지역은 한국 보수의 중심지 역할을 하고 있다.

같은 성리학자이지만 남명이 의義를 중시한 반면에 퇴계는 경敬을 중시했고, 남명이 현실 비판적인 데 반해 퇴계는 현실 순응적이고, 남명이 자유분망한 학풍인데 퇴계는 오직 주자학 일변도 근본주의자였다.

하지만 두 분 중 당시의 권력과 학풍을 기준으로 승자가 누군가 하고 물으면 단연 퇴계라고 할 수 있을 것이다.

조선 중기 이후 지금까지, 정인홍의 광해군 시대를 제외하고는 조선 중기부터 오늘날까지 남명과 그 추종자들은 늘 핍박을 받는 loser(패자)였고 퇴계와 그 추종자들은 오랜 기간 동안 조선성리학의 대표격으로 추앙받아 왔고 조선 중기 이후의 조정 대신들의 압도적인 다수가 퇴계학의 영향을 받은 인물들이었다. 당연히 승리자로서의 온갖 명성과 영광을 누려왔다고 말할 수 있을 것이다.

그 영향력은 오늘날에도 마찬가지여서 대한민국의 화폐에도 퇴계의 상이 조상되어 있지 않은가? 반면에 남명은 사실 최근년까지도 일반인들에게 잘 알려지지 않았었고 학계에서도 남명에 대한 본격적인 연구는 1990년대에 들어와서 경상대학에서 남명연구소가 생기면서부터 본격적으로 시작되었다고 할 수 있겠다.

그러나 역사를 길게 보면 퇴계는 승리자이고 남명은 패배자라고는 결코 할 수는 없을 것이다. 또 승자라고 해서 옳다는 것은 결코 아니다. 옳지 못한 측이 승자가 되었기 때문에 조선이 그렇게 허약하고 종래는 일본에 나라를 빼앗기고 말았다고 생각한다.

그것이 어쩌면 우리 역사의 비극일지도 모른다.

이렇게 남명 선생은 언제나 가난과 폭정에 시달리는 백성들에 대한 한없는 연민의 염(念)에서 한 번도 벗어난 적이 없었다. 그의 학문을 규정하는 경(敬)·의(義)의 철학 중에서 그 주안점은 의(義)에 있었다. 경(敬)은 의(義)에 도달하기 위한 혹은 의(義)를 잘 실행하는 데 필요한 전 단계이고 수단에 불과했다고 할 수 있다. 그래서 그의 문하에서 임란 때 의병장(義兵長)들이 쏟아져 나올 수 있었던 것이다.

우리 역사를 통해서 다른 어느 누가 이런 위대한 업적을 이룬 학자가 있는가?

"큰 대 밑에서 큰 대 난다"는 속담처럼 선생의 이러한 큰 뜻이 정인홍에게 이어져서 조선 최고의 경세가(經世家)가 나오게 되고 곽재우, 김면 같은 임진왜란의 대표적인 의병대장들을 배출하게 되것이다.

19세기 영국의 유명한 경제학자인 알프레드 마샬은 경제학을 공부하는 사람들의 기본자세에 대해 "차가운 머리에 따뜻한 가슴 (cool head and warm heart)"을 요구했다. 그리고 그는 자주 "런던의 빈민가에 가보지 않은 자는 자신의 연구실에 들어오지 말라"는 말을 했다고 한다.

우리의 위대한 남명 선생은 마샬보다 400년 전에 이미 차가운 머리와 따뜻한 가슴으로 백성들의 아픔에 동참하신 분이다.

그러나 인조반정 이후 조선의 역사가 노론 일변도의 극단적 보수화로 치달으면서 학문과 사상의 다양성 같은 것은 조금도 허용되지 않았다. 순혈주의라는 것은 그것이 사상이든 혈통이든 학문이든 그것이 종국에는 배타적으로 또 극단주의로 흐르게 되는 위험을 내포하고 있는 것이다. 외국의 역사에서 예를 들자면, 유대인들이 그 대표적인 사례이다.

유대인은 고대 한때 다윗 솔로몬 시대에는 중동에서 당당한 민족국가로서 위세를 떨친 적이 있지만 그들은 유대인 우월주의, 즉 선민사상에 빠져 있으면서 이웃 국가들과의 융화를 배제하고 배타적인 민족주의를 고집하다가 민족이 두 개의 나라(남쪽의 유다 북쪽의 이스라엘)로 나뉘어졌다가 결국은 북의 이스라엘은 앗시리아에 의해 먼저 망하고 남의 유다 왕국은 바빌로니아(아부가넷살 왕)에 의해서 멸망을 당한다.

그 이후로 유대민족은 1948년 오늘의 이스라엘 공화국이 세워질 때까지 약 2,500년의 장구한 세월을 유럽 각국에 흩어져서 온갖 천대를 받으며 살아왔다. 그러다 2차대전 때는 히틀러에게 6백만 명이라는 엄청난 수의 유대인이 살해당하는 세계 역사 이래 최대의 회생을 당하지 않았는가?

그런 큰 아픔을 지닌 유대인들이 오늘에 와서는 미국을 등에 업고 팔레스타인의 생존권을 인정하지 않고 자기들이 받은 학대 모욕 이상의 고통을 팔레스타인 사람들에게 가하고 있다. 굴러 들어온 돌이 박힌 돌을 뽑고 있는 것이다.

물론 그 원인이야 여러 가지를 들 수 있겠지만 제일 큰 원인은 유대문화 순혈주의와 배타적, 비타협적인 그들의 종교(유대교)와 그에 따른 순혈주의 민족 문화에 기인했다고 본다.

다른 하나의 예는 유대인을 절멸시키려고 했던 히틀러의 독일이다. 히틀러 역시 독일인 순혈주의(아리아인 우월주의)와 배타적인 사상으로 세계 정복을 꿈꾸다가 처참하게 몰락했다.

동양에서는 역시 일본제국주의다. 그들은 역사적 팩트에도 맞지 않은 대화大和민족 만세일계라는 허황된 순수혈통의 신화에 빠져서 이웃 국가와 공존하는 대신에 자기 민족의 우월주의에 매몰되어 이웃과 세계를 지배하려다가 원자탄을 맞고 몰락하게 된 것이다.

우리 역사에서도 고구려가 그렇게 강성한 대국을 이룰 수 있었던 것은 그 지배층의 열린 마음에 그 원인이 있었다고 본다. 그들은 순수한 한민족만 고집하지 않고 이웃에 가까이 거주하는 말갈족(여진족)과 화합을 통해서 대국을 이룰 수 있었던 것이다.

4. 남명과 양명학

내가 남명을 존경하는 또 다른 이유는 성리학자로서의 올곧은 성품과 사회정의에 대한 식지 않는 열정에 크게 연유하지만 그에 못지않게 그분의 진리 추구에 대한 어떠한 성역도 인정하지 않고 다양한 분야에 걸친 관심과 연구에 매진하는 열린 마음, 열린 자세 때문이기도 하다.

당시의 성리학 일변도의 배타적 사회적 분위기 속에서 다른 어느 학자도 흉내 내지 못했던 용기 있는 모습을 보여주었다는 점이다.

선생의 이런 자세가 당대에 아니 그 이후에라도 수용이 되고 발전적으로 나아갔더라면 우리 역사는 전혀 다른 모습으로 진행되어, 18세기쯤에는 당시 세계 최강국이었던 청나라를 능가하는 강국의 반열에 올랐을 것이고, 19세기쯤에는 일본이 문제가 아니라 영국과 프랑스 등 서양 열강들과 나란히 세계 시장을 놓고 경쟁을 벌였을 것이다.

남명은 자기 전문 분야인 성리학은 물론이고, 양명학, 불교사상, 노·장자 사상, 천문, 의학, 심지어는 기문 둔갑 등 샤머니즘적인 분야까지도 가리지 않고 관심을 가지고 연구했음은 전술한 바다.

백성들의 굶주림과 부패 관료의 학정에 시달리는 그들의 고통에 늘 가슴 아파한 남명이 정통의 주자학을 넘어서 좀 더 실용적인 양명학에 관심을 가지게 된 것은 너무나 자연스러운 일이다. 여기서 양명학에 대해서 조금 언급하고 넘어가는 것이 좋을 것 같다.

양명학은 중국 명나라의 왕수인이 주창한 유학의 한 학파인데 그의 호號인 양명陽明을 따서 붙인 이름이다.

유교는 본래 공자로부터 발현되어 맹자를 거쳐서 중국의 주류 사상 철학으로 발전되어 왔는데 이것이 수·당 시대까지는 주로 경전을 정리 연구 해석하는 훈고학 위주로 진행되다가 송대의 주돈이, 장현거, 정이천, 정명도 등이 주축이 되어서 형식화, 획일화된 훈고학의 유교를 벗어나서 불교와 도교의 형이상학적 요소들을 많이 차용하여 유교를 재해석하려고 시도했다.

이것을 신유학新儒學이라 한다. 이 신유학을 집대성한 사람이 주희이다. 그는 나중에 주자朱子로 추앙을 받게 되고 그의 학문이 주자학이 된 것이다.

주자학은 우주의 원리와 인간의 본성과 같은 철학 이론을 연구하는 성리학의 다른 이름인데 중국에서는 송명리학宋明理學이라고 불리기도 한다. 즉 송나라 명나라의 리학理學이다.

조선에서는 이 주자학을 하나의 종교 같은 국가의 유일 학문으로 받아들이게 된 것인데 그로 인한 역효과로서 폐쇄적인 학문 풍토는 물론이고 정치적으로 자기와 다른 입장에 있는 정파를 용납하지 않게 되어 끝내는 피비린내 나는 사화士禍와 옥사獄事의 한 원인이 되었다. 그러다가 마침내 격동하는 18~19세기의 세계정세를 제대로 읽지 못하고 내부 권력투쟁에만 집착하다가 일본에게 나라를 빼앗기는 역사의 죄인 집단을 양산하고 말았던 것이다.

유학을 발전사적으로 분류하면 진시왕 이전의 고전 유학, 한漢·당唐(한나라와 당나라)의 훈고유학, 송宋·명明의 성리학, 청淸의 고증학 등으로 분류할 수 있다.

고전 유학은 공자 이후 진시황 이전까지 성행했던 도덕 실천을 위주로 하는 어쩌면 생활철학이었다고 할 수 있다. 그러나 진시황의 분서갱유를 거치면서는 유학의 기능이 주로 없어진 자료나 경전을 수집하고 정리하고 문장의 자귀字句를 해석하거나 주注를 다는 것을 주로 다루는 훈고학으로 변질된다. 거기에다 당나라 시대에는 불교의 융성과 더불어서 유교의 연구나 영향력은 아주 미미하게 되었다.

그러나 이에 대한 반작용과 사회체제의 변화에 따라 송宋대에 와서는 전술한 바와 같이 노·장 사상 및 불교의 사상을 가미해서 이론적으로 심화된 철학적 체계를 갖추게 된 새로운 유교인 성리학이 대두하게 되고 이것이 중국뿐만 아니라 조선에서도 크게 성행하게 된 것이다.

성리학이란 성명性命과 리기理氣의 관계를 연구하는 학문이라는 뜻으로 이 두 단어를 줄여서 성리학으로 명명한 것인데, 여기서 성명性命과 리기理氣에 대해 좀 골이 아프더라도 잠깐 설명을 하고 갈 필요가 있다.

유교에서의 성性이란 인간 본래의 내재된 본질 본성을 말하는데 『중용』에서는 천명지위성天命之謂性, 번역하면 "하늘이 명하는 것, 그것을 일컬어 성이라 한다"이다. 성性을 곧 천명天命이라 하여 인간의 내재된 본성과 천명天命을 동일시하였다. 또 리理는 우주의 근본원리를 뜻한다. 따라서 성리학이란 인간의 본성과 우주의 원리를 깊이 파고드는 철학이다.

이 철학은 공·맹의 실용적인 원래의 유학보다는 오히려 철학적 사유에 깊이 천착한다. 역사적으로는 당나라 시대에 과도하게 불교에 편향된 중국의 사상과 학풍을 중국 전통적인 유교로 전환시키려는 주희 정이천 정명도 등이 일으킨 반불교적인 시도에서 비롯되었다. 그러면서 동시에 공·맹의 정통 유교에 대한 혁명적 도전이고 대개혁이라고도 정의할 수 있을 것이다. 주희가 완성했다고 해서 주자학이라 부른다.

그러나 그 내용에서는 사실 불교와 노·장자의 사상을 많이 수용하고 있는 동양사상의 거대한 종합체라고도 할 만하다. 후대에 가서 교조적으로 변질되고 형식화되면서 오히려 역사 발전에 걸림돌이 되는 역기능으로 작용하게 되지만.

또 리기理氣는 존재론적인 용어로서 모든 만물은 모두 리理와 기氣로서 되어 있는데 이 만물의 생성 변화의 원리와 존립의 바탕을 리理라고 하고 만물이 표출되어 나오는 물질적 작동과 그 재료를 기氣라고 한다.

퇴계를 비롯한 주리론자主理論者들은 리理는 사단四端, 즉 인의예지仁義禮智에 속하며 선한 속성을 지니고 있는 반면에 기氣는 칠정七情, 즉 희노애구애오욕喜怒哀懼愛惡欲으로 감정에 속하며 가변적이고 악한 속성을 가지고 있어서 눌러 잡아주지 않으면 어디로 튈지 모르는 불안한 성정을 가진 것으로, 이 둘은 서로 다른 속성으로서 같이 섞일 수 없다고 판단한다.

그래서 리理가 주主가 되고 기氣는 종從이 되어야 한다고 하여 이것을 주리론主理論이라 하고 주리론자들은 성즉리性卽理(성이 곧 리다)의 입장을 취하며 이들은 리理와 기氣의 관계에서 리발기수理發氣隨라

하여 리理가 발發하면 기氣가 거기에 따른다는 소위 리기호발설理氣互發說을 주장한다. 이를 리기이원론理氣二元論이라 하기도 한다.

그에 비해서 고봉 기대승을 비롯한 주기론자主氣論者들은 사단칠정四端七情은 모두 기氣에서 나오며 리理는 기氣에 내재되어 있으며 기발리승氣發理乘, 즉 기氣가 발하면 리理가 기氣를 타고 오히려 기를 주재한다고 하여 상호의존적인 성질이라고 주장한다.

이 이론을 주기론主氣論 혹은 리기일원론理氣一元論이라고 한다. 그러기에 여기서는 4단은 옳고 7정은 나쁘다는 주장은 사리에 맞지 않다고 보는 것이다.

주기론자들은 성즉리性卽理의 입장이 아니고 심즉리心卽理의 입장이다. 심즉리는 마음이 곧 리(진리)라는 것인데 이는 불교의 일체유심조一切唯心造(만사는 마음먹기에 달렸다) 사상과 흡사하고 양명학의 심즉리와는 동일한 개념이다.

사실 고봉과 퇴계의 사칠논쟁을 살펴보면 인의예지의 사단四端 이론의 원 창시자인 맹자의 이론에 비추어 볼 때 고봉의 주기론이 이치에 더 부합된다고 볼 수 있다.

왜냐하면 사단四端의 단초인 측은지심, 수오지심, 사양지심, 시비지심 모두가 칠정인 희노애구애오욕喜怒哀懼愛惡欲과 동일한 정情일 뿐이다. 사단만 따로 떼어서 이것이 칠정과 구분이 되는 더 높은 차원의 고매한 심성이라고 주장할 만한 근거가 없고 맹자 자신도 이 둘을 구분 대립시키는 논리를 내세운 바가 없다.

퇴계는 인간의 심적 현상을 믿을 수 없는 기氣(氣一元論)에다 맡길 수 없다는 매우 도덕적이고 순수 지향적인 관념론에 빠져 있었다고 평가를 받는다.

그러나 우리 역사는 고봉과 율곡의 이기일원론의 계승자인 송시열과 서인의 일파들이 점점 퇴계적 이기이원론으로 경도되어 갔음을 가르치고 있다. 아마도 그들의 노론적인 사회 정치적인 지배계급으로서의 지위를 정당화시켜 주고 이를 고착화시키는 아주 유용한 이론이 리기이원론이기 때문이었을 것이다.

리理는 자기들과 같은 선한 지배자의 상징이고 기氣는 믿을 수 없는 반대파 혹은 무지렁이 피지배자의 상징으로 고착화하고 싶었던 것이다. 중국에서도 동일한 현상이 있었고 그 여파로 양명학이나 육상산의 유학이 발생, 발전한 것이라고 본다. 좀 더 상술해 보자.

주리론자에 따르면 신분, 계급은 태어날 때부터 정해져 있는 근본이며 이 근본이 곧 리理이다.

리理는 인의예지仁義禮智, 즉 사단四端의 도덕적 원리이므로 바뀌어질 수 없는 근본이다. 그렇기 때문에 조선의 왕조체제와 반상(양반 상놈)의 구분은 변경될 수 없는 것이다.

이 주리론자主理論者들에는 주로 영남의 사림파들이 많았으므로 영남학파라고 칭하며, 완고한 그들의 경직된 사고가 양명학은 물론 실학사상을 배척하고 북학파들의 서양문물에 대한 접근도 차단하게 하는 이론적인 근거가 된다. 그러나 이런 경직된 사고체계가 끝내는 쇄국정책에까지 맞닿아서 조선 몰락의 근원이 되었다고 볼 수 있다.

무서운 것은 그들의 주자학 일변도의 꽉 막힌 사고체계가 오늘날의 대구 경북의 극우적 성향의 원초가 아닌가 하는 생각이 든다는 점이다.

이에 반해서 주기론자^{主氣論者}들은 사물의 본성인 리^理는 기^氣를 통해서 변할 수 있다고 본다.

따라서 리^理에 해당하는 인간의 신분이나 정치체제는 상황의 변동(기운의 변화), 즉 기^氣에 의해서 바뀔 수 있다는 것이다. 이 주기론은 실학파와 한말^{韓末} 개화파의 이론적 배경이 되는 것이다.

이와같이 주기론과 주리론, 또 성즉리^{性卽理}와 심즉리^{心卽理}, 이런 철학적 논쟁이 단순히 학문적 논쟁에 거치는 것이 아니고 그 이면에는 사회현상을 보는 관점과 정치적 입장에서 첨예한 대립이 존재하는 것이다.

이것이 더 나아가서는 당쟁과 정치적 탄압의 이론적 바탕이 되기도 했다.

이 리^理와 기^氣의 본성과 둘의 상호작용과 또 그 관리(control) 방법에 대해서 치열한 논쟁이 오랫동안 있었고 특히 조선에서는 퇴계와 고봉의 리기^{理氣} 논쟁은 너무도 유명하다.

필자가 여기서 성리학을 성명^{性命} 리기^{理氣}를 연구하는 학문이라고만 단순하게 정의하면 문제가 없는 것이 아니지만 본고는 논문이 아니니까 편의상 그렇게 약식으로 정의하기로 했다.

사실 서양의 철학사상만 하더라도 그것을 구체적으로 이해하고 체득한 사람은 서양철학을 전공으로 하는 학자들을 제외한 일반인 중에서는 극히 소수에 불과할 것이다.

그중에 나 같은 사람도 물론 포함된다. 칸트의 비판 철학 하나만 예로 들어 벌써 순수이성비판이니 판단력비판이니 하는 제목만

들어도 머리가 지끈거린다. 똑같은 현상이 동양철학, 그중에 특히 주자학이나 양명학에서도 그대로 적용된다.

사단칠정이니, 이기일원론이니, 성즉리^{性卽理}니, 격물치지니 뭐니 하는 고리타분한 소리만 들어도 경기가 나는 사람이 한둘이 아닐 것이다.

그런 점을 감안하여 여기서는 남명 사상을 가죽이라도 이해하기 위한 최소의 단계로서 성리학과 양명학의 아주 초보적 개념의 대강이라도 한번 이해하려고 시도해 본 것이다.

이야기를 다시 양명학으로 옮겨오면, 훈고학의 고루함을 벗어나서 불교나 노·장의 사상까지 일부 흡수하여 인간과 우주의 근본원리를 참구하고 공^孔·맹^孟(공자·맹자)의 인의예지^{仁義禮智}의 정신을 재생하겠다는 큰 뜻으로 시작된 신유학, 즉 성리학도 시간이 지나감에 따라 왕권의 유지와 강화의 한 수단으로 전락하게 되고 유교 본래의 특장인 도덕 윤리는 점점 퇴색되어 갔다.

시대로 따지면 당나라 후기부터는 성리학이 기득권의 이익만을 대변하는 학문으로 전락하게 되었다는 비판을 받게 되었다.

그래서 앞에서 언급한 바와 같이 송^宋의 말기에 육구언 왕양명 등의 신진 학자들이 나와서 주희의 리기이원론^{理氣二元論}에 대항하여 리즉기^{理卽氣}0, 심즉리^{心卽理}, 즉 리기일원론^{理氣一元論}을 주창하면서 성^性을 리^理로, 심^心을 기^氣로 보는 주희의 성리학과 대척되는 학설을 내놓았다.

이 이론은 조선의 기호학파의 이론과 거의 같은 내용이다.

주희(주자)식의 주지주의主知主義를 배격하고 실천을 중시하는 지행합일知行合一과 양지良知를 주창하였다. 여기서 양지良知란 원래 맹자가 처음 사용한 말인데 좋은 지식이란 글자의 뜻 그대로 탁상공론적인 지식이 아닌 현실에 쓰임이 있고 도움이 되는 그런 좋은 지식을 의미하는 것이다.

왕수인은 학문의 방법에서도 『대학』에서 언급한 격물치지格物致知의 뜻을 주희와 같이 "사물의 이치를 객관적으로 끝까지 파고 들어가면 앎에 이른다"는 이른바 성즉리性卽理로 해석하지 않고 그는 격格의 뜻을 "물리친다"고 해석하고 물物을 물욕으로 해석하여 "마음을 어둡게 하는 모든 물욕을 물리치면 앎에 도달한다"는, 즉 심즉리心卽理로 해석한다. 주자의 격물치지가 지식 위주인 것에 반하여 왕수인의 격물치지는 도덕 실천을 중시한다. 그래서 주자학을 리학理學이라 하고 양명학을 심학心學이라고 하는 것이다.

성리학의 리기이원론理氣二元論이 잘못 이해되어서 리理는 올바른 것이며, 사회 구조상으로는 양반, 관료, 제왕을 상징하는 데 반해 기氣는 나쁜 것이며, 이는 다스리고 눌러야 할 속성을 가지고 있으며, 사회적으로는 일반 양민, 상놈 등을 상징하는 하류 백성들을 의미하는 것으로 인식하면서 결과적으로 성리학의 리기이원론理氣二元論은 사회를 계급과 서열로 다스리는 자와 다스림을 받는 자로 분화 고착화시켜서 사회의 변화와 신분의 변동 같은 것은 절대 용납할 수 없는 것으로 만들어 버린다. 거기에는 어떠한 작은 개혁도 용납되지 않고 또 발전의 동력마저도 배격하는 그야말로 꼴통적 지배 이념으로 굳어지게 된 것이다.

전문가가 아닌 일반 독자들은 조선의 유학자들 사이에 이기理氣 논쟁이 왜 그렇게 오래도록 또 그렇게 치열하게 전개되었는가를 이제사 조금 이해가 되리라고 본다.

거기에는 단순한 학문적인 견해 차이를 훨씬 넘어선 사회적 정치적 신분적인 대칭점이 존재했던 것이다. 즉 요즘의 보수와 진보와 같은 대립각이 도사리고 있었던 것이다.

사실 유교는 공·맹의 사상을 배우고 따르는 것에 거치지 않고 거기서 더 나가서 하나의 종교로까지 발전하여 공자, 맹자 두 분을 종교의 교주 이상으로 받들고 섬기는 종교다.

그러려면 당연히 공·맹의 사상을 가감 없이 그대로 받아들이고 존중하고 배워나가야 하는 것이다.

그런데 송대宋代에 와서 정이천, 주희 등의 유학자들이 신유학이라 하여 성리학이라는 새로운 사상 철학을 주창하면서 원래 유교가 지녔던 실용 실천적 요소들을 무시하고 순수한 철학이론 위주의 학문으로 개편하게 되었다. 그들은 원래의 유교 경전에다가 수많은 주註를 달아서 경전 본래의 뜻에서 벗어난 자의적 해석을 하는 방식으로 해서 그들만의 성리학의 프레임을 만들어 나갔다. 그러니까 성리학은 원래의 공맹 사상에서 많이 벗어나 있다고도 할 수 있을 것이다.

한편 조선에서는 전술한 바와 같이 이 주자학을 유일 학문으로 받아들여서는 유교 경전의 해석도 주희朱熹의 주석註釋을 금과옥조로 받아들이고 주희의 이론이 정통이 되고 그 이외의 다른 해석이나 이론은 이단으로 격하시켜 버렸다. 주희는 이제 주자朱子로 높여져 공자, 맹자와 동렬의 성인^{聖人}의 반열에 올려지게 되었다.

이 주자학 일변도의 학문 풍토는 이렇게 해서 현실과는 동떨어진 이론 중심으로 흐르면서 백성들의 실제 생활과는 전혀 상관없는 그들만의 탁상공론 게임이 되어 버린 것이다.

이렇게 해서 주자학은 끝내는 조선의 정치 상황과 맞물려서 학문과 국가 발전에 심대한 피해를 입히게 되었던 것이다.

당연히 양명학은 조선 초에 들어와서부터 기존의 정통 주자학자들로부터 계속 배척을 받았고 심지어는 사문난적^{斯文亂賊}이라는 탄압도 받았다. 그러나 이괄려, 이충익 등 강화학파에 의해 겨우 명맥을 유지해 오다가 나중에 홍대용, 박지원, 박제가 등의 실학파(북학파)와 제휴하게 되면서 조선 후기 개혁사상에 큰 영향을 미치게 된다.

이 양명학은 일제시대에는 우리 독립운동가들에게도 큰 영향을 미친 것으로 보인다. 그 대표적인 독립운동가로서 박은식, 신채호, 정인보, 송진우 등이 양명학을 깊이 연구한 것으로 되어 있다.

일본에서는 에도시대에 양명학이 소개되어서 관학(성리학)에 의해 탄압을 받다가 명치유신 이후 요시다 쇼닌 등에 의해 개혁운동의 이론적 바탕으로 참고가 되었다고 한다.

그러나 주자학과 양명학의 이와 같은 철학적인 개념의 차이와 논쟁은 그렇게 나이브하고 평화적인 이론적인 논쟁으로만 그치는 것이 아니고 양명학이 주자학에서 갈라져 나오게 된 그 배면에는 보다 심각한 사회적 정치적 입장 차이가 도사리고 있는 것이다.

성리학은 송대에 출현하여 명대에 더욱 융성하였다. 사실 성리학 그 자체는 완벽한 사상체계를 갖추고 있어서 이를 대체할 다른 사상의 출현은 어려운 듯이 보였다. 그러나 송대와 명대 초기까지는 중국의 경제체계가 농업 중심의 자급자족 경제체제 하의 사대부 중심의 신분질서가 확고하고 사농공상의 구별과 위계질서가 정해져 있는 정체적 사회였으므로 주자학의 인의예지와 명분 중시의 이념과 잘 어울리는 상황이었다. 그래서 오래도록 관학으로서 사회의 지배 철학이 되어왔으나 명대 중기 이후부터 상품 화폐경제가 발달하게 되고 상인층이 크게 대두하면서 농업 위주의 자급자족 경제가 흔들리고 사농공상의 계급체계도 흔들리면서 백성들, 특히 하층민들의 평등의식이 싹트기 시작하고 기존의 고착화된 사회체계와 성리학적 세계관과는 서로 부합하지 않는 상황이 되자 이 새로운 상황에 부합되는 신사상이 필요하게 된 것이다.

이것이 명대 후반에 양명학이 출현하게 된 사회적 배경이라고 볼 수 있다. 특히 상공업이 발달하게 된 남중국에서의 자유분방한 사고思考와 계급 타파와 평등에 대한 요구가 더 거세어지면서 양명학의 영향력이 점점 더 커지게 되었다.

중국에서의 양명학이 신분주의를 타파하고 서민 대중의 자유와 창의력을 제고시키는데 크게 기여를 했던 것에 비해 조선에서의 양명학은 완고한 주자학의 위세에 눌려 제대로 기능을 하지 못했다. 조선에서는 이렇게 주자학만 신봉한 결과로 한편에서는 그 주자학 순정주의의 폐단을 야기시켰고 다른 한편으로는 존화尊華(중국만을 섬기는 짓) 사상을 심화시켰다.

이렇게 장기간 변화가 없는 고착화된 학풍으로 인해 유학자와 벼슬아치들의 백성에 대한 전횡과 부정부패가 만연하게 됨으로써 조선 사회는 점점 활기를 잃어버리고 국가를 스스로 지킬 만한 힘도 의지도 없어지게 되어서 결국은 임진왜란의 참화를 겪게 되었다. 그러고도 아직 정신을 못 차리다가 곧바로 병자호란을 겪는다. 사필귀정이다.

그래서 이런 주자학을 두고 허학가행虛學假行(헛된 학문 거짓된 행동)이라고 조롱하기도 하는 것이다.

여담이지만 임진왜란 때 명나라의 수군 장수로 파견되어 왔던 진린 같은 사람도 꽉 막힌 조선의 주자학 일변도의 학풍을 비판하고 조선 사회의 발전을 위해서는 실용적인 양명학을 더욱 활성화할 것을 충심으로 권유했다는 이야기도 있다.

이상에서 살펴보았듯이 양명학은 대단히 실용적이고 탈권위적인 학문이다. 그렇기 때문에 남명 같은 분이 양명학을 깊이 연구한 것은 당연한 처사라고 생각한다.

퇴계가 이를 두고 남명을 비난한 것은 유교의 한쪽 면만 바라보았던 근시안적인 조선 주자학자의 편협한 소견에 지나지 않았다고 나는 생각한다. 이와 같은 퇴계의 폐쇄적인 학문에 대해 정인홍은 신랄한 비판을 하였고, 퇴계에 대한 비판은 조정에 포진되어 있던 많은 수의 퇴계의 제자들을 분노케 만들었고 나중에 정인홍에 대한 부정적인 여론 형성과 정치적 탄압의 한 원인이 되기도 했다.

5. 남명과 장자(莊子)

장자^{莊子}는 남명에게 있어서 특별한 끈을 제공한 것 같다.
우선 남명^{南冥}이라는 호 그 자체가 『장자』의 「소요유^{逍遙遊}」편에서
발췌한 것이다. 그 부분을 읽어보자.

"북명(北冥, 북쪽 바다)에 물고기 한 마리가 살고 있었는데 이름이
곤(鯤)이다. 곤(鯤)은 그 크기가 몇천 리나 되는지 알 수 없다. 이
곤(鯤)이 변해서 새가 되었는데 새의 이름은 붕(鵬)이다.
붕이 한 번 날아오르면 그 날개가 하늘을 뒤덮어 구름을 연상시킨다.
붕은 바다 위에 태풍이 불면 바람을 타고 남쪽 바다(南冥)로 옮겨갈
수 있다. 그 남쪽 바다(南冥)는 바로 천지(天池)다. 붕이 남쪽바다로
옮겨갈 적에는 한 번 물을 치면 삼천리나 튀기게 되고 빙빙 돌며
회오리바람을 타고 9만 리나 올라가며 6개월을 날아가서야 쉬게 된다."

장자가 이처럼 거대한 물고기 곤^鯤과 거대한 새 붕^鵬을 이야기한
것은 이 비유를 통해서 세상 사람들의 협소한 소견이 웅대한 세계의
실상을 보지 못함을 풍자했다고 풀이된다.

장자의 이 장쾌 웅혼한 자유정신을 상징하는 붕^鵬새의 남쪽
바다로의 이동하는 이미지에서 아마도 조식 선생께서 힌트를 얻어
서 자기의 호^號로 삼은 것이 아닐까 한다.

사실 조선 500년 간의 긴 시간 동안 노자와 장자 그리고 불교는
이단이라 하여 배척당하였다. 심지어는 같은 공자의 뿌리에서 자라

온 양명학이나 육상산의 유학마저도 배척하는 꽉 막힌 주자학 일변도의 학문 풍토에서 남명의 노·장 사상에 대한 폭넓은 이해와 수용은 여간한 용기와 학문적 자신감이 없이는 불가능했던 일이다. 전술한 바와 같이 남명은 당시 이단으로 배척당하던 양명학과 육상산의 이론은 물론이고 노·장자와 불교사상까지 다양하고 광범위한 분야에 걸친 연구를 함으로써 자기의 본바탕인 성리학과 아우러져서 그의 폭 넓은 경敬·의義 철학을 완성시킬 수 있었을 것이다.

남명의 장자에 대한 애정은 그의 고향 삼가에 48세 때 지은 정자를 뇌룡정雷龍亭이라고 이름한 것에서도 볼 수 있다. 그는 이 뇌룡정을 지어서 학문 연구와 제자들을 교육하는 도장으로 삼았다.

뇌룡정雷龍亭의 명칭은 『장자』「재유在宥」편에 나오는 문구인 "尸居而龍見 淵黙而雷聲(시거이용현 연묵이뇌성)"에서 뇌雷와 용龍 두 글자를 차용해서 뇌룡정이라는 이름으로 자기의 초막의 명칭으로 삼았다. 그리고 남명의 그 유명한 「을묘사직소」도 이 뇌룡정에서 썼다.

위의 尸居而龍見 淵黙而雷聲의 뜻을 풀어보면 "시체처럼 가만히 있다가 때가 되면 용처럼 나타나고, 깊은 연못과 같이 묵묵히 있다가 때가 되면 우레처럼 큰소리를 낸다"라고 해석할 수 있겠다. 미루어 짐작건대 가슴에 큰 개혁의 뜻을 품고 때를 기다리고 있는 자기의 뜻을 얹어서 뇌룡정이라는 이름을 붙인 것이다.

남명과 장자의 관계에 대해 좀 더 살펴보기로 하자.

사실 중국의 성리학자치고 선불교를 공부하지 않는 사람은 거의 없다. 즉 장횡거, 주렴계, 정명도, 정이천 심지어는 주자朱子까지도 모두 선문(禪門)에 출입하였다고 한다. 그러고 보면 성리학의 밑바탕에는 노·장자와 불교적 사상이 이미 가미되어 있다고 볼 수 있으며 그래서 그들은 성리학을 새로운 유학(新儒學)이라고 명명했다.

그런데 유독 조선의 배타적이고 폐쇄적인 주자학자들만 순혈주의 정통주의를 강조하면서 조선의 학문과 사회 발전에 커다란 폐해를 입힌 것이다.

이에 반해 남명이 이들 다양한 사상들 특히 장자의 사상을 수용하고 깊이 천착한 일은 아무리 높이 평가해도 지나치지 않을 것이다.

장자 사상의 형성에 영향을 준 인물이 노자와 혜시(춘추전국시대의 정치가)라고 많이 알려져 있다. 그러나 『장자』의 「양생주」편과 「내편」에 보면 공자와 유가(儒家)들이 자주 거론되고 있다.

중국의 학자 중에는 장자사상은 공자 문하(門下) 특히 안연(顏淵)에서 크게 연원한다고 주장하는 사람도 있고, 당나라의 한유는 공자의 학문이 자하(子夏)로, 자하에서 전자방(田子方)을 거쳐 장자로 전해졌다고 주장했다.

어쨌든 장자의 사상이 정통 유가 사상과 많은 관련이 있는 것은 사실이다.

사실 공자는 14년에 걸친 그의 주유천하가 사실상 실패로 끝나자, 말년에 가서는 그의 인생관이 많이 바뀐 것 같다.

자기가 꿈꾸어 온 인의예악(仁義禮樂)의 이상사회를 만들기 위해서 고향 노나라를 떠나서 춘추시대의 여러 제후국들, 예를 들면 위나라, 송나라, 정나라, 진나라, 초나라 등으로 그야말로 일단사 일표음

一簞食一瓢飮, 즉 한 주먹 도시락밥과 한 모금 표주박 물로서 연명해 가면서 자기를 써줄 수 있는 왕과 제후를 찾아다녔으나 아무 소득 없이 고향 노나라로 돌아오고 말았다.

그 이후의 공자의 사상과 행적은 오히려 후일의 장자의 그것에 많이 닮았다고 할 정도로 대단히 관조적이고 탈현실적인 경향으로 바뀌었다고 한다.

이는 그의 최고의 제자로서 14년 주유천하에도 끝까지 동행을 했던 안연顔淵(혹은 顔回)으로부터 영향을 받은 바가 크다.

『장자』의 「인간세」편에 보면 공자 스스로도 안연의 좌망坐忘 사상에 깊이 동감하면서 안연으로부터 좌망坐忘에 대한 가르침을 받겠다는 대화 장면이 나오는 것을 볼 수 있다.

안연의 영향이 아니더라도 공자는 주유천하(南巡, 남순이라고도 함) 이후에는 진정한 자아의 실현은 꼭 정치를 통해서만 되는 것이 아니고 은거隱居하면서 누항陋巷의 궁핍한 생활을 통해서도 자연과 하나가 되는 주객일체의 자유를 누릴 수 있다는 것을 깨닫고 지금까지와는 전혀 다른 삶의 행보를 보였다.

이때 그 유명한 "飯蔬食飮水 曲肱而枕之 樂亦在其中(반소사음수 곡굉이침지 낙역재기중)"이라는 시가 쓰여졌다고 본다. 즉 "나물 먹고 물 마시고 팔베개를 하고 누웠어도 그 가운데서도 또한 기쁨이 있네."

이렇게 은거락지隱居樂志의 삶, 즉 부운浮雲과 같은 세상사世上事를 벗어나서 자연 속에서 낙을 찾는 말년 공자의 은둔적 초월적 자연사 상이 장자에게 비판적으로 계승되고 이를 노자사상과 결합하여 더욱 심원한 철리^{哲理}의 체계로 발전시킨 것이 장자의 사상이라고 볼 수 있다.

아무튼 유가^{儒家}사상의 내면에는 이미 장자적인 요소가 내재되어 있었고 그중에 특히나 안연의 사상은 스승 공자의 캐치프레이즈인 인^仁과 예^禮를 자기수양을 통해서, 다시 말해서 철저한 내성^{內省}을 통해서, 스스로 깨달아 간다는 소위 위기지학^{爲己之學}을 실천해 나가는 데 있어서 심제^{心齊}와 좌망^{坐忘}이라는 불교적 수양법과 유사한 방법을 원용한 것이다.

안연의 이 심제^{心齊}와 좌망^{坐忘}의 개념이 안연 사후에 장자파들에게 영향을 미쳤다고도 보인다.

사실 장자는 유가^{儒家}(유교집단)을 많이 비판했다. 유가라 하더라도 공자 사후에 여러 부파로 나누어졌는데 이 중에서 안연의 후계자들인 안씨지유^{顔氏之儒}와는 장자파와 대단히 동질적인 면이 있었지만 그 외의 여러 유파들에게는 그들의 형식적이고 옹졸한 세계관에 대해서 "천유^{賤儒}(천한 유림)"라고 하면서 비난, 멸시하였다.

안연의 심제와 좌망이 아니더라도 송대의 성리학 형성 초기에도 주렴계 정명도 등의 성리학의 개척자들은 벌써 물아양망^{物我兩忘}(만물과 나 모두를 다 잊은 상태)과 천인합일^{天人合一}(하늘과 인간이 하나가 되는 상태) 등의 경지에서 지락^{至樂}(최고의 기쁨 행복)에 도달할 수 있다고 한 것은 노·장의 도가적^{道家的} 성향을 계승한 것임을 알 수 있다.

이렇게 보면 유가와 노·장의 두 사상은 결코 완전히 적대적인 것이 아니고 상호 간에 어느 정도 영향을 주고받고 했다고 볼 수 있다.

중국 사상계의 양대 축인 유가儒家와 도가道家 사이의 이런 상호 간의 이어진 끈을 남명이 모를 리가 없었고 특히나 공자의 제일 제자인 안연과 그 후학들을 통해서 장자에게 영향을 미친 이 사상을 남명 같은 통이 크고 열린 사상체계를 가진 조선의 거유巨儒가 그저 흘려보낼 리가 없는 것이다. 그래서 남명은 장자에 깊은 친밀감을 느끼고 거기에 깊이 천착하게 된 것은 대단히 자연스런 일일 것이다.

이것을 두고 마치 남명이 성리학의 범위를 벗어나서 사문난적 같은 노·장 사상에 빠져들었다고 비난하는 퇴계를 비롯한 골수 조선 주자학파들을 두고 나는 "제비, 참새가 어찌 대붕의 뜻을 알겠는가(燕雀安知 大鵬之志)"라는 사기史記에 나오는 문구 하나로서 되돌려주고 싶다.

여기서 좌망坐忘에 대한 이해를 위해서 공자와 안연 사이의 대화를 한번 들어 보자.

먼저 안연이 공자께 보고한다. "선생님, 요즘 저의 수련에 발전이 있었습니다."

공자가 묻는다. "무슨 발전이 있었는가?"

"저는 인의(仁義)를 잊을 수 있게 되었습니다."[11]

"좋기는 하지만 아직 완성된 것은 아니다."

얼마 후 다시 안연이 보고한다. "선생님, 저는 더 발전했습니다."

---

11 이 말은 안연의 수련의 수준이 이미 경전에 나오는 인(仁)이니 의(義)니 하는 그런 차원을 넘어섰다는 의미다.

"그래 무슨 발전을 했나?"

"이제는 예악(禮樂)을 잊을 수 있는 수준이 되었습니다."[12]

"좋기는 하나 아직 완성되지는 못하였다."

얼마 후 다시 안연이 보고한다. "저는 좀 더 발전했습니다."

"어떻게?"

"저는 좌망(坐忘)을 할 수 있게 되었습니다."

"무엇을 좌망이라고 하느냐?"

"자신의 신체와 팔다리의 존재를 잊어버리고 눈과 귀의 작용을 없애고, 형체 있는 육신을 벗어나고, 마음속의 지식을 제거해 버리고 온갖 차별을 넘어선 대도(大道)에 동화하는 것, 이것이 좌망(坐忘)입니다." 이 말을 듣고 공자가 말한다. "도(道)와 하나가 되면 호오(好惡, 좋고 싫음)의 차별이 없어지고 변화를 좇으면서 일정한 것만을 추구하는 마음도 사라지는 법이다. 너는 과연 현자(賢者)로다. 나도 너의 뒤를 따르면서 가르침을 청해야겠다."[13]

위 대화로부터 좌망의 뜻을 충분히 이해하였을 것이다. 이것은 말하자면 선불교에서의 득도(得道) 혹은 깨달음과 같은 의미로 해석된다. 기독교식으로는 '거듭남'이나 '부활'과 같은 뜻으로 해석이 될 수 있겠다.

장자의 수양법이 심제(心齊)와 좌망(坐忘)인데 이 두 가지의 수양법은

---

12 이제 구차스럽게 윤리 예의와 악(樂)을 논하는 그런 단계를 넘어섰다는 의미다.

13 출처: 『장자』 「대종사(大宗師)」편.

앞에서 언급한 바와 같이 공자와 안연의 대화에서 알 수 있듯이 장자 이전에 안연은 이미 이 수양법에 통달하고 있었던 것이다. 그러니까 남명에게는 장자의 좌망이나 심제가 결코 낯설지 않는, 같은 유교의 갈래에서 유래된 수련법이었다. 이것을 계승 발전시켜서 남명의 그 유명한 경敬·의義 철학을 탄생시킨 것이 아닐까 싶다.

수양법뿐만 아니라 남명의 여러 문장에서도 『장자』에서 나오는 용어들을 흔하게 사용하였음을 알 수 있다. 예를 들면 '허虛(텅 빔)', '무용지용無用之用'(쓸모 없어 보이는 것의 쓸모 있음), '무장선장無藏善藏', 즉 감추지 않은 것이 곧 잘 감추는 것 등이다.

이렇게 남명이 당시의 폐쇄적인 사상적 분위기 속에서 장자의 사상과 용어를 거리낌 없이 수용한 점은 그의 진취적 기상과 용기를 잘 나타내고 있는 것이다.

전술한 바와 같이 공자는 인의仁義에 집착해서 그것의 실천을 위해서 14년간의 허송세월을 한 끝에 그의 만년에 들어서야 노·장자와 비슷한 사상에 많이 기울게 되었다고 본다. 장자는 젊은 시절의 공자를 비판하기를 "공자는 인의仁義에 사로잡혀서 초도덕적 가치를 보지 못하고 도덕밖에는 모른다"라고 하였다. 그러나 이는 지나친 비판이라고 생각한다. 공자도 "아침에 도를 들으면 저녁에 죽어도 좋다"고 말할 만큼 도덕을 넘어선 어떤 천하의 근원인 도道를 알기를 강렬히 원했다.

하지만 그의 도는 장자의 초월적인 도의 개념과는 큰 차이가 있다. 그런 공자도 만년에는 장자적 도道의 개념과 유사한 '대도大道'와 '무용지유無用之有'를 깊이 생각한 것 같다.

즉, 도라는 것은 인의仁義처럼 유용한 것은 아니다. 실용적인 아무런 도움을 주지 못한다. 그러나 이 도道는 생生과 사死가 여일如一함과 득得과 실失이 차이가 없음을 인식시키는 역할을 한다. 실용적으로는 무용하지만 이러한 생사관을 제시함으로서 삶의 인식 범위를 크게 넓히고 높이는 유용한 기능을 하는 것이다. 이것을 장자는 "무용無用의 유有", 즉 "쓸모없음의 쓸모있음"이라고 했다. 이와 같은 깊은 통찰력을 남명은 공자를 통해서뿐만 아니라 장자를 통해서도 흡수했던 것으로 보인다.

여담으로 장자의 웅혼한 스케일과 명리名利에 초연한 자세에 대한 우화 한 토막을 소개한다.

『장자』 외편 「추수秋水」항에 나오는 이야기다.

혜자가 양나라의 재상의 자리에 있을 때 친구인 장자가 그를 만나러 갔다.

어떤 사람이 혜자에게 와서 고하기를 "장자가 이곳까지 오는 것은 선생님의 재상 자리를 뺏으려고 하는 것입니다." 불안을 느낀 혜자는 나라 안에 부하들을 쫙 깔아 놓고 사흘 밤, 사흘 낮을 두고 장자의 행방을 쫓게 하였다.

마침내 장자가 도착해서 혜자를 만났다. 장자가 말했다.

"남방에 큰 새가 있는데 그 이름을 원추라 부르는데 그 원추는 남해에서 출발하면 북해까지 날아가는데 오동나무가 아니면 앉지를 않고 대나무 열매가 아니면 먹지 않고 감로수(甘露水)가 아니면 마시지 않네. 그런데 솔개가 썩은 쥐를 갖고 있다가 원추가 날아가자 그를 올려보면서 끽끽 소리를 내며 자기의 썩은 쥐를 빼앗길까 봐 전전긍긍했다고 하네. 지금 자네는 양나라 재상 자리 때문에 나를 보고 끽끽 소리를 내는 것이 아닌가?"

스케일이 이 정도는 되어야 대장부라 할 수 있지 않을까? 아마 남명 선생 정도라야 이 경지가 되겠지.

여기서 나는 좀 의아한 점 두 가지를 발견한다.

첫째, 『장자』에서는 노자에 대한 언급은 별로 없는 데 반해 오히려 공자와 안연에 대해서는 여러 곳에서 자주 언급하고 있다. 왜일까?

우선 장자는 노자보다 백 년 정도 후의 인물이면서 노자의 사상에 크게 영향을 받은 것은 확실하지만 노자의 경우는 공자의 경우처럼 많은 제자들을 거느리고 그 문하생들을 교육하고 그들을 통해서 천하의 평화를 이루어 나가겠다는 현실적 목표도, 이념도 없었다. 따라서 자기의 학맥 학통이 있을 수 없었다.

그러다 보니 장자가 설사 100년 전에 살았던 노자에 대해 비록 그 사상에 마음이 가고 동류감을 느끼지만 노자를 결코 자기의 스승으로 여기거나 그 도道를 널리 알리려고 하는 그런 일체감이 전혀 없었던 것 같다.

반면에 장자는 위에서 언급한 바와 같이 안연의 심제 좌망의 개념에 크게 영향을 입은 데다가, 현실적으로는 한유의 말대로 자하와 전자방의 계통을 통해서 공자의 학문을 가깝게 접하면서 공자에게는 오히려 더 가까운 심리적 밀착감을 느꼈을 수도 있었을 것이다.

그래서 장자는 그의 저서 『장자』에서 공자의 이야기를 노자보다 오히려 더 많이 했을 것이라고 추측한다.

둘째, 남명이 노·장 사상에 관심이 있으면 그 사상의 원조인 노자를 장자보다 더 많이 연구하고 가까이했을 터인데도 그의 호인 '남명'도 장자에서 따오고 그의 학당인 뇌룡정도 장자에게서 따올 만큼 장자에게 더 기울어져 있었던 이유가 무엇일까?

그것은 추측컨대 장자의 '심제'와 '좌망'의 개념에 더 많이 공감을 했다는 말이고, 이는 사실 공자의 제일 제자인 안연이 제안한 정신 수련체계이고 공자도 이에 크게 공감을 표한 바가 있었다.

일설에는 공자가 노자로부터 많은 조언을 받았다는 말이 있으나 확실하지는 않다. 오히려 노자와 공자는 동시대의 사람으로 상호 영향을 받을 수는 있었다고 보는 것이 합리적일 것이다.

또한 유교의 비조鼻祖인 공자의 사상이 제자인 안연이나 자하를 통해서 장자에게 전달되었음을 잘 알고 있는 남명은 장자에게 동류의식을 느꼈을 수도 있다. 그래서 노자보다는 장자에게 오히려 더 친밀감을 느꼈을지도 모른다.

또 하나, 노·장의 현실 초월적 사상은 불교의 공空 사상과 많이 닮아 있는데 시기적으로는 인도의 불교가 조금 먼저 시작되었다.

그러기에 중국인들은 불교가 인도에서 전해져 왔을 때 금강경의 사상四相의 개념이나 반야심경의 공空의 개념을 쉽게 이해할 수 있었다고 한다. 왜냐하면 노·장의 사상이 이들 불교사상과 아주 유사하기 때문이다.

참고로 금강경의 사상四相이란 아상我相, 인상人相, 중생상衆生相, 수자상壽者相을 사상이라 하는데 이를 약술하면

① 아상我相: 범어 아트만atman의 의역이다. 우리말로 번역하면 자아自我, 즉 '나'라고 하는 생각이다. 나라는 존재는 원래 없는 허상인데(육체든 마음이든) 이것을 마치 자기가 존재하는 것으로 착각하는 것, 즉 자기는 없고 전체(法)만 있다는 것을 알지 못하는 것을 말한다. 이것을 유식론唯識論에서는 제7식인 말라식이라고 명명한다.

② 인상人相: 내 몸(body)을 나라고 생각하는 것. 몸이라는 것은 잠시 후 썩어 없어지는 허환虛幻(허망한 환상)인데 그 몸둥아리를 나라고 생각하고 거기에 집착하는 것을 말한다.

③ 중생상衆生相: 개체個體가 있다고 생각하는 것.

위의 아상과 인상은 내 몸과 내 정신이 존재한다고 믿는 것인데 반해 이 중생상은 이 세상의 만상 만물도 인간이 그러하듯이 그 하나하나의 개체를 따로 떼어 놓으면 그것은 아무 의미도 없고 존재하지 않는 것과 같은 것인데 사람들은 자꾸 이 개체가 있다고 생각한다. 이 잘못된 착각, 그것이 중생상이다.

우주의 만상은 전체로서 존재하는 것이지 결코 개체 하나씩 존재한다고 볼 수가 없는 것이다. 나뭇잎 하나는 봄에 생겼다, 가을에 떨어져 없어지는 존재로서 아무런 존재의 의미가 없지만 그것이 모여서 하나의 큰 숲을 이루고 산을 이루고 전 지구를 이루고 우주를 이루어서 통합적인 어떤 원리에 의해서 그 전체 안에서만 의미가 있는 것이다.

인간도 마찬가지다. 내 몸도 내 마음도 살아 있는 잠시 동안의 작동이지 그 자체 독자적인 어떤 의미나 가치가 있는 것이 아니다. 오직 전체 안에서 온 세상 온 우주를 통섭하는 거대한 어떤 힘의 미세한 한 부분이며, 그것도 영원의 시간 속에서 잠깐의 순간에만 형체를 가졌다가 곧바로 사라지는 허깨비에 불과한 것이다. 그 존재의 가치는 오직 전체 안에서만 찾을 수 있다. 예를 들면 하루살이의 무리는 수천만 년 전부터 집단을 이루어서 여름철이면 잠깐 무리를 지어 나타나는데 그 개체 하나하나의 수명은 불과 몇 시간밖에 안 된다. 그러나 그 무리는 몇천만 년간을 계속 존재해 있지 않는가? 우리는 하루살이 곤충 하나하나의 존재에 대해서 그 의미나 가치를 부여하지 않고 있다.

인간도 마찬가지다. 내 하나의 존재는 찰나적인 것이지만 인류의 집단은 수만 년을 이어져 오고 있다. 설사 어떤 생물의 한 종이 멸망하더라도 이 우주에는 다른 수많은 종의 생명체가 가득하고 또 생명체가 없는 곳에서는 무생명체로 억겁을 존재하고 있는 것이다.

그러기 때문에 만물에서 개체 하나의 존재 이유와 그 가치를 논할 수는 없는 것이다. 그것이 의미를 갖는 것은 오직 전체 안에서만 찾을 수 있는 것이다. 나와 자연이 하나가 될 때, 즉 신인합일神人合一이 될 때만 개체의 존재 가치가 있는 것이다.

이 전체를 천하라 하든, 조물주·하나님이라 하든, 불佛이라 하든, 도道라 하든 뭐라고 이름 붙이든 그것은 시간도 공간도 무한대인 만물의 근원(宗)이며 만물을 있게 하는 힘이며 시작도 끝도 없는 아득한 그 무엇이다. 개체인 나와 전체와의 일체가 되는 경지, 즉 나라는 자아는 없어지고 나와 전체 혹은 신神과의 합일(神人合一)을 이루는 것이 깨달음이고 득도이고 거듭남이다. 여기에 도달하기 위한 온갖 노력이 수행이고 기독교의 믿음이다.

성경(요한복음 14장 10, 11, 20절)에서도 이 신인합일을 이야기하고 있다. "내가 아버지 안에 거하고 아버지가 내 안에 계신다"라고 하면서 나라는 존재는 하나님 안에서 거할 때만 의미가 있다고 말하고 있다. 이것이 기독교의 진정한 부활의 의미다. 나라는 존재에 집착하지 않고 나를 잊어버리는 것, 그것이 선불교의 깨달음(득도)이고 장자의 좌망坐忘이다.

이렇게 개체라는 것은 전체 속에서 잠깐 빤짝하다가 사라지는 허깨비 허상虛像일 뿐인데도 사람들은 자기 몸과 자기 마음이 또 자기 영혼이 독자적으로 존재한다고 생각하는데 이것이 문제이다. 개체가 그 의미를 찾거나 느낄 수 있는 때는 오직 전체와 합일될 때만인데 사람들이 마치 자기가 독립적인 어떤 존재인 것으로 착각한다. 이 착각이 곧 중생상이라는 것이다.

④ 수자상壽者相: 개인의 영혼이 있다는 생각이다. 이것은 대단히 중요한 토론의 테마다.

불교에서는 사람이 죽으면 그 영혼은 다시 영계로 들어가서 일정 기간 거기서 존재하다가 어느 시점에서 어떤 인연으로 다시 한 번의 삶의 기회를 얻는다. 즉, 육체는 죽어도 영혼은 죽지 않고 있다가 다음의 생을 계속한다는, 말하자면 윤회한다는 것이다.

이 생각은 서양의 영혼불멸설과 같은 이야기다. 좀 다른 것은 서양의 영혼불멸설의 근저에는 플라톤의 이데아론이 있는데 이 이데아^{idea}는 만물의 기본 바탕이며 영원히 없어지지 않는 그 무엇이다. 이 이데아론이 나중에 기독교의 천국 개념과 연결이 되어서 사람이 죽더라도 영혼은 살아서 천국으로 혹은 지옥으로 간다는 이론과 결합된다.

위 두 가지의 이론, 즉 불교의 윤회 이론과 서양의 이데아론은 유사한 면이 있고 양측 공히 권선징악적 의도를 내포하고 있으며 대단히 체제 순응적 보수적 마인드를 갖도록 유도한다.

이처럼 개인별 영혼이 있어서 윤회가 된다는 생각, 그것이 바로 수자상인데, 개별적 영혼은 그 자체로서 독자적으로 존재가 가능한 것이 아니고 대 우주정신 혹은 천지의 영혼과 결합이 되어 있을 때만 기능할 수 있는 것임은 전술한 바다.

버트런드 러셀의 유명한 『나는 왜 크리스찬이 되지 않았는가』라는 책에서도 "기독교의 윤리는 개인의 영혼을 강조함으로써 스스로를 완전히 개인주의를 만들어 놓았다"라고 썼다.

즉 개별적 영혼을 강조하는 기독교의 허구성을 지적한 말이다. 그런데 금강경에서는 기존 불교의 윤회설이나 플라톤의 이데아론을 모두 부인하고 있는 것이다.

사실 위의 윤회설은 불교에 처음 입문하는 초보자들의 종교적 근기^{根氣}와 도덕적 수준을 고양시키기 위한 기초적 설법이고 이것이 결코 불교의 진정한 철학이나 사생관은 아니다.

석가모니는 그 많은 설교를 평생 해놓고는 금강경에서는 나는 설교를 한 적이 없다고 말했고 반야심경에서는 지금까지의 설교 내용을 완전히 뒤집어서 불교의 기초이론인 오온五蘊설, 사성체四聖諦도, 12기연설도, 6근/6경/6식 모두 부정하고 일체 깨달음도 부정하는 완전한 반불교적 모순적인 이야기를 하고 있는 것이다.

왜 그런가? 위에서 예를 든 여러 불교이론은 근기가 약한 사부대중을 위한 설법이다. 말하자면 대학 입학하기 전의 수험생들을 위한 훈련 과정의 기본 교육용 학습서와 같다.

그러나 일정 수준을 넘어선 높은 수준의 학생들에게 그대로 판에 박힌 듯한 과정을 계속 반복 암기하라는 것은 그들의 지적인 수준을 그 자리에 묶어놓는 바보들의 교실을 만드는 것이다.

마찬가지로 석가모니께서도 대중의 수련과 신앙의 정도에 따라서 단계별 차등 설교 차등 교리를 적용한 것이다. 이것이 소위 석가모니의 '방편설법'인 것이다.

사물을 뒤집어서 전혀 다른 차원에서 보는 그런 시각, 즉 회광반조回光返照(빛을 돌이켜 거꾸로 비춘다)적 혁명을 제시하는 것이다. 이것이 바로 불교의 위대한 점이다.

위에서 본 바와 같이 사상四相(我相, 人相, 衆生相, 壽者相)을 완전히 버려야 비로소 영생할 수 있다. 영생이란 개인의 영혼으로 영생을 하는 것이 아니고 전체적 통합혼, 즉 영생체인 영靈의 세계와 하나가 되어서 영생하는 것이다. 그래서 영생에 이르는 길은 개체 존재, 즉 사상에 대한 미련을 끊는 것 외에는 다른 길은 없다는 것이 석가모니의 생각이고, 예수 그리스도의 생각이고, 노·장자의 생각이다.

개인적인 영혼이 영생하기를 바라는 것은 사람들의 이기적인 생각이고 자아를 버리지 못하는 저차원의 인간들이 가지는 불가능한 공상일 뿐이다.

그런데 이 불교사상의 끝판왕인 반야심경의 높은 경지가 바로 장자의 심제 좌망과 아주 닮아 있다. 위의 공자와 안연의 대화 마지막 문구를 다시 보자.

공자: 무엇을 좌망이라고 하느냐?
안연: 자신의 신체와 팔다리의 존재를 잊어버리고 눈과 귀의 작용을 없애고, 형체 있는 육신을 벗어나고, 마음속의 지식을 제거해 버리고 온갖 차별을 넘어선 대도(大道)에 동화하는 것, 이것이 좌망(坐忘)입니다.

안연이 도달한 이 경지가 장자의 경지이며 이것이 또 반야심경의 경지가 아닌가? 공자의 제일 제자인 안연의 영향을 많이 받은 장자의 자유분방하고 높은 경지의 정신세계에 남명이 깊이 동감하고 친밀감을 느꼈을 것이라고 쉽게 추론해 볼 수 있는 것 아닌가 싶다. 그러기에 그의 호인 남명도, 그의 연구소인 뇌룡정도 모두 장자에서 따오지 않았나?

이야기가 또 옆길로 샜다. 그러나 장자의 웅혼한 스케일이 남명의 학문과 그 사상에 크게 영향을 미친 것이 자명한 것이기에 장자와 불교 이야기를 잠깐 끼워 넣었다.

6. 남명 사상이 경상우도에 미친 영향

남명 선생이 평생 품었던 애민정신과 정의로움에 대한 열망은 가깝게는 임진왜란 시에 그의 제자들이 벌인 왕성한 의병활동을 통해 이 땅에서 구현되는가 싶었지만, 조선의 병폐는 너무나 깊고 또 그 환부는 너무 넓게 퍼져있어서 정의와 사랑이 물처럼 흐르는 그런 조화로운 세상이 이 땅에 쉽게 오리라고 기대할 수는 없는 일이다.

그렇지만 그의 사상과 꿈은 후대의 조선 실학자들의 개혁사상에 직간접적으로 영향을 많이 미쳤으리라고 본다.

본 장에서는 남명의 고향이고 활동무대였던 진주, 합천, 함양 등 경상우도에서 남명이 끼친 영향에 대해 한번 생각해 보려고 한다.

역사적인 팩트인지 아닌지는 모르지만, 고려시대에는 조정에 진주 출신(진주 강, 하, 정씨)이 너무 많아서 이성계가 조선을 건국한 뒤에 진주에 인물이 많이 나는 것은 비봉산의 정기 때문이라고 판단하고 진주에 인물이 나지 않도록 하기 위해서 두 가지 조치를 하는데, 하나는 무학도사를 시켜서 진주의 주산인 비봉산飛鳳山의 맥을 끊기 위해서 봉의 왼쪽 날개격인 말티고개(馬峴)에다 큰길을 내게 하고 다른 하나는 비봉산 밑에 있는 서봉지(棲鳳池)라는 못은 예로부터 봉이 거기에 살았다 하여 서봉지棲鳳池라고 이름이 붙여졌는데 이 못의 이름을 서봉지에서 가마못으로 바꾸어 부르도록 하였다. 가마솥은 물을 펄펄 끓이는 곳이니까 못의 이름을 가마못으로 하면 봉이 올 수 없다는 생각에서 그렇게 개명하였다고 한다.

아무튼 예부터 진주에서 인재가 많이 배출된다는 설이 있었는데 사실 단성현, 산음현, 삼가현 등 오늘의 산청군과 합천군 지역의 많은 곳이 진주목 즉 진주에 속하는 땅이었다.

남명 조식 선생도 넓게 보면 진주 사람이고, 그의 수제자 정인홍은 합천이고, 고高제자인 최영경은 한양에서 남명 선생의 제자가 되기 위해서 진주로 이사를 온 사람이다. 또 대표적인 의병장인 곽재우는 인근 의령 사람이고, 남명의 외손녀 남편이다. 이분들을 우리는 진주 사람이라고 해도 크게 무리는 없을 듯하다.

그러면 진주는 어떤 곳인가? 임진왜란 시의 의병 활동과 진주성 전투에서 전 시민이 전투에 참여하여 옥쇄를 한 곳이다.

그리고 철종 때 진주 농민항쟁은 삼남지방(경상, 전라, 충청)을 넘어서 중, 북부지방 등 전국적인 농민항쟁의 시발점이었다. 이 진주농민항쟁은 결국 진압이 되었으나 30년 후에 발발한 동학농민항쟁에도 영향을 미쳤다. 실제로 진주민란의 지도자였던 이필제가 경북 영해에서 동학교도 5백여 명을 이끌고 교조(최제우)의 신원과 동학탄압의 중지를 요구하면서 영해 관아를 점령한 일이 있었다. 전봉준의 제1차 동학농민전쟁이 일어나기 22년 전의 일이다. 이 사건은 동학교도들의 4차례에 걸친 교조신원 운동과 대규모 항의집회의 시발이기도 하다.

그리고 일제강점기의 진주 형평사 운동(신분 계층 타파 운동)도 진주의 항쟁운동에서 빼놓을 수 없다.

고려시대와 조선 초기에는 정치의 중심적이 역할을 했던 지역이 진주가 조선 중기 이후로 이렇게 자주 정부 시책에 강경하게 저항하는 민중운동이 활발하게 된 배경이 무엇일까?

아마도 조선의 사림士林들 중에서 의기가 있고 강직했던 김종직, 김굉필, 정여창, 김일손, 정온, 박지원 등 경상우도 출신이거나 이 지역(함양을 중심으로)을 거쳐 간 영남 강우학파의 영향이 없었다고 할 수 없겠지만 뭐니 뭐니 해도 남명 조식과 그의 제자들인 정인홍, 곽재우, 최영경 등의 영향력이 컸었다고 생각한다.

그중에서 남명 선생이 이 지역의 불의에 항거하는 의로운 정신을 함양하는 데 끼친 영향은 절대적이었다고 생각한다.

여담이지만 최근에 조식 선생의 정신과 사상을 기리고 보존 교육하는 한국선비문화연구원(원장 최구식 전 국회의원)에서 우리나라 대표기업인 삼성그룹, LG 금성, 효성그룹 등의 창업자가 모두 진주 출신이고 그 외 넥센그룹의 강병중 회장, 대교 그룹의 강영중 회장, 대동공업의 김삼락 회장 등을 포함하여 300여 개의 굴지의 창업 기업인들이 진주 출신임을 지적하면서 진주의 독특한 기업가 정신을 강조한 바가 있다. 그래서 전 세계적으로 열풍을 일으키고 있는 K-문화에 이어 K-기업이라는 개념을 만들어서 진주를 K-기업의 본산으로 하고 진주를 기업가 정신의 수도로 선포한다고 했다. 그리고 그 바탕에는 남명 조식의 사상이 깔려있다고 하며 남명 정신과 K-기업가 정신의 연계를 연구하고 있는 것으로 알고 있다.

진주 출신의 성공한 기업가가 많은 것은 사실이고 또 그것을 바탕으로 진주를 K-기업의 본산으로 여기고 주장할 수 있다고 본다. 또 그것이 이 지역의 자랑거리로 말할 수도 있다.

그렇지만 이것과 남명의 사상을 어떻게 연계지을 수 있는가에 대해서는 고개가 좀 갸우뚱해진다. 견강부회일 수 있거나 아니면 하나의 국뽕 진주뽕으로 인식될 우려가 있다.

정의로움을 추구하고 관료들의 부정부패에 분개하던 남명의 정신은 위에서 언급한 진주 지역의 저항운동에서 그치지 않고 3.1독립운동 과정에서 그 진가를 더욱 발휘한다.

먼저 3.1만세운동에 관해서 말하면, 1919년 3월 1일 서울의 탑골공원에서 시작된 독립만세운동은 삽시간에 들불처럼 전국으로 퍼져나갔는데 이 중에서 서울을 제외한 지방에서의 만세운동 중에서는 삼가 장터의 만세운동이 압도적으로 큰 규모였다. 물론 유명세를 타기로는 천안의 아우내장터 만세운동이 있지만 그 규모 면에서는 삼가 만세운동과는 비교가 되지 않을 정도로 작았고 (4,000여 명 참가에 사망자 19명) 운동의 발발 시기도 삼가의 그것보다 1주일이 늦은 3월 31일이었다. 아우내장터 만세가 유명해진 것은 아마도 유관순 열사가 준비하고 참여한 것이 큰 원인이었을 것이라고 추정한다.

아무튼 삼가의 만세운동은 평안도, 함경도 등 북한 지역을 다 포함하더라도 전국에서 가장 큰 규모의 사건으로서 추정컨대 3만 명이라는 당시로서는 어머어마한 규모의 민중이 참여하여 42명의 순국자와 150명의 부상자가 발생하였다.

이 집회에는 합천군 내의 여러 면민뿐만 아니라 산청군, 의령군, 거창군 등 인근 군내의 면민들도 많이 참가한, 그야말로 경상남도

내 거도적인 운동이었다.

합천군 여러 지역에서는 이 삼가 만세운동 외에 합천읍을 포함한 그 외 여러 개별 면 단위의 만세운동도 많았다.

자, 그러면 어째서 이 조그만 산골 고을 장터에서 전국 최대 규모의 만세 인파가 몰려들게 되었을까?

그 원인의 하나로서는 합천, 진주, 산청 지역의 유림들이 고종의 인산에 참석하기 위해 서울에 갔다가 서울에서의 3.1만세운동을 목격하고 동참도 하면서 거기서 입수한 독립선언서를 많이 휴대하고 내려와서 삼가 합천을 중심으로 광범위한 만세운동을 신속하게 진행할 수 있었다고 한다. 그러나 이것은 근본적인 원인이 될 수 없는 것이 유림들의 고종 인산 참석은 전국의 다른 지역에서도 다 있었던 일이지 합천 삼가의 유림들만 그러한 것이 아니었다.

그보다 근원적인 이유로서 나는 삼가 출신의 남명 조식과 합천 야로현(지금의 가야면) 출신의 정인홍에서 유래된 점이 많다고 본다.

전술한 바와 같이 인조반정으로 정인홍이 처형된 이후로 남명학파는 몰락의 길을 걸어오다가 영조 때 노론정권의 전횡에 저항하고 또 영조의 집권 자체의 정당성을 부인하면서 거창 안의현의 정희량이 충청도의 이인좌와 손을 잡고 일으킨 무신난(무신정변)이 실패하면서부터 남명 계열의 경상우도 출신의 인사들은 과거시험에서 완전히 배제되게 되고 이 조처는 조선이 망할 때까지 변동이 없었다. 왜냐하면 이 지역의 남명학파 혹은 그 후손들이 정희량의 난에 많이 가담이 되었다고 보기 때문이다.

여담이지만 정희량은 초계 정씨, 나의 조상님이 되는 분이며 그래서 우리 초계 정씨는 정희량의 무신난 이후로는 참봉 벼슬도 하나 얻지 못했다고 투덜거리고 있다.

또한 이 사건 이후에 남명학파의 일부는 노론으로 전향하여 권력의 하수인이 된 사람도 있지만, 이 지역 학자의 대부분은 오랜 기간 동안 대를 이어서 울분을 참고 지낼 수밖에 없었다.

그 여파가 앞에서 언급한 진주농민항쟁, 진주 형평운동, 진주 지역의 활발했던 동학란과 합천 삼가의 3.1만세운동에 직간접적으로 큰 영향을 미쳤다고 볼 수 있을 것이다. 거기다가 조선을 일본에 팔아넘긴 자들이 바로 노론 지배자들이 아닌가? 그러니 이 지역의 정서가 다른 지역보다 더 반일적이 될 수밖에 없었던 것이다.

참고로 3.1만세운동의 전국적인 통계를 보면, 만세운동의 총피살자 숫자가 전국에 총 645명이었는데 이 중에서 경상남도가 184명으로서 29%를 차지하고 경상북도는 같은 경상도인데도 총 43명(7%)의 희생자만이 발생했다. 두 지역의 성향이 극명하게 대비되는 통계다.

삼가 만세운동의 근원을 파고들면 그 바탕에 남명 조식과 내암 정인홍이 있다는 주장에 대한 가시적이고 직접적인 증거는 찾을 수 없다. 그렇지만 이 두 분과 의령의 의병대장 곽재우 선생 등의 불의에 저항하고 의로움을 추구하는 이 지역 선현들의 거룩한 정신이 전국의 어떤 다른 지역보다 압도적인 규모와 회생을 치룬 삼가 만세운동이 아무 연관이 없다고 할 수는 결코 없을 것이다.

다음으로 이 지역의 인물들이 주축이 되어서 벌인 독립운동에서 유림의 파리장서 사건 혹은 유림독립선언서 사건을 빼놓을 수가 없다.

3.1독립선언서의 서명자 33인 중에는 천도교, 기독교, 불교 등 주요 종교인들이 대부분을 차지하고 있는데 오직 유림 유교단체만 빠져 있다. 이 말은 독립선언서 준비와 만세운동의 전개를 위한 사전 준비 단계에서 유림들이 철저히 배제된 것을 의미한다. 배제되었다기보다는 유림 측에서 그들과 함께 어울려서 무엇을 같이 도모하기를 꺼렸다는 것이 더 정확한 표현일 것이다.

안타까운 일은 3.1독립선언서에 대한 유림의 동의를 받아내기 위해서 사실상 주도자였던 만해 한용운 스님이 면우 곽종석을 만나기 위해서 직접 거창으로 내려와서 곽종석과 논의를 하여 그의 동의를 흔쾌히 받아냈다고 한다. 그런데 그 뒤 곽종석이 병환으로 눕게 되어 3.1운동 서명을 위해 서울에 가지 못하게 되고 대신 아들을 보냈으나 아들이 제때 만해를 만나지 못하고 결국 유림의 3.1운동 참여가 불발되었다고 한다.

그러고 보면 3.1독립선언서 서명자가 33인이 아니고 사실상 유림 대표가 합세한 34인이 되는 셈이다.

아무튼 막상 3.1운동이 요원의 불길처럼 일어나자 유림 측에서는 뒤늦게 스스로 잘못을 만회하기 위해서 심산 김창숙(이후 상해임시정부 의정원, 성균관대학 초대 총장 및 제헌 국회의원을 지낸 독립운동가)이 주축이 되어 파리에서 열리고 있던 파리국제평화회의에 조선의 일본에 의한 강제병합의 잘못을 호소하고 조선의 독립을 청원하는 글을 보내기로 하고 거창에 거주하고 있던 면우 곽종석 등에게 영남 유림의 참여와 그 탄원서 작성을 부탁한다.

곽종석은 황매산 밑에서 우거하고 있던 중재 김황에게 초고를 쓰게 하고 이를 곽종석과 김창숙이 수정하여 완성한다. 이렇게 완성된 장문의 탄원서는 곽종석, 김황 등의 적극적인 노력으로 유림 137명의 서명을 받아서 이것을 김창숙이 상해로 가져가 김규식의 번역을 거쳐서 파리국제평화회의에 발송하게 된 것이다. 이것을 파리장서사건이라고 부르는데, 이 사실이 나중에 발각이 되어 곽종석, 하용제 등 여러분이 옥중에서 순국하고 장서(탄원서)의 초벌 작성자인 김황은 오랜 옥살이 고생 끝에 석방되었다.

참고로 「파리장서」라는 말의 의미는 '파리국제평화회의'에 보내는 장문의 글이라는 뜻인데, 왜 장문이라고 하냐면 이 글의 원문이 2,674자의 한문으로 작성되었는데 한문은 원래 표의문자로서 긴 내용도 몇 글자로 표현할 수 있는 글인데 2,674자는 대단히 긴 문서라고 할 수 있다.

그 내용은 조선은 긴 역사와 독립국으로서 오랜 역사를 가진 문명국가인데 일본이 조선을 합병한 것은 전적으로 무력에 의한 강제 병합으로서 조선 인민의 의사와는 완전 배치되는 조처였다. 그리고 1910년의 합병 이후 일본은 포악무도한 통치로 조선 백성을 괴롭히고 있고 이에 조선인들은 독립을 위해서 치열한 독립투쟁을 벌이고 있으니 만국평화회의가 이 사실을 통찰하고 조선의 독립을 도와달라고 하는 내용이다.

위 파리장서사건의 핵심 인물인 곽종석은 산청 단성 출신이고, 심산 김창숙은 합천과 가야산을 함께하고 있는 성주 출신이다.

성주는 지금은 경상북도에 속하지만 조선시대에는 함양, 산청, 합천과 같은 경상우도(강우학파)의 지역이다.

곽종석은 학문적으로는 성주의 거유巨儒 한주 이진상의 문하생이고 이진상은 남명과 퇴계의 양측 학문을 같이 이어받아 한주학파라는 독자적인 학풍을 이룬 큰 유학자이다.

곽종석은 한주에게서 배우고 김황은 곽종석에게서 배워서 이들이 한주학파라고 이름 붙이면 그렇게도 할 수 있을 것이다.

그의 사상은 심心이 곧 리理라는 심즉리心卽理, 그 한마디로 표현할 수 있는데 이는 왕양명의 양명학에서 주장하는 심즉리와 유사해 보이지만 왕양명의 양명학에서 말하는 이理는 기氣와 혼잡된 개념으로 사실은 심즉기心卽氣라고 불러도 좋을 만한 것인데 반해 이진상의 심즉리에서 말하는 심은 기의 기운이 완전히 제거된 순수한 심즉리心卽理의 개념이다.

어쨌든 이진상은 퇴계의 학맥이라고 알려져 있으나 실은 100% 퇴계의 학맥이라고 볼 수 없고 그래서 순수 영남학파 혹은 퇴계학파의 학자들과 문제가 좀 있었다고 한다.

한편 김창숙은 남명의 제자였던 동강 김우옹의 13대손이고, 어릴 때는 성주에서 곽종석에게 한학을 배웠다. 그리고 중재 김황 또한 김우옹의 후손이다. 그러니까 김창숙과 김황은 한 집안이다. 그러기에 김창숙이 상해에 가 있는 동안 그 아들 김환기를 황매산 밑 김황의 집으로 보내어 김황 문하에서 학문을 익히게 했다.

김창숙은 내가 제일 존경하는 유림 출신의 독립운동가이고 교육가이고, 정치적으로는 이승만의 사사오입 개헌에 극렬 저항하다가

고초를 당하셨고 5.16 군사 쿠데타에도 크게 반대한 영원한 정의파 개혁가이셨다.

그리고 중재 김황은 우리 고향(합천 가회)에서는 지금도 전설적인 인물이다. 한국의 마지막 유림으로 추앙을 받다가 1978년에 돌아가셨는데 그때 치러진 정통 유림의 상례는 경남북 지방뿐만 아니라 서울의 각 일간지에도 "마지막 유림의 상례喪禮"라는 제목으로 크게 보도가 되었다.

경상대학교와 성균관대학에도 가끔 강의를 나갔고 우리나라 현존하는 한문학자들 중 상당수가 그분의 지도를 받았다.

그분의 아드님이 우리 고향 가회면 면장을 역임하셨다. 중재 선생의 손녀는 나와 가회중학교 동기다. 참으로 곱고 얌전한 여학생이었고 성주의 이진상 문중으로 시집을 갔다고 하는데 졸업 후 한 번도 만난 적이 없다.

사실 나의 초등학교와 중학교 동창 중에서 여러 사람이 중재 어른(김황) 문하에 들어가서 그 댁에 기숙하면서 한문을 배웠다. 그들의 증언에 의하면 중재 어른의 인품이 그렇게 훌륭해서 새로 들어온 젊은 제자들에게도 항상 말을 높이고 절을 받을 때도 꼭 맞절로서 예의를 갖추며 제자나 아랫사람들을 함부로 대하는 법이 없었다고 한다.

이야기가 또 좀 빗나갔는데 이 장에서 내가 하고 싶은 말은 삼가 만세운동과 더불어 파리장서 사건과 같은 유림의 독립운동에서 핵심 멤버인 곽종석, 김황, 김창숙 같은 분들이 모두 이 지역 출신이거나 아니면 남명 제자인 김우옹의 후손이다. 그러기에 그분들의 사상과 행적에는 남명적인 의義로운 분위기가 바탕에 늘 깔려 있었던 것 같았다.

그 여파로 선생이 가신 지 450년이 지났지만 그분이 태어나고 머물렀던 진주 지역은 역사의 굽이마다 언제나 의로운 투쟁에 앞장서 온 의향義鄕으로 이름을 높인 것이다.

안타까운 것은 왜정시대까지만 해도 그래도 남명과 내암의 의기義氣가 살아있었던 경상우도, 나의 고향 땅인 경상남도 서북부 지방, 그 남명과 내암의 땅이 어쩌다 지금은 의로움을 다 잃어버리고 모든 개혁과 진보를 반대하는 극우적 성향을 띄는 의義의 불모지가 되어 버렸는지 모르겠다. 안타까운 일이다.

자, 이제 남명 선생님께 인사를 드리고 필을 놓아야 할 때가 되었다.

살아계실 때는 높은 학문에 고결한 인품과 그 시대의 여타 성리학자들과는 확연히 구별되는 의기義氣와 용기勇氣로서 조정과 뭇 백성들의 선생이 되셨고, 죽어서는 수많은 의병제자의 출현으로 이 나라를 왜적의 불구덩이에서 구해내신 위대한 사상가이자 불세출의 교육자이자 영원한 혁명가이신 내 고향이 배출한 민족의 스승 남명 조식 선생의 영전에 엎드려 절합니다.

2편

내암 정인홍 선생을 기리며

1. 정인홍의 파란만장한 인생 역정

남명은 조선 제일의 교육자답게 그 문하에 수많은 학자들이 운집했는데 그중에서 최고의 제자를 꼽으면 당연히 내암 정인홍을 들 수 있을 것이다. 정인홍은 그 학문의 깊이나 수준에서 남명에 못지않은 정도이며 남명철학의 핵심인 의義의 실천에 있어서는 조선의 어느 학자도 흉내를 낼 수 없을 것이다. 우리 교과서에서는 곽재우를 임진왜란의 대표적인 의병 활동가로서 기술하고 있는데 그분 역시 남명의 제자이면서 외손녀 사위이다. 그렇지만 실제 의병활동 내용과 의병들 사이의 지도력에 있어서는 정인홍을 능가할 수 없다고 본다.

단재 신채호는 우리나라 구국의 3걸로서 을지문덕, 이순신, 정인홍 세 분을 꼽으면서 특히 정인홍을 조선 역사상 가장 위대한 정치적 경륜을 가진 인물로 평가했다. 안타깝게도 단재는 정인홍 전기를 쓰는 도중에 여순감옥에 수감되면서 완성을 보지 못했다고 한다.

한편 지금까지 우리 국정교과서에 묘사된 정인홍은 광해군 당시에 폐모살제(인목대비를 폐하고 영창대군을 살해한 사건)를 뒤에서 조종한 천륜을 어긴 간신 역적으로 묘사되어 있다. 실제 인조반정 후에 정권이 바뀌면서 이 죄목으로 89세의 나이에 처형당한다. 그러나 이것은 완전한 모함 날조이다.

정인홍의 일생을 보면 조선시대 우리 역사의 일그러진 모습에 가슴이 아플 뿐이다.

단재 신채호가 평가한 바와 같이 조선시대를 넘어서서 우리 민족 2천 년 역사에서 가장 위대한 경륜가로 평가받을 만한 거목이 소인배들의 정치 게임에 끝없이 말려들어서 끝내는 89세의 연세에 처형까지 당하는 이런 모순의 역사는 비단 정인홍 한 사람에게 국한되지 않는다.

수백수천의 의인과 인재들이 죄없이 죽임을 당한 비틀린 비극으로 점철된 우리 역사를 부끄러워한다. 더 큰 문제는 똑같은 권력다툼의 병폐가 민주주의를 한다고 하는 오늘날에도 그대로 더 치열하게 반복되고 있다는 데 있다.

여기서 정인홍의 이력을 먼저 살펴보자.

1) 1535년 경상도 합천군 야로현 매화산 남쪽(현재의 행정구역으로는 합천군 가야면 사촌리) 탄생하여, 1623년 89세의 연세로 인조반정의 궁중쿠테타로 집권한 인조정권에 의해 참수당함.

2) 천재적 재질을 타고 났으며 6세에 작문을 하고 11세에 해인사에 입산하여 혼자 공부를 하였다. 모습이 의연하고 눈의 정기가 형형하여 사람을 쏘아보면 감히 그를 똑바로 쳐다볼 수가 없었다고 한다.

3) 15세에 삼가현 토동(톳골) 계부당으로 찾아가서 남명 문하에서 수학하기 시작하여 그의 수제자가 되었다.

4) 36세 때부터는 합천권의 다수 사류(士流)들이 그의 수하에서 들어와서 제자 집단이 형성되기 시작했다.

5) 37세에 산청 덕산의 산천재에서 스승 남명의 병실을 지키고 그 임종을 하게 된다. 유품으로 스승이 아끼던 경의검을 전수받았다.

6) 39세에 오현사(선조가 전국의 학식과 인품이 출중한 다섯 명을 뽑아서 과거를 치르지 않고 6품직의 벼슬을 내렸음)의 한 사람으로 천거되어 경상도 황간 현감으로 임명되어 당대 최고의 선정관으로 뽑혔음.

7) 42세에 사헌부 지평으로 임명됨.

8) 44세에 영천군수로 임명됨. 재직 중 지방 관리와 연결된 아전들 그리고 중앙관리들의 부패상을 속속들이 파악하고는 청렴 강직한 그의 성품상 그들과 타협할 수가 없어서 사직하고 낙향해 버림.

9) 46세 때 사헌부 장령으로 임명됨. 이때 한양의 백성들이 청렴결백하고 항상 백성의 편에 선다는 그가 상경한다는 소문을 듣고 그를 보려고 몰려들었다는 소문이 있었음.

10) 55세 때 기축사화[1]에 연루되었다는 억지 조작으로 삭탈관직을 당함.

이 기축옥사는 정여립의 모반을 조사, 취조하는 과정에서 발생한 사화인데 실제로 정여립이 역모를 획책했는지에 대한 사실적 판단이 오늘날까지도 명확하게 드러난 것이 없는 애매한 사건인데, 위 언급한 바와 같이 남명의 수제자이자 정인홍의 동문인 최영경을 비롯한 죄 없는 1,000여 명의 사림들이 처형당하는 우리 역사의 최악의 정치 재판이었다. 사건 조사의 책임을 맡은 자가 송강 정철이었는데 후일(광해군 대) 정인홍은 상소를 통해 아래와 같은 피 토하는

---

1 정여립의 모반을 조사하면서 1,000여 명의 개혁적 사림파들이 처형당한 사건.

절규를 한다.

"기축옥사에서 간악한 정철을 부추겨 고명한 선비들을 도륙한 성혼의 악행은 소서행장과 가등청정을 부추겨 조선을 침략한 풍신수길의 그것과 무엇이 다릅니까?"

성혼은 당시에 이조판서와 좌찬성 자리에 있었고 정철은 우의정으로서 이 사건 조사를 맡았다. 정철은 이 기회에 기호파 동인들을 제거하려고 하였다. 그의 취조와 고문이 얼마나 심했는지 『선조실록』에서는 "정철은 사갈 같은 성품으로 귀역鬼蜮 같은 꾀를 품고서 전번 역변(기축사화)을 만났을 때 조정에 들어와 권력을 쥐고는 국가의 화禍를 계기로 개인감정을 푸는 소재로 삼았다. (중략) 널리 하수인을 두어 그물을 넓게 쳐서 자기와 뜻이 다른 사람을 모조리 잡아 없애고 함정을 파서 사람들을 빠뜨릴 기구를 만들었다"라고 기록하고 있다.

11) 58세 때(선조 25년, 1592년) 임진왜란이 발발하자 동문인 곽재우가 의령에서 의병을 일으키자 그에 이어 또 다른 동문인 김면과 연합하여 합천 숭산동에서 창의하였다. 이때 모인 의병이 3,000여 명이었으며 임진왜란 의병대 중에서 가장 큰 규모였다.

관군이 연전연패하여 다 도망가고 난 시점에서 3차례에 걸친 악투 끝에 성주성을 왜군으로부터 도로 찾고 왜군의 보급로를 차단하고 그들이 호남으로 가는 길을 차단하였다.

선조는 감읍하여 그에게 성주목사를 제수하고 더하여 영남의병

대장이라는 직을 제수하였다. 그러나 내암은 그 유명한 5천여 자에 달하는 「사의장봉사(辭義將封事)」라는 상소를 올리고 모두 받아들이지 않았다.

누가 내게 정인홍의 공적 중에서 가장 큰 공적을 묻는다면 나는 망설임 없이 그가 합천과 성주 지역의 의병대장이 되어서 왜군을 물리침으로써 민족 최고의 문화재인 해인사의 팔만대장경을 지켜낸 것이라고 말할 것이다.

12) 60세 때 상주목사, 영해부사, 통정대부 등을 제수하였으나 모두 부임하지 않고 상소를 올려서 임금이 전란을 극복하기 위해서는 살아남은 여민(黎民)을 수습할 것과 정치의 도리를 새롭게 하여 조정의 붕당을 척결하는 것이 급선무임을 역설하였다. 아울러서 자신은 이미 조정으로부터 은혜 입은 바가 있지만 다른 의병장들은 그러한 것이 없었으니, 자신보다 먼저 이들에게 상명(賞命)이 있어야 한다고 하였다.

13) 63세 때 정유재란이 있자, 이때는 임진년의 왜침과는 다르게 다른 의병들의 창의(倡義)가 없었다. 그런 상태에서 내암의 의병이 유일했고 당시 성주에 주둔하고 있던 명나라 군대에 협력했다. 후에 명나라 장수들은 정인홍을 전쟁 중 최고의 공훈자로 평가하였다고 한다.

14) 65세 때 형조 참의에 제수되고 66세에 용양위 호군(종4품 벼슬)에 제수되었으나 모두 부임하지 않았다.

15) 68세 정월에 승정원 동부승지를 배하였으나 병을 칭하고 부임하지

않았고 2월에는 사헌부 대사헌으로 벼슬이 더해졌는데 이때 선조가 직접 교유문을 써서 자꾸만 사양하지 말고 출사를 하라고 강권하였다. 그런데 내암은 자기가 대사헌에 오르면 반대당인 서인들의 격렬한 저항이 있을 것을 잘 알고 있기 때문에 당파에 휘말리지 않기 위해서 취임할 수 없는 이유 다섯 가지를 대면서 네 차례의 사직상소를 올렸다.

16) 70세 때 스승 남명의 수고(手稿, 손으로 쓴 원고)를 수집하여 『남명집』을 해인사에서 간행하였다. 이때 발간된 것이 감진본(甲辰本)이라 하여 『남명집』 원본으로 치는데 지금은 남아 있지 않다. 이때 책의 발문서인 「발남명집설(跋南冥集說)」에서 퇴계 이황을 호되게 비판했다.

17) 74세, 1608년에 광해군이 집권하면서부터 내암의 정치적 위상은 더욱 높아졌다. 그러나 관직에는 직접 나가지 않고 상소문으로서만 조언했다. 그러나 광해군은 중요 현안마다 합천까지 관리를 보내서 내암의 의견을 듣고 오도록 하는 등 그에 대한 예우를 극진하게 했다.

상기에서 언급한 바와 같이 그에게는 선조와 광해군으로부터 수차례 관직을 제수받았다. 특히 광해군은 그에게 영의정을 제수했다. 그러나 그는 대부분 사절하고 부임을 하지 않았다. 대신 상소로서 그의 뜻을 임금께 전하였다.

한 점의 사욕 없이 올곧은 사림정신에 입각하여 관직을 탐하지 않았다. 관직을 산에 걸어 둔다는 뜻의 괘관산掛官山이라는 별칭이 있을 정도였다.

18) 그러다가 인조반정(1623년)으로 다시 서인 정권이 들어서자 평소 눈엣가시 같았던 정인홍을 폐모살제를 뒤에서 모의했다는 죄를 덮어씌워서는 89세의 고령의 노 애국자를 처형해 버리고 만다.

내암은 위에 언급한 상소, 사의장봉사辭義將封事에서 선조 당시의 문란한 정치와 관료들의 부패에 대해 신랄한 비판을 가했다. 그 내용의 한 부분을 들어보자.

"편당을 좋아하고 정직을 미워하며 청절(淸節)을 천하게 여기고 권세와 이익에만 따르며 명의를 가볍게 여기고 관직과 녹봉만을 중시하여, 어떻게 하면 내 집과 내 몸이 이로울 것인가를 생각하고 있습니다. 그러므로 조정에 있는 자는 양신(良身, 몸을 돌봄)에만 능하고 나라를 이롭게 하는 방안에는 어두우며 거조(擧措, 일을 꾸미거나 처리하는 것) 할 때는 오직 들리는 소문의 유순함만을 듣고 재능의 당부(當否, 마땅한지 아닌지)는 묻지 않으며, 단지 한결같이 자신의 호오(好惡, 좋고 싫음)에만 따르고 공론의 소재가 어디 있는지는 살피지도 않습니다.

대간은 사사로운 감정을 풀기에 급급하고 공의가 있는 줄도 모르며 장수가 된 자는 백성에 대한 형벌과 살해에는 용감하면서 적에 대한 의분도 없고 겁부터 집어먹고, 수령이 된 자는 오직 권력자에게 아부할 줄만 알면서 민중의 일은 버려두고 도외시해 버리고 있습니다. 관청의 창고가 개인의 창고가 되어 논밭을 모으고 장혁(臧獲, 노비를 뜻함)을 사들이는 것을 기탄없이 하여 백성의 굶주림은 보살피지 않고 사사롭게 개인만 살찌우면서도 누가 감히 나를 어떻게 할 것인가 하면서 먹고 마심이 날로 심하여 음식을 낭비하고 절약할 줄을 모르며, 또한 변방 장수의 탐도함(재물이나 음식을 탐냄)은 나날이 더하여 군졸을 괴롭힘이 극에 달하여 어육과 같이 여깁니다."

내암의 위 상소문을 보면 마치 스승 조식의 「단성소」를 다시 읽는 듯하다.

두 분은 단순한 사제지간을 넘어서 철학적 이념적 동지이고 공교롭게도 합천이라는 같은 고향의 선후배 사이이기도 하다.

나는 늘 전두환이라는 포악한 독재자와 합천이라는 고향을 같이 한다는 데서 찜찜한 무엇을 느끼고 살았는데 다행스럽게도 우리나라 역사에서 우뚝 선 불세출의 두 거유巨儒인 남명과 내암을 동향으로 둔 데 대해서는 대단한 자부심을 느끼면서 살고 있다.

사실 합천을 넘어서서 이곳 서부 경남 지역은 우리 역사에서 다른 어느 지역보다도 정부의 학정과 탐관오리들의 횡포에 대항해 격렬한 투쟁을 해온 정의의 고장, 즉 의향義鄕이기도 했다.

몇 가지의 예를 들어보면, 고려 신종 때의 진주민란, 임진왜란 시 다른 지역에 비해 압도적으로 활발했던 의병활동과 진주성 전투에서 전 시민의 전투 참여 및 옥쇄, 철종 때의 진주농민항쟁, 일제시대의 진주형평사운동(신분계층 타파운동), 동학란의 적극적인 참여 등등 수많은 민중운동이 이곳에서 발발했다.

그리고 3.1만세운동 때는 서울을 제외하고는 전국에서 가장 많은 만세 인파가 몰려서 엄청난 희생을 치른 곳이 바로 이곳 합천 삼가 장터였다.

아마도 이는 남명, 내암 외에도 김종직, 김굉필, 정여창, 최영경 등의 청렴 강직한 영남 강우학파의 영향이 컸다고 생각한다. 물론 그중에서 남명과 내암의 영향력이 제일 컸었다고 생각한다. 이와 비슷한 이야기는 앞 장의 「남명 조식」편에서도 언급한 바다.

그러나 인조반정으로 정인홍이 처형되고 또한 남명학파의 대부분이 관직에서 배제되고, 그리고 영조의 노론 중심의 무능 불의한 정치에 항거해서 발발한 무신란(정의량이 주도한 거창, 함양, 합천 등지에서 발발한 반란)을 거치면서 이 지역 출신 선비들의 중앙 무대 진출이 막히게 되고 그에 따라 많은 개혁적 사림파 유학자들도 점점 보수화되면서 지방의 토호세력이 되어갔다.

마침내 남명과 내암이 품었던 개혁적 민본정치에 대한 꿈도 정신도 서서히 다 무너져 내려서 지금은 우리나라의 대표적인 극우 보수성향의 지역으로 변모해 버렸다.

2. 정인홍의 실용 사상과 경세론(經世論)

잠깐 이야기가 조금 빗나갔다. 다시 본론으로 돌아가서 내암의 사상과 그의 경세론을 살펴보자.

정인홍은 6세 때 이미 시를 지을 수 있을 정도의 수재였는데

15세에 남명 문하에 들어가서 수학하여 그의 수제자가 되었다.

24세에 생원시에 합격하여 선비로서 체면은 세웠으나 당시(명종)의 타락한 과거시험의 여러 과정에 실망하고 또 과거를 보는 것이 명리를 탐하는 짓에 불과하다고 판단하여 대과를 치르지 않고 사림으로서의 자기수양에 집중하였다.

그러나 대과 시험을 치르지 않고도 39세에 오현사五賢士의 한 사람으로 천거되어 육품직(참상관)을 제수받았다.

사실 과거시험 이야기가 나왔으니 말이지 과거시험에 의해서 관리를 선발하는 제도는 문제가 많은 방법이라고 생각한다.

우선 과거시험의 과목이 유교 경전과 시문詩文이다. 즉 사서삼경을 달달 외우고 시문을 잘 짓는 것이 과연 백성을 잘 다스리고 국가를 경영하는 데 그렇게 절대적인 기준이 될 수 있는가에 대한 의문이다. 과거시험은 그 난이도가 현재의 사법고시와는 비교가 안 될 정도로 어려웠다.

그러다 보니 과거시험은 팔도의 유생들이 전 인생을 걸고 매달리는 전쟁인 것이다. 과거를 보기 위해서는 다른 모든 것은 포기해야 하고 세상과는 담을 쌓고 시험과목 이외의 다른 공부 같은 것은 엄두도 낼 수가 없었다. 백면서생白面書生이란 말처럼 맨날 집안에 들어앉아 글만 읽어서 얼굴이 하얗고 세상 물정에는 백치인 인간 군상들이 바로 과거꾼들인 것이다.

빠르면 20대 초반에서 40대 중반까지의 인생 황금기를 이렇게 해서 다 보내니 설사 합격이 된다 한들 그들의 현실적 판단력이나 백성들 간의 분쟁을 해결할 능력이 전무한 상태에서 아이러니

하게도 그들에게 막강한 권력이 주어지니 국가 행정과 백성에 대한 올바른 통치가 제대로 될 수가 없는 것이다. 그러자니 고을의 원이나 수령으로 부임하는 벼슬아치들은 어쩔 수 없이 실무경험 많고 눈치 빠른 아전들에게 의존하게 되고 그들과 결탁하게 되어서 부정부패에 같이 연루되는 것이 일반적인 패턴이었다.

시를 잘 짓는 것 하고 백성들을 잘 다스리는 것 하고 무슨 상관이 있으며 시험과목에 왜 또 사기史記는 포함되어 있는가? 사기는 사마천이 쓴 중국의 역사 기록인데 왜 조선의 똑똑한 청년들이 모두 이것을 외워야 하는가?

중국의 경우는 조선보다 더 심각한 것 같았다. 특히 명·청 시대의 과거시험 답안지 작성은 팔고문의 형식으로 작성하지 않으면 안 된다. 팔고문이라는 것은 문장의 구조, 즉 문장을 기술해 나가는 순서와 방법을 기起, 중中, 후後, 속束의 순서로 해서 전개하는 특이한 문장 작성 형식인데 이렇게 팔고문에 의한 엄격한 형식 규정뿐만 아니라 과거시험 그 내용면에서도 주희가 정해놓은 성리학의 테두리 안에서 써야 하며 또 성현(공자 등)의 말씀을 인용할 때도 고인이 살아 있을 때의 어투를 그대로 모방해서 해야 한다는 등의 우스꽝스러운 규칙도 있어 조금의 독창성이나 창의적인 사고를 할 수 없도록 만들어져 있다고 한다.

그 폐해가 심해서 청나라 말기에는 폐지가 되었다.

과거시험에 의해 뽑힌 인재들의 특징은 오늘날의 사법고시에 의해 뽑힌 법조인들과 마찬가지로 그 사고의 범위가 지극히 좁고 사고의 유연성이나 창의력이 부족하여 어떤 주어진 조건과 여건을 관리해 나가는 관리자의 역할은 잘할 수 있을지 모르지만, 새로운 분야를 개척하거나 사회나 국가를 혁신해 나가는 역량은 부족할 수밖에 없다.

정인홍은 이미 400년도 전에 이 문제를 잘 파악하고 있으면서 선비들이 과거시험에만 몰두하는 것을 자주 비판하였다. 문장을 매끄럽게 잘 쓰는 문장지사文章之士가 되지 말고 도덕지사道德之士가 될 것을 늘 강조하였다.

그는 『내암집』에서 "공자 맹자 증자 자사의 책을 외우면서도 그 말만 숭상하고 실천하기를 숭상하지 않으며 화華(겉으로 꾸미기)에만 힘쓰고 실實(실천)에는 힘쓰지 않으니 몸과 책이 둘이 되고 문文(학문)과 행行(행실)이 서로 관련이 없게 됨으로써 처음에는 자신을 그르치고 마침내는 나라를 그르치게 된다"라고 갈파하고 있다.

정인홍은 여러 면에서 스승 조식을 가장 많이 닮은 제자였다. 당연히 스승의 경敬·의義 사상을 이어받아서 이를 그의 트레이드마크인 '실천적인 경세사상'으로 발전시켰다. 그의 이 실천적 경세사상은 맹자의 민본사상과 많이 닮아 있고, 또 양명학의 지행합일이나 '양지良知'의 개념과 대단히 유사하다. 정인홍의 이 실천적 경세사상은 후일의 성호 이익 등 조선 실학사상과 더 나아가서는 조선 후기의 북학파(홍대용, 박지원, 박제가, 유득공, 이덕무 등) 사상에도 간접적으로 영향을 미쳤다고 보인다.

정인홍은 남명의 제자답게 수기치인修己治人(자신의 수양을 통해서 백성을 다스린다)을 모토로 하고 이를 통해서 선비의 공도公道 정신을 특히 강조하였다.

이는 선비는 국가의 으뜸이 되는 재원으로서 국가에 대한 사명감을 갖고 실천에 옮겨야지 사적인 부귀영화나 명성을 추구해서는 안 되고 또 이를 위한 파당이나 도당을 결성해서는 안 된다는 소위 공도公道정신을 강조했는데 이것이 곧 그의 군자론의 핵심이다.

이 공도정신을 바탕으로 현실정치에서는 민본 위민정치와 왕도정치를 통치이념으로 삼았다. 이것은 바로 맹자의 민본정치 왕도정치와 많이 닮아 있다.

그의 학문은 조식 수하에서는 최고봉이고 국가에 대한 충성심은 국난(임진왜란)이 생기자 사재를 털어서 의병을 일으킬 정도로 투철한 데다 관료나 권력자들의 부정부패에는 눈을 부라리면서 의분을 참지 못하는 의기義氣가 가득한 사람이다.

정치에서는 오로지 백성을 근본으로 삼고, 당파적 파당정치를 늘 비판하면서 왕정을 극렬하게 옹호하는 맹자를 꼭 빼닮은 민본사상가이면서 대신 간의 파쟁정치를 배척하고 왕도정치를 부르짖는 사람이다.

그러면서도 실무 행정 능력에서는 황간 현감으로 재직 당시에 당대 최고의 선정관善政官으로 선정될 정도였고, 그가 거듭된 사직상소에도 불구하고 46세 때 사헌부 장령으로 다시 제수되어 취임을 위하여 상경하는 길의 연도에는 수많은 백성이 청렴결백 유능한 그의 모습을 보기 위해서 운집했을 정도로 백성들 사이에서 인기가 높았던 인물이다.

3. 정인홍에 대한 엇갈린 평가

그러기에 단재 신채호는 정인홍을 우리나라 2,000년 역사에 걸쳐서 구국의 3걸 중 한 사람으로 평가했다는 이야기는 전술한 바다. 그는 을지문덕과 이순신에 이어 정인홍을 우리 역사의 3걸로 평가했다.

이런 위대한 인물인 정인홍을 왜 조선조에서는 살아서는 역적으로 몰아 처형시키고 죽어서는 사후 300년(고종 때 복권될 때까지)에 걸친 긴 세월 동안에 온갖 죄목을 덧씌워서 그를 부관참시 아닌 부관참시를 해왔던 것인가? 조선시대뿐만 아니라 해방 후의 대한민국에서도, 심지어 중고등학교의 교과서마저도 그를 마치 김자점이나 유지광, 이이첨 정도의 간신으로 묘사하고 있었다.

정인홍에 대한 평가는 시대에 따라서 또한 사람과 정파에 따라서 그 평가가 극단적으로 갈린다. 그에 대한 극단적으로 엇갈리게 평가한 두 가지 역사 기록을 한번 보자.

먼저 긍정적인 평가를 한 『선조실록』의 기록을 보자.

"인홍은 효성이 출천하고 마음이 강건하며 행동이 방정하였다. 어려서부터 남명 선생을 좇아 배웠는데 남명이 그를 인정하기를 '덕원(정인홍의 자)이 있으면 나는 죽지 않을 것이다'라고 하였다. 인홍 또한 선생을 존경하고 믿기를 돈독히 하고 학문으로 나아가는 것에만 오로지 하였다. 꿇어앉아 독서하되 밤부터 낮까지 하였다. 성질이 지극히 청렴하고 날카로워 사람들과 화합하는 경우가 적었으나 의로운 것을 숭상하고 사악한 것을 미워하는 마음은 시종 흔들리지 않았다.”

이 선조실록은 광해군 때에 기록한 것이기 때문에 이때는 정인홍이 정권의 실세로서 평판이 높을 때니까 사관들도 좋은 평가를 할 수 있었을 것이다.

다음 부정적인 평가를 한 『광해군 일기』의 기록을 보면 다음과 같다.

“대체로 인홍의 사람됨은 속이 좁고 사나우며 식견이 밝지 못하다. 생각을 마음대로 하고 행동을 망령되이 하였다. 세상의 현인군자라는 사람치고 그의 비방을 입지 않은 이가 없었다.

일찍이 그는 무리를 부추겨서 상소로써 성혼을 헐뜯고 이이李珥(유성룡)를 몹시 비방하였다.

이에 이르러 또 두 유자儒者(이언적과 이황)를 함께 공격하니, 인홍 같은 자는 사문士門의 가라지요 사류士流의 좀도둑이 아니고 무엇이겠는가?”

이 『광해군 일기』는 인조반정 이후에 서인들에 의해 쓰인 기록이다. 서인들은 정인홍을 철천지원수로 생각하고 그를 처형까지 시켜 버린 사람들이니까 그들이 정인홍을 좋게 써줄 리가 없을 것이다. 그렇다 하더라도 위 기록은 역사를 기록하는 사관史官의 기록이라 하기에는 너무나 감정적이고 일방적인 욕설 같은 잡물雜物이라고 평가하고 싶다.

정인홍에 대한 이와 같은 부정적인 평가는 그의 사후 300년 정도나 더 계속된다.

자, 그러면 정인홍에게 살아생전에도 또 사후까지도 간신이라는 꼬리표를 붙여 놓은 그 연유와 배경을 한번 알아보자.

정인홍의 정치적 공과를 말하려면 그의 활발한 의병활동을 누구보다 높이 평가해 주고 전쟁 기간 내내 그와 소통을 원활하게 하고 서로 의기가 투합하였던 광해군의 이야기를 먼저 하지 않을 수 없을 것 같다. 아니 광해군과는 전쟁터에서는 전우였고 전후에는 정치적인 동지로서 또한 이념적인 동지로서 죽을 때까지 운명을 같이 해온 사이였다고 볼 수 있다.

선조는 임진왜란이 발발하자 국민의 뜻과 역량을 총집결하여 전쟁을 치를 생각은 하지 않고 충주의 신립 장군이 패배했다는 소식을 듣자마자 곧바로 도성을 버리고 그것도 백성들 몰래 한밤중에 의주로 도망쳐 버리는 천하에 비겁하고 용렬한 임금이었다.

더욱 한심한 것은 임금은 도망가고 관군들은 뿔뿔이 다 흩어져 버린 참담한 현실에서 오로지 의병과 이순신의 수군만이 근근이 나라를 지키는 상황에서 우리의 만고의 영웅인 이순신 장군이 연전연승하면서 당시 백성들 사이에서 겁쟁이 임금보다는 이순신에게로 민심이 쏠리는 상황이 되자 사악한 임금 선조는 또 이순신을 질투하고 그를 역심을 품었다는 거짓 사유를 들어서 투옥시키고 처형까지 고려했다가 정탁 등 몇몇 신하들의 목숨을 건 반대에 막혀 처형 대신에 심한 태형으로 감형하면서 삭탈관직시키고 그 자리에 원균을 임명하였으나 무능한 원균은 칠천량 전투에서 수군을 전멸시키고 이순신이 천신만고 끝에 이룩해 놓았던 수군의 함선과 모든 기반을 모두 무너뜨려 버리고 말았다.

선조는 이순신에게만 질투를 느낀 것이 아니고 관군이 없어진 폐허 속에서 일어나 혁혁한 전과를 보이고 있던 의병대장들을 치하하기는커녕 의병장 김덕령, 최담령 등을 처형하였다. 이에 놀란 곽재우는 의병을 해산하고 병을 핑계로 현풍 비슬산으로 숨어버리기도 했다.

선조는 또 의주에서 자기 한 몸의 안전만을 구하고 있으면서 세자인 광해를 포함하여 임해군 등 여러 왕자들을 전쟁터로 내보내서 자기 대신에 전선을 지휘하게 하였다. 실제로 전쟁 기간 동안에 광해는 능력과 용기를 갖춘 유능한 군주의 자질을 보여주었다.

광해군은 전쟁 중 세자로 책봉되어 임진왜란을 잘 대처해 나갔고 백성들한테도 인기가 좋은 그런 세자였다. 반면에 그의 형인 임해군은 행실도 개차반인 데다 능력도 모자라서 장남이면서도 세자의 자리를 동생 광해에게 뺏기게 되자 성격은 더욱 거칠어져서 전쟁 중 임지인 함경도에서 왜군과 전쟁은 하지 않고 백성들을 괴롭히기만 하니까 그 지방 백성들은 오히려 그를 생포하여 왜군에게 가져다 바치는 대사건을 일으키기도 했다.

선조는 아무리 봐도 참 못나고 비열한 놈이다. 자기의 무능과 비겁함이 모든 신하와 만백성들이 다 알게 되자 전쟁이 끝난 후 선조 25년부터 31년의 6년간 19차례에 걸쳐서 왕위를 세자에게 바로 선위를 한다는 쇼를 벌였다.

그러자 세자(광해군)는 눈발의 추운 날씨를 무릅쓰고 대전 앞에 부복하여 명을 거두어 달라면서 울부짖었고 (물론 진심이야 아니겠지만), 신하들도 "명을 거두어 주옵소서"라고 임금 앞에서 합창 쇼를 벌였다.

이 선위 쇼는 선조 25년에 3차례, 26년에 6차례, 27년에 5차례 그리고 28년부터 31년 사이에는 매년 연중행사 하듯이 했다.

선조의 아들 광해에 대한 질투와 견제는 훨씬 이전부터 시작된 듯하다.

전쟁 얼마 후인 1602년 정비[正妃]였던 의인왕후가 죽자 선조는 이제 18세가 된 어린 신부와 재혼한다. 광해군보다도 9세(임해군보다는 12세) 아래인 이 어린 신부는 일약 인목대비가 되어 광해의 어머니가 된다. 그리고 얼마 후에 영창대군을 낳게 되고 이 영창대군이 5세가 되자 세자를 교체하려는 음모가 인목대비의 아버지인 김제남과 영의정 유영경을 필두로 하여 서서히 익어가게 된다. 그러나 선조의 급격한 사망으로 이뤄지지는 못했으나 그 배후에는 선조가 있었다.

광해군은 선왕인 선조와는 대조적으로 상당이 개혁적이고 백성들의 고통을 아파하고 그들과 소통을 하는 열린 자세를 가진 유능한 왕이었다.

전쟁이 나자 선조는 바로 의주로 도망가는 중에 전쟁 지휘권을 광해에게 넘기고(일종의 임시정부 격인 조정의 분조 설치) 자기는 명나라로 서둘러서 떠난다. 신하들의 반대로 명나라까지는 가지 않고 의주에 머물면서 여차하면 명나라로 갈 태세였다.

아무튼 광해는 피난 중에 설치된 평안도 영변 분조에서 시작하여 본격적인 전투에 가담하기 위해서 분조를 강원도의 이천으로 옮겼다가 전선을 따라서 함경도, 평안도, 황해도 등으로 옮기면서 대일 항전의 사령탑으로서 역할을 충실하게 수행했다. 도망쳤던 수령들도 돌아오게 하고 전국의 의병들에게 격문을 보내고 일반 백성들에게도 의병 활동에 참가해 달라는 호소를 하는 등 눈부신 활동을 하자 선조를 향했던 백성들의 원성은 광해군의 용기와 선정에 환호하게 된다.

이렇게 하여 전쟁 초기 완전히 절망에 빠졌던 분위기가 바뀌게 됨과 함께 뒤늦게 도착한 명나라 군과 합동작전으로 평양전투를 벌여서 평양성을 탈환하게 된다. 이를 계기로 왜군은 공격에서 후퇴 혹은 수성守城의 자세로 바뀌고 일본의 조선 정벌의 목표는 실패하게 된다.

아무튼 광해는 전쟁 기간 동안에 통치자로서의 훌륭한 자질을 보여주었다. 그리고 전쟁 후에는 일본, 후금, 명 등의 상황을 깊이 관찰하고 당시의 국제정세와 그 역학적인 관계를 잘 파악하고 있었다.

지금까지 관행적으로 해오던 사대교린事大交隣 외교정책, 즉 중국에 대해서는 조공을 바치며 섬기고 기타 이웃 나라들과는 대등한 외교정책을 편다는 정책을 벗어던지고 명나라와 후금 사이에서 등거리 정책을 펴려고 한 점 등은 전술한 바다.

광해군은 내치에서도 뛰어난 점을 보였다. 그는 정인홍의 탁월한 행정능력과 눈부신 의병 활동을 높이 샀다. 그리고 그의 실천적 경세사상에 크게 동감을 하면서 그를 영의정으로 발탁하였다. 비록 사의를 표하면서 부임은 하지 않았지만, 주요 사안이 있으면 사신을 보내서 꼭 그의 의견을 물어보게 할 정도로 그에 대한 신뢰가 깊었다.

광해군 집권 기간 15년 기간은 임진왜란을 겪은 후의 너무나 어려운 시기였는데 그는 전후 복구를 위해서 많은 노력을 했고 농지개혁을 통하여 농민의 생산성을 높였으며, 대동법을 경기도에서 시험적으로 실시하고 국방에도 힘을 기울여서 국경지대애 포대를 쌓고 진지를 구축하는 등으로 외침을 대비했다.

어려운 중에서도 『신동국여지승람』, 『신동국삼강행실도』, 허준의 『동의보감』 등 서적 간행에도 힘을 기울였다. 가장 눈에 띄는 것은 권문세도가의 권력을 축소하여 왕권 강화에 힘을 기울였다는 사실이다.

정인홍도 맹자의 왕도정치를 주장하며 광해군의 왕권 강화에 힘을 보탰다.

이 과정에서 서인들을 중심으로 하는 권신들의 저항을 받고 마침내 그들의 반란으로 인조반정을 당한 것은 우리 역사의 지울 수 없는 통한痛恨이다.

그는 대단히 명민하고 용기와 바른 판단력을 가진 훌륭한 왕이었다. 그는 당시의 국제정세를 훤하게 꿰뚫고 있었으며 명明은 지는 해고 후금은 뜨는 해라는 사실을 잘 인식하고 있었으며 조만간 후금이 명을 칠 것이며 명을 치기 전 사전 정지작업으로 조선과의 관계를 안정시키려고 하는 후금의 의도를 간파하고 있었다. 후금은 조선이 최소한 자기들과 명과의 관계에서 중립을 지켜줄 것을 요청할 것이며 만일 이것이 안 될 경우에는 명을 치기 전에 조선을 먼저 공격해 올 것임을 광해와 정인홍은 간파하고 있었다.

그래서 광해군은 국경의 요충지 방어태세를 튼튼하게 하고 신하들의 반대를 무릅쓰고 일본과의 국교도 정상화(1609년의 기유약조)시켜서 만일의 경우 후금의 공격에 대비를 하는 치밀함을 보였다.

그는 명나라와 후금의 사이에서 철저히 중립을 지키고자 심혈을 기울였는데 드디어 양국 사이에 전투가 벌어지고 명으로부터 파병을 해 달라는 강력한 요구가 전달되어 왔다. 그러나 광해군은 "임진왜란이 끝난 지 얼마 안 되기 때문에 군사를 보낼 형편이 안 된다"며 군대 파견을 거절하였다.

아니나 다를까 사대주의에 정신이 빠져 있던 신하들과 양반 유생들이 벌떼처럼 일어나서 부모의 나라인 명明의 은혜, 즉 임란 때 있었던 명의 재조지은再造之恩을 저버릴 수 없다는 멍청한 명분론으로 임금을 압박하였다. 거기에 명나라로부터의 거듭된 요청에 결국 광해군도 어쩔 수 없이 1만 3천 명이라는 대군을 파병하기로 한다. 이때 광해군은 무관 출신의 군인을 파병대장으로 임명하지 않고 문관 출신인 강홍립을 도원수로 임명하면서 그에게 밀지를 내려 양측 사이에서 눈치를 보다가 후금군이 이기는 것 같으면 재빨리 항복하고 조선은 명의 강요에 의해서 어쩔 수 없이 참전하게 되었으나 이는 조선의 참뜻이 아니었으며 절대 후금과 척지려고 하는 것이 아님을 설명하라고 하였다.

그러다 실제 사르후 전투에서 명이 대패하자 강홍립은 광해의 지시대로 후금에게 항복하고 임금의 뜻을 전달했다. 누루하치도 이를 이해하고 광해군 집권 기간 동안에는 조선을 침략하지 않았다.

그 후에도 명과 후금 간의 전투가 계속되는데 명은 계속해서 조선에 지원군을 요청했고 광해군은 자꾸 이를 미루고 하는 과정에서 신하들과의 격렬한 논쟁이 계속되어 국정은 사실상 마비가 된 상황이었다.

이런 과정에서 결국 1623년 인조반정이 성공하여 광해군과 정인홍의 북인 정권은 몰락하고 새 임금 인조와 서인 정권이 들어서면서 후금과의 갈등은 커지고 결국 정묘호란과 병자호란을 맞게 된 것이다.

이렇게 인조반정으로 인하여 우리 역사에서 임진왜란에 연이어 병자호란을 또 끌어들이는 단초가 됨으로써 우리의 산하를 파멸시키고 백성들을 도륙시켜 조선이 다시는 일어서지 못하게 쐐기를 박는 민족 최대의 비극을 만든 장본인이 인조와 그를 옹립한 서인 쿠데타 정권이다.

인조반정 이후로 조선은 안으로는 국정의 난맥상이 날로 심해지고 겉으로는 청나라에 완전한 속국이 되어서 민족의 자주성을 잃어버리게 되었다. 정조 시대에 잠깐 회생의 기미를 보이다가 석연찮은 정조의 죽음과 함께 조선은 망국의 길로 접어들게 되었다.

인조반정은 정상적인 광해군 정권을 서인들을 중심으로 한 반광해군 세력들과 광해군의 명·청 사이의 중립외교에 불만을 품은 친명 신하들이 연합하여 일으킨 궁중 쿠데타였다. 그들이 주장하는 광해군 폐위의 주된 근거인 폐모살제廢母殺弟만 하더라도 인목대비의 아버지 김제남이 반란을 일으켜 나이 겨우 여섯 살인 영창대군을 옹립하려 하기에 광해군으로서는 아무리 대비^{大妃}라 하더라도 그 아버지가 역모의 주모자인데 폐모를 시킬 수도 있는 것 아닌가? 그리고 영창대군은 강화도로 유배 보냈는데 유배 중에 현지 관리인 강화부사 정항에 의해 살해당하는 비극이 있었는데 이 사건에 대해 광해군이나 정인홍은 아무 관련이 없는데도 불구하고 반정세력들은 이를 두 사람이 한 것으로 조작하여 그들의 반정행위를 정당화시키고 쿠데타를 일으켰다.

그러나 폐모살제는 서인들의 명목상의 이유이었고 더 근본적인 원인은 정인홍 등의 북인들만 싸고돌면서 광해군이 취하고 있는 대명^{對明} 대후금^{對後金}과의 외교정책에 대한 심한 저항과 갈등이라고 보는 것이 맞을 것이다.

반정파들뿐만 아니라 당시의 대부분의 유생들의 생각에는 광해군이 부모의 나라인 명에 대해 온전히 충성을 바치지 않고 오랑캐 무리인 여진족 후금과 등거리 외교니 뭐니 해서 부모나라 명에게 불측한 태도를 보이며 임란 때 조선을 살려준 은혜(再造之恩, 나라를 다시 만들어 준 은혜)를 배신한 천하의 무도한 임금이라고 생각했다.

참으로 어처구니없고 당시 국제정세가 어떻게 돌아가는지는 전혀 관심이 없고 오직 존화^{尊華} 사상에만 찌들어 있는 우물 안 개구리들의 바글거림 같은 소리다.

조선 왕조에서는 비슷한 성공한 쿠데타가 연산군을 폐위시키고 중종을 옹립한 중종반정이 있었지만, 중종반정의 경우는 연산군의 폭압정치와 극에 달한 타락적 만행으로 인해 신하들이나 백성

모두가 치를 떨고 있던 차에 발생한 일종의 의거였다고 보는 반면에 인조반정은 당파에 따라서 평가가 다를 수는 있지만 정상적인 임금을 부당한 방법으로 쫓아내 버린 전형적인 권력투쟁의 산물이었다.

폐모살제의 죄를 이야기하지만 이는 실제로 임해군과 영창대군의 역모의 혐의가 있었기 때문이었고 명나라를 홀대한 외교정책을 반정의 다른 이유로 드는 것은 반정파 스스로가 당시의 국제 역학관계에 얼마나 무지하고 또 그들이 모화사상에 얼마나 깊이 중독된 구제불능의 꼴통들이었음을 선명히 드러낸 증좌인 것이다.

반정 세력들이 주장하는 광해군의 폐정 중에는 전후(임진왜란)나라 사정이 어려운데 전쟁 중에 불타버린 궁궐을 백성들과 신료들의 반대에도 불구하고 무리하게 중건했다는 것도 들어 있다.

그러나 그때 그렇게 지은 창덕궁과 창경궁을 오늘날 우리는 귀중한 문화유산으로 대접하며 세계에 자랑거리로 삼고 있다.

사실 광해군만큼 시대에 따라서 혹은 평가하는 학자에 따라서 그 평가가 엇갈리는 임금도 없을 것이다. 인조반정 이후로 그는 대체적으로 포악한 혼군昏君으로써 오랫동안 기술되어 왔으나 근래에 광해군 재평가의 움직임이 거세지는 것도 사실이다.

자! 인조반정의 무리는 그렇게 해서 부당하게 정권을 잡았으면 집권 후에는 그래도 국가를 위해 조그만 실적이라도 올려야 되는 것 아닌가? 부당하게 정권을 찬탈한 수양대군은 그래도 집권 후에 국가 발전과 백성을 위해서 어느 정도의 실적을 올린 것이 있지만, 인조정권은 태생 자체가 부당할 뿐만 아니라 집권 기간 내내 무능과 부패로 인해 당시는 물론이고 인조정권 이후의 조선의 방향과 운명에 절대적인 폐해를 입혔다.

인조정권의 최대 과오는 말로는 친명 반청을 부르짖으면서 실제로는 청나라와의 국경선에 대한 방위태세를 게을리하여서 사실상 임진왜란 직전과 꼭 같은 국방 무방비 상태를 만들었다는 점이다.

그다음은 아무런 실리도 없는 친명정책을 계속함으로써 정묘호란과 병자호란을 맞게 되고 결국 조선을 청의 속국으로 전락하게 만들었다. 당시 명나라는 무능한 황제인 만력제의 극심한 부패와 조정 관료들의 부패로 인해 이미 강국으로서의 힘이 빠지기 시작했는데 임진왜란 때 조선 파병으로 인해 국가의 재정마저 파탄이 나서 몰락을 길을 걷고 있었다.

이런 상황도 제대로 파악하지 못하고 인조정권은 아직도 임진왜란 때 우리를 살려준 부모의 나라 운운하고 그 은혜를 저버릴 수 없다면서 명나라에게 끝까지 충성을 다한다.

그나마 광해군 때에 아슬아슬하게 유지해 오던 명, 청과의 균형외교는 인조 정권의 출발과 동시에 다시 친명 반청으로 되돌아가 버리자 결국 청으로부터의 두 차례 침입을 당하게 된다.

이것은 전적으로 인조의 무능과 그 집권 세력인 서인과 당시 대다수의 성리학 유림들의 골수에 박힌 모화사상에 그 원인이 있는 것이다. 국가와 백성의 안위와 미래보다는 알량한 의리를 주장하는 성리학 꼴통 책상물림들의 옹졸함이 민족에게 씻을 수 없는 해를 입힌 것이다.

명나라의 은혜를 말하지만 왜란 때 명나라가 우리에게 도움을 준 것이라고는 평양성 전투에서 광해군이 이끄는 관군과 우리의 의병들과 합작하여 치른 단 한 번의 전투뿐이다.

그 이후 벽제관 전투에서 패한 뒤로 명군은 왜군을 전투를 해서 몰아낼 생각보다는 오직 협상을 통해서 전쟁을 피할 생각뿐이었다. 왜군과 지루한 협상을 하는 동안 조선에 주둔한 명군들이 저지른 패악질과 횡포에 백성들은 치를 떨었고 무능한 조정 관리들마저 혀를 내두르는 지경이었다. 그들의 패악질이 얼마나 심했길래 당시에 백성들 사이에서 "명군은 참빗이고 왜군은 얼레빗"이라는 유행어가 돌았다.

왜군은 대충 긁어 가는데 명군은 탈탈 털어 간다는 뜻이다.

상황이 이랬는데도 임금 선조라는 자는 전쟁 후에 모든 전쟁 중의 공을 명나라에게 돌리고 이순신 장군과 정인홍, 곽재우 등 전국에서 벌떼처럼 일어나서 목숨을 바쳤던 의병들의 공은 언급조차 하지 않았다.

썩어빠진 조정 관리와 모화사상에 빠져 있던 양반 유생들도 이에 덩달아 합창하며 선조가 죽은 한참 후까지도 이 모화사상에서 벗어나지 못하다가 병자호란을 맞았고, 효종 때에는 되지도 않을 북벌정책(망한 명나라를 그리워하며 당시 세계 최강국으로 커버린 청나라와 전쟁을 하겠다는 정책)이라는 명청한 계획으로 온 조정의 힘을 빼고 있었다.

인조정권은 후금(뒤에 청나라)과의 두 차례의 패전을 통해서 그들의 앞선 군사력과 국가 운영 능력을 보았으면 그들로부터 배울 것은 배워서 우리도 후일을 도모해야 할 것인데 여전히 옛날 공자 맹자의 위대한 중국문명 즉 모화사상에서 헤어나지 못하고 있던 차에 인질로 청나라에 잡혀가 있다가 9년 만에 풀려서 돌아온 소현세자를 청나라 문물에 빠진 친청파가 되어버렸다는 죄목을 씌워서 바로 죽여버리고 얼마 후에는 그 세자빈 강씨마저도 독살해버리는 잔혹한 아버지가 바로 인조라는 놈이다.

사실 청나라는 인질로 잡아 온 소현세자를 구박하지 않고 그에게 서양 문물도 소개하고 청나라의 새로운 학풍인 이용후생利用厚生의 실용적인 학문도 소개하면서 앞으로 조선왕이 되면 청과 조선의 공동 번영을 위해서 같이 힘쓰자는 격려도 아끼지 않았다. 소현세자도 당시 북경에 있던 서양 선교사인 아담 샬을 통해서 서양의 앞선 과학문명을 접하고 또 청나라의 이미 조선보다 앞서 있는 생활문화와 새로운 문물에 크게 감동을 받고 큰 꿈을 안고 많은 자료와 서적을 가지고 귀국했다.

그런데 그는 도착 인사가 끝나지도 않은 채로 아버지 인조에게서 폭행당하고 독살을 당하고 만다. 만약 소현세자가 집권하여 그 뜻을 펼치는 세상이 왔더라면 조선의 역사는 180도 달라졌을 것이다. 당연히 일본의 명치유신보다 100년 앞서서 썩어빠진 조선 왕국을 개혁할 수 있었을 것이다. 인조나 선조 같은 놈이 조선의 왕 노릇을 그렇게 오래도록 하고 있었으니 어찌 조선이 망하지 않았겠는가?

4. 정인홍의 참형과 노론 정권에 의해 비틀어진 조선 역사

이런 인조 정권이 들어서자마자 즉 광해군이 폐위되자마자 정인홍은 바로 역신으로 몰려서 참형을 당하고 엉터리로 덮어씌운 간신이라는 올가미가 300년간을 정인홍의 이름 위에 덧씌워져 있었던 것이다. 사실 조선시대에는 80이 넘은 노인은 사형을 집행하지 않는 것이 관행이었고 경국대전에도 노인과 유아에 대해서는 형벌을 감형한다는 규정이 있었는데도, 인조 일당들의 정인홍에 대한 원한이 얼마나 깊었는지 체포해서는 국문도 형식적으로 마치고는 곧바로 능지처참이라는 최악의 방법으로 처형해 버린다.

인조 한 사람만의 문제가 아니다. 인조반정을 일으킨 서인들은 인조 당대뿐만 아니고 그 후 현종대ft를 제외하고는 숙종대의 경신환국으로 다시 정권을 잡은 이후로는 조선이 망할 때까지 계속 집권해 온 권력의 화신들이다. 특히 경종을 독살시키고 집권한 영조 때부터는 서인 중에서도 노론이(경종 독살사건으로 서인이 노론과 소론으로 나누어짐) 권력을 독점해 왔다. 노론은 정조 시대에 잠깐 정조의 유능함에 눌려 권력 행사에 제약받은 일을 제외하고는 계속해서 조선의 정치를 독점해 오다 결국 나라를 일본에 팔아넘기는 우리 역사의 괴물 집단이 된 것이다.

인조반정의 폐해를 이야기하다 보면 결국은 그것으로부터 발원이 된 300년 노론 권력의 폐해를 이야기하지 않을 수 없다.

노론이든 뭐든 동서고금을 막론하고 하나의 정파가 경쟁 없이 오래도록 권력을 잡고 있을 때는 필연적으로 부패와 무능과 독재가 따르는 것은 만고의 진리다. 개중에 양심적이고 개혁적인 권력자가 대두해서 일시적으로 개선의 기미를 보이는 경우도 있지만 정조의 경우에서 보듯이 그도 결국은 거대한 지배층 노론카르텔의 저항에 버티지 못하고 실패하거나 아니면 그들과 동조하고 마는 것이다.

서인은 원래 율곡 이이, 우계 성혼 등으로 대표되는 기호학파의 사람들로서 퇴계 이황, 남명 조식 등의 영남사람들이 주축이 된 동인에 비해서 기대승의 주기론主氣論적 성리학을 신봉하는 좀 자유롭고 포용적인 견해를 가진 학파였는데 병자호란 이후에 등장한 효종대의 송시열의 출현을 계기로 그 학풍이 오히려 퇴계적 주리론主理論으로 기울어지면서 아주 폐쇄적인 주자학 일변도의 강경하고 배타적인 자세로 변질되었다

이제 송시열은 노론의 정신적 지주가 되어서 이조 말까지 그의 문하생과 신봉자들이 조선을 지배해 왔다고 해도 과언이 아니다. 노론이 우리 역사에 입힌 폐해를 한번 들어보자.

(1) 잘하고 있던 광해군 정권을 쿠테타로 무너트리고 또 경종을 독살시켜서 영조 정권을 만들었다. 영조 정권 이후의 조선은 가히 노론의 일당 독재에 의한 온갖 부패 비리의 공연장이 되었다. 그 여파로 무신의 난(이인좌 난과 정의량의 난)이 발생했다.

(2) 사도세자를 뒤주에 넣어 죽게 만들었다.

(3) 정조를 독살했다. 정조는 부친인 사도세자를 죽인 원수인 노론 일파와 감정을 억누르면서까지 공존을 꾀했으나 결국 그들은 은혜

를 원수로 갚았다.

(4) 300년 집권 기간 내내 온갖 비리와 부정부패가 끊이지 않았고 백성들의 삶은 갈수록 비참해지고 국가의 힘은 점점 약해져서 결국은 일본에 나라를 넘기고 만다.

여기서 노론 300년이라는 기간의 계산은 인조반정이 일어난 1623년부터 한일합병이 되던 1910년까지의 287년의 기간을 대략 300년으로 친 것이 아닌가 싶다. 혹자는 영조가 취임한 1724년부터 현재까지의 기간 약 300년을 이야기하기도 한다. 이는 노론의 후예들이 오늘까지 한국을 지배하고 있다는 주장에 근거한 계산이다.

(5) 한일합병을 앞장서서 추진하여서 합병 후 일본정부가 합병 공로자들에게 내리는 은사금을 받은 매국노 76명 중에서 노론파 출신 인사가 57명이었다. 대한조선의 황실 인사에 대한 예우 차원에서 내린 은사금 지원 대상을 제외하면 한일합병 매국노의 100%가 노론파 인사였다는 것이다. 이완용, 송병준, 윤덕영 등 다 노론이었다.

(6) 노론의 폐해는 조선이 망하면서 끝이 난 것이 아니다. 일제 통치 기간 동안에는 일본 통치에 전력으로 협력하여 사리사욕을 채우는 것도 모자라서 우리 독립투사들을 일본인보다 더 잔혹하게 핍박하고 민족주의적인 시민들을 색출하는 데도 큰 기여를 했으며 일반 백성들 위에 군림하면서 온갖 패악질을 저질렀다.

(7) 해방 후 친일 청산이 되지 않도록 이승만 정권에 큰 압박을 가하여서 반민특위를 해체시킴으로써 결국은 친일한 자는 해방 후에도 더

승승장구하고 독립운동가들과 그 후손들은 좌익으로 몰려서 대를 이어가면서 박해와 가난에 시달려야 했다.

이 친일 반민족 세력은 예전에는 그들의 조상이나 선배가 명나라를 어버이 나라로 섬겼듯이 지금은 또 오직 미국만을 바라보고 미국을 종주국으로 모시면서 그 아류인 일본도 큰형님으로 깍듯이 모시면서 민족의 자주성이나 독립성 같은 것은 안중에도 없는 반민족 세력이다.

오로지 재조지은再造之恩만을 되뇌어온 골수 모화사상에 찌들었던 강성 조선 주자학자들의 판박이인 것이다.

노론 정권 → 친일정권 → 극우 보수정권으로 이어지는 우리나라의 이 길고도 질긴 지배 집단의 반민족적 사슬을 언제쯤 끊어낼 수 있을까?

조선 500년 역사에서 개혁적 사상을 가지고 능력 있고 바른말을 하는 인사들은 살아남지 못했던 뒤틀린 우리의 역사, 그 비꼬인 우리 역사의 아픈 기록이 우리의 다음 세대에서도 다시 반복되어서는 안 된다.

참고로 다음의 역사적 인물들은 우리 민족에게 그래도 큰 기여를 한 분들이다. 이 중에서 어느 한 분이라도 당시의 권력으로부터 핍박을 받지 않는 사람이 있는가? 정도전, 성삼문, 김종서, 조광조, 조식, 정인홍, 이순신, 광해군, 정조대왕, 정약용, 남이, 전봉준, 최제우, 김구, 여운형, 송진우….[2]

우리 역사의 이런 비틀린 기록을 보면 신약성서 사도행전 7장

51~52에 나오는 스테판 성도의 당시 종교 지도자들을 향해서 쏟아낸 다음과 같은 울분의 항변을 다시 생각나게 한다.

"목이 곧고(빳빳하고) 마음과 귀에 할례를 받지 못한(즉 불순물이 가득한) 사람들아! 당신들의 조상들이 박해하지 않는 선지자(의로운 사람)가 한 사람이라도 있었나요? 그들은 의인이 올 것임을 예언한 사람들을 다 죽였고 이제 당신들은 그 의인(예수)마저 배반하고 죽였습니다."

정인홍과 운명을 같이했던 광해군의 이야기를 하다 보니까 선조의 비열함과 더불어서 정인홍을 살해한 인조정권의 무능과 부도^{不道}함을 이야기하느라 좀 빗나갔다.

아무튼 광해군 정권 동안에 정권의 실세로서 왕권 강화에 전심이었던 정인홍은 반대파(주로 서인과 남인 세력들)에게 미운털이 박히게 되고 인조반정이 성공하자 곧바로 처형당하게 된다. 80세가 넘으면 웬만한 죄로서는 극형을 내리지 않던 조선시대의 관행을 무시하면서까지.

특히 그의 행적 어디에도 처형를 당하거나, 300년 동안에 간신으로 취급받을 만큼의 중한 결함은 없었다고 본다. 정인홍과 정치적으로 파를 달리하던 율곡 이이마저도 정인홍을 평하기를 "지나친 점은 있으나 비난할 수는 없다"고 하였다.

역사에서 '만약에'라는 말이 의미가 없는 것이지만 만약에 인조

---

2 편의상 조선시대의 인물에 한정했고, 항일 독립투사들은 대부분 제외했다.

반정이 일어나지 않고 유능한 광해군과 정인홍의 치세가 조금 더 계속이 되었더라면 병자호란을 막을 수 있었고, 설사 병자호란을 막지 못했다고 하더라도 청나라가 소현세자를 대했던 태도로 유추하건대 조선과 청나라는 좋은 파트너로서 함께 힘을 길러서 서양 제국주의의 침탈을 막고 그 후에 일어난 일본 군국주의의 발흥도 막을 수 있었을 것이다.

아! 허망한 춘몽이다.

정인홍에 대한 부정적인 평가의 또 다른 원인의 하나로는 본인의 외골수적인 성격과 지나치게 강경한 정치적 자세에서도 일부 원인이 되었을 수도 있다.

그는 태생적으로 방정하여 추호도 흐트러짐을 보이지 않는, 스스로에게도 또 남에게도 지나치게 엄격한 완벽주의자인 것 같다. 구전으로 전해져 오는 일화 하나를 들어보자.

정인홍이 친구 정구와 같이 퇴계 선생의 제자가 되기 위해서 찾아갔다. 그날 날씨가 무척 더운 날씨인데도 예의를 갖추느라 도포 행건을 하고 갔다.

인사가 끝나자 정구는 퇴계의 허락을 받고 도포와 갓을 벗고 수건으로 땀을 닦았으나 정인홍은 땀을 흘리면서도 정좌를 한 채 눈썹도 까딱하지 않고 몇 시간을 그대로 있었다.

퇴계 선생과 학문에 대해 이야기를 나누는데 정구는 자세가 헝클어지고 무례스러워 보이기까지 했으나 정인홍은 단정한 자세로 정연한 이론을 말하는데 흠잡을 데가 없었다.

쉬는 시간에도 정구는 웃통을 벗고 우물가에서 발을 씻기도 하였으나 정인홍은 단정한 자세로 방안에 조용히 앉아 있기만 하였다.

다음 날 아침, 정식으로 입문하기 위해서 큰절을 올리는데 퇴계는 정구에게는 허락을 했으나 정인홍에게는 가르칠 것이 없다고 하면서 거절하였다.

제자들이 그 연유를 묻자 퇴계 왈 "정인홍은 보통의 사람들과 다른 상정과 행동을 한다. 이런 사람은 남에게 해를 끼친다."

위의 일화가 어디까지가 사실이고 어디까지가 지어낸 말인지는 정확하지 않다.

그렇지만 정인홍의 대쪽 같은 성격의 한 단면을 짐작할 수 있는 일화이면서 다른 한편으로는 정인홍이 여러 차례에 걸쳐서 퇴계에 대한 비난을 하게 된 여러 연유 중의 하나가 이처럼 젊은 시절부터의 서로에 대한 매끄럽지 못한 경험에서 비롯된 점도 있지 않을까 싶다.

아무튼 물이 너무 맑으면 고기가 없고 사람이 지나치게 깨끗하고 공정하면 친구가 모이지 않는다는 말과 같이 내암은 불의를 보고 참지 못하는 추상같은 선비정신에서 한 치도 물러선 적이 없는 강직하고 좀 배타적인 그의 성품이 그의 주변에 많은 정적을 만들어 낸 것 같다.

당시 정국 상황에서 내암이 여러 사건과 여러 인물에 대해 가차 없는 비판을 많이 가한 것은 좀 지나친 점이 있다는 일부 비판자들의 의견도 참고로 할 필요는 있다고 본다. 어쨌든 이런 것들로 인해서 그의 주변에는 많은 적들이 생기게 되었고 이것이 그의 비극적인 처형의 원인이 되었고 장기간 사면을 받지 못하게 된 한 원인이 된 것이다.

그 원인은 뭐라 해도 당시 조정 신하들과 사림들 공히 심각한 당쟁의 소용돌이에 휘말려 있었던 역사적 사실을 들 수 있을 것이다. 그중에서 기축옥사가 대표적인 사건이다.

기축옥사(정여립 모반사건)은 전술한 바가 있지만 여기서 재탕을 하는 이유는 국어교과서에 배운 「사미인곡」, 「속미인곡」의 그 정철 때문이다. 우리나라 가사문학의 창시자이자 뛰어난 문장으로 우리의 사춘기의 감성을 휘어잡았던 착하기만 한 줄로 알았던 그 정철이 그렇게 악독한 사람임을 알게 된 후의 허탈감이 너무 컸기 때문이다.

정여립의 역모사건은 지금까지도 그 진위가 확실치 않은 좀 모호한 사건이다. 그런데 이런 확실한 증거도 없는 사건을 처리하는 과정에서 너무나 가혹 잔인한 고문을 자행하여 당사자인 정여립은 자살로 끝을 냈지만 정여립과 조금의 인연이라도 있는 사람들, 특히 동인 계열의 선비들, 특히 호남의 동인들은 아무런 연유도 모르는 채 잡혀가서 고문과 죽임을 당한 희대의 정치적 살인극이었다. 그런데 이 사건의 조사와 취조를 담당한 자가 당시 송강 정철이었다. 정철은 대사헌의 자리에서 물러나 선산이 있는 담양 창평에 내려와 있었는데 정여립 사건이 터지면서 우의정 겸 위간으로 임명되어 이 사건을 담당하게 되었다.

그는 평소에 동인들, 특히 호남의 동인들을 극히 싫어하던 차에 이 사건의 수사 책임자가 되자 그의 내면에 숨어있던 악마의 속성이 드러나게 되어서 사건의 연루자로 의심받는 사람들뿐만 아니라 그들의 가족까지 모두 도륙을 해버리는 대참극을 일으켰다. 이것이 그 유명한 기축옥사다.

이 사건의 연루자로 지목되어 억울하게 죽임을 당한 사람의 대표적인 인물이 정인홍과 더불어서 남명의 수제자로서 추앙을 받던 수우당 최영경이다. 최영경은 원래 한양 사람인데 남명의 학문을 흠모하여 진주로 이사까지 와서 남명의 제자가 된 사람이다. 진주 사람인 그는 전라도 전주 사람인 정여립과는 아무런 연관도 없는 사이였는데 억지로 엮이게 된 것이다.

역모사건의 빌미가 된 대동계大同契는 원래 정여립이 전라도 해안 지대를 노략질하는 왜구를 토벌하기 위해서 설립한 자경단 비슷한 민간 조직이다. 이 조직이 아마 황해도까지도 뻗쳐 있었던 것 같다. 황해도 관찰사가 최초로 대동계의 역모를 고변하게 된 것을 보면 무언가 반정부적인 논의가 이 조직 내에서 오고 갔던 것은 사실인 것 같다.

반정부적인 언사가 있었다는 안악군수와 재령군수 등의 정보만 듣고 황해도 관찰사는 이것을 역모행위로 확대 해석하여 선조에게 보고한 것인데 선조는 기다렸다는 듯이 이 사건을 역모로 단정하고 판을 키워 나간 것이다.

원래 정여립은 서인인 율곡 이이와 우계 성혼의 문하에서 수학하였다. 서인의 한 사람으로 관직을 시작한 정여립은 율곡 이이가 사망하자 동인으로 전향한다.

이를 괘씸하게 생각하고 있던 서인들, 특히 정철 등은 당시 정권의 주류세력인 동인들을 제거하는 좋은 기회로 삼은 것 같다.

당시 정권에서 권력 열세에 있던 서인들이 정권의 주도권을 잡기 위해서 이참에 동인들을 멸절시키려는 계획으로 이 사건을 확대하여 3년에 걸친 옥사를 일으켜서 1,000여 명의 관료와 선비들과 그 가족들을 처형해 버리는 조선시대 최악의 살인극을 벌인 것이다.

이 사건 이후 호남의 선비들은 인재 등용에서 차별받게 되었다.

반정 이후 정철을 필두로 한 서인 주도로 사건을 처리하는 과정에서 정권의 권력 판도도 서인들이 득세하게 되었다. 그러나 옥사를 처리해 가면서 서인들의 세력이 지나치게 비대해지는 기미가 있자, 선조는 정철을 가혹한 옥사의 책임을 물어 파직 유배시키고 서인들을 멀리하게 되면서 정권은 다시 동인들에게 넘어오는 롤러코스터 게임이 된 것이다.

5. 동인 세력의 분열과 퇴계학파와 남명학파의 대립

이 기축옥사의 무리한 처리를 자행한 정철 등 서인들에 대한 처리를 두고 동인들 사이에서 정철 등 주모자를 처형하고 기축옥사에서 희생당한 사람들을 모두 복권시킬 것을 주장하는 강경파와 이들을 부드럽게 처리하고 희생자의 복권에 부정적인 입장을 취한 온건파로 나누어지게 되는데, 전자는 정인홍을 필두로 하는 남명학파의 인물들이고 후자는 류성용을 필두로 하는 퇴계학파의 인물들이다. 이 일을 계기로 전자는 북인으로, 후자는 남인으로 동인이 분열하게 된다.

이를 계기로 정인홍은 남인들을 크게 비난하고 퇴계 이황에게도 심한 비판을 가하게 되었다. 이것이 정인홍이 당대의 주류 성리학자들로부터 배척을 받게 된 하나의 계기가 된 것이다.

그러나 나는 정인홍의 자세가 옳았다고 생각한다. 왜냐하면 정여립의 역모 자체가 증거가 없는 데다 오히려 고문 등 가혹한 취조에 의한 억지로 역모를 조작한 사건이며, 서인들의 내심으로는 정치적 반대 세력(동인)을 제거하려는 사악한 음모가 그 본질임을 감안하면 옥사를 일으킨 자들에 대해 그 철저한 책임을 지우려는 정인홍의 자세는 정당한 일이지 않은가?

오히려 이를 가볍게 넘기려는 류성용 등 온건파 사람들이야말로 이 사건에 대해 간접적으로 책임이 있는 것으로 의심을 살 만하다. 이에 대해 정인홍은 정철의 악행을 방조한 영의정 유성룡을 비난하고 사건 당시에 이조판서 자리에 있던 성혼을 크게 책하였음은 전술한 바다.

정인홍에 대한 부정적인 여론의 또 다른 원인은 소위 '회퇴변척^{晦退辨斥}' 사건이다.

여기서 '회퇴^{晦退}'란 회재 이언적과 퇴계 이황의 호인 회재^{晦齋}의 회^晦와 퇴계^{退溪}의 퇴^退를 연결해서 만든 조어^{造語}이고 변척^{辨斥}이란 "구별해서 내치다"라는 뜻이다. 이언적은 퇴계 이황의 스승으로 이 두 분은 과히 조선 순혈 주자학의 주맥이라고 할 수도 있을 것이다. 사건은 이렇다.

1611년 성균관에서는 오현종사五賢宗祀라 하여 김굉필, 정여창, 조광조, 이언적, 이황 다섯 분의 위패를 모시고 배향(제사)을 하게 되었는데 이에 대해 정인홍이 이언적과 이황은 여기에서 제외할 것을 요구하였다. 이때 정인홍은 스승인 남명 조식이 여기에 포함되지 못한 것은 퇴계의 남명 비판 때문이라고 생각하고 대단히 부당하다고 생각한 터에다, 이언적과 이황 두 사람은 을사사화 때 고위직 자리에 있으면서도(각각 좌찬성과 홍문관) 이를 막지 않아서 많은 관료들과 사림들이 죽임을 당하게 된 것이라고 생각하고 이에 대해 두 사람을 비판한 것이다. 사실 이 주장은 좀 과한 데가 없지 않다고 본다.

어쨌든 이 회퇴변척으로 인해서 남인들은 물론 서인들로부터도 심한 비난을 받았고 성균관 유생들 500명은 상소를 올려서 정인홍을 비난하고 유생들의 명부인 「청금록」에서 정인홍 이름을 삭제까지 하였다.

그 이외에 정인홍은 기축옥사 이후 고향(합천)에 머물고 있을 때 『퇴계집』이 간행되었고 그 문집의 내용 중에 스승 남명을 비판하는 부분이 있음을 알게 되었다. 이에 대해 적극적인 대처가 필요함을 인식하고 『남명집』을 간행하게 되었다. 따라서 『남명집』의 간행은 단순히 스승의 유고를 모아 이를 기리는 차원을 넘어서 『퇴계집』의 내용을 반박하고 양측의 사상적 철학적 견해의 차이를 나타내는 정치적인 의미가 포함되어 있다.

정인홍은 『남명집』 서문을 직접 쓰면서 또 퇴계의 학문을 비판하였다. 이렇게 하여 남명과 퇴계 두 원로의 본뜻과는 상관없이 두 학파 간의 대립적인 분위기가 심화되어 간 것이다.

그런데 당시의 조정 신하들과 유림들의 절대다수는 퇴계와 퇴계의 영향을 받은 율곡의 제자들이 차지하고 있었으므로 정인홍에 대한 여론은 갈수록 더 악화되어 갔고 이것이 스승 남명과 남명학파들에게도 좋지 않은 영향을 미쳤다.

정인홍의 퇴계에 대한 비판은 그의 「정맥고풍변」이라는 글에서도 발견된다.

글의 제목인 정맥고풍변正脈高風辨의 뜻은 정맥과 고풍을 분별해서 논한다는 뜻인데 내암이 이 글을 쓴 이유는 남명과 퇴계의 양쪽의 문하에서 수학하고 출입을 한 정구가 친구 김우옹이 죽었을 때 만장挽章에 쓴 "退溪正脈 山海高風(퇴계정맥 산해고풍)"이라는 문귀를 두고 분개해서 쓴 글이 이 정맥고풍변正脈高風辨이다.

이 문귀가 무슨 말인고 하면, "퇴계는 유학의 정통의 맥이고 산해(남명)는 고고할 뿐이다"라는 뜻인데 문제는 이 글귀는 퇴계가 그의 제자 황준량과 주고받은 편지에서 "남명의 유학 공부가 얕다. 그러면서 이단인 노자와 장자를 공부하면서 고고한 척만 한다"고 하면서 위의 산해고풍山海高風이라는 구절을 썼는데, 정구의 만장挽章에서 이것을 그대로 인용한 것이다.

정인홍이 이 만장의 글귀를 보고 분개한 것은 "왜 퇴계가 유학의 정통 맥을 이어온 사람이고 남명은 고고한 척만 하는 사람인가?" 하는 점이다. 그것도 정구는 남명 수하에서 잠깐 공부했지만 남명을 제대로 이해하지도 못하는, 스쳐 가는 그런 제자였을 뿐인데 그가 뭐를 안다고 퇴계를 숭앙하고 남명을 비하한단 말인가 하고 분노한 것이다.

그러면 퇴계 문단에서 말하는 유학의 정맥이란 무엇인가?

중국의 유학자들이 공자를 만세의 사표로 만들려고 가공의 인물인 역사 이전 시대인 전설적인 요, 순, 우 임금을 실존 인물처럼 꾸며서 이들의 가르침이 주나라의 문왕, 무왕, 주공을 이어서 공자 맹자로 이어져서 중국 성인의 맥을 이어왔고 이것이 1,000년간 끊겼다가 주자로 이어졌다는 것이다. 여기에다 조선의 유학자들은 퇴계가 그 중국 유학의 맥을 정통으로 이어 온 정맥이라고 주장하는 것이다. 이에 대해 정인홍이 결연히 이에 반박했던 것이고 그 반박문 중의 대표적인 것이 정맥고풍변^{正脈高風辨}이라는 글이다. 그러나 이 글은 인조반정과 정인홍이 처형된 이후 300년간 금서^{禁書}가 되어 있었다.

여기서 잠깐! 조선의 퇴계가 공자의 정맥을 이어받은 적통이라는 주장 그 자체도 설득력이 없는 말이지만 설사 공자의 적통을 이어받았다고 치더라도 퇴계의 주자학이 과연 조선의 발전에 무슨 도움이 되었으며 조선 백성들에게 무슨 문화적 물질적인 혜택을 입혔는가?

퇴계는 퇴계학파 유생들의 말대로 조선 주자학의 대표격으로 그는 조선 중기 이후 우리나라의 학문, 정치 및 사회에 가장 큰 영향을 미친 유학자임에는 틀림이 없다.

그러나 그의 이런 영향력이 꼭 긍정적인 것만은 아니다. 아니

나는 오히려 부정적인 면이 더 크다고 생각한다.

그의 가장 큰 문제점은 학문의 순혈주의와 폐쇄성에 있다. 공자만 하더라도 그 사후에 열 개 정도의 유학의 파가 생겨났고, 그것들이 각자의 방식대로 발전 소멸 융합의 과정을 그쳐서 학문의 다양성을 꽃피울 수 있었던 것이다. 그 여파로 송대의 성리학, 육상산의 심학, 명대의 양명학 등의 다양한 학문이 나올 수 있었고 이것이 명明·청淸시대의 화려한 중국문화를 꽃피울 수 있는 바탕이 되었다고 본다. 그런데 퇴계를 정점으로 하는 조선의 유학은 오직 주자 일변도로 치달아 그 이외의 양명학이나 육상산의 유학은 물론이고 노·장자와 불교 등 인류의 위대한 정신적 유산을 모두 배척하였다. 그리고 그 자기 순혈주의적 사고가 사상적 정치적 분파를 일으켜서 당쟁을 더 심화시키는 한 원인이 된 것은 아닌가 한다.

또 그것이 정치와 결합이 되면 무서운 독재정치가 되는 것이다.

국가와 백성에게 도움이 되지 않는 탁상공론적 지식의 축적은 그저 위태로운 짓일 뿐이라고 한 다음의 장자의 말(양생주편)을 인용하고 싶다.

吾生也有涯 而知也無涯(오생야유애 이지야무애)

　나의(우리의) 삶은 한계가 있는데 지식은 한계가 없구나.

以有涯隨無涯 殆也(이유애수무애 태야)

　이 유한한 삶을 가지고 무한한 지식을 뒤좇는 일이 참 위태로운 일이다.

已而爲知者 殆而已矣(이이위지자 태이이의)

그런데도 지식을 추구하는 자가 있다면 이는 오직 위태로운 짓을 하는 것일 뿐이다.

학문이든 사상이든 정치든 시대에 따라서 유연함을 가지고 여건에 맞게 변화하고 다른 것들과 경쟁하기도 하고 또 조화를 이루기도 하면서 발전해 나가는 것이다.

주자학이 그처럼 존중하는 사서삼경 중에 『역경』, 즉 주역이 포함되어 있지 않는가?

그 주역의 핵심이 무엇인가? '변화' 아닌가?

만물, 즉 세상도 인생도 다 끊임없는 변화 속에서 성주괴공成住壞空(만들어져서 잠깐 머물다가 마침내 허물어져서 결국은 사라진다) 한다는 것 아닌가?

그런데 왜 조선의 주자학자들은 그들이 스스로 파놓은 우물 속에 갇혀서 넓은 하늘을 제대로 보지 못하는 정신적 불구자가 되어, 그들만이 진리의 중심이고 중국에 버금가는 소중화小中華라는 착각에 빠져서 세상이 어떻게 돌아가고 있는지 모르는 깜깜이가 되어 버렸는가?

그러기에 그들은 혼란한 전국시대를 마감하고 통일국가를 이루어서 엄청난 국력을 쌓아가고 있던 일본의 모습도 제대로 보지 못했고, 또 만주 각지에 뿔뿔이 흩어져 있던 여러 부족을 통합하여 왕년의 강성대국이었던 금나라를 다시 재현하겠다면서 후금을 세운 누루하찌의 여진족의 변화 발전도 보지 못하였다. 당연히 어버이 나라로 떠받들고 있던 명나라의 쇠락도 전혀 보지 못하는 눈뜬 맹인이 되어버렸던 것이 아닌가? 그 결과가 임진왜란이고 병자호란이다.

여러 원인이 있지만 나는 가장 큰 원인으로서 주자학 순혈주의 혹은 주자학 근본주의를 들고 싶다. 그 정점에 퇴계와 송시열이 있다고 생각한다.

학문은 왜 하는 것인가? 나라가 위태롭고 백성이 도탄에 빠져 있는데도 그들끼리만 어울려 시문詩文이나 읊고 음풍농월하며 공허한 리기호발론理氣互發論이니 뭐니 하는 고담준론으로 백성들 위에 군림하며 자기들의 학식을 드러내기 좋아하는 조선의 순혈 주자학 근본주의자들에게 묻노니 왜란으로 국파산하재國破山河在(나라는 다 망하고 산천만 남아 있음)일 때 그대나 그대들의 문하생 중 한 사람이라도 왜적에 대항해서 싸운 사람이 있는가?

그에 반해서 당신들이 사문난적斯文亂賊(엉터리 학문으로 세상을 어지럽히는 무리들)이라며 배척하던 남명 조식의 문하에서는 의병 대장만 57명이 나왔고 그중에서 대표적인 의병장이 바로 정인홍이 아닌가? 남명의 또 다른 고제자인 곽재우는 그 많은 재산을 다 쏟아부어서 의병을 기르고 목숨을 걸고 전쟁을 치렀다.

그럴 때 당신들은 어디서 무엇을 했소? 관군이 다 도망간 상태에서 왜병이 진주성으로 몰려오자 남명학파의 의병들은 목숨을 걸고 진주성 전투에 참가하여 7,000명의 군사로서 3만 명의 왜군을 패퇴시키지 않았는가? 이때 퇴계 문하의 김성일이 정부 관료(경상우도 초유사)로 임명되어서 하는 일이 의병을 모집하고 의병들 간의 조정 역할을 한 것밖에는 뭐가 더 있는가?

그러면서 무슨 공자의 적통 운운하면서 퇴계는 높이고 남명과 내암(정인홍)은 깔아뭉갠단 말인가?

그리고 학문적으로도 성리학 순혈주의에 빠져 있던 퇴계와 그 문하생들에 비하여 남명이나 정인홍 같은 분은 그 사유와 학문의 폭이 얼마나 넓고 다양한가? 두 분 다 주자학 이외에도 양명학과 노·장 사상 등에도 깊은 관심을 가진 요즘 말로 소위 'liberalist', 즉 자유주의자들인 것이다.

특히 정인홍은 당시 국제정세를 소상히 파악하고 있으면서 후금과의 외교관계를 명나라와의 외교 못지않게 정성을 들일 것을 주장하고 명과의 종속관계를 벗어나서 명과 후금 사이의 등거리 외교를 주창한 사람이다. 이것이 바로 정인홍의 '실천적 경세론'의 산물이다. 아마 이것이 광해군에게도 크게 영향을 미쳤으리라고 본다. 이것은 존화尊華(중국 숭배) 사상에 빠져 있던 당시의 대부분 주자학 일변도의 유학자들과는 차원이 다른 것이다.

이와 같은 리버럴한 정인홍에 대해서 당시 정·학계에서 대세를 이루고 있던 퇴계학파의 사람들이 좋은 감정을 가질 수가 없었던 것이다. 거기에다가 지나치게 강직하고 독선적이고 입바른 소리를 잘하는 정인홍이 미운털이 박힌 것이다.

또 하나의 정인홍에게 씌워진 부정적인 이미지는 광해군 때 대북의 영수로서 상당한 영향력을 행사하는 입장에 있을 때 일인데, 이의첨을 중심으로 하는 실무 그룹들이 계축옥사를 일으켜서 영의정 유영경을 역모로 추율하고, 영창대군의 외조부(인목대비의 아버지)를 처형하고, 인목대비는 폐모 처분되고 영창대군을 추종하던 무리들을 사사하는 일이 있었다. 그 중심 인물은 이의첨이었다.

물론 정인홍은 영창대군의 처형은 극구 반대했지만 이이첨을 제어하지 못한 것은 큰 실책이라고 본다. 나중 인조반정의 세력들에 의해서 폐모살제의 원흉으로 지목되어 89세의 노령의 연세에 처형이 되는 비극의 단초가 되었다.

아무튼 이런 여러 가지 이유로 인해서 정인홍은 사후 300년 동안이나 복권되지 못했고, 심지어는 해방 후 오늘날까지도 우리 교과서에는 정인홍을 간신 역적 같은 인물로 묘사되고 있음은 심히 안타까운 일이다. 그것은 영조 이후 조선의 멸망과 일제 통치 기간은 물론 해방 이후의 친일세력의 지배 기간 등 긴 세월을 통하여 여전히 노론과 그 후손 후계들이 이 나라를 쥐고 흔들고 있었기 때문이라고 생각한다.

이들이 몇백 년간 정인홍에게 덧씌운 악마의 이미지는 위에서 언급한 여러 가지 역사 기록물뿐만 아니라 민간에 설화 형식으로 퍼뜨린 내용들도 셀 수 없이 많을 정도인데 그중 몇 개만 소개해 보면 다음과 같다.

1. 눈이 중동(重瞳, 눈동자가 두 개)이어서 사람이든 짐승이든 똑바로 쳐다보면 그 자리에서 죽고 만다. 정인홍이 어릴 적에 부모가 가을 논에 새를 보라고 보낸 후 점심을 가지고 가 봤더니 아들은 도랑에서 놀고 있는데 새들은 모두 벼이삭에 붙어 죽어 있었다.

2. 친구인 한강 정구와 함께 퇴계의 제자가 되기 위해서 찾아갔는데 점심때가 되어 밥상을 받는데 정구에게는 정상적인 밥상이 차려져

나오고 정인홍에게는 개다리상에 김치 하나뿐인 밥상이 나왔다. 기분이 상한 정인홍은 바로 돌아와 버리고 정구는 남아서 퇴계의 제자가 되었다. 퇴계는 정인홍의 눈이 중동이어서 상극(相剋)하는 형상이라 하여 그를 내쫓기 위해서 일부러 그렇게 차별 대우를 한 것이다.

상극하는 상은 역적이 될 가능성이 크다는 것이다.

3. 조정(광해군 때)에서 인목대비의 폐비 문제로 정인홍의 의견을 묻는 공문이 왔는데 그는 국모를 죽이려고 하는 것은 옳지 않다는 의견을 적어서 광해군에게 보냈는데 중간에서 정인홍의 이종동생(권성오)이 편지를 가로채 왕비를 죽여야 한다는 뜻으로 고쳐서 보냈다(여기까지는 역사적 사실인데 그다음에 이어지는 이야기가 좀 황당하다). 그런데 정인홍의 이모가 아들을 낳았는데 가서 보니 뱀아들이었다. 이모가 죽여버리라고 하자 정인홍이 뱀아들을 똑바로 쳐다보아 죽게 하였다. 그 뱀이 죽어서 한을 품고 권성오로 다시 태어났다. 정인홍과 권성오는 사이가 좋지 않았고 권성오는 정인홍을 몰락시키기 위해서 그 편지의 내용을 바꿔서 보냈다고 한다.

4. 정인홍이 장가를 가서 혼례를 치르기 위해 대례청에 들어서는데 장모가 하는 말이 "앞을 보니 정승이 분명한데 뒤를 보니 역적이 분명하다"고 했다.

모두가 정인홍을 싫어하는 사람들이 지어낸 설화들이다.

6. 결언

그러나 평생을 올바른 길을 선택하고 그 길을 고집스럽게 걸어가다가 말년에 횡액을 당한 정인홍 선생을 기록하다 보니까 여러 군데서 범위를 많이 벗어난 것 같다.

그러나 정인홍 선생님의 삶과 죽음을 생각하면 가슴이 아프다. 역사의 격랑에서 자기의 이利를 구하지 않고 목숨을 담보로 하여 재물까지 다 털어서 왜적에 대항했고, 스스로에게는 너무도 엄격하게 한 치도 흐트러짐이 없이 청렴 강직함으로써 일생을 꼿꼿하게 고향을 지키며 살아오신 분! 그 많은 벼슬자리를 다 거절하시며 부귀와 공명에 눈 한 번 돌리지 않으신 분! 불의를 보면 불같이 화를 내며 격렬하게 성토하는 열정을 쏟아낸 시대의 의인義人!

옹졸하고 폐쇄적인 당시의 성리학의 학풍에 의해 비주류로 배척받다 끝내는 소인배들의 모함에 걸려 극형을 당한 위대한 민족의 스승!

그러면서 자기를 가르친 스승 남명에 대한 충심은 평생 변한 바가 없었고 그 스승의 명성을 높이려 했다가 오히려 자기는 온갖 비난을 다 받았던 의리 있고 충직한 선비!

이런 위대한 선생을 사후 300년 동안이나 홀대하고 모욕하고 배척하였던 못난 우리 역사가 참으로 한스럽고 부끄럽다.

내 고향 합천의 산천기개를 오롯이 몸으로 받은 그 형형한 눈빛! 홍류동 계곡물처럼 청아한 선생의 기품과 가야산 칠불봉보다 높은 그 기상을 오늘도 흠모하면서 거인을 같은 고향으로 둔 내 행운에 감사한다.

이제 우리 합천이 낳은 두 거유巨儒, 시대를 앞서가셨던 선각자이신 남명 조식과 내암 정인홍에 대한 소개를 마치면서도 무언가 속에 답답한 그 무엇을 심하게 느낀다.

그것은 정의를 부르짖는 의인은 배척 구박을 받고, 항상 양지만 찾는 기회주의자들은 득세하는 우리의 역사가 주는 갑갑함이다. 아니 지나간 역사만 그런 것이 아니라 해방 이후부터 오늘날까지도 올곧은 정의파는 항상 뒤로 밀리고 권력과 부만 쫓아다니는 하이에나 같은 무리만 득세하는 우리의 삶의 현장도 내 가슴을 답답하게 짓누르기는 마찬가지다.

그런 와중에서도 내 고향의 두 선현先賢을 이렇게 제한된 지식과 졸렬한 문장으로서나마 다시 한번 추모하게 된 것 자체는 나의 큰 기쁨이고 영광스러운 일이 아닐 수 없다.

부록

로버트 오웬에 대한 경모

경제학자는 어떻게 하면 경제적으로 부강한 국가에 골고루 부유한 국민 경제를 이룰 수 있겠는가를 연구하고 그 이론적 바탕과 모델을 제시할 수 있을까를 모색하는 것을 그의 사명으로 또 보람으로 여길 것이다.

경제학의 아버지라고 불리는 아담 스미스는 주로 국민 복리나 민생의 문제보다는 국가 전체의 부를 증대시켜서 부국강병을 이루고자 했는데, 그의 대표 저서인 『국부론』은 지금도 경제 학도들의 고전이 되고 있다. 그러나 그는 한 번도 그의 관심사인 부국강병을 실현시키기 위해 치러야 하는 일반 서민들의 고통과 가난에 대해 관심을 갖거나 동정을 표한 적은 없다.

아담 스미스 이후로 지금까지 200년 이상 동안 숱한 경제학자들이 명멸해 갔지만 누가 나한테 그중에서 가장 존경하고 본받고 싶은 한 사람만 꼽으라고 한다면, 비록 나의 부족한 지식과 배움의 한계에도 불구하고 감히 나는 망설임 없이 영국의 18~19세기의 경영자이자 사회사업가이자 경제학자인 로버트 오웬을 꼽겠다.

그는 경제학자이기 이전에 성공한 사업가이며, 가난한 근로자들의 고통을 가슴 아파하는 인도주의자, 휴머니스트였고, 자기가 직접 사업으로 벌어들인 돈으로 근로자와 가난한 사람들을 위한 도시를 만들어서 이 땅에 빈곤과 차별이 없는 유토피아 사회를 직접 건설하려고 하였다.

그는 생 시몬, 샤를 푸리에와 더불어서 유럽의 3대 공상적 사회주의자라고 불린다. 오웬은 자신을 사회주의자라고 스스로 부르면서 마르크스의 프롤레타리아 독재에 대해서는 그것이 자본에 의한 독재 못지않게 나쁘다고 혹독한 비판을 가했다.

로버트 오웬의 위대한 점은 책상에 앉아서 정교한 이론으로서 사회 평등과 정의를 이야기하는 보통의 경제학자들과는 그 차원이 다르다. 그는 자기가 꿈꾸는 정의, 평등, 평화의 유토피아적인 사회를 스스로 번 돈으로, 스스로의 실천을 통해서 직접 만들어 간다는 소위 행동하는 양심의 표본을 보여준 의인이다. 그의 약력을 잠깐 들춰보자.

1771년 5월 14일~1858년 11월 17일, 웨일즈 출신의 사업가, 경제 사상가, 교육 철학가이다.

11세 때 포목상의 도제로 시작하여 맨바닥에서부터 사업을 배운다.

18세 때는 그 포목상을 사직하고 스스로 사업가로 변신한다. 친구와 합작으로 작은 방적공장을 설립하여 어느 정도 그 사업에서 성공을 거둔다.

20세 때는 그 사업에서 손을 떼고 맨체스터에서 가장 큰 방적공장의 공장장으로 변신한다. 이때 처음 받은 연봉이 300파운드인데 보통

의 성인 근로자들의 평균 연봉의 10배 정도였다. 이 공장도 오웬의
탁월한 경영 능력으로 엄청난 성공을 거두고 그의 연봉도 500파운
드로 오른다.

24세 때는 그 회사에서 사직하고 스코틀랜드에서 독자적인 면사 방적
공장을 설립하여 1,500명의 공원을 거느리고 25년간의 경영을
통하여 대 사업가가 된다.

여기까지는 성공한 여느 사업가와 별 차이점이 없어 보인다.
예를 들면 우리나라의 정주영 회장 같은 분도 이런 부류에 들지
않을까 싶다.

문제는 그다음부터 그의 행적이다. 그는 사업을 해서 돈을 많이
벌고 그 사업을 한없이 키워 나가려는 소위 기업가 정신에만 충실한
사람이 아니었다. 다른 많은 사업가처럼 이윤 추구에만 사업의
목적을 두지는 않았다. 그는 사업을 해서 돈을 버는 확고한 목적을
가지고 있었고 그 목적이란 곧 그의 사회주의에 대한 신념을 구체화
하는 것이었다. 흔히 "개같이 벌어서 정승같이 써라"는 말을 하는데
그런 방식의 사업은 우리의 오웬과는 너무나 거리가 먼 하책의
하책이다. 그 목적이 아무리 훌륭하다고 하더라도 자본 축적의
과정, 즉 기업의 경영의 방법과 과정이 도덕적이지 못한 경우에는
그를 결코 훌륭한 사업가라고 할 수 없을 것이다.

로버트 오웬의 위대한 점은, 첫째 그는 유능한 경영자이다.
둘째 그는 근로자들의 복지와 인권문제를 최우선시하는 경영자이
다. 셋째 자기 회사의 근로자뿐만 아니라 인근의 일반 시민들에게도

무한한 연민과 애정으로 대했다. 넷째 나중에는 범위를 넓혀서 자기의 재력과 능력의 범위 내에서 때로는 그 범위를 넘어서까지도 자기의 철학인 사회주의 이념을 구체화하기 위한 많은 노력을 기울였다. 다섯째 그는 바쁜 기업운영과 사회활동 중에서도 쉼 없이 공부하고 독서를 통해서 여느 강단의 인텔리 못지않은 식견을 갖추고 있었다. 즉 그는 기업가, 사회사업가, 사상가, 노동인권 운동가 등등의 여러 모습을 띤 소위 all round player였다.

그의 행적을 더 구체적으로 들어가 보자.

1800년대 초기~중기의 영국에서의 노동환경은 열악한 정도가 아니라 잔인한 것이었다. 보통 1주일에 7일 근무에 70~80시간 노동은 보통이었고, 여름에는 공장 기계의 열기로 인해서 노동자들이 질식 실신하기가 다반사였다. 기계 소음으로 청각장애는 보통 있는 일이고 안전장치를 갖추지 않아 안전사고는 연일 발생했다. 하지만 부상을 당해도 보상은 전혀 없는 상황이었다. 급여는 작업시간에 의해 결정되니까 병으로 결근하면 급여는 없었다. 10세 미만의 아동 노동도 보통이었고 여성 근로자의 생리 휴가, 출산 휴가는 물론 없고 사회는 아직 유아원이 없었으므로 아이들은 데리고 출근하여 일을 하는 동안에 공장의 기계 틈 사이에서 놀게 했다.

이런 상황에서 당연히 노동자들의 근무태도가 좋지 않았다. 태만, 절도, 기만행위, 술 취한 채 근무 등등으로 작업 효율과 생산성이 엉망이 될 수밖에 없었다. 이렇게 회사와 근로자 사이 서로에 대한 신뢰는 없었고 그 여파는 악순환의 연속이었다.

10살에 견습공으로 노동자 생활을 시작하여 20살까지 방적공장에서 일을 한 오웬은 이와 같은 당시의 근로현장의 참상을 뼈저리게 체험했다. 이 참혹한 노동 현장을 직접 겪은 24세의 오웬은 자기 사업을 본격적으로 시작하면서 그 당시로서는 획기적 혁명적인 여러 조치들을 선제적으로 시행하면서 이런 악순환의 고리를 끊는다.

그 구체적 사례를 들면 다음과 같다.

(1) 공장 근무환경의 혁기적인 개선 및 근로자 복지후생 제도 실시

10시간 노동(당시에는 15시간 이상의 노동이 다반사였다)을 실시하고, 회사 휴업 시에도 임금을 지불하고 노동 단가도 획기적으로 올려주었다. 더 나아가서 그는 회사 유치원을 개설 운영하고, 근로자 생활용품을 일괄 구매하여 저가로 판매하고, 노동자 교육을 위한 사내 학교를 설립하는 등 획기적인 복지정책을 실시하였다.

다른 한편으로는 근로 기강을 다잡기 위해서 작업 실적에 따른 인센티브제도를 실시하고 생산성 향상을 위해서 여러 가지 기술개발과 경영합리화 조치도 병행하였다. 이렇게 하여 근로자들의 신뢰가 확보되고 그들의 자발적인 노력으로 생산성이 급격하게 올라가 사업 시작 후 얼마 지나지 않아서 매년 투자금의 4배의 소득을 올리는 대성공을 거둔다.

오웬은 이렇게 해서 당시의 열악한 노동조건을 어떻게 개선해 나가는지를 직접 자기 공장에서 생생하게 실현하면서 이를 사회와 다른 경영자들에게 보여주었다.

(2) 사회사업

이와 같은 방적공장에서의 대성공을 바탕으로 그는 구빈법 운동, 협동사회 건설 운동 등으로 그의 인도적 사회주의 이념을 전 사회에 확대 보급하려고 하였다. 오웬은 특히 아동들의 노동 시작을 6살에서 12살로 올리고 하루 10시간 이상의 노동을 금지하고 12살 이하의 어린이는 유아원에 가게 하고 12세 이상의 어린이도 공장에서 일이 끝나면 학교로 보내서 교육받게 했다. 그는 그의 사업장에서만 이런 조치를 시행했을 뿐만 아니라 노동시간 단축과 어린이 노동금지를 법제화하는 운동에도 앞장 섰다.

그의 저서 *A New View of Society*(사회에 대한 새로운 시각)에서는 유럽에서 처음으로 아동교육의 지침이 될 만한 견해를 피력한다. 즉, "아이들에게 매일 운동을 하게 하고 과학, 가정경제, 농업, 공업, 상업을 비롯한 여러 산업에 대한 기본 지식을 가르쳐서 직업에 대한 기본 지식을 습득하게 해야 한다"고 하고, 아이가 걷기 시작하면 유아원으로 보내서 읽고, 쓰고, 셈하고, 그림그리기 등을 가르쳐야 한다고 썼다. 그는 이와 같이 유아일 때 좋은 환경이 주어져야 좋은 감성과 품성을 가지게 된다고 하면서 유아교육을 강조한 유럽의 대표적인 유아교육 전문가이기도 했다.

또한 그의 공장에서 실시하던 근로자들을 위해서 생필품을 공동 구매해서 이를 저가로 판매하는 제도는 나중에 영국의 생협운동의 시초가 된다.

(3) 사회주의적 이상촌 건설

그러다 1824년에는 미국으로 건너가서 인디아나주에서 협동촌을 건설하여 그야말로 그의 유토피아적 사회주의를 건설하려고 하였다.

먼저 온 독일인이 건설한 뉴하모니라는 공산촌을 인수하여서 사유재산제를 폐지하고 재산공유제의 평등사회 건설이라는 기치를 걸고 성공적으로 출발하였다. 900명의 추종자들과 함께 약 1백5십만 평의 대지에 공장, 사무실, 과수원, 농장, 채소밭 등을 만들어서 그야말로 능력에 따라 일하고 필요에 따라 배급을 받는 평등사회를 건설해 나갔다.

그러나 그는 무신론자였는데 많은 동료와의 종교적 갈등과 행정적 절차 등을 두고 불화가 잦았다. 그리고 몰려든 추종자들도 말만 많고 일은 하지 않으려 하고 그중에는 또 사기꾼 같은 사람도 많았다고 한다. 결국 유토피아촌은 오래 지속될 수가 없었고, 그는 결국 여기에 투자했던 그의 전 재산을 잃어버리고 1828년에는 영국으로 돌아왔다.

마르크스나 레닌과 같은 급진적 혁명가들과는 달리 정치 체제 전복을 하지 않고도 자기희생을 바탕으로 점진적으로 사회를 개혁하고 이 땅에 유토피아를 건설하려고 했던 그의 아름다운 꿈은 이렇게 꺾이고 말았다.

그러나 영국으로 돌아와서도 그는 멈추지 않고 영국 생산자 협동조합과 소비자 협동조합 결성에 앞장서고 1833년에는 전국적 규모인 국민통합 노동조합동맹을 결성하여 조직원이 50만 명에 이르게 되었으나 자본가들과 정부의 방해로 와해되기도 했다.

　이렇게 미국에서 처참하게 실패를 안고 돌아온 그를 그래도 융숭히 대접하는 영국의 추종자들이 있었다. 자본주의의 대안 공동체를 고민하던 영국의 노동조합 활동가들에게 그와 그의 저서 *A New View of Society*(사회에 대한 새로운 시각)은 후한 대접을 받았고, 나중에는 협동조합 설립 운동의 아버지라고 불리게 되었다. 그의 추종자들은 노동조합, 협동조합, 노동자 자주 경영, 대안 화폐 운동 등을 전개하고, 1844년에는 생활협동조합(생협)을 만들어서 현재까지 전 세계로 활발한 소비자 및 근로자 권익 보호 활동을 전개하고 있다.

　마르크스주의자들은 그를 노동자의 주권을 존중하지 않는 온정적 시혜주의자 혹은 공상적 사회주의자라고 비난하지만 나는 그들에게 되묻는다. 당신들 중에서 누가 이 사람보다 더 진한 가슴으로 노동자와 가난한 시민들을 사랑한 사람이 있는가,라고. 또 당신들 중에 누가 책상머리 이론가로서가 아닌 실제 현장에서 자기의 공장 근로자들과 인근 가난한 시민들을 위해서 자기 손해를 감수해 가면서 자기의 개인 재산으로 근로자의 권익을 보호하고 시민들의 복지를 위해 쌀독을 열어젖힌 사람이 있는가? 누가 이 땅에서 진정한 평등을 실현하기 위해 전 재산을 던져 넣은 사람이 있는가? 누가? 맑스가, 레닌이, 스탈린이, 모택동이, 김일성이? 꼭 핏발선 눈알을 부라리며 가진 자들의 재산과 목숨을 협박하며 깃발을 높이 쳐들어야 진정한 혁명가인가? 그래야만 당신들의 용어로 말하는 소위 과학적 사회주의자가 되는 것인가?

그렇다면 나는 그 과학적 사회주의와는 기꺼이 결별할 것이다. 그들은 자기의 그 잘난 이론을 이 땅에 심기 위해서 몇백만 명도 넘는 사람들을 죽이고 추방하고 나아가서는 전쟁도 일으키고 그러다 스스로 소멸해 버리지 않았나? 그에 비해서 당신들이 몽상가라고 비웃던 이 로버트 오웬은 그 이론으로서, 실천으로서 그리고 평화적 개혁운동으로서 2백 년간에 걸쳐서 지금 이순간도 인간들의 가슴에 훈훈한 감동을 심어주고 있지 않나?

물론 그의 사회주의적 이상촌 건설의 꿈은 대중의 이기심과 어리석음 앞에서 무너지고 말았다. 그렇지만 그가 품었던 아름다운 꿈은 200년이 지난 오늘도 많은 젊은 유토피안들의 가슴을 뛰게 한다.

따지고 보면 예수 그리스도도 결국 그의 꿈이 이 땅에서 좌절되고 33세의 젊은 나이에 처형당하고 말았지 않은가?

그렇지만 아직도 전 세계 수십 억의 크리스찬들의 주기도문에는 "뜻이 하늘에서 이루어진 것 같이 땅에서도 이루어지이다"라면서 예수 그리스도가 2천 년 전에 이루려고 애썼던 그 꿈을 지금 이 땅에서 이루기 위해서 기도하고 있지 않는가?

비록 좌절된 꿈이지만 로버트 오웬의 웅장하고 아름다운 꿈은 아직도 또 앞으로도 우리의 가슴에 남아 있을 것이다.

1836년에는 유토피아적 사회모델과 협동조합의 이상을 담은 그의 사상이 잘 정리되어 있는 대표 저서인 *The Book of the New Moral World*(새로운 도덕적 세상을 위한 書)를 출간하여 사회개혁가로서의 그의 사상과 인생의 여러 면모를 세상에다 잘 보여주고 있다.

물론 우리나라에도 역사적으로 오웬에 못지않은 개혁적 실천 사상가들이 많이 있었다.

예를 들면 고려 말기의 중앙 귀족과 지방 토호들의 전횡을 개혁하려고 이성계의 힘을 빌려 조선을 건국한 정도전, 정조대왕과 죽을 맞추며 노론 정권의 폐단을 혁파하려고 했던 정약용, 조선 말기의 피폐해진 백성들의 마음을 바로 세우려 했던 동학 교주인 최제우 등등 뛰어난 인물들이 즐비했다. 이분들 외에도 기라성 같은 인재들이 우리 역사에는 즐비하다.

그렇지만 내가 로버트 오웬에 마음을 뺏긴 것은 그분의 학식이나 사상의 뛰어남에서가 아니라 그분이 걸었던 인생 행적이 내가 해보고 싶었던 코스였고 내가 시도도 해보지 못했던 일들을 그는 성공적으로 이룬 분이기 때문이다. 물론 그가 그리던 이상향을 이 땅에서 다 이루지는 못하였지만 그의 꿈이 곧 나의 꿈과 닮아 있기 때문이다.

분단된 조국의 가난과 독재의 질곡에서 청춘의 시절을 아프게 보낸 나는 청년 시절에 품었던 평등한 민주사회에 대한 나의 애절한 꿈이 로버트 오웬의 멋진 삶의 과정을 통해서 다시 살아나는 것 같은 감동에 빠진다.

한때는 나도 사업을 통해서 그가 만들어 보려고 했던 작은 유토피아를 꿈꾸기도 했지만, 그러나 그것은 능력이 따라주지 못하면 망상에 불과하다는 사실을 깨닫는 데 30년이나 걸렸다. 이론으로서나 말로서는 자기의 꿈을 전개하기가 그렇게 어렵지는 않다. 지금도 수많은 책상물림(?)의 강단 개혁이 넘쳐나고 있지만 로버트

오웬 같이 몸 전체로, 전 재산과 전 인생을 바쳐서 사회개혁을
실천한 사상가는 그렇게 쉽게 찾아보기가 힘들 것이다.

　나의 영원한 선생, 오웬 선생님! 이 짧은 몇 줄의 글로서 선생에
대한 나의 존경과 흠모를 표합니다.

참고문헌

경상대학교 남명학연구소. 『남명학 연구』.

경상대학교 남명학연구소. 『남명집』.

김삼웅. 『인물과 사상』.

김용옥. 『노자가 옳았다』. 통나무.

김용옥. 『금강경 강해』. 통나무.

김용옥. 『노자와 21세기』. 통나무 출판사.

김용옥. 『동경대전』. 통나무.

김용옥. 『우린 너무 몰랐다』. 통나무.

김학주 옮김. 『장자』. 을유문화사.

김흥호. 『노자익 강해』. 철학월간지.

남명학연구원. 『내암 정인홍』. 예문서원.

니콜라 마키아벨리. 『군주론』. 까치출판사.

渡邊 悼 외. 『중국 사상사』. 이론과 실천.

라즈니쉬 B. S.(오슈). 『장자, 도를 말하다』. 청아출판사.

라즈니쉬 B. S.(오슈). 『반야심경』. 일지사.

미치오 카쿠/박병철 역. 『인류의 미래』. 김영사.

박영호. 『금강경』. 두레.

박영호. 『다석 유영모』. 두레.

박은식. 『몽배금태조』.

신용하. 『동학과 갑오농민전쟁 연구』. 일조각.

오세진 옮김. 『논어』. 홍익출판사.

유시민. 『역사의 역사, History of writing history』.

윤정현. 『다석 유영모의 늙은이 풀이』.

이이화. 『이이화의 동학농민혁명사』. 한길사.

이종식. 『시스템 관점으로 읽는 도덕경』. 북랩.

이주한. 『노론 300년 권력의 비밀』. 역사의아침.

장일순. 『노자 이야기』. 다산글방.

천순천/조양욱 역. 『청일전쟁』. 세정출판.

푸레이룽/정광훈 역. 『맹자』. 돌베개.

프리초프 카프라. 『현대 물리학과 동양사상』. 범양사.

헨리 죠지/김윤상 역. 『진보와 빈곤』. 비봉출판사.

Alfred T. Davies. *Robert Oween: Pioneer, Social Reformer and Philanthropist.*
Alfred T. Davies.